Izumi Omura (Hrsg.)
Materialistische Geschichtsauffassung und MEGA I/5 (Deutsche Ideologie)

唯物史観と新MEGA版『ドイツ・イデオロギー』

大村 泉 編著

A. デミロヴィッチ
D. シュヴァルツ
D. フィライシス
F.O. ヴォルフ
渋谷 正
渡辺憲正
盛 福剛
窪 俊一

社会評論社

唯物史観と新MEGA版『ドイツ・イデオロギー』目次

凡　例 8
はじめに 10
第Ⅰ部　新MEGA I/5 と刊行後のドイツにおける反響
　第1章　**新MEGA版『ドイツ・イデオロギー』の刊行を報じる
　　　　　IMES事務局長のプレスリリース**————————— 20
　　　　はじめに 20
　　　　Ⅰ．新 MEGA I/5 の内容 20
　　　　Ⅱ．新 MEGA I/5 の意義 21
　　　　Ⅲ．明らかになった新事実と研究史への問題提起 23
　　　　Ⅳ．この問題提起をうけて 27
　第2章　**『ドイツ・イデオロギー』がそもそも存在しなかった**—— 33
　　　　Ⅰ．マルクスとエンゲルスは，共同の哲学を仕上げるため 1845
　　　　　　年夏ブリュッセルにいたのではなかった 33
　　　　Ⅱ．あたかも共同の出版プロジェクトがあるかのように 34
　　　　Ⅲ．それはまだ名前も決まっていない論文集への寄稿であっ
　　　　　　た 35
　　　　Ⅳ．スターリンの目標は批判的マルクス主義知識人の隠れ家を
　　　　　　抹殺することだった 36
　　　　Ⅴ．マルクスの理論は闘いのなかで生まれた 38
　　　　Ⅵ．マルクスの理論が包括しているものは経済学批判に止まら
　　　　　　ない 40
　　　　Ⅶ．この粗野な経験主義は宣戦布告と理解できる 41
　　　　Ⅷ．マルクス／エンゲルスは哲学のテキストを「印刷された記
　　　　　　録文書」として扱う 42
　　　　Ⅸ．今日でも見られる一つの知的活動 43
　　　　Ⅹ．人間は人間自身及びその生活環境から自分自身を作り上げ
　　　　　　るという観念に満足してはならない 43
　　　　Ⅺ．支配階級は哲学を媒介にして彼らの特殊利害を共同の利害
　　　　　　として表現する 45
　第3章　**「フォイエルバッハ」章におけるテキストの配列変更**
　　　　——新版『ドイツ・イデオロギー』(新MEGA I/5) の刊行によせて ——— 47
　　　　Ⅰ．主要草稿と2つの断片 48

　　　　Ⅱ．MEW, Bd.3 との違い 49
　　　　Ⅲ．テキストの分離と編入 50
　　　　Ⅳ．新版における再現 51
　　　　Ⅴ．編集史Ⅰ：1926-1960 年 53
　　　　Ⅵ．編集史Ⅱ：1960-1972 年 55
　　　　Ⅶ．編集史Ⅲ：1972 年から現在まで 56
　　　　Ⅷ．新 MEGA 先行版における新しい配列 57
　　　　Ⅸ．新 MEGA I/5 における理由付け 59

第4章 **大転換期のマルクス／エンゲルス研究**
　　　　──『ドイツ・イデオロギー』テキストの批判的新版に寄せて ──────── 64
　　　　Ⅰ．この批判的新版の位置および成果 64
　　　　Ⅱ．書かれなかった「フォイエルバッハ」章の文献学的および理論的意義 67
　　　　Ⅲ．シュティルナー批判：ライプチヒ宗教会議。第3章「聖マックス」68
　　　　Ⅳ．結論 70

第Ⅱ部　オーサーシップ，草稿編訳をめぐる論争

第5章 **唯物史観の第1発見者** ──────────────────────── 76
　　　　序　論──研究史の到達点と未解決問題── 76
　　　　Ⅰ．口述筆記の可能性と検証方法 83
　　　　Ⅱ．基底稿作成過程で生まれる即時異文の多寡 85
　　　　Ⅲ．単独稿と H^{5c} の基底稿に刻印された著者の書き癖 86
　　　　　　1．エンゲルスの書き癖 86
　　　　　　2．マルクスの書き癖 86
　　　　　　3．H^{5c} に確認できる著者の書き癖 90
　　　　Ⅳ．即時異文の量的対比 93
　　　　Ⅴ．H^{5c} の即時異文の特徴 97
　　　　　　1．同音異義語の書き損じ 97
　　　　　　2．多数の定冠詞，不定冠詞の置換及び削除 99
　　　　　　3．直ちに復活する削除訂正 101
　　　　Ⅵ．検証結果 104
　　　　Ⅶ．オンライン版を用いた読者自身による本章の検証を期待する 108
　　　　補　説 110

第6章　唯物史観の成立に関する廣松渉のエンゲルス主導説批判—121

はじめに　121

Ⅰ．『ドイツ・イデオロギー』以前のマルクスとエンゲルスの思想形成　122
1．マルクスの思想形成　122
2．エンゲルスの思想形成　127
3．『ドイツ・イデオロギー』と抜粋ノート　130
   (1)「マンチェスター・ノート」　130
   (2)「ギューリヒ抜粋」　134

Ⅱ．廣松渉のエンゲルス主導説批判　138
1．エンゲルス主導説批判　138
2．マルクスとエンゲルスの共同執筆　144
3．「フォイエルバッハに関するテーゼ」　152
4．「口述筆記説」　158

結び　162

第7章　マルクス社会理論の生成
——『経済学・哲学手稿』と『ドイツ・イデオロギー』の接合——173

はじめに　173

Ⅰ．1843年における〈土台＝上部構造〉論の生成と理論転換　174
1．ヘーゲル法哲学批判の2段階　174
2．宗教批判　176
3．〈土台＝上部構造〉論の生成　178
4．1843年の理論転換と市民社会概念の歴史的相対化　179

Ⅱ．『経済学・哲学手稿』の疎外論と共産主義　184
1．『経済学・哲学手稿』疎外論の性格と〈労働＝所有形態〉論　184
2．「歴史の変革」の論理と共産主義の措定　188

Ⅲ．歴史観の研究（1845-46）　192
1．18世紀歴史記述の批判的受容　193
2．マルクス《リスト評注》（1845年8月）　195
3．シュルツ『生産の運動』　199

Ⅳ．唯物史観の形成　203
1．〈土台＝上部構造〉論の歴史的拡張　203
2．生産様式と「歴史の変革」の論理　206
3．唯物史観の構想　210
4．唯物史観の独自性　213

［付論］望月清司『マルクス歴史理論の研究』によせて　214

第8章　イデオロギー批判は，いつ，いかにして，成立したのか
　　　──新MEGA I/5解題に対する異論── 222

　はじめに 222
　Ⅰ．1844年までのフォイエルバッハ論 223
　　1．1844年までのフォイエルバッハ哲学受容 223
　　2．フォイエルバッハ批判の本格化 225
　　3．シュティルナー『唯一者とその所有』 227
　Ⅱ．ヘーゲル左派内部論争 229
　　1．フォイエルバッハのシュティルナー反駁 230
　　2．バウアー《L・フォイエルバッハの特性描写》 232
　　3．ヘス『最後の哲学者たち』 234
　　4．ヘーゲル左派論争の小括 235
　Ⅲ．ドイツ・イデオロギー批判の条件 235
　　1．〈土台＝上部構造〉論と啓蒙主義的理論構成に対する批判 236
　　2．現実［市民社会］の批判的分析 237
　　3．現実［市民社会］の変革理論と歴史理論の形成 239
　Ⅳ．草稿『ドイツ・イデオロギー』のイデオロギー批判 240
　　1．ドイツの宗教批判に対する批判 241
　　2．現実［市民社会］の批判的分析 242
　　3．現実［市民社会］の変革に関わる批判 244
　　4．歴史理論の形成 245

第9章　中国における『ドイツ・イデオロギー』編訳史概観
　　　──中国語訳廣松版（2005年）と大村／渋谷／平子による批判以後を中心に── 249

　はじめに 249
　Ⅰ．郭沫若によるリャザーノフ版の翻訳 250
　Ⅱ．中央編訳局によるアドラツキー版とバガトゥーリヤ版の編訳 252
　　1．アドラツキー版の編訳 253
　　2．バガトゥーリヤ版の編訳 255
　Ⅲ．中国語訳廣松版の出版とそれ以後最新の研究動向 256
　　1．中国語訳廣松版の出版 256
　　2．廣松版をめぐる中日論争 257
　　3．中国における論争の受容 260
　　4．「『ドイツ・イデオロギー』と文献学シリーズ」の出版 262
　Ⅳ．『ドイツ・イデオロギー』改稿過程の表記における中国編訳史の到達点 265
　　1．中国語訳廣松版における異文表記 265
　　2．新MEGA先行版と試作版の翻訳 267

    Ⅴ．結　語 268

補　章　**中国語訳廣松版刊行前後の研究史とオンライン版**————274
    Ⅰ．中国語訳廣松版刊行前後の研究史 274
    Ⅱ．オンライン版のコンセプト 278

附　篇　**新MEGA 全4部門114巻と既刊一覧**————————282
    Ⅰ．MEGAの歴史 283
    Ⅱ．MEGAの文献学的原則 285
    Ⅲ．第Ⅰ部門：著作，論文，草稿 286
    Ⅳ．第Ⅱ部門：『資本論』と準備草稿 289
    Ⅴ．第Ⅲ部門：往復書簡（Briefwechsel）291
    Ⅵ．第Ⅳ部門：抜粋，メモ，欄外書き込み（Exzerpte, Notizen）292
    Ⅶ．マルクス／エンゲルス年報（MARX-ENGELS-JAHRBUCH）295

あとがき 298

著者紹介 303

凡例

本書で頻出する略号，略記は下記の通りである。各章巻末の「引用・参照文献一覧」では，以下に掲げる書籍は除いている。

機関：

    IMES：Internationale Marx Engels Stiftung（国際マルクス／エンゲルス財団）

    IISG：社会史国際研究所（Internationaal Instituut voor Sociale Geschiedenis）・アムステルダム（IMES本部）

    BBAW：ベルリン＝ブランデンブルク科学アカデミー（Berlin-Brandenburgische Akademie der Wissenschaften）・ベルリン（IMES事務局）

全集及び著作集：

    新MEGA：Marx-Engels-Gesamtausgabe, 1975〜，全114巻（既刊：64巻）

    旧MEGA：Marx-Engels-Gesamtausgabe, 1927-1941, 12巻で中断

    MEW：Marx-Engels-Werke, 1956-1968 (Bd.1-41), 1983 (Bd.42), 1990 (Bd.43) ほかに索引巻3巻

*旧新MEGAの小史は巻末附篇「新MEGA全4部門114巻と既刊一覧」，参照

*新旧MEGAは新MEGA I/5等のようにして，部門と巻数を表記する。

*MEWはMEW, Bd.3のようにして巻数を略記する。

*大月書店版『マルクス＝エンゲルス全集』はMEWの全文訳である。訳文を参照する場合，訳(3)として括弧内に巻数を明示する。

*Marx-Engels-Collected WorksはMEWの英訳だが，マルクス／エンゲルスが英文で執筆した作品の場合，そのオリジナルを収録している。この著作集を引用あるいは参照する場合，MEC, Vol.3のように略記する。

『ドイツ・イデオロギー』収録の原典，翻訳のうち本書で頻出する出典略記

略記	書誌
新MEGA I/5	Karl Marx, Friedrich Engels 2017: *Deutsche Ideologie. Manuskripte und Drucke*. Marx-Engels-Gesamtausgabe, I. Abteilung, Band 5. Berlin: De Gruyter Akademie Forschung.
新MEGA先行版	Karl Marx, Friedrich Engels und Joseph Weydemeyer 2004: *Die Deutsche Ideologie: Artikel, Druckvorlagen, Entwürfe, Reinschriftfragmente und Notizen zu I. Feuerbach und II. Snakt Bruno*. Marx-Engels-Jahrbuch 2003. Berlin: Akademie Verlag
新MEGA試作版	Karl Marx, Friedrich Engels 1972: *Karl Marx, Friedrich Engels Gesamtausgabe (MEGA)* Probeband. Berlin: Dietz Verlag.

MEW, Bd.3	Karl Marx-Friedrich Engels: Werke, Band 3, hrsg. v. Institut für Marximus-Leninismus beim ZK der SED, Dietz Verlag, Berlin, 1958.
旧 MEGA I/5 （アドラツキー版）	Karl Marx, Friedrich Engels 1932: *Die Deutsche Ideologie. Kritik der neuesten deutschen Philosophie in ihren Repräsenten, Feuerbach, B. Bauer und Stirner, und des deutschen Sozialimus in seinen verschiedenen Propheten. 1845-1846*. Marx-Engels-Gesamtausgabe, I. Abteilung, Band 5. Berlin: Marx-Engels-Verlag G.M.B.H.
Rjazanov 版 （リャザーノフ版）	Rjazanov, David 1926: „*Marx und Engels über Feuerbach. Der erste Teil der „Deutschen Ideologie". mit der Einführung des Herausgebers.*" Marx-Engels-Archiv, Bd.1. Frankfurt am Main-West: Marx-Engels-Archiv-Verlags G.M.B.H.
廣松版	廣松渉　1974：廣松渉編，カール・マルクスおよびフリードリヒ・エンゲルス著：*Die deutsche Ideologie : Kritik der neuesten deutschen Philosophie in ihren Repräsentanten, Feuerbach, B.Bauer und Stirner, und des deutschen Sozialismus in seinen verschiedenen Propheten*. 河出書房新社。
廣松岩波文庫版	廣松渉　2002：廣松渉編訳　小林昌人補訳　マルクス／エンゲルス著：新編輯版　ドイツ・イデオロギー。岩波文庫。白124-3。岩波書店。
中国語訳廣松版	廣松渉　2005：广松渉编注《文献学语境中的〈德意志意识形态〉》，彭曦译，南京大学出版社，2005年。
渋谷版	渋谷正　1998：渋谷正編・訳　カール・マルクス，フリードリヒ・エンゲルス著：ドイツ・イデオロギー：序文・第1巻第1章（草稿完全復元版）：新日本出版社。
服部監訳版	服部文男　1996：服部文男監訳　マルクス／エンゲルス著：[新訳] ドイツ・イデオロギー。科学的社会主義の古典選書：新日本出版社。

はじめに

本書は編者が日本，ドイツ，中国の研究者に呼びかけて編んだ論文集である。全体は，第Ⅰ部「新 MEGA I/5 と刊行後のドイツにおける反響」，第Ⅱ部「オーサーシップ，草稿編訳をめぐる論争」，附篇「新 MEGA 全4部門 114 巻と既刊一覧」からなる。

本書の第Ⅰ部「新 MEGA I/5 と刊行後のドイツにおける反響」には次の4つの論考を第1～4章として収録した。

　　第1章　新 MEGA 版『ドイツ・イデオロギー』の刊行を報じる IMES 事務局長のプレスリリース（大村泉）

　　第2章　『ドイツ・イデオロギー』がそもそも存在しなかった（A. デミロヴィッチ）

　　第3章　「フォイエルバッハ」章におけるテキストの配列変更──新版『ドイツ・イデオロギー』（新 MEGA I/5）の刊行によせて──（W. シュヴァルツ）

　　第4章　大転換期のマルクス／エンゲルス研究──『ドイツ・イデオロギー』テキストの批判的新版によせて──（D. フィライシス／F-O. ヴォルフ）

『ドイツ・イデオロギー』を収録する新 MEGA I/5 がリリースされたのは，2017 年 11 月 27 日であった。同日付で，ゲラルト・フープマン（Gerald Hubmann）博士の署名入りのプレスリリースが，BBAW の公式 HP に掲載された。BBAW には，新 MEGA 全体の編集刊行に責任を負う IMES の事務局がある。フープマンは IMES の事務局長で，新 MEGA I/5 を編集した3名の編集者の1人である。第1章に収録した編者の論考は，このプレスリリースを取り上げ，IMES が新 MEGA 同巻のどのような特色をもっとも重視しているのかを紹介する。またここで提示された唯物史観の成立に関する新理解には，日本の研究史に照らしたとき，あるいは新 MEGA I/5 に収録された「成立と伝承」の記述との間で，どのような問題があるのかを論じている。この論考は，編者が極東書店の求めに応じ

て，新 MEGA I/5 の公刊直後に，同書店の HP に掲載した紹介記事の改稿である。

　第 2 章の著者，アレックス・デミロヴィッチ（Alex Demirović）教授は，1952 年ドイツ・ダルムシュタット生まれ。ベルリン工科大学，フランクフルト大学講師（専門は政治・社会思想史）などを経て，ローザ・ルクセンブルク財団上席研究員，雑誌『ルクセンブルク』編集者，ローザ・ルクセンブルク財団学術委員会代表。第 2 章に収録した論考は，マルクス 200 年に関するローザ・ルクセンブルク財団の公式ホームページに掲載された新 MEGA I/5 の書評である。ここでデミロヴィッチは，今回新 MEGA I/5 の解題などで反復強調されている，『ドイツ・イデオロギー』という草稿のタイトルは，マルクス／エンゲルスが執筆に関与していた当時，書物のタイトルとしては無論，そもそも草稿のタイトルとしても直接には話題にならなかったことの意味を問い，新 MEGA 同巻解題の趣旨に関連させて草稿群全体の性格を考察している。

　第 3 章の論考の執筆者，ヴィンフリート・シュヴァルツ（Winfried Schwarz）博士は，1970 年代半ば以後ベルリンの壁崩壊（1989 年）まで，『資本論』及び準備草稿に関する鋭い問題提起を多数公表していた研究者で翻訳・紹介されている業績に，『資本論体系成立史』（法政大学出版会，時永・大山訳，1986 年），ヨハン・モストの『資本論入門コメンタール』（岩波書店，大谷訳，1987 年）がある。拠点としていたフランクフルト・アム・マインのマルクス学習・研究所（IMSF：Insitut für Marxistische Stuiden und Forschungen/Frankfurt am Main, 1968-1989）が，ベルリンの壁崩壊後に解体されたのち，環境関連の企業を立ち上げ，温室効果ガス削減で気候変動パネルの一員として訪日経験もあるという。70 歳となったのを機に，マルクス／エンゲルス研究に再度取り組むこととし，最初の本格的な仕事が *Zeitschrift für Marxistische Erneuerung*（『雑誌マルクス主義再生』。略称："Z" No.113（2018 年 3 月）に寄稿したこの書評であった。『ドイツ・イデオロギー』の首章，第 1 章「フォイエルバッハ」を構成する草稿は，残存するマルクス／エンゲルスの草稿の中で，唯物史観の基本テーゼが最初に登場する草稿である。同章を構成する草稿は，長短取り混ぜ 8 点ある。シュヴァルツはここで 1926 年以来，ヨーロッパで刊行された草稿の再現編集を比較し，今回の新 MEGA I/5 でようやくマ

ルクスの所有論の発展を時系列に即して検討することが可能になった，として同巻の公刊を歓迎する。

　第4章の論考の執筆者，ダンガ・フィライシス（Danga Vileisis）女史はリトアニア，カナオス生まれで，米国籍の在野の研究者だが，研究発信の拠点はギリシャのクレタ島とベルリンである。この10年はスコットランド啓蒙やイギリス唯物論のマルクス／エンゲルスへの影響に強い関心を持っている。共筆者はフリーダー-オットー・ヴォルフ（Frieder-Otto Wolf）ベルリン自由大学栄誉教授，元EU議会議員。マルクス哲学に関する業績が多数ある。第4章に収録したのは，*Deutsche Zeitschrift für Philosophie*（『ドイツ哲学雑誌』）Vol.66（1），2018に掲載された二人の書評である。新MEGA I/5の書評で学術誌に掲載されたのは，おそらくこれが最初であろう。ここでは，エンゲルス／マルクスの『聖家族』と『ドイツ・イデオロギー』第3章「聖マックス」の空想的社会主義，イギリス経験論や唯物論に関する評価を対比して，両者間に根本的な「転換」があったと断じ，これこそ『ドイツ・イデオロギー』段階のマルクス／エンゲルスの新たな到達点に他ならないのであって，唯物史観の確立よりもむしろ注目すべき点だとしている。

　本書第Ⅱ部「オーサーシップ，草稿編訳をめぐる論争」は次の4章と附論からなる。

　　　第5章　唯物史観の第1発見者（大村泉）
　　　第6章　唯物史観の成立に関する廣松渉のエンゲルス主導説批判（渋谷正）
　　　第7章　マルクス社会理論の生成——『経済学・哲学手稿』と『ドイツ・イデオロギー』の接合——（渡辺憲正）
　　　第8章　イデオロギー批判は，いつ，いかにして成立したのか——新MEGA I/5解題に対する異論——
　　　第9章　中国における『ドイツ・イデオロギー』編訳史概観——中国語訳廣松版（2005年）と大村／渋谷／平子による批判以後を中心に——（盛福剛）
　　　補　章　中国語訳廣松版刊行前後の研究史とオンライン版（大村泉）

　編者の第5章が取り上げたのは次の問題である。エンゲルスは，マルク

スが一部執筆した『反デューリング論』(1877) 以来，マルクス没後も一貫して，剰余価値と唯物史観の第1発見者はマルクスだったことを繰り返し明言している。浩瀚な『剰余価値学説史』(1862-1863) が存在するからか，剰余価値の第1発見者をマルクスに求める言及が疑問視されたことはない。しかし唯物史観についてはそうではない。唯物史観の諸テーゼがまとまった形で姿を現すのは『ドイツ・イデオロギー』第1章「フォイエルバッハ」草稿においてである。手書きの草稿のままで『ドイツ・イデオロギー』を読むと興味深い事実に遭遇する。関連する筆跡から，草稿の全体をリシャッフルし，新たなページ付けを行い，第1章「フォイエルバッハ」を編んだのがマルクスであったのは明白である。しかしながら，草稿の本文テキストの筆跡に着眼すると，マルクスの筆跡は全体の数パーセントにとどまり，大半がエンゲルスのものである。著者が自分自身の思考を紙面に移すとき，最初に成立する正書法上整ったテキストを，本書は「基底稿」と呼んでいるが，数百ページを超える『ドイツ・イデオロギー』の草稿中，この基底稿にマルクス及びエンゲルスの筆跡が混在するのは，第1章「フォイエルバッハ」草稿のマルクスのページ付けで第25ページにしかない。一般に，草稿の著者同定では基底稿の筆跡がもっとも重視されてきた。この筆跡のほぼ100%がエンゲルスのものなら，その真の著者，従ってまた唯物史観の第1発見者はマルクスではなく，エンゲルスと言うべきである。草稿の筆跡と，唯物史観（＝人類史の発展法則）の第1発見者をマルクスに求めるエンゲルスの証言には明らかに矛盾がある。

エンゲルスの証言を虚言視せずに，この矛盾を解消する，唯一かつ最良の方法は，草稿同章の本文テキストがマルクス口述，エンゲルス筆記によって成立したことを明らかにすることである。これが可能となれば，両者間に矛盾はなくなる。しかし内外の研究史で口述筆記の可能性が正面から取り上げられたことはなかった。研究史では，G. マイヤー（Gustav Mayer, 1871-1948）が1920年代初めに提唱し，旧MEGA I/5 (1932)，新MEGA試行版 (1972)，新MEGA先行版 (2004)，そして新MEGA I/5 (2017) に連綿と継承され補強されたマルクス／エンゲルス共同執筆説と，1926年にD. リャザーノフ（David Rjazanov, 1870-1936）が先鞭をつけ，1966年に廣松渉（1933-1994）が徹底することになったエンゲルスの単独執筆説（＝エンゲルス証言虚言説）がこの問題に関する主要な対立軸を形

成する。

　研究史で口述筆記説が未展開に終始したのは，口述筆記を明記したマルクス／エンゲルスの往復書簡や第三者の証言等の決定的な証拠がなかったからである。編者の第5章では，最初に研究史を回顧し，上記のマルクス／エンゲルス共同執筆説とエンゲルス単独執筆説が厳しく対立するように見えながら，本質的な点で共通する重大な問題を内包しており，共同執筆説も単独執筆説同様，上記矛盾を抱え込まざるを得ないことを明らかにする。そしてマルクス／エンゲルスの書き癖如何という新たな観点から口述筆記の可能性を探る。こうした接近方法は，内外の約100年にわたる研究史で採用されたことがない方法である。編者はこれによって共同執筆説，単独執筆説が共有する陥穽を明確にして，エンゲルス証言の正当性を，従ってまたマルクスの唯物史観発見における主導的な位置を，文献実証する。

　編者は，本書第5章のアイデアが明確になった時点で，日本および中国の共同研究者に検討を依頼すると共に，仙台及び中国のいくつかの大学や，マルクス生誕200年を記念したリヨン（フランス）の国際会議で講演して関係者の意見を聞いた。これらも踏まえ，共同研究者は編者の問題設定を評価し，草稿同章の理論内容や解釈，中国での編集史について研究を進めることを約束し，第6〜9章の論考が本書に寄稿された。

　渋谷正鹿児島大学名誉教授の第6章は，1966年来さまざまな形で東アジアの3カ国（日本，中国，韓国）の『ドイツ・イデオロギー』の成立史研究に強い影響を与えてきた廣松渉の唯物史観発見におけるエンゲル主導説を根本から批判する。渋谷はここで，(1)マルクス／エンゲルスのA.スミスに対するそもそもの問題関心の相違，(2)内外の研究史で渋谷が最初に問題提起を行ったマルクス／エンゲルスの筆跡混交が基底稿に存在する唯一のページを廣松はどのように扱っていたのか，(3)廣松のエンゲルス単独執筆説に関する独自の論拠（例えば，草稿同章の基底稿には，フォイエルバッハに関するテーゼが反映されていない，等）に信憑性はあるのか，(4)渋谷がいち早く紹介した草稿同章の記述とマンチェスター・ノート，ギューリヒ抜粋など，マルクス抜粋ノートとの関連をどうみるのか，を縷々展開した後，最後に(5)渋谷が着眼した編者の口述筆記説の主論点，同音異義語の訂正を取り上げる。

渡辺憲正関東学院大学経済学部教授が執筆する第7章は，大村や渋谷の結論を受けて，『ドイツ・イデオロギー』の執筆，唯物史観の成立で主導的役割を果たしたのがマルクスであったとすれば，マルクスが最初に発見した唯物史観は，彼の初期の論考とどのような関係にあるのかを解明する。すなわち，『独仏年誌』（1844）の「ユダヤ人問題によせて」，「ヘーゲル法哲学批判序説」以後，『経済学・哲学手稿』（1844），『ミル評注』（同），『聖家族』（1845），『フォイエルバッハに関するテーゼ』（1845）などにおけるヘーゲル哲学の批判や労働疎外論，フォイエルバッハ批判と，またこれらの執筆と同時に精力的に取り組まれた『マンチェスター・ノート』などの抜粋ノートにおける歴史発展論に関する先行諸学説の批判的摂取，これらと唯物史観の成立が如何なる関係にあるのかを問う。渡辺によれば，唯物史観は『ドイツ・イデオロギー』執筆以前のこれらの諸労作や，先行学説の抜粋と無縁のものでは決してなく，唯物史観を構成する核心的テーゼは，最初期に芽生えた土台＝上部構造論（イデオロギー批判を含む）の拡張と，続く『経済学・哲学手稿』で確立した歴史変革理論（共産主義論）の適用に基づく，先行歴史段階説の批判的再構成にあると考えることが可能だという。

渡辺の第8章は，1844年前後，とくに『ドイツ・イデオロギー』執筆直前のドイツにおける主要なイデオローグ（バウアーやシュティルナー，ヘス等々）の発言状況を俯瞰し，その執筆直前，1845年5月に成立した『フォイエルバッハに関するテーゼ』（1845）の意義を再確認し，前記のIMES事務局長のプレスリリース（第1章）や新MEGA I/5の解題が強調する，シュティルナー批判を介した唯物史観の成立という問題構成が，『経済学・哲学手稿』（1844）の疎外論やマルクスのフォイエルバッハ批判の到達点，また『聖家族』（1845）における徹底したバウアー批判の水準を無視ないしは軽視することになりはしないか，と問題を提示する。ちなみに，本章の標題にある「イデオロギー」で念頭に置かれているのは，1844年前後のドイツにおける青年ヘーゲル派の論客のイデオロギー的主張である。

盛福剛武漢大学哲学学院専任講師は，陝西師範大学・西安の日本語学科出身。2010年に来日，2016年に東北大学大学院経済学研究科で博士（経済学）学位を取得して帰国し現職にある。学位論文は「中国におけるマル

クス主義文献の初期受容に関する研究――日本からの伝播・翻訳を中心として――」であった。編者らは，2005年に南京大学出版社から廣松版の中国語訳が公刊されたとき，出版記念会での張一兵同大学副学長（現同大学書記）や廣松岩波文庫版の補訳者小林昌人の紹介が，廣松版の過大評価に陥っているばかりか，事実関係の歪曲まで伴っていることを座視するのは適切でないと考え，廣松版の最大の学術的貢献とされた同版『ドイツ・イデオロギー』第1章「フォイエルバッハ」の本文に組み込まれた異文テキストの多くが，実は廣松が「偽書」とさえ呼んだ旧 MEGA I/5 (1932) の機械的引き写しに過ぎないこと，中国語版の底本である1974年に刊行された廣松版のドイツ語テキストは，その2年前に刊行された新 MEGA 試作版での異文テキストの全面改定を事実上何も反映していないこと，廣松版の異文テキストは学術的引証・参照に堪えることができないことを文献実証し，中国人研究者に注意を喚起した。この批判は中国でも大きな反響を呼んだようだが，その経緯は具体的にはどうであるのか，この批判以降の中国学界での廣松版の位置づけに生じた変化，中国人研究者の唯物史観成立に関する最新の研究動向はどうであるのか。本章で盛が取り組むのはこのような問題群である。

続く編者の補章は，中国語訳廣松版刊行前後の廣松版に関する日本の研究史と編者らが編集を進めている『ドイツ・イデオロギー』第1章「フォイエルバッハ」草稿のオンライン版のコンセプトを紹介する。

本書は巻末に附篇を置いた。ここでは，BBAW の HP で提供されているデータを編訳することで新 MEGA 全4部門の構成と概要，既刊部分一覧を紹介し，日本国内での分野を越えた新 MEGA に基づくマルクス／エンゲルス研究の進展に資することとした。編訳は，窪俊一東北大学情報科学研究科准教授が担当した。

謝辞

本書の刊行に際し，A. デミロヴィッチ氏，W. シュヴァルツ氏，D. フィライシス氏，F-O. ヴォルフ氏から，快く玉稿の訳載を了承していただくことができた。本書の刊行のために貴重な時間を割き，附篇の編訳と上記諸氏の論考の翻訳を担当されたのは窪俊一氏である。窪氏の貢献によって初めて，新 MEGA I/5 の公刊とそれへのドイツでの反響如何，という問

題に関する日本人読者への詳細な情報提供が可能となった。渋谷正氏，渡辺憲正氏，盛福剛氏からは，『ドイツ・イデオロギー』第1章「フォイエルバッハ」草稿はマルクス口述，エンゲルス筆記によって成立した，という編者の私見を踏まえて，唯物史観成立史に関する諸草稿の理論的内容や研究史上の，また普及史上の争点に，深く立ち入った貴重なご寄稿を頂戴した。ここに記して，編者は，これらの諸氏に心から感謝の意を表する。

　最後に，出版事情が厳しいなか，本書をマルクス生誕200年記念の出版物の一つとしてその刊行普及を決断してくださった社会評論社の松田健二代表に改めて厚くお礼を申し上げる。

大村　泉
東北大学名誉教授／IMES編集委員

第Ⅰ部　新MEGA I/5と刊行後の
　　　　ドイツにおける反響

第1章　新MEGA版『ドイツ・イデオロギー』の刊行を報じるIMES事務局長のプレスリリース

はじめに

　ようやく待望の『ドイツ・イデオロギー』に関する全草稿と印刷物を収録する新MEGA I/5が刊行された。新MEGA[1]はいずれの巻もテキスト部と学術附属資料部（Apparat）の2部構成で，テキスト部には厳密なテキスト批判に基づく草稿や印刷物の最終テキストが収録され，学術附属資料部には全巻に統一した基準で作成されたテキストの「解題」，「成立と伝承」，「書誌事項記録」，「異文および編集者訂正一覧」，「注解」，「索引」が収録される。今回刊行された新MEGA I/5のテキスト部は710頁，附属資料部はその1.5倍を超える1193頁，総計1894頁と既刊巻のなかでもページ数，特に学術附属資料部が群を抜いて浩瀚な巻の1つである。

　新MEGAの編集体制が刷新されたのはベルリンの壁が崩壊した翌年の1990年であった。この年以降，新MEGAの編集責任は，旧ソ連および旧東独のマルクス＝レーニン主義研究所から，IISGに本部を置くIMESに移り，編集実務はベルリンのBBAWが中心的責務を負っている。新体制の下で新MEGA I/5の刊行は1997年に予定されていたから，刊行の遅れはちょうど20年になる。この間，当時の編集者は2人が物故，編集者がすっかり入れ替わるなど，大きな変動があった。新MEGA I/5の学術附属資料部が浩瀚となったのは，編集者の交代に伴う編集方針の変更も関係していたように思われる。

Ⅰ．新MEGA I/5の内容

　新MEGA I/5のテキスト部全体に付された編集者のタイトルは「カール・マルクス／フリードリヒ・エンゲルス：ドイツ・イデオロギー。草稿

及び印刷物」である。編集者は新MEGA I/5 の内容を「青年ヘーゲル派の哲学への批判」,「真正社会主義批判」及び「附録」に区分する。最初の「青年ヘーゲル派の哲学への批判」は,さらに4つに細分され,マルクスの『ドイツ・イデオロギー』全体に対する「序文」(草案)が,次いで順に,マルクス／エンゲルスを著者とする第1章「フォイエルバッハ」,第2章「聖ブルーノ」,第3章「聖マックス」に関連する草稿12点が配置されている。「真正社会主義批判」には関連するマルクス／エンゲルス,モーゼス・ヘスとエンゲルス,エンゲルス単独の草稿及び印刷物4点が編集収録され,「附録」にはマルクスが協力したヘスの,ヘスとエンゲルスとの,マルクス／エンゲルスが協力したローラント・ダニエルスの印刷物や草稿の断片,草稿3点が収録されている。

　新MEGA I/5 の解題によれば,これらの17点の草稿と2点の印刷物は,いずれもマルクス／エンゲルスが,1845年10月半ばから1847年の4月ないし5月に『ドイツ・イデオロギー』のために起草したか,共同で公表することを目的に作成に関与した。しかしマルクス／エンゲルスの筆になる『ドイツ・イデオロギー』という作品は現存しない。新MEGA I/5 で編集された草稿及び印刷物は,当初はマルクス／エンゲルス及びヘスが独自の季刊誌を立ち上げてそこで公表することを模索していた。新MEGA I/5 での草稿,印刷物の配列は,1846年夏に計画された季刊誌の出版構想に準拠しているという(新MEGA I/5, S.794ff.)[2]。マルクス／エンゲルスは,この出版企画が挫折した後,季刊誌2巻(冊)分の材料を,独立した2巻もので,場合によっては圧縮した1巻本で出版することも模索した。しかし検閲の悪化など,諸種の事情から,マルクス／エンゲルスは,1847年12月にはこうした出版企画そのものを最終的に放棄せざるを得なかった,という。

II. 新MEGA I/5 の意義

　新MEGA I/5 刊行の意義は何か。第一義的にはそれは,次のような問題を具体的かつ詳細に,草稿のオリジナルに基づいて自由に——しかも草稿の解読に関する特殊な専門的知識を有さなくとも——研究できることになったことであろう。(1)ここに収録された全一連の『ドイツ・イデオロ

ギー』の草稿や印刷物は，そもそもどのような経緯で作成されたのか。⑵この計画はどのような事情で挫折することになったのか。⑶その構成・内容はどのように変遷したのか。⑷その性格はそもそもどうであったのか。⑸20世紀初頭来の研究史にはどのような問題が存在するのか，等々。

　新MEGA I/5で文字通り初めて公表された草稿は，附録の最後に収録されたローラント・ダニエルスの草稿（ただしオリジナルは既に存在せず，1920年代に撮影され，モスクワで保管されていたフォトコピーが基礎テキストである）に限定され，他は既に最終テキストの大半が原語で公表されている。しかし今回ほど徹底したテキスト批判が収録文書に加えられたことはなかった。

　解題には70頁余が割かれ，「『ドイツ・イデオロギー』草稿の執筆過程」，「『ドイツ・イデオロギー』草稿の伝承」，「『ドイツ・イデオロギー』草稿の編集史」，「テキスト整序，編集者例言」が詳述されている。編集者は当時の論争や収録草稿だけではなく，新MEGA III/1,2に収録された書簡，特にマルクス／エンゲルスと第三者との往復書簡を活用することで，独自の季刊誌による草稿公表に向けた二人の取り組みを活写し，企画がどのように変遷し，最終的には頓挫するに至ったのか，その際，企画全体の，また個々の草稿の構成にどのような変更が加えられたのかを詳論している。

　さらに，収録草稿，印刷物のそれぞれについて，独自の成立と伝承，書誌事項記録が与えられている。なかでも，当初はブルーノ・バウアー及びマックス・シュティルナー批判として起草され，後に，第1章「フォイエルバッハ」の本論部分に転用された草稿部分——マルクスはこの部分に1-72の頁を振った（3-7頁及び30-35頁は伝承が確認されていない）——の「成立と伝承」には32頁も割かれ，この部分の成立過程は4段階に明瞭に分かれること，その手入れは『ドイツ・イデオロギー』関連草稿の起筆から計画そのものの挫折する全期間に及んでいることを詳しく明らかにしている。加えて，異文一覧で紹介される本文テキスト成立に伴うテキストの削除，加筆，置換，展開序列変更の正確な記録は，総計約500頁に達する膨大なもので，注解と共に，旧MEGA I/5（1932年），新MEGA試作版（1972年），新MEGA先行版（2004年）などの水準を遥かに上回るものがある。

Ⅲ．明らかになった新事実と研究史への問題提起

　新 MEGA I/5 が公刊された 2017 年 11 月 27 日に，新 MEGA 同巻の 3 人の編集者の 1 人でもあり，IMES 事務局長の要職にある G. フープマン（Gerald Hubmann）は，プレスリリース[3]で，同書は，「唯物論的歴史観の生成階梯（„Entstehungsphase der materialistischen Geschichtsauffassung") への全く新たな地平を切り開く」ことを強調し，この編集によって明らかになった『ドイツ・イデオロギー』成立史上の新事実として，次の 5 点を挙げた。なお，念のために付言するが，フープマンは，上記プレスリリースからの引用箇所ではマルクス／エンゲルスに共通な歴史観としてエンゲルスが多用した唯物論的歴史観（Die materialistische Geschichtsauffassung, 日本語略称：唯物史観）という術語を用い，以下に要約して示すプレスリリースの本論的部分では，歴史的唯物論（Der historische Materialismus, 日本語略称：史的唯物論）という術語を用いる。これはここでの批判の念頭にある旧ソ連，旧東独のマルクス＝レーニン主義研究所がこの術語を多用していることに対応していると思われる。しかしフープマンは術語内容に差異あるものとしては用いていない。要約部分に続く筆者のコメントでもこの点は同様である。

（1）国家マルクス主義で規範となった見解は次のようであった（ある）。マルクス／エンゲルスは，『ドイツ・イデオロギー』において史的唯物論を仕上げたのであり，同時にこの偉大な作品によってマルクス主義とマルクス主義政党の哲学的及び理論的基盤を生み出した。とりわけ史的唯物論の基本原理（„Die grundlegenden Leitsätze des historischen Materialismus") は，ルートヴィヒ・フォイエルバッハの批判のなかで発展させられた。しかし，マルクス／エンゲルスは，この基本的だと誤って理解された作品の出版を断念していた。初公開をめぐるドイツと旧ソ連との競争があった後，ようやく，1930 年代以来，様々な版本が出回るようになった。第 1 章「フォイエルバッハ」だけでも，この間，1 ダース近くの版が出現した。版ごとに異なる理由は，何よりも，完結した作品である『ドイツ・イデオロギー』が存在しないことにある。そもそも完結した

23

合冊の手稿というものが存在するのではなく，伝承されているのは，専ら断片的で既にマルクス／エンゲルスの存命中に所々激しく痛んだ草稿であった。これらの諸々の草稿が，テキスト合成によって，『ドイツ・イデオロギー』という一つの作品に集成されたのであった。そのさい，様々な編者がマルクス／エンゲルスによる「史的唯物論」の骨格を再構成しようとして6つの独立した草稿から1つの章，「I. フォイエルバッハ」を構成しようとしたことが，とりわけ記憶に止められる諸々の帰結を生んだ。しかし，この「史的唯物論」という概念もまた『ドイツ・イデオロギー』の手稿には存在しないのである。

(2) マルクス／エンゲルスは，『ドイツ・イデオロギー』の草稿群を書籍という枠組みでは全くなく，彼ら以外の著者（モーゼス・ヘス，ゲオルク・ヴェールト，ヴィリヘルム・ヴァイトリンクほか）も関与する1つの雑誌プロジェクトの枠組みで，起草していた。したがって，その第1の狙いは，独自な理論的立場を体系的に仕上げることではなく，その代わりに，青年ヘーゲル派及び同時代の社会主義者との論争を効果的に進めるところにあった。

(3) この論争でマルクス／エンゲルスの批判の焦点にあったのは，フォイエルバッハではなく，マックス・シュティルナー，すなわちラジカルな個人主義的著作，『唯一者とその所有』の著者であった。過去一世紀の読者に第1章「フォイエルバッハ」として提示されていた草稿の大半は，元々はシュティルナー批判の中で執筆されていた。このことは，「イデオロギー」や「小ブルジョア」などの中心的な諸概念の誕生にも当てはまる。さらに，ここには，ドイツのブルジョア制度や物質的支配に対する精神的支配の諸関係，及び私有財産制度の歴史の発展に関するマルクス／エンゲルスが彼ら独自の立場を表明する多数の脱線も見られる。

(4) こうした批判をする中で，マルクス／エンゲルスは，初めて彼らの見解を独自の1章で表明し，フォイエルバッハへの批判に結びつけることを決断したのであった。このために，二人は彼らが起草したテキストから，シュティルナーやバウアー批判の中心的なテキストを分離することにしたのであった。本巻では，こうしたテキストの

発展が学術附属資料部で詳細に記録されている。

(5) 本巻を通じて，読者が入手できる最大のものは，20世紀の政治史を背景に，如何にして，未完の，マルクス／エンゲルスの存命中には未公表であった諸々の草稿から，「史的唯物論」の一つの基本文献が編み出されえたのかを説明する草稿の，伝承史や編集史を含むテキスト批判的な総括及びコメントである。文献学的研究の成果の中で初めてマルクス／エンゲルスの歴史観の生成及び信頼できるテキスト形成史への完璧な洞察が可能となり，彼らの歴史観が，天才の理論形成の成果ではなく，3月前期の青年ヘーゲル派や初期社会主義者との論争から生まれたことが明らかとなる。草稿が証拠立てるのは，後々の受容で喧伝された（およびテキスト編集で示唆された）史的唯物論という一つの哲学を仕上げることではなく，それに代わって，まさしく「現実的で実証的な科学」のための，この哲学からの明らかな決別宣言である[(4)]。

このフープマンの議論で筆者の目にまずとまったのは，彼が『ドイツ・イデオロギー』第1章「フォイエルバッハ」の執筆を主導したのはマルクス／エンゲルスのいずれであったのか，同じことだが，唯物史観（史的唯物論）の第1発見者は誰かという問題について，関心らしい関心を示すことなく，本書の「はじめに」で述べた第1章の共同執筆説を採用している点であった。しかしこの問題には本書の第5章で詳しく立ち入ることにして，以下ではこの要約文に即して考察を進めよう。

さて，筆者が，フープマンに，プレスリリースの翻訳を申し出たところ，上記(1)に注記を付記したテキストが送られてきた。注記は，「国家マルクス主義…理論的基盤を生み出した」というセンテンスの末尾に付され，そこでは，「事例を挙げると，この立場は，例えば，モスクワ及びベルリンの［旧−引用者］マルクス＝レーニン主義研究所によって編集され，これまで広範囲に普及した『ドイツ・イデオロギー』を収録するMEW, Bd.3の序文において定式化されている」，とあった。

確かに，この注記にあるように，MEW, Bd.3の編集者「序文」は上記(1)の立場を敷衍する[(5)]。MEW, Bd.3に収録された『ドイツ・イデオロギー』第1巻第2章は「聖ブルーノ」，同第3章は「聖マックス」だが，7ページからなる「序文」における両章への言及は半頁程度であり，大半

が第1巻第1章「フォイエルバッハ」の解説に割かれ，フォイエルバッハの唯物論を批判し，唯物史観の革命的な特質，その実践的＝批判的性格を称揚している。

また MEW, Bd.3 の『ドイツ・イデオロギー』第1巻第1章「フォイエルバッハ」は，両研究所の唯物史観の解釈に沿って，原草稿のテキストを約40の断片に分断し――中には，1つの段落を2つに分け，全く異なる頁に配列した箇所もある――並べ替え，同章があたかも統一的なテーマを追求しているかのように編集している。この編集そのものは，旧 MEGA I/5 の『ドイツ・イデオロギー』を踏襲したものだが，旧 MEGA I/5 では草稿の配列変更は注記等から読み取ることが出来た。しかし MEW, Bd.3 にはこの配慮はない。

新 MEGA I/5 の編集者が提起する最大の問題は，MEW, Bd.3 によって世界に流布した『ドイツ・イデオロギー』のこのような編集とその特質理解への根本的な反省である。フープマンら編集者が(1)の批判を MEW, Bd.3 に対して行った理由は何か。これに答えたのが，(1)の後半から(2)～(4)である。曰く，そもそも，「史的唯物論」（＝唯物史観）という概念は『ドイツ・イデオロギー』に存在しないし，『ドイツ・イデオロギー』そのものが未完成であり，書物として，したがってマルクス／エンゲルスに独自な理論的立場を体系化しようとしたものではない。『ドイツ・イデオロギー』は当時ドイツの哲学界を席巻していたシュティルナーやバウアー，また社会主義的諸潮流との論争を目的にした，いわば時論である。この時論から，「史的唯物論」で重要な位置を占める「イデオロギー」や「小ブルジョア」などの中心的な諸概念も誕生し，数多の「脱線」から，私有財産制度への言及もなされ，ついには，独自な1章としての「フォイエルバッハ」が生まれ，本論であるバウアー，シュティルナー批判からの分離が「決断」されたのであった。

だから，マルクス／エンゲルスの遺稿，第1章「フォイエルバッハ」に関する6点（新 MEGA I/5 のように「フォイエルバッハに関する手稿の束（*Konvolut zu Feuerbach*）」を出自が明確な形に3区分し，最後のメモを独立した草稿に数えると，点数は9点になる）の草稿は，成立の経緯に鑑みれば，これをどのように編集したとしても――新 MEGA I/5「解題」の「『ドイツ・イデオロギー』草稿の編集史」では，この試みとして，

リャザーノフ版（1926 年），旧 MEGA I/5 版（1932 年）以降の 8 例が掲げられている(6)——，唯物史観の体系的展開にはなり得ない。

　旧 MEGA I/5 に倣った MEW, Bd.3，またこれに連なる一連の研究史は，このことを事実上無視していた，というのである。そして(5)では，「フォイエルバッハ」章の関連諸草稿を，シュティルナー批判との関連で捉え直すことの重要さを述べ，『ドイツ・イデオロギー』という未完の作品は，対象は当時のドイツにおける哲学界での論争批判だが，帰結そのものは史的唯物論という一つの哲学を仕上げることではなく，それに代わって，まさしく「現実的で実証的な科学」のための，この哲学からの明らかな決別宣言，であった，というのである。

Ⅳ．この問題提起をうけて

　IMES が 1990 年に成立したとき，提唱された新たな目標に，事業の「国際化」と「学術化」＝「脱政治化」があった。後者は，モスクワ及びベルリンの旧マルクス＝レーニン主義研究所が編集した新 MEGA 巻の「序文」（Einleitung）では，収録文献の解説が，しばしばスポンサーでもあった当時の両国政権党の政治的主張に沿っていたことへの深い反省から設定された。フープマンのプレスリリースは，このことを最大限考慮したものである。新 MEGA 編集でこの目標を堅持することの重要性は当然である。しかし，筆者は，(1)の「史的唯物論の基本原理は，ルートヴィヒ・フォイエルバッハの批判のなかで発展させられた」ことを否認ないしは軽視しているかにも読めるフープマンの理解，また「史的唯物論」あるいは「唯物史観」という「概念もまた『ドイツ・イデオロギー』の手稿には存在しない」ことをことさら強調する見解には，与することができない。

　筆者は IMES の発足以来，新 MEGA 事業の「国際化」と「学術化」をフープマンらとともに追求し，2005 年以後，3 度にわたって新 MEGA の新たな巻を世に送り出した(7)。この 10 年余，筆者は，同学の諸氏と共に，わが国の 1960 年代半ば以降の MEW, Bd.3（＝旧 MEGA I/5）の『ドイツ・イデオロギー』編集への厳しい批判とその後の論争を総括し，原草稿と新 MEGA 先行版及び新 MEGA I/5 のテキストに基づいて，オンライン版の『ドイツ・イデオロギー』第 1 章「フォイエルバッハ」編集を進め，

近々公開を試みようと考えている$^{(8)}$。オンライン版に取り組む筆者には，第1章「フォイエルバッハ」で，当初はバウアー論に属した次の引用文とその前後の文脈が極めて興味深い。

　「結局，われわれは，これまで述べてきた歴史把握からさらに次の諸結論をえる。(1)生産諸力の発展のなかで，現存の諸関係のもとでは，害をおよぼすだけで，…むしろ破壊諸力（機械と貨幣）である生産諸力と交通手段とがよびおこされる段階があらわれる。—そして，そのことと関連して，社会のあらゆる重荷を負わなければならないが，その利益を受けることない一階級，社会からおしのけられて，他のすべての階級との決定的な対立を強いられる一階級がよびおこされる。この階級は，社会構成員全体の多数をなし，そしてこの階級から，根本的革命の必要性についての意識，共産主義的意識が出てくるのである。…(2)…すべての革命的闘争は，それまで支配してきた階級に向けられる。(3)…共産主義革命は，…あらゆる階級の支配を階級そのものとともに廃止する。というのもこの革命は，社会のなかでもはや階級とみなされず，階級として認められず，既に今日の社会の内部におけるあらゆる階級，国民性などの解消の表現である階級によって成し遂げられるからである。…(4)…革命が必要なのは，…打倒する階級が，革命のなかでだけ，すべての古い汚れをとりさり，そして社会をあらたにきずく能力をもつようになるところにまで，達しうるからである。

　したがって，この歴史観は次のことに基づいている。すなわち，それは現実的な生産過程を，しかも直接的生産過程の物質的生産から出発して展開すること，そして，この生産様式と結びつき，それによって生み出された交通形態を，したがって市民社会をそのさまざまな段階において歴史全体の基礎として捉えること，そして，市民社会を国家としてのその行動において示し，かつ宗教，哲学，道徳などと言う意識のすべてのさまざまな理論的な産出物と形態を，市民社会から説明し，それらの成立過程をそれから跡づける……。」（新 MEGA I/5, S.43f. 服部監訳，49-59頁）

　確かにここには，「史的唯物論」（ないしは「唯物史観」）という概念術語は全く登場しない。しかしこの2つの段落で問題になっている労働者階級の出現とその歴史的使命，共産主義論，そしてこれを承けて続く「この

歴史観」(diese Geschichtsauffassung）は，マルクスが後に『経済学批判』第1分冊の序言（新 MEGA Ⅱ/2, S.100ff.）で定式化した周知の「唯物史観（史的唯物論）」ではないのか。

第1章「フォイエルバッハ」では，「観念論的歴史観（"Idealistische Geschichtsanschauung"）」に対比させて「この歴史観」を特徴付けているが，ここでは同時に，フォイエルバッハの「唯物論」も徹底した批判の対象となり，フォイエルバッハが「歴史を考慮に入れるかぎりでは，彼は唯物論者ではない．彼の場合は唯物論と歴史とが全く分離している」（新 MEGA I/5,S.26,服部監訳版，35ページ）とも断じられている。

新 MEGA I/5 の「成立と伝承」によれば，第1章「フォイエルバッハ」草稿の「右欄新規テキストで長大な追加ないしは挿入箇所の大部分は高度な蓋然性をもって第1章『フォイエルバッハ』の仕上げの段階でなされた」（新 MEGA I/5, S.846）と推定できるという。しかし上記引用文は，いずれも原草稿の右欄ではなく，左欄の記述である。したがって，これらの記述の実際の執筆時期が，シュティルナーが本格的に取り上げられる『ドイツ・イデオロギー』第1巻第3章「聖マックス」に相当する草稿部分に先行していることは明白である。引用文が記された原草稿の右欄にはマルクスの筆跡で「フォイエルバッハ」と記され，「この歴史観」がフォイエルバッハとの対抗を強く意識して提示されているのが知られる。

筆者がフープマンの所説のすべてを直ちに首肯できない所以である(9)。しかし，だからといって，こうした事実関係から，フープマンの(2)〜(4)の『ドイツ・イデオロギー』の全体的な性格に関わる論点を直ちに否定できるというものではない。われわれが取り組むべきはむしろ，新 MEGA I/5 の文献学的考証の助けを借り，『ドイツ・イデオロギー』全体の内在的な理解を深化させ，『ドイツ・イデオロギー』全体の中では「脱線」（＝岐論）と目された「フォイエルバッハ」に関わる論点をマルクス／エンゲルスが，最終的には，『ドイツ・イデオロギー』の附論扱いにするのではなく，あくまでその首章＝第1章に据えようとした理由を解明することであろう。

と同時にまた，本書の第6章で渋谷正が，また第7及び8章で渡辺憲正が着手した，『ドイツ・イデオロギー』に先行する初期のマルクスの作品，すなわち『独仏年誌』(1844) の「ユダヤ人問題によせて」，「ヘーゲル法

哲学批判序説」から，『経済学・哲学手稿』(1844)，『ミル評注』(同)，『聖家族』(1845)，『フォイエルバッハに関するテーゼ』(1845) などにおけるヘーゲル哲学の批判や労働疎外論，フォイエルバッハ批判と，またこれらの執筆と同時に精力的に取り組まれた『マンチェスター・ノート』などの抜粋ノートにおける歴史発展論に関する先行諸学説の批判的摂取と『ドイツ・イデオロギー』で提示される唯物史観の諸定式との有機的な関連を解明することであろう。本書の第8章で渡辺が指摘するように，新MEGA I/5 の編集者には後者の有機的関連を問う観点が十全でないだけに，今後の重要な論点となるであろう。

新 MEGA I/5 から多大な恩恵を被るわれわれは，こうした諸点の解明を通じて，新段階に入った『ドイツ・イデオロギー』の研究史の前進に貢献すべきであろう。

注
（1） Marx-Engels-Gesamtausgabe,1975-。全4部門，114巻を予定。第Ⅰ部門は『資本論』を除く既公表の「著作，論文，草案」，第Ⅱ部門は「『資本論』及び準備労作」，第Ⅲ部門は，マルクス／エンゲルス間の，また第三者間との「往復書簡」を収録。第Ⅳ部門は「抜粋，メモ，欄外書込」を収録。第Ⅱ部門の15巻は2012年に完結。他の部門の既刊巻は I/1-3,5,7,10-14,18,20-22,24-27,29-32；Ⅲ/1-13；Ⅳ1-9,12,14,26,31,32 である。この詳細は本書巻末の附篇「新 MEGA 全4部門 114 巻と既刊部分一覧」を参照

（2） 「青年ヘーゲル派の哲学への批判」(編集者の中見出し，新 MEGA I/5, S.1ff.) の第1章「フォイエルバッハ」内の草稿配列は，草稿の成熟度や性格（準備作業，清書稿断片，章の書き出し）等を考慮して行ったという。この結果，第1章の草稿配列は，草稿執筆順（起筆順）を銘打ち，「フォイエルバッハに関する手稿の束」を先に置き，章の書き出しも清書稿断片と共にこの「束」より後に置いた新 MEGA 先行版（2003 年）と同一ではない。先行版では，巻頭に，ゲゼルシャフツシュピーゲル第2巻第7冊（1846 年 1 月号）に収録されたマルクスの「ブルーノ・バウアーを駁す」があった。この駁論は，新 MEGA I/5 には収録されていない。新 MEGA I/5 では，第1章を構成する草稿群に先立ち，マルクスの『ドイツ・イデオロギー』全体に対する「序文」（草案）が配されている。この「序文」は，季刊誌企画挫折後の作品で，『ドイツ・イデオロギー』を独自出版するために起草されたものだが，テキストの性格（ジャンル）を考慮してここに配置したという，等々。なお，新 MEGA I/5 の第1章の草稿配列では，本書第3章が興味深い評価を与えている。

（3） このプレスリリースの原文及び翻訳は，本章末，引用・参考文献一覧の URL を参照。

（4）「現実的で実証的な科学」（Die wirkliche positive Wissenschaft）。この引用は，新 MEGA I/5 では，第 1 章「フォイエルバッハ」の末尾に置かれた「マルクス／エンゲルス：5［断片］」，最終段落冒頭の次の一節から取られている。「したがって，思弁がやむときに，すなわち現実的生活においては，現実的で，実証的な科学が，人間たちの実践的活動，実践的発展過程の叙述がはじまる。」（Da wo die Spekulation aufhört, beim wirklichen Leben, beginnt also die wirkliche, positive Wissenschaft, die Darstellung der praktischen Bethätigung, des praktischen Entwicklungsprozesses der Menschen.）（引用に際し，wirkliche と positive の間にある「,」が省略されている）（新 MEGA I/5, S.136. 服部監訳, 28 頁）

（5）MEW, Bd.3 は大月書店版『マルクス＝エンゲルス全集』第 3 巻で全文訳を読むことができる。現在この翻訳は絶版だが，電子版は販売されている

（6）なお，ここでは廣松版や渋谷版という日本人研究者の試みには言及がない。また研究文献目録にはアジア人研究者の業績は皆無であり，英語圏で最近精力的に発言している T. カーバー（Carver, 2014a,b）にも言及はない。

（7）新 MEGA II/12（2005），II/13（2008）及び新 MEGA IV/14．筆者は第 II 部門の 2 つの巻には編集責任者，第 IV 部門には編集者の一員として関与した。

（8）大村／渋谷／窪（2015）（とくにこの第 5 章「オンライン版のコンセプト」（窪，大村），pp.80-96），及び本書第 5 章第 VII 節，第 10 章第 II 節，参照。

（9）唯物史観の成立に関するフープマンの理解を，このプレスリリースのみから読み解くと，当時の青年ヘーゲル派との論争，とくにシュティルナー批判が主要な契機になった，と見ているように思われる。しかし同時に，フープマンも編集者の一員であるの新 MEGA I/5 の「フォイエルバッハに関する手稿の束」の「成立と伝承」では，マルクス／エンゲルスの歴史観に関する詳論がシュティルナー批判に先行して作成された草稿部分（本章第 IV 節で引用した部分ほか）にあることを認めている（新 MEGA I/5, S.842f.）。このため，彼の真意を明確にするには，いま少し立ち入った検討が必要である。

引用・参照文献一覧
＊凡例に掲げた文献は除く

Carver, Terrell, and Daniel Blank, 2014a: *A political history of the editions of Marx and Engels "German Ideology Manuscripts."* New York: Palgrave Macmillan.

Carver, Terrell, and Daniel Blank, 2014b: *Marx and Engels's "German Ideology" Manuscripts Presentation and Analysis of the "Feuerbach chapter."* New York: Palgrave Macmillan.

Hubmann, Gerald 2017:Pressemitteilung der BBAW: Neu erschienen: Marx-Engels-Gesamtausgabe（MEGA）. I. Abt., Bd. 5: Karl Marx / Friedrich Engels: Deutsche Ideologie. Manuskripte und Drucke

① https://www.focus.de/regional/berlin/berlin-brandenburgische-akademie-der-wissenschaften-neu-erschienen-marx-engels-gesamtausgabe-mega-i-abt-bd-5-

karl-marx-friedrich-engels-deutsche-ideologie-manuskripte-und-drucke_id_7911553.html)

② http://mega.bbaw.de/struktur/abteilung_i/i-5-m-e-werke-b7-artikel-b7-entwuerfe.-deutsche-ideologie.-manuskripte-und-drucke.-2017-xii-1894-s.-22-abb.-isbn-978-3-11-048577-6

①は簡略版，②がフルテキストである．簡略版の翻訳は，
https://www.kyokuto-bk.co.jp/detailpdf/mega-tr-abb.pdf
②フルテキスト（注1がある）の全文訳は，
https://www.kyokuto-bk.co.jp/detailpdf/mega-tr.pdf
から閲覧・ダウンロードが可能である．

大村泉／渋谷正／窪俊一編著『新MEGAと「ドイツ・イデオロギー」の現代的探究―廣松版からオンライン版へ―』，八朔社，2015年．

第2章 『ドイツ・イデオロギー』がそもそも存在しなかった

　周知のように，マルクスとエンゲルスの『ドイツ・イデオロギー』は出版されなかったし，草稿は不完全なまま残されているのではあるが，それは，マルクス主義の自己了解や，科学的社会主義や唯物論的世界観の形成を歴史的・科学理論的に説明しようとする際に，重要な役割を果たしてきた。主流派のスターリン主義的伝統においては，草稿は新しい弁証法的・唯物論的世界観の根拠づけとして，労働運動に理論的諸問題における方向付けを明解にするために，理論闘争の手本を示す歴史的唯物論の根本命題を完成させたものと見なされてきた。

　とりわけルイ・アルチュセールによって活性化されたマルクス理論の発展に対する批判的観方においては，著作の統一性・連続性が，つまりマルクスの初期の哲学的思考の中に既に見出されるものを単に唯物論的・経済批判的にまとめあげたものという見解が著しく疑われ，『ドイツ・イデオロギー』は，マルクスの初期の哲学的著作から後の科学的著作への過渡期の作品と見なされた。誤って第1章とされた部分——そのタイトルはフリードリヒ・エンゲルスの1883年のメモに由来する「フォイエルバッハ。唯物論的世界観と観念論的世界観の対立」だが——は，そのような学術史的・認識論的問題とは無関係に，マルクスとエンゲルスの思想と唯物論的社会理論の入門として，多数の哲学的・社会批判的問題や概念の故に多くの大学のゼミで使われた。

I．マルクスとエンゲルスは，共同の哲学を仕上げるため1845年夏ブリュッセルにいたのではなかった

　その解題で編集者たちは，詳細に『ドイツ・イデオロギー』の複雑な，政治に影響された編集史を説明している。テキストの新しい観方につながるこの編集作業の非常に重要な研究成果は強調しておかねばならない。いわゆる『ドイツ・イデオロギー』の以前の刊本で大部分が知られており，

33

この巻で提示されている 18 のテキストないしはテキスト断片の成立を再構成すると,『ドイツ・イデオロギー』という作品がそもそも存在しないことが明らかとなる。マルクス／エンゲルスは,そもそもそのような本の起草を計画したことがなかった。二人は,1845 年夏からブリュッセルに一緒に滞在していたが,何らかの方法で新しい歴史的・唯物論的世界観を了解し合い,あたかも二人の頭の中にそれに対応するような構想が以前から既に存在していたかのように,一緒に史的唯物論の哲学を仕上げたというのではなかった。理論形成や,そもそも哲学のことが考えられたのではなかった（新 MEGA I/5, S.727ff.）。理論が生まれたとすれば,それは戦いにおいてであって——この場合,同時代の社会主義的・共産主義的哲学者たちとの戦いにおいてであった。しかし,この批判的論争は,またその後の理論的産物を生み出すことになる。すなわち,哲学に距離を置き,哲学から離れ,具体的社会的発展の経験的に裏打ちされた分析に向かうことになったのである。

II. あたかも共同の出版プロジェクトがあるかのように

　原典批判に基づいている今回の版は,草稿の多くの部分が失われてしまっていることを強調して明らかにしている。このことは MEW, Bd.3 でも認めれている。しかしながらそこではマルクスとエンゲルスが自分たちの理論を互いに確認するために不可欠な書物を出版するプロジェクトがあるかのような暗示がされている。つまり,印刷には至らず,その一部は確かに失われてはいるが,しかし現存する部分は,うまく配列を考えれば,統一的な関連性を持つ総体にまとめ上げることが可能な,書物用の草稿が存在することが暗示されている。しかしながら,新 MEGA I/5 が示すのは,一つの書物にたいするマルクスとエンゲルスの協働作業ではない。むしろ,二人が共同で計画していたのは,モーゼス・ヘス（Moses Heß）と季刊誌を出版することであり,その季刊誌には,ヘスの他,ダニエルス（Daniels）,ヴェールト（Weerth）,ヴァイトリング（Weitling）,ベルナイス（Bernays）が寄稿するはずであった。

　この雑誌のタイトルは不明である。1846 年 4 月にこのプロジェクトが頓挫した後,テキスト（現存するテキスト,計画されたテキスト）は 2 巻

本で出版されるはずであった。5月末までにテキストの大部分は印刷の準備が出来ていた。この見込みが頓挫した後も，マルクスとエンゲルスは，自分たちだけのテキストを収める1巻本の出版を計画しており，フォイエルバッハ批判の部分を除き，テキストは季刊誌のために既に完成していた。中断されていたフォイエルバッハ章の執筆は1846年6月に再開された。そして，フォイエルバッハ章のいくつかの断片が書かれ，さらに，編者たちが推測するように，草稿にしたがって新MEGA I/5の右欄に提示されるテキスト部分が書かれた。遅くとも1847年12月には，少なくとも草稿の一部を出版しようという諸々の計画は放棄された。

　マルクスとエンゲルス自身にとって，まず重要だったのはとりわけマックス・シュティルナーに対する批判である。この計画には，さらに，ブルーノ・バウアー，カール・グリューン，そして「真正社会主義」の代弁者たちに対する批判的な対峙が加わってくる。1845年10月から1846年4月・5月の間に，マルクスとエンゲルスが草稿の共同作業を進める中で，バウアーとシュティルナー批判における彼らの独自的な立場の説明やフォイエルバッハ批判の分量が非常に増えたために，二人は草稿をリシャッフルし，それらを独立した章に作り上げ，フォイエルバッハ批判をまとめる計画を立案した。しかし，他のテキストの場合と違って計画が実現されなかったのは，多分出版のもくろみが破綻したからである。

Ⅲ. それはまだ名前も決まっていない論文集への寄稿であった

　編集者たちが強調しているのは（新MEGA I/5, S.780），マルクスとエンゲルスが，これらのテキストの共同作業をしている大部分の時間の間，そもそも一冊の本を，それも『ドイツ・イデオロギー』というタイトルで出版するという計画はなかったという特殊な事情である。むしろ，まだ名前も確定していない論文集への寄稿のことを考えていたのである。しかしながら，その後，マルクスが1847年4月初め，カール・グリューンに対するある声明で，一冊の「エンゲルスと私が共同で起草した著作『ドイツ・イデオロギー』（フォイエルバッハ，B. バウアー，およびシュティルナーを代表者たちとする最近のドイツ哲学と，様々な予言者たちに現れたドイツ社会主義の批判）」について語った時（ibiid. S.778f., 参照），そこで

は単数形の作品のことしか言われていない。つまり，彼は他の著者たちのテキストも収録されることになっていた2巻本の計画を黙って投げ捨て，準備中のどのテキストがこの予告した本に収録されるのかを説明していない。編集者たちが，この巻の編集作業を行うにつれて，マルクスとエンゲルスが草稿の出版のために考えていた様々な準備作業が次第に明確になってきたと強調しているのはその通りである。「完成した作品であれ，単なる断片的な作品であれ，『ドイツ・イデオロギー』という，マルクス／エンゲルスの手になる作品は存在しない」(ibid. S.725f.) は，的確な評価であることを確認しておきたい。

　エンゲルスは，生前公表を考えておらず，草稿を見ることも拒否していたのだが，『ドイツ・イデオロギー』のテキストの編集は，エンゲルスの死後，4つの段階を経る。フランツ・メーリングによる個々の章の公表によって特徴づけられる第1段階で特に重視されたのは，社会主義の運動における初期の議論の正確な理解であった。草稿のほかの部分を出版することによって草稿が未完成であることが明らかになった後，第2段階で編集作業の目標に設定されたのは，とりわけテキストを可能な限り広範囲に再構成することであった。ダーフィト・リャザーノフは，旧MEGAの枠内で，季刊誌の出版計画に立ち返り，草稿のテキスト批判に基づく版を出版しようと努力した（ibid. S.789. 及び *BzMEF*, Sonderband 2, 2001, 参照）。しかしながら，リャザーノフは1931年2月に逮捕され，1921年に設立されたマルクス・エンゲルス研究所所長を解任された。

Ⅳ. スターリンの目標は批判的マルクス主義知識人の隠れ家を抹殺することだった

　スターリンの目標はマルクス=エンゲルス研究所を抹殺することであった。研究所は，批判的マルクス主義知識人の隠れ家であった。研究所の後継者にはウラジーミル・アドラツキーが指名された。とりわけ副所長のI. ダフツーチャに「粛清」が任され，研究所の243名の所員のうち131名が放逐された。このことによって第3段階が始まった。『ドイツ・イデオロギー』の新しい編集者は，今や，草稿を寄せ集めることによって，史的唯物論の基礎が展開されているマルクスとエンゲルスの完結した作品を表現するという，規範的要請にかなうテキストを作った（ibid. S.790及び

BzMEF, Sonderband 3, 20001, 参照)。このテキストは，1955 年（ドイツ語版は 1958 年）の MEW, Bd.3 の基礎となり，その後のマルクス研究，教義や政治教育にとって規範ともなった。この巻は，「史的唯物論の礎石を据えると見なされるべき完結した作品を再構成する」(ibid. S.791) 試みの頂点を示すものであるという。残念ながら，編集者の解題は，『ドイツ・イデオロギー』のその後の受容や集成されたテキストの影響にまだあまり立ち入っていない。なぜなら，このテキストは，明らかに，マルクスの理論のドグマにとらわれない社会理論的理解に貢献できるものであったし，したがって，イデオロギー的な道具化のもくろみに終わるものではなかったからである。

　編集者たちの評価では，1960 年代に第 4 段階が始まり，草稿のテキスト批判的出版に最初の努力が傾注された。これによってより精確な成立史の理解が生まれ，『ドイツ・イデオロギー』草稿は季刊誌プロジェクトとの関連で誕生したという事実も明らかになった。これらの仕事が最終的には今回の新 MEGA I/5 につながり，『ドイツ・イデオロギー』と呼ばれるものの大幅に変わった姿を見せることになった。なぜなら，新 MEGA I/5 は，初めて「『ドイツ・イオロギー』のための草稿に関するマルクス／エンゲルスの仕事の複雑性とダイナミズムを完全に，オリジナルに忠実に記録している」(ibid. S.793) からである。

　新 MEGA I/5 がことのほか強調するのは，マルクス／エンゲルスが理論的に関連する唯物論的世界観を表現するために関与した統一的な書籍プロジェクトが存在したという証拠はない，ということである。しかし，だからと言って，マルクス／エンゲルスがこの時期に何の理論的な構想も追求していなかった，と結論付けることもあまり適当ではない。反対に，新 MEGA I/5 が示しているのは，既に印刷できるまでになっていたテキストで定式化されている熟考の多くは，しばしば非常に細分化された議論のなかに埋もれてしまいかねないようなものではあるが，ときおり要点を押さえた，体系的に書き始められた「フォイエルバッハ」章のテキスト断片においてまとめられ，その求めているものから言えば，もっと包括的に，さらに多くの資料を使って展開される必要があるものだ，ということである。明らかにここでは，他の著者たちへの批判において主張として定式化されていたものに対して最初のアプローチがはかられようとしていた。歴

史的,経験的な個別事象に基づいて,社会的分業と諸々の社会構成に関する様々な形態を包括する理論が,強い言明を以て,示唆されている。この理論に相応しい説明を展開するためには,彼らが実際に有していたよりも,おそらくはるかに多くの資料に基づく知識や,さらに概念を整理する作業が,経験的研究が,従ってもっと多くの時間が必要であった。

　新 MEGA I/5 が,さらなる議論のための契機になるとすれば,マルクス／エンゲルスのシュティルナーや三月前期のドイツの社会主義者たち（女性も含めて）に対する批判への関心が（ベルンシュタインは,草稿の出版によってとりわけアナキズムの影響を抑えようと考えていたが,そのような表面的な関心ではないこの批判への関心が）再び喚起されうるということであろう。

V. マルクスの理論は闘いのなかで生まれた

　加えて,諸々のテキストには理論的なプログラムが予めあったわけではないことを根拠に,特定の理論の存在を疑うことは,全く疑問だらけの科学的理解に近いものがある。あたかも,科学は距離をおいて中立であってのみ,状況と議論を丸くまとめて説明することができて初めて発展していくかのようである。マルクスの理論が生まれたのは――彼自身の主張によれば――闘いのなかでであった。このことは今回も当てはまる。マルクス／エンゲルスが他人の批判でどれだけ深い洞察を得ることができたのか,彼らが批判的な論争でいかに自身の知的かつ政治的な実践の分野を新たに獲得したのか,これらを見るにつけ驚きを禁じ得ない。

　新 MEGA I/5 が示しているのは,諸々の草稿は非常に多彩な形で練り上げられていったのであり,一つの独自な理論に向けて様々な試みがなされていたことである。大部分は印刷出版のために準備されていたが,その後,公表されなかった。ネズミに齧られることによって,草稿の一部は失われた。新 MEGA I/5 では,成立した順番に諸々の草稿が収録公表されているのではなく,1846 年夏に計画されていた季刊誌による出版に合わせる形で公表されている。もし一巻本の出版が実現していた場合にも,マルクス／エンゲルスがこの章立てに固執したかどうかは不明である。

　理論的に重要なのは――シュティルナー批判の一連の部分と並んで

――，今も昔も，特にいわゆる「フォイエルバッハ」章の7つのテキスト断片である。これらの7草稿は旧 MEGA I/5 や MEW, Bd.3 では，1章に集められまとめられたが，このテキスト批判版（新 MEGA I/5）では，独立したテキストとして編集されている。このことによってテキストの断片的性格が強調されることになるが，そうした草稿の性格は，諸々の草稿に部分的に明白な大きな欠落があることを指摘することで，いっそう強調されている。これらの草稿は，シュティルナーやバウアーに対する批判の様々な段階を経て成立したのであり，マルクス／エンゲルスは，これらの草稿を出版できるテキストとは考えてはいなかったことが，とりわけ明白にされている。むしろ，ここにあるのはばらばらの諸資料，準備草稿，あるいは清書された断片なのである。確かに，新 MEGA I/5 のテキスト配列の試みは批判されるかも知れない。しかし，編集者たちの理由づけ（ibid. S.795），つまり年代順に印刷しない理由は，私には納得できる。それに，テキスト断片の提示の仕方は分かりやすく，テキストを別の順番で読むことも許すものである。

　特にいわゆる「フォイエルバッハ」章のテキストが示しているように，マルクス／エンゲルスの考えは，しばしば過渡的で，相互にかみ合っていない。諸々の概念もまだ不確かであり，後の推敲された理論に対応していない。例えば，市民社会とか生産様式，交通，あるいは生産力や生産関係などの表現がそうである。それにも拘らず，完結したテキストもテキスト断片もその後の理論的な議論にとって重要である。マルクスは明らかに多くのことを十二分に説明し批判したと思っている。とりわけ，哲学の分析はそうだと思っている。いくつか考察や理論は，明らかに，マルクスのその後の研究活動の契機（生産様式，生産関係と生産力の衝突）となったものである。他のテーマについては，彼はその後体系的に追求しなかった。理由は，優先順位から他のものを追求できなかったからだと思われるが，しかし他のテーマが忘れられたわけではなく，絶えず話題にされている。これに属しているのは，存在と意識の関係の唯物論上の仮説，イデオロギーとイデオローグに関する彼の批判的理解，あるいは世界市場，等に関する彼の科学的認識である。

Ⅵ. マルクスの理論が包括しているものは経済学批判に止まらない

　最後に，マルクスによってほとんど取りあげられない一連のテーマがある（言語，家族，個人，都市と農村の関係）。しかしエンゲルスはそれらのいくつかを考察している。注目すべきは，いかに多くの考えを二人がこのブリュッセル時代に既に定式化しているかである。その後マルクスは，1859年の『経済学批判』の序文で以前からの研究の成果としてこの多くの考えを提示している。マルクス／エンゲルスは，ブリュッセルでのこの協働作業の段階を経て，重要な概念や理論を自在に使うことが出来るようになった。従って『ドイツ・イデオロギー』は，一つの研究プログラムとして十分読むことが出来るし，『ドイツ・イデオロギー』のテーゼはその後，他の多くの仕事で，──多くのテーマや問題は放置されたままだが──，深化されたのであった。『ドイツ・イデオロギー』は過渡期の作品である。なぜなら，研究に刺激を与えるものではあるものの，包括的な社会理論を暗示し，従ってまたその特殊な影響の一部の源泉をなす諸々のテキストの独自な集合体でもあるからである。また，マルクス／エンゲルスが社会の概念をいかに包括的に考えていたかをこれほど明確に示すテキストは他にないからである。

　いつかの視点について少し触れておきたい。というのは，『ドイツ・イデオロギー』の今回の新しいテキスト批判版には，多くの編集註や異文が収められており，新たに今までより深く『ドイツ・イデオロギー』に取り組む契機となるからである。これらのテキストが明らかにしているのは，マルクスの理論が，単なる経済学批判以上のもの，つまり，知識人や哲学や文化，国家，家族，あるいは地域の批判でもあることだ。暗示されているものや未完成のものが示すのは，生き生きとした歴史的な瞬間である。この瞬間に，マルクス／エンゲルスは，社会的諸関係や実践の総体に向けた，また具体的な世界変革を目指す世界や知の生産に対する活動に向けた，唯物論的アプローチを始めるときの興奮や予感を満喫させてくれるのである。

　第1の着眼点は，哲学の批判的分析であり，哲学から距離を置くことである。このような観点は，哲学のもつ文化的‐政治的意義に照らすと容易ではなかったであろう。専門知識でも，日常的な考えの中でも，非常に難

しく抽象的に過ぎると見なされるか,全く間違ってとらえられたりもする一般的なもの,根本的なものを探求し,反省し,概念的に言語で表現するという,哲学の約束は現在でもなお生きている。哲学的実践のこうした批判的分析は多数の批判的知識人からは今日まで受け入れられなかったし,彼らは哲学からのこうした乖離を元に戻すべく務めている。マルクスは青年ヘーゲル派に哲学に対する不満を見て取った。しかしマルクスは,彼らが哲学から離れないことを批判し,それ自身が再び哲学的な単なる反省のうちでは,哲学の実践は認識されず,別の表現,例えば「人間」,「人間的本質」あるいは「類」という,いま少し現実性があるかに見えるものと一緒においてのみ存続していると批判した(ibid. S.54)。この点でマルクス／エンゲルスはフォイエルバッハの[宗教批判から生じた]疑問,すなわち「人間がこれらの幻想を自分の『頭の中に入れた』ということはどうして起こったのか?」(ibid. S.291,訳(3), 236頁)に従いながら,フォイエルバッハはそれに答えていない,と批判するのである。

Ⅶ. この粗野な経験主義は宣戦布告と理解できる

　哲学的な議論の不足から諸関係や哲学に対する経験的な視点の必要性が生まれる。「この[フォイエルバッハの宗教批判によって引き起こされた]疑問はドイツの理論家たちにとってさえ,唯物論的世界観への道をひらいた。すなわち無前提な見方ではなく,現実的な物質的諸前提そのものを経験的に観察するところのまたそれゆえにはじめて真に批判的な,世界観への道をひらいた」(ibid. S.291,及びS.8,参照。訳(3), 236頁)。マルクス／エンゲルスの異議申立は,同時代の友人を含む急進的思想家を批判するラディカルなものであり,哲学的にはありがたがられない手間のかかる仕事になりかねなかった。人々は「普通の人として」「現実の研究に取りかからなくてはならない。そのための材料は文献的にも,もちろん哲学者には知られていないものがどっさりある。…哲学と現実的世界の研究とは相互に,手淫と性愛とのような関係にある」(ibid. S.291,訳(3), 236頁)。

　哲学から飛び出し,純粋に経験的に観察する立場をとり,実際の個人を見て話すことを擁護することは全く経験主義的に見える。しかしながらこの粗野な経験主義は,あの侮蔑に対する宣戦布告として理解することがで

きる。すなわちドイツの哲学者やドイツの科学の間で表面的だと誤解されていたフランス人やイギリス人へのマルクス／エンゲルスの侮蔑（ibid. S.515, 訳(3) 493頁，参照）に対する宣戦布告である。後の考察でもマルクスは現実を等身大に見るという要求を諦めることはない。しかしながらこの要求は，社会的諸関係の内的関連を究明するために必要な抽象的諸概念やそれらの相互的諸規定を仕上げるために，客観的な思考形式，経済学のごくありふれたカテゴリーの批判に裏打ちされていたのである。

こうした初期の考察にも既にこのやり方がある程度適用されている。批判の本質はまさしくただ単に哲学を排除することにあるのではなく，常に哲学的なテキストを批判するところにある。ところが既にこの仕事に，唯物論への転換が見られるのだ。なぜならマルクス／エンゲルスは，印象深く次のことを強調しているからだ。観念や言葉を，従って現実の解釈をただ変えるだけでは，現実を変えることにはならない，と。「『解放』は歴史的事業であって思想の事業ではない」（ibid. S.7,16,46,47, 引用文はS.16から。服部監訳版，30頁）。しかしながら彼らは意識を無視しているのではない。逆に，意識を視点に入れ，意識や哲学的批判とそれらの独自の物質的環境との関連を問題にするのである（ibid. S.7,30,32）

Ⅷ. マルクス／エンゲルスは哲学のテキストを「印刷された記録文書」として扱う

哲学はそもそも経験的な，すなわちイデオロギー的実践として理解され，小ブルジョアジーがドイツ的諸関係の諸条件の下で行うものである。マルクス／エンゲルスは哲学上のテキストを「印刷された記録文書」として取り扱う。彼らはそれを「ドイツのような惨めな国にとって不可避的な方向を示す」（ibid. S.517,19. 訳(3)，495頁）表現と理解するのである。そして，彼らは，彼らの議論からすると，ドイツ的イデオロギーに固有の方法であるやり方を逆にやってみせるのである。ドイツ人のイデオローグたちは彼らには説明できない共産主義による批判やフランスにおける論争書の思想を，その思想が表現している当の現実的運動から切り離し，そうすることで思想を神秘化し，混乱に拍車をかけ，ドイツの哲学者や哲学学徒との恣意的関連の中にその思想を追いやるのであった（ibid. S.516。訳(3)，493頁）

IX. 今日でも見られる一つの知的活動

　こうした哲学者にとって肝要なのは，諸関係の知的理解の向上ではなく，情緒や支配的な意識に訴えることである，と批判される。そのため，彼らは，こうした思想をさっさと身につけ，無害化し，同時に何の成果も生まない象徴的な優位性と急進性の化身となる，と。

　マルクス／エンゲルスはこうした彼らのやり口を，いまや自らふたたびドイツにおける社会的諸関係の状況から説明する。「われわれは，思想や観念の自立化は諸個人の人格的諸関係とつながりの自立化の一結果であることを明らかにした。われわれは，イデオローグたちや哲学者たちの方でもっぱらこれらの思想に体系的に従事すること，したがってまた，これらの思想の体系化は分業の一結果であり，とくにドイツ哲学はドイツの主市民的諸関係の一結果であることを明らかにした」(ibid. S.504, 訳(3), 484頁)。

　彼らの現実的諸関係の諸概念の自立化と彼らの諸個人に対立するイデオロギー的関係への倒錯そのものが形作るのは現実的で，経験的，社会的に独自な歴史的関係なのである。このことは，社会的分業，とくに頭脳労働と肉体労働との分離から生まれる社会構造から解明が可能となる (ibid. S.31, 服部監訳版, 38頁以下／S.135, 服部監訳版, 26頁以下)。イデオローグたちの実生活での地位から独断的夢想や，歴史は思想と概念の歴史によって解明されるのだという観念が生まれるのだ。

X. 人間は人間自身及びその生活環境から自分自身を作り上げるという観念に満足してはならない

　分業一般，そして精神的労働の自立化が，『ドイツ・イデオロギー』草稿でよく使われる概念の一つである。次いで，とりわけ，知識人の活動の機能が階級支配の執行に関連させて，イデオロギー論やイデオローグ論へと拡充される。どの支配的階級も，「その目的を遂行するためにだけでも，その利害を社会の全成員の共通の利害としてしめさざるをえない。すなわち，観念的に表現すれば，その諸思想に普遍性の形式をあたえ，それらの思想をただ一つ理性的で，普遍妥当的な諸思想としてしめさざるをえない」(ibid. S.62f. 服部監訳版, 61頁)。

　イデオローグたちに関する仕上げられた理論というものは存在せず，そ

の諸々の示唆が，テキスト断片や仕上がっている諸々の草稿に散見される。しかしながらマルクス／エンゲルスの考察からはっきりしていることは，人間が人間自身及びその生活環境から自分自身を作り上げるという観念に満足すること（これは『ドイツ・イデオロギー』の諸々の草稿で繰り返し取り上げられ，マルクスによって後の諸々の作品でも言及される論点である）はそもそも十分ではなく，しかしまた分析を経済過程だけにとどめているのも十分ではない，ということである。過程を知的に考察することは支配することの理解及び自己了解に向けた重要な礎となる。なぜなら，支配は支配者たちによって積極的に考え抜かれ，形作られるものであるからである。

シュティルナーが信じるのとは異なり，思考することが支配するのではなく，支配者が思考するのだ。彼らの思想，彼らの知的活動が支配的なものであり，支配者は包括的な実践として支配を組織するのであり，だから彼らの思考の分析が必要となるのだ（ibid. S.60, 服部監訳版, 47 頁以下；S.225ff.）。だがこのことは，唯物論的方法にとっては，こうした思考とあらゆる側面から真摯に向き合い，それを経験的な諸事実や諸関係に翻訳すること（ibid. S.21,46, 服部監訳版, 32 頁ほか），すなわちこの思考が実際的な実践として意味するものに翻訳すること，こうした思考の自己欺瞞に取り込まれないようにすることを意味している。

これもまた弁証法である。思考を階級的現実の総体的関連の中で理解するために，これらの概念や思考方法に習熟すると同時に括弧付けしたり，距離を置いたりできるようになることが肝要だ。この総体的関連という理論的概念が，マルクス／エンゲルスがめざす歴史理論の決定的な特徴である。それは一つの全体性であって，その独自的で歴史的な，かつ転覆可能な構造において，物質的生産から展開されるべきものであり，その本性は，生産過程，生産諸力，交通諸形態，ブルジョア社会，「国家及びその他のイデオロギー的上部構造」（ibid. S.115, 服部監訳版, 100 頁），したがって「あらゆるさまざまな理論的諸結果および意識諸形態，宗教，哲学，道徳等々，等々」（ibid. S.45, 服部監訳版, 51 頁, S.113,135）からなる。

XI. 支配階級は哲学を媒介にして彼らの特殊利害を共同の利害として表現する

　私はブルジョア国家に対する夥しい注記を第2の側面と名付けたい。この側面は精神的労働と哲学との分離と独自的な関連にある。このことは、後に分離されたバウアーに関するテキスト断片で以前に展開されたことを補完する注記でのこの問題の扱い方を見ても明白である（ibid. S.34,37, 服部監訳版、43頁以下の下欄）。哲学は、支配階級が彼らの特殊的利害を社会の全成員に共通する利害だとして表現する独自な媒体である（ibid. S.62f, 服部監訳版、60頁以下）。このような「幻想的共同性」（ibid. S.34, 服部監訳版、43頁以下の下欄）は、社会の交通形態がまだ生産力と照応している限り、真実でありえる。

　この場合、国家は、——その社会的力は、分業における諸個人の条件付けされた協働に由来するのだが——ブルジョアジーと全ブルジョア社会の共通の利害を妥当なものとする。この共同利害は意思関係としての権利や諸法律の形態で現れる。支配する諸個人の個人的支配は、「同時に一つの平均的支配として制定されなければならない。彼らの個人的力は、多くの人々に共通的なものとして展開される生活諸条件に基づいているのであって、彼らは支配者としてこれらの生活諸条件の存続を他の人々にたいし、かつ同時に、万人にとって通用するものとして、擁護しなければならない。彼らの共同利害によってこの制約された意志の表現が法律である」（ibid. S.383, 訳(3), 347頁）。

　国家はその自立性を失い、特殊な組織形態としてブルジョア社会に従属される。この一般性の形態の中で、さまざまな階級の現実的な闘争が相互に繰り広げられる。従って、ある特定の時点において一般意識は真実でありえるが、別の状況においては、一般意志は美化をこととするような常套句に、単なる偽善に成り下がるのである。これが生じる場合は、通常の交通形態と支配階級の諸条件とが、「発展した生産諸力に対立して発展し」、「支配する階級内部の分裂および支配される階級との分裂」が大きくなるときである（ibid. S.348, 訳(3), 347頁）。

　批判されているのは、シュティルナーの哲学的実践であり、他の哲学者同様に一般的に「仮象」を扱い、特定の階級の代わりに特定の思想の支配（ibid. S.64, 服部監訳版、60頁以下）を問題にしているからである。それ以

上に批判されているのは，彼がまさにその偽善性から様々な概念を抽象化して取り出し，哲学者としてその偽善性を助長している（ibid.）ことであり，当時のアクチュアルな，社会的な矛盾を問題にせず，諸矛盾の現実の運動から諸関係の根源的変革を考えさせることをしていないということである。

　マルクスとエンゲルスの著作のプロジェクトの目標がいかに表現されているのか。彼らは，知識人として実行を期してひとつの社会的体制の形態のために議論している。その体制とは，「一般的な利害を特殊的利害として，あるいは『一般的なもの』を支配的なものとして表現する」（ibid.）必要がもはやない社会である。

アレックス・デミロヴィッチ
窪俊一訳

原題：

Alex Demirović, Die „Deutsche Ideologie" hat es nie gegeben. Und jerzt? in: https://marx200.org/blog/die-deutsche-ideologie-hat-es-nie-gegeben-und-jetzt

引用・参照文献一覧
＊凡例に掲げた文献は除く

BzMEF, Sonderband 2, 2000: Beiträge zur Marx-Engels-Forschung Neue Folge, Sonderband 2: Erfolgreiche Kooperation: Das Frankfurter Institut für Sozialforschung und das Moskauer Marx-Engels-Institut (1924-1928), Hamburg 2000

BzMEF, Sonderband 3, 2001: Beiträge zur Marx-Engels-Forschung Neue Folge, Sonderband 3: Stalinismus und das Ende der ersten Marx-Engels-Gesamtausgabe (1931-1941), Hamburg 2001

『ドイツ・イデオロギー』の新版（新 MEGA I/5）については，以下の論考も参照のこと：Matthias Bohlender, Entmythologisierung. Zur Neuausgabe der „Deutschen Ideologie" (新MEGA I/5), https://www.theorieblog.de/index.php/2018/03/entmythologisierung-zur-neuausgabe-der-deutschen-ideologie-mega2-i5/

第3章 「フォイエルバッハ」章におけるテキストの配列変更
―― 新版『ドイツ・イデオロギー』(新MEGA I/5) の刊行によせて ――

　マルクスとエンゲルスの生前，［『ドイツ・イデオロギー』の草稿は］2巻本としての出版が予定され，まだ現存している18のテキストのうち2つだけが印刷されたが，この2つは，当然ながらあまり注目されなかった。それに対して，いわゆる「フォイエルバッハ」章の最初の7つの草稿は，1926年に原語で公刊されて以来，様々な受容を引き起こしている。それは，積極的に「唯物論的歴史観の説明」(エンゲルス1886) を行っている章である。たとえこの説明が未完成の草稿に含まれたものであり，マルクスがそれらを，広範にわたって文字通り「ネズミの齧る批判に」任せていたことを証明しているとしてもだ。一見そう見えるが，「意図的」にしたわけではないだろう。新MEGAの新版 (予め言っておくと素晴らしい版だ) も解題で，『ドイツ・イデオロギー』全体を過不足なく紹介しているのだけれども，筆が集中するのは以上の「いろんなテキストの纏まり」だ。エンゲルス (ほとんどいつも彼だが) が，加筆のための場所を確保するために，真ん中で折った紙面の左欄に執筆した草稿にはどのようなものがあるのか？同じことだが，基本となるテキストにはどのようなものがあるのか？まず，第1章「フォイエルバッハ」への序論の清書 (中断しているが) が数点。主要草稿そのものは，3つの未完成の草稿からなる。それらは1845年10月から1846年3月にかけてのいろんな時期に成立し，マルクスによって推敲するために後から1から72のページ番号が振られている。3-7ページと36-39ページは現存していない。他にも，エンゲルスの筆跡でページ数と考えられる3と5の数字が振られた2つの断片がある。最後に，エンゲルスの手になるフォイエルバッハの『将来の哲学』からの抜粋帖がある。計画された第1巻のための印刷用原稿として，ブルーノ・バウアーとマックス・シュティルナーに対する批判的な章が既にある (第2章「聖ブルーノ」，及び第3章「聖マックス」)。このオリジナル草稿はエドゥアルト・ベルンシュタインが保管していた。1923年10月,

モスクワのマルクス=エンゲルス研究所がその写真を作成し，解読は簡単ではなかったが，それをもとに初めて出版された。しかしながら，この写真はオリジナルを当時の状態で残してくれており，その後の多くの新しい出版が助けられた。

I．主要草稿と2つの断片

以下，Ms.1，Ms.2，Ms.3と略称する「主要草稿」の3つには何が書かれているのであろうか？

Ms.1（1-29ページ）：フォイエルバッハは感性的観方しか知らず，感性的活動を知らない，というフォイエルバッハ批判（「フォイエルバッハに関するテーゼ」の第1テーゼの意味で）の後，マルクス／エンゲルスは物質的生産を全ての歴史の基礎とする考えを創っていく。その根底にある考えは，私見として敢えて言えば次の基本的テーゼである：(a)宗教，道徳等の意識形態は，生産様式によって産み出される「交通形態」（様々な段階の「市民社会」）から生まれ，「精神的な批判」によってではなく「実践的な変革（革命）」によってのみ解消されうる。(b)自然発生的な分業は，その結果として諸個人に，彼ら自身の生産物を，「疎遠な力」として対立させるのであり，「生産の共産主義的な規制」によって止揚される。(c)「あらゆる階級支配」を廃絶する「根本的な革命の必然性」を意識した階級は，生産力が「破壊力」になる時，「呼び起こ」される。最後のテーゼは，その端緒が見出されるに過ぎない。共産主義の物質的前提条件についてのさらなる考察は，Ms.3で初めて現れる。Ms.1の最後はフォイエルバッハの再批判，しかも彼の共産主義の概念への批判である。

Ms.2（30-35ページ）は，流暢に書かれており，「支配的思想」を支配階級の特殊利害の観念的表現と定義している。宗教その他は，「能動的で構想的なイデオローグ」（この概念が初めて登場）によって形成され，彼らには，精神的労働と物質的労働との分割が「主要な生業」を提供する。思想支配の仮象は，「階級の支配がそもそもなくなる」やいなや，消えてなくなる。

いろんなものが混在しているMs.3（40-72ページ）は，最初に中世の都市から大工業に至る経済史を扱うが，時期区分は分業の段階によってな

される。分業は，諸個人に対する諸関係の自立化の原因として理解されるだけでなく，次第に生産諸力の発展形態としても理解される。「生産諸力と交通形態との間」の矛盾に，「歴史のあらゆる衝突の根源」がある。交通形態が桎梏になると，それはまた新しい交通形態に置き換えられる。「ある産業の段階」では「必然的」であった私的所有という交通形態の止揚は，大工業が「既に非常に発展」し，「全ての国で同じ利害を持つ」階級が産み出された時に可能となる。結論は，Ms.1 の 18-19 ページのあとから記入された欄外書き込みでもっとも明解に表現されている：共産主義は現在の状態を廃棄する「現実の運動」だが，それは「生産力の大きな上昇」を前提とする。なぜなら，さもなければ「窮乏のみが一般化」されるだろうし，共産主義は「支配的な国民の事業」としてのみ，「『一度に』かつ同時に可能」となるからである。

　Ms.3 の最後の部分は国家を扱っている。しかも「市民社会」（ブルジョアジーの発展として歴史的に明確になる）との関係においてだけでなく，所有との関係において，より正確に言えば，「ブルジョアジーが，外に向かっても内に向かっても，彼らの所有の相互保証のために自分たちに」与える「組織」として国家を扱っている。所有に対する国家と法についての，また私的所有の歴史的必然性についての，同じ諸見解がシュティルナー批判である「Ⅲ．聖マックス」にも見られる。

　断片 3）は，主要草稿よりもより明確に，分業を生産力の形態（「全ての新しい生産力は……分業の新たな形成をもたらす」）と定義している。この断片は，主として，分業の諸段階として理解される 3 つの歴史的に連続する所有形態，つまり，部族所有，古代の国家所有，封建的所有のことが綴られている。

　断片 5）は，今までよりも簡潔明解に意識諸形態の物質的生活への従属性を規定している：「意識諸形態には歴史がなく，如何なる発展もない」この後に有名な命題が続く：「……意識が生活を規定するのではなくて，生活が意識を規定している。」

Ⅱ．MEW, Bd.3 との違い

　青の表紙の MEW, Bd.3 で『ドイツ・イデオロギー』を読んだ者（本誌

[雑誌 "Z"‐訳者]の読者の大半が当てはまると思うが)の記憶にあるのは[新 MEGA とは]別のテキストである。知っているのは，比較的まとまりのある，見出しによって区切られた「フォイエルバッハ」章である。それは確かに「未完」と書かれており，脚注ではしばしば削除や欄外書き込みのあることが示されている。しかしながらこの版には，最初から明瞭な諸々の言及と定式が見られるのであって，著者たちの思考のプロセスにおける様々な発展段階を認識することはできない。確かにこの種の事柄は，普及版の使命ではないであろう。だから，歴史的‐批判的版が存在する。しかしそのような版であっても他のマルクス／エンゲルスのテキストの場合にはまず生じない編集上の挑戦を受けることになる。このことは新 MEGA の新しい版が，第１章「フォイエルバッハ」を，最初の公表から数えて既に８つ目になるテキスト配列で提示していることからも分かる。さらに，この新版によれば，『ドイツ・イデオロギー』というタイトルは手稿にはなく，1847 年のマルクスの出版予告で初めて登場するのであり，第１章「フォイエルバッハ」の副題，「唯物論的見方と観念論的見方の対立」は，主要草稿の最後の紙葉にエンゲルスが 1883 年に書いた鉛筆書きのメモであって，手稿には印刷された見出しなどは全く存在しないのである。

Ⅲ．テキストの分離と編入

　さらにいっそう重要なのは，[新 MEGA I/5 の]印刷で最初に再現された第１章「フォイエルバッハ」は，最初に執筆されたものでは全くないという事情である。出発点は，フォイエルバッハ批判ではなくバウアー及びシュティルナー批判であった。この批判を，マルクス／エンゲルスは，出版社から刊行の約束を取り付けた，新たな自前の季刊誌の第１巻ために執筆したのであった。彼らは，シュティルナー批判の中で自分たちの立場について熟考することを迫られ，シュティルナー批判の約３分の２を書き上げた後で，２人の青年ヘーゲル派の論客[バウアー及びシュティルナー]との論争の前に，彼らの歴史観のポジティブな記述を置くことを決断したのであった。彼らはこの記述をフォイエルバッハ批判と関連付けようと考えたのであった。彼らはフォイエルバッハの立場からは次第に距離を置き

つつあった。このため彼らは,「聖マックス」から2つの対応する草稿部分を分離し,以前のバウアーとの論争部分と一緒にし,3つの部分からなる草稿にしたのであった。そして,この草稿が第1章「フォイエルバッハ」の基礎となった。Ms.3 とシュティルナー批判との諸々の一致は,第3章「聖マックス」以後に生まれたものではなく,むしろその逆である。

　新たな3つの部分からなる草稿の推敲の前に,マルクス／エンゲルスはまずシュティルナー章の穴を埋める必要があった。そのために彼らは,分離した部分を再び筆写し,新しい機能に合わせたのであった。それ故に,第1章「フォイエルバッハ」と第3章「聖マックス」に似通った諸章句があるのは偶然ではない。そのようにして彼らは第3章「聖マックス」を完成させ,新たなバウアー批判を組み立てたのであった（第2章「聖ブルーノ」）。この2つの批判が印刷原稿として完成し,出版社に発送されて初めて,マルクス／エンゲルスは1846年6月に,後から出版社に送ろうと思っていた第1章「フォイエルバッハ」のための3つの「分離した部分」の推敲を始めた。このため,マルクスは,3つの草稿部分に1から72のページ数を書き入れ,序論を書いた。この序論は,未完の異文の状態にある3つの清書稿として残されている。推敲を始めてほどなくして季刊誌が駄目になったという知らせが届く。新 MEGA の編集担当者によれば,その後,第1章「フォイエルバッハ」の作業は中止され,再開されることはなかった。1846年後半になって一時2巻本の刊行の希望が出てきた時,マルクスは（2巻本のための）一つの序文（Vorrede）を書くが,結局このプロジェクトも挫折した。こうしたことが理由となって,現存する「フォイエルバッハ」章が,2つもの清書された草稿断片3.）と5.）を含む,諸々の草稿の集まりに留まることになったのである。これらの草稿は,確かにすべて1845年10月と1846年7月の間に成立した。しかし,それは区々なる相互関連と,区々なる時期においてであった。時系列で言うと,フォイエルバッハ→バウアー→シュティルナーではなく,バウアー→シュティルナー→フォイエルバッハであり,その後再度,シュティルナー→フォイエルバッハなのである。

Ⅳ. 新版における再現

　「フォイエルバッハ」章の成立史は本当に複雑であり，その解読に関係する人たちに敬意を払いたい。個々の草稿と草稿断片は，新たに並び替えられるたびに注目され，我々が今まで知っているのとは違う新たな議論に光を投げかける。一般的に分かっていることだが，後から書かれたテキストは――しばしば――前に書かれたものよりも精神的により高い発展の状態を示している。だから，なぜ MEW, Bd.3 で出版された「フォイエルバッハ」章がしばしばその逆であるという多くの謎も解ける。精神的な発展は，1つの草稿内の連続する推敲段階においても絶対に現れるとは限らないが，現れている可能性もある。そのために「異文一覧」があり，削除，挿入等を明らかにしてくれる。これを利用者が噛み砕くのは大変だが，現代的な表現技術（ここでは立ち入らないが）によって，近よりやすくなってきた。そして，テキスト巻で，オリジナル草稿の各ページが2分割されているのに応じて，各ページを左右両欄で印刷しているのは，たいへん分かりやすい。なぜなら，この印刷法は，比較的長い，特に後から強調された挿入や欄外注記を直接示し，テキストに組み入れて分からないようにしないことによって，エンゲルス（左欄の「基底稿」を書いた）あるいはマルクスの欄外書き入れを直接的に可視化したからである。だからといって，学術附属資料部が不要になったかというとそうではない。そこには，それ以外の様々な注解，書かれた日付，著者は誰かなどが収められている。しかし，個人的には，確かにマルクスあるいはエンゲルスが基底稿とは別の挿入として考えたものではないとしても，しかし（矢印等をつけて）挿入として基底稿に入れることを明示している欄外書き込みも，なぜこの方法で，記録しないのかは疑問である。編集者は，そのような欄外書き込みを基底稿に組み入れている[1]。利用者にとって，違ったやり方の方がより理解が高まるのではないか。

　新 MEGA I/5 は最新の研究を反映させたものとなっている。そして3名の編集担当はそれを確実なものとしている。同時に，彼らは先人たちから編集を引き継いだ時，ゼロから始めたわけではない。80年におよぶ編集史に基づいて仕事をすることが出来た。

V. 編集史 I：1926-1960年

「フォイエルバッハ」章が原語で最初に公表されたのは，1926年，D. リャザーノフのもと，モスクワのマルクス／エンゲルス研究所によってであり，「マルクス゠エンゲルス゠アルヒーフ」（MEA）の第１巻においてである。『ドイツ・イデオロギー第１部』というタイトルで，テキストの配列は次の順であった：諸々の序論，断片5.），Ms.1 と Ms.2（両者はAという見出しで一括されていた），次いで Ms.3 がこれとは別のB及びCの見出しの下におかれ，断片3.）が補遺に置かれた。主要草稿はマルクスのページ付けに従っているが，テキストに草稿のページ数は印刷されていない。マルクスのページ付けによる最初の２ページはまだ見つかっていなかった。リャザーノフは，恐らく断片5.）の数字を欠落している５ページ目と考え，Ms.1 の前にその中身を置いた。断片3.）の方は最後に置かれたが，「主要草稿の膨大な部分を簡略に要約したものである」という理由からであった。諸々の削除が，本文テキストに印を付けられて組み込まれ，欄外書き込みは基底稿に組み入れられたが，脚注で明示された。解題では，諸々の序論，主要草稿，２つの断片について書かれている。

　６年後（1932年）にはもう旧 MEGA I/5 で『ドイツ・イデオロギー』が公刊され，AからJまで全ての章が収められている：フォイエルバッハ，ライプチヒ宗教会議，聖ブルーノ，聖マックス，ライプチヒ宗教会議の結末，真正社会主義，ライン年誌，カール・グリューン，ゲオルク・クールマン[2]。この刊本は既に現代の編集要項の大部分を既に満たしている：基底稿の執筆順での草稿の配列（他の著者の意思が存在しない限りは），テキスト「最終」稿の印刷，異文を別巻の学術附属資料部に入れること，著者名，草稿解説，編集上の介入についての記載，典拠文書，索引。（当時知られていたテキストの）完全性という基準は満たされていた。原典忠実に関してもそうであった。ただし，それは，（解読済みの）テキストは全て収録する，という意味においてではあるが。特に「フォイエルバッハ」章については，原典忠実は，主要草稿の内部ではテキストがマルクスのページ付けに従っていることを意味しなかった。おそらく多様な部分草稿を著者たちの意図に従って体系化しようというもくろみの下に，むしろずっと多くの配列変更が行われた[3]。この目的で５つの欄外書き込

みも小見出しに選ばれて使われた。研究者がページ付けに従って読めるように，オリジナルにあるページ番号は印刷されたテキストでも維持された。草稿の配列順がマルクス゠エンゲルス゠アルヒーフ版と違うのは，補遺にあった断片 3.) が，断片 5.) の前のテキストに移動されたことである。両断片は，主要草稿の欠落部分として理解された結果であった。これには両断片がともにとも清書稿であることも関係している。新たに補遺に収録されたのは，例えば，「フォイエルバッハ」についてのエンゲルスの抜粋帖である。「フォイエルバッハ」の諸草稿のシュティルナー批判やバウアー批判との複雑な関係はまだ考察対象ではなかった。

マルクスによるページ付けが旧 MEGA I/5 をもとにしているロシア語版およびドイツ語版の著作集（MEW, Bd.3）では欠落しているので，『ドイツ・イデオロギー』の理論的に最も重要な章が，見出しや中見出しを付した形で，また主要草稿のマルクスのページ付けとは異なる配列——これは，特に Ms.3 で際立っている——で広まった（MEW は 20 万セット以上）。未完であるということが指摘されているにもかかわらず，これらの諸版は実際に残されていたものよりもはるかに大きな体系性を有している印象を与えた。この様な印象を確実に強めているのが編集者の序言や序文である。1932 年の旧 MEGA の編集者序言では次のように書かれている：「第 1 章『フォイエルバッハ』の草稿は，人類の経済的発展史の歴史的・哲学的理解の最初の体系的描写を含んでいる」。同じようなことがロシア語版の著作集から 1958 年に出版された MEW, Bd.3 に取り入れられた序文にもある：「この浩瀚な著作の中で，マルクス／エンゲルスが当時，自然と社会の発展法則に関する一つの真の科学の創造によって成し遂げた偉大な革命的変革が，明らかに現れでた。」[(4)]

その後，序言の筆者たちだけでなくテキストの編者の研究者たちも，意図的な政治的「カノン」としてこの体系化に従うことになる。1931 年に罷免され逮捕された[(5)]リャザーノフ自身はそうではないにしても，彼の後任で，序言に署名のあるアドラツキーには認められる。アドラツキーは，圧力を受けて，旧 MEGA を「序言を杓子定規な党の路線に適合することによって継続すること」につとめた，とシュペールは推測している（Sperl, 2016）が，あり得なくもない。ヘッカーは旧 MEGA の刊行への直接的な政治的な介入時期を 1936 年としている：1932 年の旧 MEGA I/7

(新ライン新聞)にはまだ特別な規定があった：「解説的，説明的，解釈的註は付けてはならない」(Hecker, 1997, S. 25)。1990年までの時期に書かれた政治的な序言に対する私の個人的な意見を言えば，それらはほとんど読まれていなかったし，だから，その影響をあまり過大に評価する必要はないのではないかと思う[6]。

ここでは，旧MEGAの政治的な周辺諸条件を議論しようとは思わない(Vollgraf, 2001)。序言を度外視して，旧MEGAそのもの考察すれば，その質の高さを否認することは出来ない。ちなみに，1976年と1993年の編集要項を1932年に出版された旧MEGAに当てはめ，何ら内的な論理を反映しないページ付けの乖離や，テキストを区分した見出しの挿入を断罪し，さらに学術附属資料部ではページ付けが除外され，見出しも編集者がつけたものであって，手稿のオリジナルの状態はマルクス／エンゲルスの(小さな)グループの人にしか再構成ができなくなった，と言いつのるのは，決して歴史的・批判的やり方ではない[7]。

VI. 編集史II：1960-1972年

1960年にジークフリート・バーネが，マルクス／エンゲルスの遺稿を保管しているアムステルダムの社会史国際研究所(IISG)で，3つのオリジナル草稿を発見した。それはMs.Iの欠落していた1，2，29ページと同定された。また，彼は，旧MEGAの解読の間違いを見つけた。バーネの出版により，モスクワのIMLが「フォイエルバッハ」章を再編集し，3つのページを取り込み，1965年に『哲学の諸問題』誌でロシア語ではあるがマルクスのページ付けに従って出版した。旧MEGA I/5でのテキスト配列には「何ら十分な理由付けがない」，とされた[8]。これに基づいて，『ドイツ哲学雑誌』は1966年，原語で「フォイエルバッハ」章を公表した。マルクスのページ付けに従い，編集者による見出しもなく，単にまとまりで分けているだけであった：［1］諸々の序論と諸断片［2］-［4］主要草稿。この版はインゲ・タウベルトによって準備された。彼女は，草稿が様々な時期に執筆され，様々な異なる関連で書かれたことを見逃さなかった。しかし当時の研究のレベルでは，主要草稿の複雑な生成過程を総体的に解明することはまだ出来なかった[9]。

1965年,西ドイツでハンス-ヨアヒム・リーバーにより『ドイツ・イデオロギー』が出版された(10)。この刊本の主たる原典は旧 MEGA I/5 と MEW, Bd.3 であったが,その「フォイエルバッハ」章はすでにマルクスのページ付けに従っており,新しい3ページも含んでいる。IISG でリーバーは,東独やソ連の研究者には不可能であったオリジナル草稿を直接見ることが出来たのである。彼が IISG でどのくらい新しい解読について知ることが出来たのかは,彼の後書きからはあまりはっきり分からない(11)。彼の主たる業績は編集の仕方に関わるものである。彼は,Ms.1 の 17-19 ページの欄外書き込みを左右両欄に分けて印刷している。これはその後のテキスト批判版での主要草稿全体に採用されている方法である。

Ⅶ. 編集史Ⅲ：1972年から現在まで

編集史の3つめの段階においては,マルクスによる草稿本体のページ付けはもはや争う余地のないものとなっている。関心の中心になってきたのは,「フォイエルバッハ」章のすべての現存する草稿が比較的独立したものであることやそのばらばらな成立である。

1965年から新 MEGA I/5 が準備され,1972年までに新 MEGA 試作版が,選ばれた研究所や専門家の評価を受けるために作成された(600部)。試作版は冒頭に,新たに編集された「フォイエルバッハ」章が納められている。IISG はオリジナル草稿全体を詳細に確認し,この公表は(インゲ・タウベルトの指揮の下)新たに解読されて行われた(12)。この巻の主目的は,編集方針についての議論であった。それ故,プレゼンテーションの問題が前面に出てきた：左右両欄の印刷,詳細な学術附属資料部（88ページのテキストに対して 108 ページ）には新たに見直された異文一覧。テキストの配列は全く新しいものではない：まず,「清書稿」（2つの序論と2つの断片），そして,3部に分けられた主要草稿。しかしながら,これらは7つの独立した草稿として,見出しなしで印刷された。これは章の断片的性格を可視化するためである。しかしながら,これらは第1章「フォイエルバッハ」というタイトルの元に一括されている。

新 MEGA 試作版は,一般には入手できないものではあったが,しかし,30年以上にわたって専門家には「フォイエルバッハ」章の最良の歴史的・

批判的典拠として役だった。諸草稿をそれぞれ個々独立にあつかう編集原則は，その後の版でも大部分採り入れられている。

　編集史の新しい段階は，1975年と1979年に出版され，マルクス／エンゲルス「から」の書簡だけでなく「宛て」の書簡を収録した新MEGAの最初の2つの書簡巻を参照した業績から生まれた。モスクワの旧マルクス=レーニン主義研究所（ガリーナ・ゴローヴィナ）は，『ドイツ・イデオロギー』が今まで考えられていたように最初から独立した2巻からなる書籍（本）の形での出版，つまり季刊誌の増刊として計画されていたのではなく，計画されていたのはまさに2巻本の季刊誌であり，それに『ドイツ・イデオロギー』が掲載される予定だったことを発見した。後になって，それが頓挫した後で，季刊誌からは独立した出版が話題になったが，上述したように，これも同様に頓挫した。

　書簡における「2巻」への言及は，新たに読み直された。「その結果」，新MEGA I/5の解題は，「作業の中で行われた草稿の変更は，全体のなかで理解することが出来た」（新MEGA I/5, S.793）としている。

Ⅷ. 新MEGA先行版における新しい配列

　『ドイツ・イデオロギー』の編集作業は1992年，よく知られている理由で中断された。2004年に初めて新しい *Marx-Engels-Jahrbuch 2003* において新MEGA先行版が公開された。今回も「フォイエルバッハ」章の先行出版である。バウアー批判が補完され，再びインゲ・タウベルトが中心になって編集された。彼女の専門家として資質は，状況が変わったものの必要なものであった。この編集の独自性は，著者の意向を考えることなく，すべての草稿を厳密に時系列順に配置したことである。ねらいは，マルクス／エンゲルスの思想の発展を，異文一覧だけに頼るのではなく一層適切に追体験できるようにするためである。例えば，後で書かれた諸々の序論なども，後から起草されているので，前置されるのではなく，後ろに置かれる。同様に，後から生まれた第1章「フォイエルバッハ」というタイトルもそうである。バウアー批判の冒頭部分と最後の部分を「聖ブルーノ」に移してMs.1が成立したというその複雑な成立過程が詳細に描かれている。

それに対して,「聖マックス」の一部としてのMs.2とMs.3という位置づけが危うくなる。というのも,新MEGA先行版は第3章「聖マックス」の前で終わるからである。ひょっとしたらこれも偶然ではない。なぜなら,マルクス／エンゲルスは,この章から2つの箇所をMs.2とMs.3として分離する前に,この章を,3分の2ほど完成させていたからである。純粋に年代順に配列すれば,当然2つの草稿をシュティルナー批判のど真ん中に置かざるを得ず,Ms.1から切り離し,第3章「聖マックス」をバラバラにせざるを得なくなる。これと結びついた全体的な見通しの悪さが理由となり,新MEGA I/5は,厳密な年代順の配列を採用できないのであろう。

MEA 1926	旧MEAGA I/5 1932/MEW, Bd.3 1958	DZfPh 1966 Lieber 1965	Probeband 1972	MEJ 2003	MEGA I/5 2017
I.フォイエルバッハ	I.フォイエルバッハ	I.フォイエルバッハ	I.フォイエルバッハ	タイトルなし	タイトルなし
序論	序論	序論	序論	Ms-S 1-29	序論
断片5.)	断片3.)	断片3.)	断片3.)	Ms-S 30-35	Ms-S 1-29
Ms-S 8-28	断片5.)	断片5.)	断片5.)	Ms-S 40-72	Ms-S 30-35
Ms-S 30-35	Ms-S 11/8/28	Ms-S 1-29	Ms-S 1-29	Ms-S 72/73	Ms-S 40-73
Ms-S 40-73	Ms-S 30-35	Ms-S 30-35	Ms-S 30-35	Exz Feuerb	Exz Feuerb
断片3）	Ms-S 40/70/50	Ms-S 40-73	Ms-S 40-73	序論	断片3.)
	Ms-S 72/73			断片3.)	断片5.)
	Exz Feuerb			断片5.)	

「フォイエルバッハ」章のテキスト整序一覧

断片3.)及び5.)は新MEGA先行版以後,最後に置かれる。1926年のリャザーノフ版での断片3.)は例外である。主要草稿の3部分は,マルクスのページ付け,1-29,30-35, 40-72/73に従うが,旧MEGA I/5およびこれに依拠したMEW, Bd.3は例外である。詳細は本文を見て欲しい。

私見によれば,新MEGA先行版の一番の功績は別のところにある。つまり,2つの清書稿断片が,初めて,主要草稿の後に置かれ,もはや冒頭にはないところにある。リャザーノフ以来,すべての版で断片5.)が,旧MEGA I/5以来すべての版で断片3.)が冒頭にあったが,新MEGA

先行版ではこのことが放棄された。その際，新しい配列は，年代順の原則そのものから生まれたのでは決してなく，起草時期の新たな推定から生まれたのである。新MEGA先行版では，まだ仮定にすぎなかったが，新MEGA I/5では大きな確信となっている。

IX. 新MEGA I/5における理由付け

　最初の2章が先行出版されてから13年を経て，新MEGA I/5は，1932年以来，『ドイツ・イデオロギー』の初めてとなる新たな版を，2巻本の季刊誌のために予定されていた現存する諸章とともに公表した。2005年以後の年月をかけて，「聖マックス」以降（新MEGA I/5, S.165-700）が全く新たに解読し直されただけでなく，「フォイエルバッハ」章の複雑な生成の謎解きが補強され，部分部分で新たな理由付けが行われ，日付が確定された。テキストの配列は，諸々の序論のように著者の意図が明確な場合は別だが，年代順である。主要草稿の独立した各部分は，その使用意図が第1章「フォイエルバッハ」であることに疑念の余地がない場合は，マルクスのページ付けに従っている。その後に，初めて二つの断片がくる。これは起草の順に従っている。

　間接的だが，その内容に従って，初めて断片3.）と5.）が主要草稿の後に置かれた理由付けがなされている。断片3.）は，Ms.3の後から執筆されたに違いない。その理由としては，とりわけ国家的所有はMs.3そのものでは部族所有の下位形態だが，断片3.）で初めて古代の国家的所有が部族所有から分離されているからである。新しい生産力の結果としての分業形成に関する異常なまでに精確な理解が，（リャザーノフ版を除く）2003年以前のすべての版で主要草稿の前に置かれていたのは，間違った年代順の配列の結果である。これによって，なぜ「フォイエルバッハ」章がその展開と共に，概念の鋭さがなくなっていくのかという謎が氷解する。

　断片3.）の場合と同様に，断片5.）を主要草稿の後に配置することも，内容的に，とりわけ，それ以前に執筆された「シュティルナー」章との重なりから了解することが可能である。「意識には歴史がない」という意識形態に関する定式が，既述の宗教に関係した箇所（Ms.2）にある。同様

に,「シュティルナー」章には,意識の決定に関する命題に対応する次の命題がある。「重要なのは意識ではなく,存在である。重要なのは思考ではなく,生活である。」

　新しい配列は私にとって説得力のあるものである。それは,私の立場からすれば,「フォイエルバッハ」章における思考の発展を理解するのに,1960年代に話題になったマルクスのページ付けに戻るよりも,遙かに大きな意義がある。マルクスのページ付けへの回帰は,主に Ms.3 に限定され,議論の発展を推し進めるのにそれほど大きな力にはならなかった。かつて,すなわち1926年に断片3.）を主要草稿の後に置いた人物はリャザーノフであり,2003年に至るまで,これを行った唯一の人物であったことは,彼の正しさを物語っている。しかしながら彼の断片5.）の配列はそうではない。この配列は旧 MEGA I/5 によって引き継がれ,新MEGA I/5 で初めて根拠をもって訂正された。そのさい彼自らが MEGA での配列を企てていた可能性を排除できないが。

ヴィンフリート・シュヴァルツ（Winfried Schwarz）
窪俊一訳

注
- （1）草稿の25ページではこの種の欄外書き込みのあるファクシミリが掲げられているが,学術附属資料部にこれに関する注解が欠けている。Ms.1 の 17-19 ページの右欄（新 MEGA I/5, 33.39～39.22）で重要な独立したテキストと見なせる書き込みに,私は,ただ部分的にだが,相対的に異なる成立時期があるように思う。もしこれらの日付を完全に証明することができず,これらの日付が純粋に推測であるなら,そのことは注記しておくべきだ。
- （2）旧 MEGA と競争して数ヶ月早くランツフートとマイヤーが『ドイツ・イデオロギー』の出版に（ライプチヒのクレナー社から）成功していた。この『ドイツ・イデオロギー』は学術附属資料部がなく,不完全なものであった。というのは,第2章「聖ブルーノ」や第4章「カール・グリューン」を欠いており,ただ「シュティルナー」章があるだけであったからである。「フォイエルバッハ」章はリャザーノフのマルクス=エンゲルス=アルヒーフ版に依拠し,これと同じ草稿の配列をしていた。この版については本章では触れない。
- （3）私は,マルクスのページ付けとは異なる,次のページ順の配列変更を見いだした。Ms.1 では,2つの変更がある。マルクスの 11-19 ページが（Ms.3 の）68 ページに置換され,8-10 ページ及び 20, 21 ページが 21-28 ページの後ろに配置されている。第1の変更のねらいはブルジョア社会に関する諸章句を一括す

ることであり，第2の変更のねらいはフォイエルバッハに関する諸章句を一括することである。Ms.2は変更されていない。Ms.3は内容的な共通性に従って5つの部分に区分され，その結果次のブロックができた。41-55// 69-72// 63-64// 40, 64-68, 22 //59-62, 52, 55, 58, 55-57．

(4) MEWの新版は新MEGAに基づくことが原則だが，この原則の下で，現在流布しているMEW,Bd.3は，なお1958年の序文を掲げている。

(5) 彼は1936年に始まる「粛正」によって1938年に処刑された。

(6) 私はマルクスハウゼンの次の見解に賛成だ。「以前の巻の読者が，マルクス／エンゲルスをどのように理解すべきかを，これらの巻の諸々の序言によって示唆されたとは，到底考えられない」。Thomas Marxhausen: „MEGA-MEGA" und kein Ende, in: UTOPIE kreativ, H. 189/190 (Juli/August 2006), S. 613/614.

(7) 新MEGA I/5の「解題」もここでは解釈であることから完全に自由ではない。そこでは次のように述べられている。「かくして旧MEGAでは『ドイツ・イデオロギー』の諸草稿は正典的性格をもつべき一つの著作へと編集され作り上げられた」（新MEGA I/5, S.790）。歴史的 - 批判的観点から，この種の主張が正当化されるのは，批判される「べき」相手の名前が明示された場合だけである。確かにそうではあるが，新MEGAの場合その解釈は比較的「控えめな」ものである。

(8) 新しいロシア語版は英語版の著作集第5巻（MEC, Vol. 5, London 1975, p. 16-661）の基礎になった。

(9) 彼女は正当にも，Ms.2はシュティルナー批判に出自があると注記し，またMs.1で印がつけられたテキストは「聖ブルーノ」章に「移された」と見ぬいている。しかし彼女はMs.3については，「草稿によると，これらのボーゲンは元々第3章『聖マックス』に属すものとしては再構成されない」（新MEGA試作版, S.1254）としていた。そして今日ではわれわれは，バウアー批判についても，第2章「聖ブルーノ」に移された箇所もあれば，テキストが放棄されたところもあったことを知っている。

(10) リーバーが，マルクス対エンゲルス，青年マルクス対老マルクス，といった呪文を西ドイツのマルクス論争に持ち込んだことに鑑みると，彼の版のあとがきで，彼が（冷戦のさなかにあって）『ドイツ・イデオロギー』の編集史にあくまで事実に即して言及する客観性対応には驚かされる（Lieber, 1965, S. 885 ff.）。ちなみに，リーバーは，1965年にベルリン自由大学総長になった。このことは，当時壁の両側の大学にとって，誰がマルクスのテキストに積極的に発言するかが，喫緊の問題になり得た，ということを示している。

(11) 欄外小話。リーバーは，旧MEGAと同年の1932年に刊行されたLandshut/Mayerの版では，著名な箇所「朝には狩りをし，昼には魚釣りをし，夕方には羊を追い，食事の後に批判をする」が誤って解読されていること，すなわち，「食事の後に批判をする」が「食事も批判する」（Lieber, 1965, S.36）になっていること明らかにしている。

(12) 新MEGA試作版では，とりわけ大きな発見があった。旧MEGA I/5ではフォ

イエルバッハについて誤って次のように述べられていた。「生活諸関係の批判がない」（旧 MEGA I/5, S.34）。新たにこの「生活諸関係」の部分が「愛の関係」だと解読し直された。これを知った性科学者，E. ボルネマンは，『家父長制』（フランクフルト, 1983）と題した彼の著作で，「文筆家」に向かって次のようになじった。「諸君はほぼ半世紀にわたって『まんまと騙されてきた』のだ，マルクスはわれわれに『人間的な愛情関係の発展の歴史的・唯物論的批判を要求していた』ことを」（Bornemann, 1983, S.12）。この独創的な解釈については，Koltan（2008），S.12, 参照。

原題：

Winfried Schwarz, Textumstellungen im Feuerbach-Kapitel – Die neue Edition der „Deutschen Ideologie" in MEGA I/5. in: *Zeitschrift für Marxistische Erneuerung*, Nr. 113 März 2018, S.89-100.

本章が参考にした「フォイエルバッハ」章の刊本（1926 年～）

Marx und Engels über Feuerbach. Der erste Teil der „Deutschen Ideologie". Die Handschrift und die Textbearbeitung. In: Marx-Engels-Archiv. Hrsg. von D. Rjazanov. Bd. 1. Frankfurt a. M.［1926］. Unveränderter Neudruck der Ausgabe von 1928, Frankfurt 1969, S. 205-306.

Marx-Engels-Gesamtausgabe, Erste Abteilung Band 5: Karl Marx/Friedrich Engels: Die deutsche Ideologie. Kritik der neuesten deutschen Philosophie in ihren Repräsentanten Feuerbach, B. Bauer und Stirner, und des deutschen Sozialismus in seinen verschiedenen Propheten. 1845-1846, Berlin 1932, 706 Seiten.

Karl Marx/Friedrich Engels: Die deutsche Ideologie. Kritik der neuesten deutschen Philosophie in ihren Repräsentanten Feuerbach, B. Bauer und Stirner, und des deutschen Sozialismus in seinen verschiedenen Propheten. Marx-Engels-Werke. Bd. 3, Berlin 1958, 612 Seiten.

Neuveröffentlichung des Kapitels I des I. Bandes der „Deutschen Ideologie" von Karl Marx und Friedrich Engels. In: Deutsche Zeitschrift für Philosophie. Jg. 14, 1966, S. 1192-1254.

Karl Marx, Friedrich Engels. Die deutsche Ideologie. I. Band. Kapitel I. Feuerbach. Gegensatz von materialistischer und idealistischer Anschauung, in: 新 MEGA 試作版. S. 31-119 und S. 399-507.

I. Feuerbach. Gegensatz von materialistischer und idealistischer Anschauung, in: Karl Marx: Frühe Schriften. Band II. Hrsg. Hans-Joachim Lieber und Peter Furth Darmstadt 1971, S. 7 -97. Nachwort Berlin 1965, S. 885-890.

Karl Marx, Friedrich Engels, Joseph Weydemeyer, Die Deutsche Ideologie. Artikel, Druckvorlagen, Entwürfe, Reinschriftenfragmente und Notizen zu I. Feuerbach und II. Sankt Bruno, in: Marx-Engels-Jahrbuch 2003, Hrsg. Internationale Marx-Engels-Stiftung Amsterdam, Berlin 2004, 400 Seiten.

Marx-Engels-Gesamtausgabe（MEGA）. I. Abt., Bd. 5: Karl Marx/Friedrich Engels:

Deutsche Ideologie. Manuskripte und Drucke. Bearbeitet von Ulrich Pagel, Gerald Hubmann und Christine Weckwerth (Berlin-Brandenburgische Akademie der Wissenschaften). Hrsg. Internationale Marx-Engels-Stiftung (IMES) Amsterdam, Berlin/Boston 2017, 1894 Seiten.

引用・参考文献一覧
＊凡例及び上に掲げた文献は除く

Bornemann, E. 1983, „Das Patriarchat", Frankfurt, 1983.
Vollgraf, Carl-Erich/Sperl, Richard/Hecker, Rolf: Stalinismus und das Ende der ersten Marx-Engels-Gesamtausgabe (1931-1941), in: Beiträge zur Marx-Engels-Forschung. Neue Folge, Sonderband 3, Berlin-Hamburg 2001.
Hecker, Rolf, 1997: Rjazanovs Editionsprinzipien der ersten MEGA. In: Beiträge zur Marx-Engels-Forschung. Neue Folge, Sonderband 1/1997, S. 25.
Koltan, Michael T. 2008: Die Editionsgeschichte der „Feuerbach-Manuskripte", http://www.trend.infopartisan.net/trd0108/trd100108.html
Marxhausen, Thomas, 2006: „MEGA-MEGA" und kein Ende, in: UTOPIE kreativ, H. 189/190 (Juli/August 2006), S. 613/614.
Sperl, Richard, 2016: Zur Editionsgeschichte des literarischen Nachlasses von Karl Marx und Friedrich Engels, marx200, 15. September 2016.

第4章　大転換期のマルクス／エンゲルス研究
──『ドイツ・イデオロギー』テキストの批判的新版に寄せて──

　新 MEGA I/5 によって，ようやく『ドイツ・イデオロギー』の現存草稿の批判的編集を手にすることが可能となった。この批判的編集と共に，マルクス受容史とマルクス主義に関する根本的な議論は，一大転機を迎えることになる。これによって遂に，非専門家も，マルクス／エンゲルスが，彼ら自身が知らせるところでは，「ネズミのかじる批判」に任せたものを（この結果，いくつかのページは二度と戻らないものとなったが），かくしてまたマルクス主義の伝統の中で一つの基本テキストへと持ち上げられたテキストそのものが何であったのかを，オリジナルで研究することが可能となったからである。

I．この批判的新版の位置および成果

　この新版と共に，これらの草稿は，いまや最終的に，従来の編集史に刻印されていたような政治的道具化から脱却する。実際に公表可能な成熟度にあったシュティルナーの部分[1]を 1903-1904 年にエドゥアルト・ベルンシュタインが公刊しようとしたとき，この出版は，労働運動内部における無政府主義的影響の排除が目論まれていた。「完結した著作」（新 MEGA I/5, S.791）[2]として『ドイツ・イデオロギー』を再構成する試み，とりわけいわゆるフォイエルバッハ章[3]を再構成する試みがなされたとき，この試みは，フランツ・メーリングと後期エンゲルス以来主張されてきた「史的唯物論」を，哲学上の一つの流派とすることに眼目があった（とりわけ，スターリンの史的唯物論のためにマルクス／エンゲルスのテキストから典拠を調達することが狙いだった[4]）。

　新 MEGA I/5（『ドイツ・イデオロギー』）の編集コンセプトは，1987-1988 年にベルリンのマルクス゠レーニン主義研究所で練り上げられたもので，その新版の目的設定では，確かに，一度も書かれなかったテキストの

（再）構成は断念⁽⁵⁾されていたが，『ドイツ・イデオロギー』が「一つの作品」であるという前提に固執していた。いわゆる 1989 年の大転換まで，インゲ・タウベルトは，新 MEGA の枠組みのなかでこのテキストの編集作業⁽⁶⁾に関わっていた。その際，彼女は，一方では，一部解読が困難な第 1 章「フォイエルバッハ」草稿の嘘偽りのない編集を行い⁽⁷⁾，他方では，これらのテキストの中に，「史的唯物論」に関する最初の典拠の一つを，最終的には見出すことができるという信念を持っていた。「著者ら（＝マルクス／エンゲルス－訳者挿入）によっては完結されなかったプロジェクトを可能な限り広範囲に完成」させようというこのプロジェクトは，その後，ドイツ統一の後，科学的に実行不可能と見なされる編集計画を「包括的に新たに見直す」（新 MEGA I/5, S.7 93 注 262）際に放棄された。むしろ厳密に文献学上の問題を重視し，「諸々の草稿をそれらが伝承されている通りに正確に編集する」（ibid.）ことになった。こうして「すべての草稿の完全な編集，……とりわけ，第 3 章「聖マックス」の適切な意義の考慮，……これらの草稿をもって行われたマルクス／エンゲルスのプロジェクト」（ibid.）のために，これらの草稿の現状および可能な再構成の諸条件を踏まえた編集方針を取ることになった（Hubmann, 2017）。すなわち，一方では，とくに出版形態がテーマ化され，徹底して新たに規定し直された（下記，参照），また編集対象の成立時期が以前の想定よりも 1846 年春から 1847 年初めへと（また 1847 年夏までの可能性も模索された）延長され（新 MEGA I/5, S.776-779, 参照），他方では，内容的にはとくに，シュティルナー批判の意義が認識され，素材の分離した状態が再評価された。

　新版では，18 点の伝承「テキスト」が一般に使えるようになる⁽⁸⁾。これらのテキストは，リャザーノフ以来の周く知れ渡った仮説に反して，一つの作品の草稿として生まれたものではなく⁽⁹⁾，準備作業や多少は仕上げられたテキストを寄せ集めたものである。元々は，マルクス／エンゲルスによる独自な季刊誌プロジェクトのためのテキストであって，プロジェクトの挫折後は，検閲の圧力が強化されたことから，代替プロジェクトも実現することができなくなった。

　新 MEGA I/5 は，草稿の伝承状態に即して，その仕上がりや保存状況が全く異なることをテキスト批判的に徹底的に吟味して，その「成立と伝

承」を詳細に追試可能なものとする[10]。また異文一覧は草稿の仕上げの状態並びに起草者の交代を記録する。さらに，注解は，信頼でき，検証可能な仕方で，関連文献やテキストの示唆の含意を明らかにしている。エンゲルスのテキスト［真正社会主義に関する草稿］(ibid. S.602-643) は，新たにこうした関連の中に置かれている。加えて，付録には，ヘスやローラント・ダニエルスのテキストが収録されている。これは，その刊行をマルクス／エンゲルスが最初に企画していたからである。

以上から，この新版は，1840年代半ばのマルクス／エンゲルスの到達点がどうであったのか，とりわけ彼らが『聖家族』に代表される哲学上の見解の限界を克服し，実際のところ，どこまで「科学に向けた突破口」への第一歩を踏み出せることに成功していたのかを，冷静に検証するための基盤を提供する[11]。

編集作業の重要な文献学上の成果の一つは，編集者によって「フォイエルバッハに関する手稿の束」と名付けられたもの（計画されていた第1章「フォイエルバッハ」の準備作業の中心を含む）には，後に規範化された「史的唯物論」のための成熟した，持続性がある基盤を見出すことはできない[12]（前掲注4，参照)，また「唯物論的な歴史観」という「概念」さえ，この草稿に見出すことはできない，ということである (ibid. S.755)。

新 MEGA I/5 の公刊と共に，このことはマルクス（およびエンゲルスに関心を持つ）全ての人々が知る必要がある。この限りでは，新版は一大打撃となる。

われわれはこの点を2つの事例に即して正確に述べてみたい
(1) いわゆる「フォイエルバッハ」章はマルクス／エンゲルスにとっては補遺的で補完的プロジェクトであったのであり，そのために二人はただ準備的な素材を寄せ集めていたに過ぎない。二人はこの章のために，この材料に基づいて最初の草案を書くことはなかったし，後に，二人がこの章に立ち帰ることは全くなかった。
(2) 他方，「聖マックス」章は，全テキストの3分の2を占め，看過できない草稿の重点をなす。同章で，マルクス／エンゲルスは，マックス・シュティルナーに対するラディカルな批判[13]を定式化している。同章の分量の多さは，同章が内容的にも草稿の重点をなすことを意味しないのかどうか。この問題が今や検討されるべきである。

II. 書かれなかった「フォイエルバッハ」章の文献学的および理論的意義

『ドイツ・イデオロギー』の関連草稿についての従来の全ての版と比べて，新 MEGA I/5 のテキストを特徴付ける最も重要な成果の一つは，草稿執筆におけるマルクス／エンゲルスの複雑な作業工程を正確に順序立てて整理したことである。もっとも複雑を極めているのは第 1 章「フォイエルバッハ」のプランニングの再構成である。このプランニングには，4 つの時期的にも内容的にも相互に区別可能な階梯を読み取ることが出来るという (ibid. S.833)。このことは，これらの草稿を，独立した，マルクス／エンゲルスによって計画され，かつ彼らの歴史観の，何らかの既に理論的に完結した記述として理解しようとした，従来の全ての試みを否定する。

加えて新 MEGA I/5 の編集者らは，一つのテキストを独自にフォイエルバッハのために書くという考えがマルクス／エンゲルスに浮かんだ正確な時期を区分して示すことに成功した。とりわけ，ここで確認しておくべきは，マルクス／エンゲルスは，430 頁に達するシュティルナー批判の印刷原稿をほぼ完成した時点で，初めてこの考えに至ったと言うこと，しかし直ちに新たなプロジェクトを遂行せず中断し，完成しなかったということである (ibid. S.772f.)。

このシュティルナー批判は 1845 年 11 月末に始まり，1846 年 4 月半ばまで続いた。最終的には，ワイデマイヤーが印刷のためにブリュッセルからヴェストファーレンへ持参したが，その際計画されていた「フォイエルバッハ」章が引き合いに出されることはなかった (ibid. S.767f.)。1846 年 6 月初めと 1846 年 7 月半ばの間に，初めてマルクス／エンゲルスは再び第 1 章「フォイエルバッハ」のための準備に立ち帰った (ibid. S.771f.)。エンゲルスが 1846 年 7 月にブリュッセルからパリに旅立つと共に，マルクス／エンゲルスは，「フォイエルバッハ」章ないしはフォイエルバッハに関する序文を起草する計画を徐々に放棄した (ibid. S.774ff.)。1846 年 12 月にマルクスは (P. W. Annenkow への書簡 (新 MEGA III/2, S.125) でプロジェクト全体の挫折を確認した (新 MEGA I/5, S.780)。

Ⅲ．シュティルナー批判：ライプチヒ宗教会議。第3章「聖マックス」

マルクス／エンゲルスの理論的な仕事で，計画された第1章「フォイエルバッハ」の部分に中心的な位置を帰するようなあらゆる試みに対抗して，この新版が証拠立てるのは，彼らによって仕上げられたシュティルナー批判を，彼らがこの年次に成し遂げた理論的な大転換に鑑みて読むことが如何に必須であるか，ということである。

a）現在利用可能となった真のテキストから，そもそも，（リャザーノフや彼の後継者らが使った意味での）マルクス主義的な歴史理論を構成できるのか，あるいは，それらはむしろマルクス（およびエンゲルス）の，青年ヘーゲル派的諸兆候からの最初の「決別」を示す文書として読まれるべきではないのか？この「決別」は，一面では，哲学的には，マルクスのプルードン批判の中で，政治的には『共産党宣言』の中で，他面では，学術的には『経済学批判要綱』や『資本論』で続行されている，と見なすべきではないのか？

b）この「決別」の証左は，それ自体は最終的には中断した準備作業を記録する第1章「フォイエルバッハ」（ibid. S.4-139）のテキストではなく，むしろ理論的に仕上げられ，成熟した第3章「聖マックス」のテキストのなかで模索されるべきではないのか？

これに関連して指摘されるべきは，シュティルナー批判でもっとも訴求力が強い箇所の一つ，すなわち第3章「聖マックス」・「旧約聖書」の「道徳，交通，利用理論（*Moral, Verkehr, Exploitationstheorie*）」（ibid. S.465-471）が，従来の研究では完全に等閑に付されてきたことである。この箇所は『聖家族』の最終段階で起草された部分（*Die Kritische Schlacht gegen den französischen Materialismus*）[14]と主題が重なる。とりわけこの部分から，マルクス／エンゲルスがシュティルナーの見解を批判する際，何を中心問題にしていたのかが判明する[15]。ここで用いられている「利用理論」（„Exploitationstheorie"）という術語は，英国の功利主義でいう「功利論」と同義だが，マルクス／エンゲルスは，『ドイツ・イデオロギー』のシュティルナー批判では，フランス唯物論と（同じことが妥当する）ベンサムを共に功利主義に分類している（『聖家族』でマルクスはフランス唯物論を明示的に共産主義理論に結びつけていた）が，今やまさに

シュティルナーもそうなのである。ベンサムについていえば、1年前には「もっとも傑出した社会主義的著作家」（新 MEGA Ⅳ/3, S.14）の地位を占め、その作品はドイツ語翻訳に値する（ibid. S.487f.）、とされていた。しかしここ（聖マックス）では逆に「利用理論」の主要な代表者として批判されるのである（Vileisis, 2017, S.25ff.）。

　従って、『聖家族』における Kritischen Schlacht とシュティルナー批判における Moral, Verkehr, Exploitationstheorie のテキスト間で一つの重要なパラダイム転換が生じている。そして、唯物論批判を伴う「フォイエルバッハに関するテーゼ」がこのパラダイム転換への内容上の連環となっている。マルクスは、Kritische Schlacht に関するテキストでは、フォイエルバッハの唯物論を、英国の（とりわけホッブスやベンサムの）またフランス唯物論（とりわけエルベシウスやドルバック）の政治哲学の延長線上にあると見なしているが、シュティルナー批判の枠組みでは、まさにこうした立場をきっぱりと撤回する。このことは間接的に次の疑問を投げかける。ここでマルクスはいかなる唯物論との関連させることによってフォイエルバッハの唯物論を批判することができたのか、という疑問がそれである。彼は既に英国およびフランス唯物論を批判していたし、またスコットランドの歴史論証的唯物論（とりわけアダム・ファーガソンの）に接近していた（Vileisis, 2010, 翻訳, 第8章）。ここではマルクスは、——彼は既にシラー・ファーガソンのイギリスおよびフランス唯物論の批判を興奮して受容していた（Middell, 1982, 及び Oz-Salzberger, 1995）し、またヘーゲルはファーガソンを広範囲に利用していた（Waszek, 1988）が——十中八九、ファーガソンの近代市民社会史の唯物論的記述に立脚していたと思われる[(16)]。

　よく知られているように、功利主義は——とりわけベンサムによって政治理論として仕上げられたが、この仕上げや、J.B. セーやジェームズ・ミルによる経済学的解釈では[(17)]——、流通部面における市場関係に理論を限定し、そうすることによって資本主義的な生産部面における搾取諸関係を隠蔽してきた[(18)]。従ってマルクスがシュティルナー批判で功利主義の肯定を撤回したことは、マルクスのその後の発展にとって、フォイエルバッハ批判に帰するよりも遙かに大きな意義をもつ一大転換であった。このことは彼の経済学批判にも彼の自由主義の政治的批判にも妥当する。同

時にマルクスのシュティルナー批判で明示的に表明された諸々の認識への着眼は，歴史的にさらに豊かな見通しを切り開くことになる。すなわち，マルクスの存命中に発展を遂げ，功利主義的諸前提に核心を依拠する新古典派経済学に対して，マルクスの古典経済学批判を拡張する可能性である（Krätke, 1999, 及び Ptak, 2008）。

IV. 結論

　この新版は，マルクス／エンゲルスが当時の理論的な作業で成し遂げたものに関する根本的で偏見のない議論を最終的に可能にする。それは決して彼らの権力批判や科学的解明の試みが失敗したと片付けてしまっても構わないことを意味しない。しかしながら彼らの当時の研究のアクチュアリティーや現実化の可能性は，新たに捉え直される必要がある。後に続く経済学批判に向けたマルクスの学術的な転換や第１インターナショナルの総評議会の積極的な構成員としての彼の政治的な活動（および彼の部分的に止まる「政治批判」（Étienne, 1979））も，その前史のなかでさらに一層再構成されるべきである。いずれにせよ，この新版は，マルクス／エンゲルスによって1845-1846年に取り組まれたシュティルナー批判の最終盤に生まれた転換が，彼らの思考過程における重要な一歩を形成したことを，哲学的および政治的に根拠付けるための文献的基盤を提供する。そして，新版はこの転換を例えば既に終わってしまった転換と見なしたりはしていない。われわれが，たった今公表されたいわゆる『ドイツ・イデオロギー』コンプレックスとも言うべき草稿を，マルクス／エンゲルスの研究過程における重要な第一歩を記す文書として，哲学的に研究することができるならば，われわれはまた新たに，当時のマルクスに起源をもつ（しかしエンゲルスと共同して提起したものではない）「フォイエルバッハに関するテーゼ」に近づくこともできる。混乱させてきた要素を最終的に落ち着かせるためにはなく，今日の哲学上の，政治学上の，そして社会科学上の論争の挑戦を受けて立つために（Wolf, 2003）。

　　　　　　　　　ダンガ・フィライシス／フリーダー-オットー・ヴォルフ
　　　　　　　　　　（Danga Vileisis / Frieder Otto Wolf）
　　　　　　　　　　　　　　　　　　　　（大村泉，窪俊一訳）

注

（1）新版の編集者らは，区別されるこれまでの諸版の中に，8通りの草稿「整序」を数え上げ，かつ確信を持って，彼らの版（新MEGA I/5）では，「マルクス／エンゲルスの諸々の草稿に関する作業の込み入った状況とダイナミズムが…初めて完全にかつ信頼される形で記録されている」（新MEGA I/5, S.793）と誇らしげに述べている。

（2）これらの版には Rjazanow 1924 (Russisch), 1926 (Deutsch－ibid. S.789. 注244, 参照), Rjazanow/Adoratskij 1932 (ibid. 注245, 参照) があるが，社会民主主義者の側からは，Landshut/Mayer 版 1932 (ibid. 注246, 参照) がある。

（3）［草稿の当該箇所に］マルクス／エンゲルスによるタイトルは一つもなかった（ibid. S.832, 参照）。

（4）1935年のスターリン的哲学の基本テキストにおける「古典作家」としてのマルクス／エンゲルスに関連する全体像は，Labica (1986) 及び Hedeler (2017), 参照。

（5）*MEGA-Studien*, 1997/1, S. 147 及び *Beiträge zu Marx-Engels-Forschung*, Heft 22, 1987, S. 21-28, 参照。

（6）インゲ・タウベルトは IMES の新編集要項に従って最初に生み出された第1章「フォイエルバッハ」の「先行版」（新MEGA I/5, S.793）でも「決定的」な役割を果たした（同）。しかし「新MEGA I/5で実現された版……は，とくに，異文の表記，オーサシップの諸規定，個々のテキストの配列順，及び執筆時期同定」で先行版からズレている。

（7）これらの断片――序文の草案および主題的に明白な関連がない準備作業の寄せ集め――は，リャザーノフによる最初の編集以来，MEW, Bd.3 での印刷に至るまで，一貫したテキストとしてのいわゆる「フォイエルバッハ」章となるように，夥しい介入や置換をしながら，第三者によって編集された（ibid. S.790, 参照）。

（8）18の内訳は，マルクス／エンゲルスの草稿が12点で，マルクス／エンゲルスの単独稿がそれぞれ1点ずつ，モーゼス・ヘスとエンゲルスにものが2点，マルクス／エンゲルスが協力したローラント・ダニエルスのものが1点である（ibid. S.723f. S.726f. u. S.794f, 参照）。

（9）新MEGA I/5 の編集者（Pagel, Hubmann 及び Weckwerth）による解題（ibid. S.725-799），参照。とくに S.728f. 及び S.788-791 が重要。

（10）ただし，手稿分析に基づいて，Omura (2017) によってごく最近鋭く提示されたマルクス／エンゲルス関係におけるオーサーシップ問題（大半の草稿がエンゲルスの手稿であることに由来する）と，少なくとも新MEGA 本巻に収録された（マルクスの手になる1-73 のページ付けを含む）フォイエルバッハの手稿の束はマルクスの口述筆記によって作成された，という証明には何の言及もない。

（11）マルクス／エンゲルスがこの時期に行った「認識論上の突破口」をめぐってLouis Althusser が始めた論争は，現在，構造的－批判的，懐古的かつ前進的研

71

(12) 「歴史的唯物論（Der historische Materialismus）」（＝略称「史的唯物論」－訳者）という術語については，*Kritisches Wörterbuch des Marxismus*，および上記注4の文献を参照せよ。
(13) この間，忘却から蘇らされ，哲学的に再読されているシュティルナー文献については，Stirner-Archiv (Leipzig)：*www.max-stirner-archiv-leipzig.de/* 及び Newman（2010），さらに Schuhmann（2011）がある。
(14) マルクスが，「フォイエルバッハに関するテーゼ」（新 MEGA Ⅳ/3, S.19-21）の執筆以前に，最後にどこでフォイエルバッハに理論的に理解を示していたかは Vileisis（2017），参照。
(15) 従って，後期エンゲルスが，『空想から科学』の英語版序文（MEW, Bd.22, S.292）で，「史的唯物論」をマルクスの初期著作に帰したことが軽率であるのは明白である。マルクスはシュティルナー批判で，*Kritische Schlacht* を否定するのだが，エンゲルスが「史的唯物論」をマルクスの初期著作に帰す際，典拠にしたのはまさにこの *Kritische Schlacht* のテキストであった。
(16) ここで特に検討すべきは，ファーガソンの唯物論的な歴史観の縮減が，マルクスの歴史観の生産諸力と生産諸関係の関係に如何に刻印されているかであろう。これについては，Bischoff（2005），参照。
(17) マルクスは既に『経済学・哲学草稿』でこれを引用している。
(18) こうした意味でマルクスは『資本論』において，この流通部面を「自由，平等，所有そしてベンサム」が支配する「真の天賦人権の楽園」として特徴付けている（MEW, Bd.23, S.189/190）。詳細は，Vileisis,（2010），注 14（S.18-19），参照。

原題：

Danga Vileisis / Frieder Otto Wolf, Marx und Engels im Umbruch – zur kritischen Neuedition der Texte zur „Deutschen Ideologie". in: *Deutsche Zeitschrift für Philosophie*, Vol.66 (1), 2018, S.134-141.

引用・参考文献一覧
＊凡例で掲げた文献を除く

Balibar, Étienne / Luporini, Cesare / Tosel, 1979 : André: *Marx et sa critique de la politique*, Paris 1979.

Bischoff, Joachim /Fritz Fiehler/Christoph Lieber, 2005: „Deutsche Ideologie" und materialistische Geschichtsauffassung. Ein Kommentar, in: *Sozialismus*, 32. Jahrgang, Heft 8‐9 /2005, 53-65.

Krätke, Michael, 1999: Neoklassik als Weltreligion, in: Loccumer Initiative (Hg.): *Die Illusion der neuen Freiheit*, Hannover 1999, 100-144.

Hedeler, Vladislav, 2017: Stalin and Lenin, in: Tom Rockmore / Norman Levine, hg.: *The Palgrave Handbook of Leninist Political Philosophy*, London/Heidelberg 2017.

Hubmann, Gerald, 2017:Pressemitteilung (http://www.bbaw.de/presse/pressemitteilungen/PDFs/pm_11_mega)

Labica, Georges 1986: Der *Marxismus-Leninismus. Elemente einer Kritik*, Hamburg 1986.

Lindner, Urs, 2013: *Marx und die Philosophie*, Stuttgart 2013.

Newman, Saul (Hg.) 2010: *Max Stirner*, Basingstoke/New York, 2010

Middell, Eike, 1982: *Friedrich Schiller. Leben und Werk*, Leipzig 1982, S. 47.

Omura, Izumi, 2017: Re-examining the Authorship of the "Feuerbach" Chapter in *The German Ideology* on the basis of a Hypothesis of Dictation: International Conference, Marx 1818-2018, Lyon, 27-29, September 2017.

Oz-Salzberger, Fania, 1995: *Translating the Enlightenment. Scottish Civic Discourse in Eighteenth-Century Germany*, Oxford, 1995.

Ptak, Ralf, 2008: Kritik des Neoliberalismus, in: Christoph Butterwegge, Bettina Lösch u. Ralf Ptak: *Grundlagen des Neoliberalismus*, Wiesbaden 2008, 13-86.

Schuhmann, Maurice 2011: *Radikale Individualität. Zur Aktualität der Konzepte von Marquis de Sade, Max Stirner und Friedrich Nietzsche*, Bielefeld 2011, 273-318.

Stirner, Max, 2010: Basingstoke/New York, 2010,

Vileisis, Danga, 2010: Der unbekannte Beitrag Adam Fergusons zum materialistischen Geschichtsverständnis von Karl Marx, in: *Beiträge zur Marx-Engels-Forschung. Neue Folge 2009*, (2010), 7 -60.

Vileisis, Danga, 2017:Marx´ frühe utilitaristische Auffassung des Kommunismus, in: Beiträge zur Marx-Engels-Forschung. Neue Folge 2016/17, insbesondere 11-14,

Waszek, Norbert 1988: *The Scottish Enlightenment and Hegel's Account of "Civil Society"*, Dordrecht, Boston, Mass., u. London 1988.

Wolf, F. O., 2003: Was tat Marx in der Philosophie? Eine Lektüre der *Thesen* ad *Feuerbach*, in: *Die Tätigkeit der PhilosophInnen*, hg. v. Thomas Heinrich, Heike Weinbach u. Frieder Otto Wolf, Münster 2003, 188-225.

第Ⅱ部　オーサーシップ，草稿編訳をめぐる論争

第5章　唯物史観の第1発見者

序論——研究史の到達点と未解決問題——

　よく知られているように，マルクス／エンゲルスに共通する歴史観＝唯物史観の骨格が文献史上最初に姿を現すのは『ドイツ・イデオロギー』第1章「フォイエルバッハ」草稿においてである。では，マルクスあるいはエンゲルスのいずれが執筆のイニシアチブをとったのか，いずれがこの草稿のファーストオーサーであったのか。同じことだが，この2人のいずれを唯物史観の第1発見者と見なすべきなのか。これは草稿同章の内容の検討に入る前に本来解決しておく必要がある問題である。しかしこの問題は100年近い内外の研究史で未だに決着がついているとは言い難い。研究史に立ち入ると，未解決かつ事実上未着手の極めて重要な問題がある。本章は研究史を概観することでこの点を明確にすることから考察を始める。

　『ドイツ・イデオロギー』はマルクス／エンゲルスが存命中に公表されなかった。公表されたのは20世紀に入ってからだが，手書きの草稿のままで『ドイツ・イデオロギー』を読むと興味深い事実に遭遇する。草稿は二つ折り全紙表裏4ページ（1 Bogen）が1単位で，各ページの左欄に正書法上完成したテキスト＝基底稿[1]が書き込まれた後，この基底稿に直接，あるいは右欄の余白に，訂正や補完，注記，コメント（独立したコメントを含む）などが記入され，最終テキストが作成されている。

　「序論」や「断片」など後に作成された部分を除く第1章「フォイエルバッハ」の草稿紙葉[2]では，エンゲルスが最初に振ったボーゲン番号を削除して，マルクスが新たに1-72のページ番号を振っている（以下，これらの草稿紙葉をM1,2…と表記，M3-7,36-39は伝承されていない）。『ドイツ・イデオロギー』では，この第1章「フォイエルバッハ」には，第2章「聖ブルーノ」，第3章「聖マックス」が続く。ところが，この構成は『ドイツ・イデオロギー』執筆の当初は明確ではなく，「聖マックス」部分

の草稿の執筆途上で生じた。M1,2,M8-29 は B. バウアーの「ルートヴィヒ・フォイエルバッハの特性描写」に関する書評の，M30-35 は後に第3章「聖マックス」の「旧約聖書。ヒエラルヒー」となった草稿の，M40-72 は同じく第3章「聖マックス」の「新約聖書。ブルジョア社会の歴史」となった草稿の一部として起草された。新 MEGA I/5 は，この3つの草稿部分を「フォイエルバッハに関する手稿の束」と呼び，マルクスのページ付けで M1-29 を H^{5a}，M30-35 を H^{5b}，M36-72 を H^{5c} と略称している。本章もこの略称を用いて，この3つの部分を，それぞれ，H^{5a}，H^{5b}，H^{5c} と区別して表記する。これらの草稿紙葉を適宜リシャッフルし，新たに上記のページ付けを行い，必要な部分を抜き取って，第1章「フォイエルバッハ」のテキストを編集したのがマルクスであったのは明白である[3]。

　しかしながら，草稿の筆跡に着眼すると，マルクスの筆跡は全体の数パーセントにとどまり，大半がエンゲルスのものである。しかも，草稿同章の基底稿に限定すると，マルクスの筆跡は M25 の7行弱しかない（図1，次ページ）。一般に，草稿の著者同定では，基底稿の筆跡が最も重視されてきた。基底稿のほぼ100％がエンゲルスなら，第1章「フォイエルバッハ」の真の著者，従ってまた唯物史観の第1発見者はエンゲルスと言うべきである。ところが他方，エンゲルス自身は，マルクスと共同で執筆した『反デューリング論』（1877）で剰余価値と唯物史観の第1発見者はマルクスだと述べた（新 MEGA I/27, S.237）。エンゲルスのこの立場は終生変わらず，マルクス葬送の辞（1883）（MEC, Vol.24, pp.467-468）や『共産主義者同盟の歴史によせて』（1885）（新 MEGA I/30, S.96f.），また『共産党宣言』の英語版（1888）への序文で唯物史観の第1発見者はマルクスであることを繰り返し明言している（新 MEGA I/31, S.119f）。これは矛盾である。

　矛盾というのは，草稿同章の筆跡から著者がエンゲルスであるとすれば，エンゲルスが，自主的かつ自発的に彼の意思で（彼の頭で），草稿同章に残る唯物史観の諸定式を書いたことになる，しかし後年，これを否定する証言をしているからである。この矛盾を解消する唯一無二の方法は，草稿同章がマルクス口述・エンゲルス筆記によって成立したことを論証すること，すなわち，草稿同章に見られる唯物史観の諸定式は，マルクスが整理したものであって，エンゲルスではないことを論証することである。

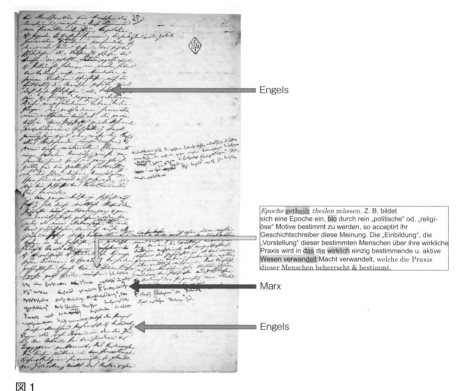

図 1
M25 右上の解読は，エンゲルス→マルクス→エンゲルスの筆跡部分
Times New Roman はエンゲルス，Arial（太字）はマルクスで区別。網掛けは即時異文の削除テキスト

　この論証は可能か。この点に入る前に，いま少し研究史を回顧しておこう。
　この矛盾を念頭に置いて 1920 年に G. マイヤー（Gustav Mayer, 1871-1948）は，共同執筆説を提唱し，マルクスの悪筆に比べて，エンゲルスの筆跡は読み易かったので 2 人は事前に話し合い，「おそらく前もって十分討議されたある脈絡」をエンゲルスが紙上に写し取ったとし，これに続けて，「2 人のうち余り遠慮したりせず，ずっと機敏で，仕上げが速かったエンゲルスは，より簡単な諸節を，多分しばしば単独でも仕上げた」と述べた（Mayer, 1920, S.241）[4]。1921 年には，「エンゲルスは，ずっと読み易く書けたし，より迅速機敏であったので，彼がマルクスと共同して起案した諸節を，いつでも直ぐ紙面に写すことが出来た」（Mayer, 1921, S.776），と述べた。この共同執筆説は上記の矛盾を一見解消ないしは緩和

するかのように見える。しかしそれは外見にとどまる。この点は後に述べることにし，研究史概観を続けよう。

共同執筆説に対しては，D. リャザーノフ（David Rjazanov, 1870-1936）の異論があった。彼は，1926 年に第 1 章「フォイエルバッハ」を初めて原語で公表した。その際，「遺憾ながらグスタフ・マイヤーは」，モスクワが「入手した『ドイツ・イデオロギー』の残存部分の殆ど全てを入手していなかった」（Rjazanov, 1926, S.208），とし[(5)]，草稿 H^{5a} 及び H^{5b}（当時 M1, 2 は未発見）と H^{5c} とを截然と区別し，前者はマルクス口述・エンゲルス筆記，後者はエンゲルスの単独執筆とした。理由は前者についてだけ述べ，エンゲルスの修正箇所が当時のエンゲルスには不似合いだ，というものであった（ibid. S.217）。

廣松渉（1933-1994）は，1966 年にリャザーノフの異論を取り上げた際，第 1 章「フォイエルバッハ」の基底稿がエンゲルスの筆跡＝書体なら，執筆のイニシアチブを取った人物＝唯物史観の第 1 発見者はエンゲルスだと断じた（廣松, 1968, p.81）[(6)]。その際，廣松は，先記した矛盾を「解消」するために，エンゲルス虚言説を主唱した。成立史研究で「虚言説」に訴えることは自説に内在的矛盾があることを自認するようなものであるから，よほどの説得的で客観的根拠がない限り提示されることはない。しかしこの問題では必ずしもそうではない。直近では，D. マクレラン（David McLellan）が草稿同章を念頭に置いて，唯物史観の第 1 発見者はマルクスだとしたことを批判して，J. ベンディエン（Jurriaan Bendien）が次のように言い放っている。

草稿同章は「実際，エンゲルスによって書かれており，マルクスではない」。「マルキストの大半がこのテキストをマルクスの貢献によるものだとしているのは私にはむしろ信じがたい。もちろん我々はどのような状況で草稿が書かれたのかは知らない。ひょっとすると，マルクス／エンゲルスは書きたい事柄を一緒に議論をし，エンゲルスはチームのアイデアをまとめるゴーストライターの役割を果たすことになったのではないのだろうか」。「1980 年代初めにテキストを研究していたとき，私の結論は，今日マルキストの間で『史的唯物論』と言われているものは，マルクスの産物というよりはずっとエンゲルスの産物だ，というものであった」（Bendien, 2018）。ちなみに，マイヤーやリャザーノフは，他方で，筆跡のみから作

品の著者を判断することはできない，と留保をつけていた（Mayer, 1920, S.241;Rjazanov, 1926, S.217）ので，廣松，そしてベンディエンの所説が如何に極論であるのかがわかる。

　こうした発言もあるのだが，研究史を全体としてみたとき，もっとも影響力があるのはマイヤーの仮説であろう[7]。確かに，リャザーノフのH^{5c}に関する仮説を，それとは性格が全く正反対のH^{5a}, H^{5b}にまで拡充した廣松の仮説は，欧米ではマイヤー説に取って代わるほどの影響力はないが，廣松が1974年にこの仮説に基づいてマルクス／エンゲルスの執筆部分を活字の書体で截然と区別した第1章「フォイエルバッハ」のドイツ語版と日本語版を公刊（廣松版, 1974）し，さらに2005年には中国語版が出版された（廣松中国語版, 2005）ことで，日本や中国，さらに韓国では大きな影響力がある[8]。また同趣旨の発言が，上に紹介したように，J.ベンディエンによってなされているのを見ると，少なくとも英語圏では，類似の見解が一定程度浸透していると見て良いであろう。鄭文吉（1941-2016）が紹介しているように，日本では廣松版に依拠して第1章「フォイエルバッハ」に関するマルクス／エンゲルスの執筆持分という問題設定を論じた研究書も公表されている（鄭, 1996, Chung, 1998）。

　しかしながらこのような研究書が刊行されているからと言って，廣松仮説が日本においても一般的な承認を得ていないのは，この間廣松仮説に対する有力な批判が相次いで提出されていることからも明らかである。例えば，服部文男（1923-2007）は，服部監訳版（1996）を公表した際，マイヤー仮説を支持する見地から廣松を批判した[9]。これを承けて，渋谷正が渋谷版（1998）の「解題」や渋谷（1999）で，前記M25の基底稿におけるマルクス／エンゲルスの筆跡混交と，重要な箇所でのマルクスの補筆を根拠に廣松を批判した[10]。渋谷（1999）は，その後改稿補筆されてShibuya (2006)となり，T.カーバーとD.ブランク（Terrell Carver & Daniel Blank）が注視し，「廣松仮説を中立化する試み」（Carver, 2014, p.111）と紹介した。また渋谷とは異なる観点からだが，新MEGA先行版の編集者らは，H^{5a}と『ドイツ・イデオロギー』第2章「聖ブルーノ」の印刷原稿との成立史上の関連を問い，ここではエンゲルスはマルクスの共著者と呼ばれる資格がある，と断じた（新MEGA先行版, S.168）。

　新MEGA I/5はこの見地をさらに徹底させ，「解題」に「草稿執筆に際

しての共同作業」という節を起こし，新 MEGA III/1,2 で公表された『ドイツ・イデオロギー』成立前後のマルクス／エンゲルス書簡，及び第三者のマルクス／エンゲルス宛て書簡などを駆使して，草稿の共同執筆＝共同著者説を敷衍して次のように述べた。関連書簡などから，マルクス／エンゲルスがブリュッセル滞在中深更まで議論をしていたこと，マルクスの方がシュティルナーやバウアーら当時の青年ヘーゲル派哲学者の動向にエンゲルスより通じていたのであり，『ドイツ・イデオロギー』草稿の最後の改稿はマルクスによってなされ，テキストの最終状態に対する決定はマルクスが行っていたのであり，草稿の起草にエンゲルスよりは多く関与していたのは明白である。また，筆跡がエンゲルスになったのは，『ドイツ・イデオロギー』の前年に二人が取り組んだ『聖家族』の校正で，その整理を担当した出版者がマルクスの筆跡に音を上げたために，出版が遅延を重ねる結果となり，このことからマルクスよりは遙かに判読しやすい筆跡のエンゲルスが，『ドイツ・イデオロギー』の入稿原稿を執筆することになっていたからだ（新 MEGA I/5, S.747ff.）。

　以上がこの問題に関する研究史の概要である。ここから，最近の傾向として，この問題を最初に取り上げたマイヤー仮説の復位が進んでいるのが知られる。特に最後に紹介した新 MEGA I/5 の「解題」は，提示された文献が文献だけに，今後の研究史に大きな影響を与えるであろう。しかし，これによって先記した矛盾が解消したわけではない。エンゲルス単独執筆説では矛盾は放置されたままだが，共同執筆説でもやはり矛盾が解消されたとは言い難い。なぜか。

　ここで最初に指摘しなければならないのは，マイヤー以来，新 MEGA 先行版，新 MEGA I/5 の編集者を含めて，共同執筆説を採る論者は，いずれも，草稿執筆前にマルクス／エンゲルスの真摯な討論があったこと，そしてこの討論を取り纏めた，つまり文章化したのがエンゲルスであったことに疑いを挟んでいないことである。だがこの文章化のイニシアチブをとったのがマルクスではなく，エンゲルスであれば，草稿同章で初めて定式化された唯物史観の諸テーゼは，マルクスよりはエンゲルスの頭脳に由来すると言って良く，またそのように言わざるを得ない。そしてこの場合，先記した矛盾は何ら解消していないことになる。確かに，草稿同章の共同執筆説と，エンゲルス単独執筆説とは，①草稿同章の執筆前に，マル

クス／エンゲルスの間で真摯な議論があったのか否か，② M25 のごく一部を除き，草稿同章の基底稿がエンゲルスによって書かれたのは，マルクスの悪筆という外的要因を積極的に認めるか否か，という2点で大きく異なる。しかしながら草稿同章で初めて定式化された唯物史観の諸テーゼそのものはエンゲルスが彼の頭で整理したもの，文章化したものである，というもっとも根本的なところでは一致する（両者は，草稿の最終編集がマルクスによってなされたことについては争わない）。共同執筆説を採る論者が，一方でマルクスではなくエンゲルスが筆を執ったのは外的要因によるものであったことをいくら強調しても，他方で草稿同章に書かれた内容そのものはエンゲルスの頭脳の産物であることを認めるならば，「エンゲルスは，自分自身の頭脳の産物を，なぜ後から自分ではなくマルクスの頭脳の産物だと，矛盾したことを言うのか？」という疑問を突きつけられ，回答不能になるのは必定であろう。

　新 MEGA I/5 のように，草稿執筆前のマルクス／エンゲルス間の議論の有無や筆跡がマルクスにならなかった要因をいかに詳しく説明しても，肝腎要の草稿同章に見られる唯物史観の出自を不問に付す限り，矛盾の解消に直接繋がることはない。もし新 MEGA I/5 の編集者らが，単独執筆説を採る論者への批判として新 MEGA 同巻の解題で上記①，②を主張していたのであるなら，さらに一歩歩を進め，草稿同章のマルクス口述・エンゲルス筆記の可能性に言及すべきであった。彼らは，草稿同章執筆前のマルクス／エンゲルス間の議論でマルクスの主導的役割を事実上認めているのだから，そして上記②を強調して，草稿同章の筆跡がエンゲルスになったのは，もっぱら外的要因によるものであったとしているのであるから，2人の討論のとりまとめをしたのもマルクスであった可能性がある，とすれば，口述筆記説の一歩手前まで達していたと思う。しかし彼らはこれを避けた[11]。

　最初に指摘したように，矛盾を根本的に解消する唯一無二の方法は，草稿同章の基底稿がエンゲルスの筆跡ではあるもののマルクスが口述した諸点をエンゲルスが書き留めたものであることを論証するほかはない[12]。これはどのようにすれば可能となるのか。節を改めこの方法を詳論しよう。

Ⅰ. 口述筆記の可能性と検証方法

　そのようなことは果たして可能か？この点で最初に確認しておくべきは，もっとも原則的な観点である。すなわち，同一の筆跡で作成されたテキストであっても，書かれたテキストが，実は他人のものであること，すなわち他人が口述したものを筆記したに過ぎない場合があり得ることがそれである。先にも述べたが，リャザーノフは，一方でH^{5a}及びH^{5b}を，マルクス口述・エンゲルス筆記であると推断して，理由を，エンゲルスが修正した箇所の内容が当時のエンゲルスには不似合いだ，ということに求めた。しかしこの「不似合い」な箇所を特定しなかったこともあり，研究史では，彼の仮説を独自に検証した研究者はいなかった[13]。しかしだからといって，筆跡が同一であることが口述筆記の可能性を排除しないのは明白である。この可能性の検証を棚上げしたまま研究を進めた場合，研究成果が空しい思弁の烙印を余儀なくされることは十分あり得る。

　マルクス／エンゲルスがこの問題に言及した書簡などは未発見[14]なので，この可能性を検証することは容易ではない。ここで一番肝要なのは，検証基準を何に求めるかである。問題の出発点が筆跡という草稿テキスト全体に関わる事柄でありながら，同時に草稿テキストの理論的内容とは無縁の事柄であるので，検証の判断基準もまた，草稿テキスト全体に関わり，しかもその理論内容とは無縁であること（論者間の「解釈の相違」に解消されない基準であること），さらに筆跡そのものに関連することが望まれる。そうした場合，着眼すべきは，第1章「フォイエルバッハ」草稿とその直前に執筆されたマルクスやエンゲルスの単独稿との，特に両者の基底稿の成立過程に刻印された修訂正の多寡などに関する書き癖を対比することであろう。口述筆記の場合，筆記者自身ではなく，口述者の判断が最優先されるので，手書きのテキストに刻印される書き癖は筆記者固有のものから乖離し，口述者に近似することが予想される。

　第1章「フォイエルバッハ」草稿の筆記者＝エンゲルスが著者でもある場合，そこに見出される書き癖は，他の同時期ないし直前に作成されたエンゲルス単独稿に刻印された書き癖と一致するであろう。筆記者と著者が異なる，すなわちマルクス口述・エンゲルス筆記であれば，問題の書き癖はエンゲルス固有の書き癖から乖離し，マルクス固有のものと近似する

ことが予想される。この場合，ドイツ人ならまず間違えない同音異義語の訂正もあり得よう。

　リャザーノフ，廣松が第1章「フォイエルバッハ」草稿の筆跡を取り上げる場合，念頭にあるのはその書体であって筆跡に刻印された2人の書き癖ではない。マイヤーは異なる。エンゲルスは，「2人のうち余り遠慮したりせず，ずっと機敏で，仕上げが速かった」，と述べていた。問題はマイヤーのこうした2人の書き癖の特徴付けが2人の単独稿，そして第1章「フォイエルバッハ」草稿の特徴付けとして妥当かどうかである。この検証が研究史で試みられたことはない。そこで本章では，両者の筆跡に刻印された書き癖を対比することで問題の核心に迫り，研究史上の欠を埋めようと考える[15]。なお，以下で『ドイツ・イデオロギー』第1章「フォイエルバッハ」草稿について集中して取り上げるのはH^{5c}である。H^{5a}及びH^{5b}は，この検証結果と関連させ最後に私見を提示することにしたい。

　予め注意しておくが，このH^{5c}には全てのページにマルクスの筆跡がある。しかしいずれも基底稿作成後の筆跡であるばかりか，そこから第1章「フォイエルバッハ」草稿を編集する際，各紙葉の中央部欄外にマルクスが振った算用数字（＝ページ数）の40-72を除くと（M36-39は欠落），新MEGA先行版，新MEGA I/5の異文一覧に収録されているマルクスの筆跡は15箇所と至って少数であり，筆跡だけを頼りに，マルクスがこの33ページの執筆でも主導的な役割を果たしたと主張することは無理がある。筆跡だけを根拠にすると，共同執筆説をとる場合も，ファーストオーサーにマルクスを置くのは勇気がいる[16]。この場合，リャザーノフが言うように，この部分はエンゲルスが「単独で…執筆したように見える」(Rjazanov, 1926, S.217)。しかし本章と共にこの基底稿の成立過程に着眼し，その行論を追うならば，この草稿がマルクス主導によって成立したことに確信をもつことが可能となろう。同時にまた，『資本論』段階のマルクス／エンゲルス問題，すなわちマルクス草稿 vs. エンゲルス編集と並ぶような『ドイツ・イデオロギー』段階における固有のマルクス／エンゲルス問題（右欄のマルクスの筆跡 vs. 左欄のエンゲルス筆跡の基底稿）はそもそも存在しないこともまた明白となろう[17]。廣松ら一部の研究者は，『ドイツ・イデオロギー』草稿，特に第1章「フォイエルバッハ」草稿の左欄基底稿におけるマルクス／エンゲルスの筆跡の相違を絶対視し，マル

クス口述・エンゲルス筆記の可能性を原則的に拒否するが，これは非科学的であり，学問的には無意味な主張である。

II．基底稿作成過程で生まれる即時異文の多寡

さて，問題は筆跡の書体ではなく，筆跡に認められる本来の著者の書き癖にある。著者が筆記者でもある場合，テキストは次の2つの段階を経て完成する。第1段階では著者は自身の思考を最初に紙に写し取る。第2段階はこの紙に写し取られた思考＝文章を推敲し，加筆補正を行う。第1段階の成果が基底稿であり，第2段階の成果は完成稿である。著者は第1段階で思わぬ書き損じをしたり，思考の中断や方向転換を図りながらテキスト＝基底稿を完成させる。この場合，書き損じ＝誤記や，思考を中断し方向転換を図った箇所では未完成の文章＝書きさしが生まれ，これらは正書法上最初に完成した基底稿への異文となる。第2段階では基底稿を推敲する。推敲過程でも削除や置換，挿入補完によって完成稿に対するさまざまな異文が生まれる[18]。

新MEGAはこの第1，第2段階で生まれる異文を概念的に区別している。第1段階，つまり基底稿が生成するまでに生じる異文は即時異文と呼ばれる。第2段階，つまり基底稿を推敲する過程で生まれる異文は後刻異文である。2つの異文は新MEGAの学術附属資料部（アパラート）の異文一覧（Variantenverzeichnis）に収録される[19]。

書き癖には大別して2通りのタイプがある。第1は，しっかり考え抜いてから書く。つまり文章を書く前に予め何度も頭の中で反芻し筆を執る。この場合，基底稿そのものの作成過程で生まれる即時異文数は減る。第2は，紙の上で考える，すなわち書いては消し，消しては書くタイプだと，基底稿そのものの完成途上で著者の思考が中断したり，別の方向に進むので，即時異文数は増える[20]。

以上は，作品の著者が筆記者でもある場合，すなわち著者が単独で，自発的，自主的に執筆した場合に予想される結果である。作品の著者と筆記者が異なる口述筆記の場合はどうか。この場合，筆記者は，非自発的に，つまり口述者の言いなりに筆を執る[21]ので，基底稿の訂正，修正箇所は多くなり，聞き違いに由来する思わぬ書き損じも生じるであろう。筆跡

に刻印される書き癖は口述者に近似し，筆記者固有の書き癖からは大きく乖離するであろう。先記したマイヤーの2人の書き癖の特徴付けは事実に相違ないのか。また第1章「フォイエルバッハ」草稿においても妥当するのか。まず問われるべきはこの点である。

Ⅲ．単独稿とH^{5c}の基底稿に刻印された著者の書き癖

　書き癖は年齢と共に変化する。第1章「フォイエルバッハ」草稿の書き癖をマルクス／エンゲルスの単独稿と対比するなら，対比する単独稿は成立時期がこの草稿の直前のものであるのが望ましい。しかしこれらの草稿を収録する新 MEGA I/4 は未刊なので，セカンドベストとして，エンゲルスについては初期著作を集めた新 MEGA I/3 から，マルクスは新 MEGA I/2 から選んで検討する。

1．エンゲルスの書き癖

　最初に，エンゲルスの書き癖を見よう。ここで図2（87ページ，参照）に掲げたのは，「プロイセン出版法批判（Zur Kritik der preußischen Preßgesetze）」（1842）の草稿第1ページ（図2-1）及び対応する新 MEGA の本文テキスト（図2-2），異文一覧（図2-3）である。この論説を収録した新 MEGA I/3 のテキスト部を見ると，新 MEGA のフォーマットではこのページの再現に28行を要している。学術附属資料部の異文一覧によれば，この論文の草稿第1ページ中，即時異文は0箇所である。しかし同じ異文一覧から，草稿第2ページには4箇所の即時異文が存在するのが分かる。

2．マルクスの書き癖

　次にマルクスの書き癖を見よう。第1章「フォイエルバッハ」草稿の約1年前にマルクスは『経済学・哲学手稿』の「疎外された労働及び私的所有」を書いている。図3（88-89ページ，参照）は，この第1ページに相当するノートⅠの第XXIIページ（図3-1）及び対応する新 MEGA の本文テキスト（図3-1，2，3），異文一覧（図3-4，5，6）である。この草稿は，労賃，資本の利潤，地代の三欄構成だが，ここでは全3欄に「疎

第5章 唯物史観の第1発見者

図2-1：即時異文はゼロ

|[1] **Zur Kritik der preußischen Preßgesetze.**

Berlin, im Juni. Dem Preußen stehen zwei Wege zur Veröffentlichung seiner Gedanken offen. Entweder kann er sie im Inlande drucken lassen, wo er sich dann der heimischen Censur zu unterwerfen hat; oder er kann, wenn er hier Beanstandung finden sollte, immer noch außerhalb der Gränzen seines Staats, entweder unter die Censur eines andren Bundesstaats sich stellen, oder die Preßfreiheit auswärtiger Länder benutzen. In allen Fällen bleibt dem Staate das Recht, gegen etwaige Ungesetzlichkeiten Repressivmaßregeln zu ergreifen. Im ersten Falle werden, der Natur der Sache nach, derartige Maßregeln nur höchst selten anwendbar sein, da in der Regel die Censur eher zu viel als zu wenig streicht und am allerwenigsten *strafbare* Dinge passiren läßt. Bei Publikationen jedoch, welche unter auswärtiger Preßgesetzgebung bewerkstelligt worden sind, werden Konfiskationen des Werkes und gerichtliche Verfolgung des Autors weit eher und häufiger eintreten können.

Um nun ein Urtheil über die Gesammtverhältnisse der preußischen Preßgesetzgebung zu können, ist es von großer Wichtigkeit, auch die gesetzlichen Repressivmaßregeln nicht außer Acht zu lassen.

Die darauf bezüglichen Gesetze finden sich nun, da eine besondere Repressiv-Preßgesetzgebung uns bis jetzt noch fehlt, im Landrecht unter verschiedenen Titeln zerstreut. Von den Strafgesetzen gegen Injurie, Unsittlichkeit usw. können wir einstweilen absehen, da es sich doch in der Hauptsache nur um politische Vergehen handelt, und hier finden wir die betreffenden Data in den Rubriken: Hochverrath, frecher, unehrerbietiger Tadel oder Verspottung der Landesgesetze, und Majestätsbeleidigung. Wie sich bald ergeben wird, sind diese Gesetze indeß so unbestimmt gehalten und namentlich in Beziehung auf die Presse einer so weiten und unläugbar willkürlichen Deutung unterworfen, daß das Urtheil über sie nur durch die Praxis der Gerichtshöfe wesentlich bestimmt werden muß.|] Denn wenn der Voraussetzung richtig ist, daß der Geist unsrer Gesetzgebung in unsern Gerichtsbeamten lebendig geworden ist, so muß die bei ihnen gebräuchliche Aus-

図2-2

凡例

図2-1：新 MEGA I/3, S.377.
エンゲルス「プロセイン出版法批判」草稿第1ページ
図2-2：新 MEGA I/3, S.376.
同上草稿の新 MEGA テキスト。第1ページは冒頭から記号「|]」(◀─を挿入して示す)まで
図2-3：新 MEGA I/3, S.1011.
同上草稿の異文一覧
左端の数字は，新 MEGA テキストのページ及び行数
「]」の右側が異文
k^2 右は編集者訂正
J^3 右は掲載雑誌の異文
H^1 右は草稿の異文
A＞B は，A が B に置換
＜A＞は，A の削除
＜abc＞/ は，abc が即時異文であることを意味する (当該箇所を枠囲いする)
以上は図3, 4 でも同様

376.1	Preßgesetze.] k^2 Preßgesetze. *Engels*. Abgedruckt.	
	Diese Bemerkung wurde vermutlich erst nach dem Druck notiert.	
376.2	*Berlin*, im Juni] k^2 J³ •x• *Berlin, im Juni*	
376.6	andren] J³ anderen	
376.19–20	unter verschiedenen] H¹ unter ⟨den⟩ verschiedenen	
376.20	Injurie] H¹ Injurien ＞ Injurie	
376.27	sie nur] k^2 J³ sie	
376.29	unsrer] H¹ mancher ＞ jeder ＞ der ＞ unsrer J³ unserer	
376.29	unsern] H¹ den ＞ unsern	
376.30	lebendig geworden ist] H¹ lebt ＞ leßendig geworden ist	
376.30	so] H¹ so ⟨ist⟩	
379.4	dieses] J³ Dieses	
379.13	Das] H¹ Das ⟨Land[recht]⟩	
379.13	bestimmt nun] k^2 J³ bestimmt	
379.14	also: „ein] J³ also: ein	
379.16	Oberhaupts] J³ Oberhauptes	
379.16	Hochverrath."] J³ Hochverrath.	
379.16	daß] H¹ daß ⟨unter den⟩	
379.18	wird] H¹ wird ⟨, wie sie⟩	
379.20	unsrer] J³ unserer	
379.22	ist ein] H¹ ist ⟨nur⟩ ein	
379.22	andrer] J³ anderer	
379.25	Strafrecht] k^2 J³ Allg. L. R. Th. II. T. 20	
379.28	Monat] J³ Monate	
379.29	Edikt] k^2 J³ Censur-Edikt	
379.29	18 Oktober] J³ 18. Oktbr.	
379.30	frechem, unehrerbietigem Tadel] H¹ frechen, unehrerbietigen Äußerungen ＞ frechem, unehrerbietigem Tadel	

図2-3

図3-1　新 MEGA I/2, S.S.734 マルクス『経済学・哲学手稿』草稿 ノートI, XXII頁

Grundrente.

auch unbrauchbar zur Leitung der Agrikultur im Grossen sind, besitzen theilweise weder Capital noch Befähigung, um den Grund und Boden zu exploitiren. Also auch ein Theil von diesen wird vollständig ruinirt. Endlich muß der auf ein Minimum reducirte Arbeitslohn noch mehr reducirt werden, um die neue Concurrenz zu bestehn. Das führt dann nothwendig zur Revolution.

Das Grundeigenthum mußte sich auf jede der beiden Weisen entwickeln, um in beiden seinen nothwendigen Untergang zu erleben, wie auch die Industrie in der Form des Monopols und in der Form der Concurrenz sich ruiniren mußte, um an d[en] Menschen glauben zu lernen.|

[V]

Arbeitslohn.　　Profit des Capitals.　　Grundrente.

|XXII| Wir sind ausgegangen von den Voraussetzungen der Nationalökonomie. Wir haben ihre Sprache und ihre Gesetze acceptirt. Wir unterstellten das Privateigenthum, die Trennung von Arbeit, Capital und Erde, ebenso von Arbeitslohn, Profit des Capitals und Grundrente, wie die Theilung der Arbeit, die Concurrenz, den Begriff des Tauschwerthes etc. Aus der Nationalökonomie selbst, mit ihren eignen Worten, haben wir gezeigt, daß der Arbeiter zur Waare und zur elendsten Waare herabsinkt, daß das Elend des Arbeiters im umgekehrten Verhältniß zur Macht und zur Grösse seiner Production steht, daß das nothwendige Resultat der Concurrenz die Accumulation des Capitals in wenigen Händen, also die fürchterlichere Wiederherstellung des Monopols ist, daß endlich der Unterschied von Capitalist und Grundrentner, wie von Ackerbauer und Manufacturarbeiter verschwindet und die ganze Gesellschaft in die beiden Klassen der Eigenthümer und Eigenthumslosen Arbeiter zerfallen muß.

Die Nationalökonomie geht vom Factum des Privateigenthums aus. Sie erklärt uns dasselbe nicht. Sie faßt den materiellen Prozeß des Privateigenthums, den es in der Wirklichkeit durchmacht, in allgemeine, abstrakte Formeln, die ihr dann als Gesetze gelten. Sie begreift diese Gesetze nicht, d. h. sie zeigt nicht nach, wie aus dem Wesen des Privateigenthums hervorgehn. Die Nationalökonomie giebt uns keinen Aufschluß über den Grund der Theilung von Arbeit und Capital, von Capital und Erde. Wenn sie z. B. das Verhältniß des Arbeitslohns zum Profit des Capitals bestimmt,

図3-2　新 MEGA I/2, S.234.

Arbeitslohn.　　Profit des Capitals.　　Grundrente.

so gilt ihr als letzter Grund das Interesse d[es] Capitalisten; d. h. sie unterstellt, was sie entwickeln soll. Ebenso kömmt überall die Concurrenz hinein. Sie wird aus äusseren Umständen erklärt. Inwiefern diese äusseren, scheinbar zufälligen Umstände, nur der Ausdruck einer nothwendigen Entwicklung sind, darüber lehrt uns die Nationalökonomie nichts. Wir haben gesehn, wie ihr der Austausch selbst als ein zufälliges Factum erscheint. Die einzigen Räder, die der Nationalökonom in Bewegung sezt, sind die Habsucht und der Krieg unter den Habsüchtigen, die Concurrenz./

|Eben weil die Nationalökonomie den Zusammenhang der Bewegung nicht begreift, darum konnte sich z. B. die Lehre von der Concurrenz der Lehre vom Monopol, die Lehre von der Gewerbfreiheit der Lehre von der Corporation, die Lehre von der Theilung des Grundbesitzes der Lehre vom grossen Grundeigenthum wieder entgegenstellen, denn Concurrenz, Gewerbfreiheit, Theilung des Grundbesitzes waren nur als zufällige, absichtliche, gewaltsame, nicht als nothwendige, unvermeidliche, natürliche Consequenzen des Monopols, der Corporation und des Feudaleigenthums entwickelt und begriffen.

Wir haben also jezt den wesentlichen Zusammenhang zwischen dem Privateigenthum, der Habsucht, der Trennung von Arbeit, Capital und Grundeigenthum, von Austausch und Concurrenz, von Werth und Entwerthung d[es] Menschen, von Monopol und Concurrenz etc., von dieser ganzen Entfremdung mit dem Geldsystem zu begreifen.

Versetzen wir uns nicht wie der Nationalökonom, wenn er erklären will, in einen erdichteten Urzustand. Ein solcher Urzustand erklärt nichts. Er schiebt blos die Frage in eine graue, nebelhafte Ferne. Er unterstellt in der Form der Thatsache, des Ereignisses, was er deduciren soll, nämlich das nothwendige Verhältniß zwischen zwei Dingen, z. B. zwischen Theilung der Arbeit und Austausch. So erklärt d[er] Theologe den Ursprung des Bösen durch den Sündenfall, d. h. er unterstellt als ein Factum, in der Form der Geschichte, was er erklären soll.

Wir gehn von einem Nationalökonomischen, gegenwärtigen Factum aus.

Der Arbeiter wird um so ärmer, je mehr Reichthum er producirt, je mehr seine Production an Macht und Umfang zunimmt. Der Arbeiter wird eine um so wohlfeilere Waare, je mehr Waaren er schafft. Mit der Verwerthung der Sachenwelt, nimmt die Entwerthung der Menschenwelt in direktem Verhältniß zu. Die Arbeit producirt nicht nur Waaren; sie producirt sich selbst und d[en] Arbeiter als eine Waare und zwar in dem Verhältniß, in welchem sie überhaupt Waaren producirt.

図3-3　新 MEGA I/2, S.235

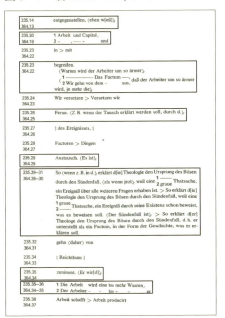

Arbeitslohn. Profit des Capitals. Grundrente.

Dieß Factum drückt weiter nichts aus, als: Der Gegenstand, den die Arbeit producirt, ihr Product, tritt ihr als ein *fremdes Wesen*, als eine, von d[em] Producenten *unabhängige Macht* gegenüber. Das Product der Arbeit ist die Arbeit, die sich in einem Gegenstand fixirt, sachlich gemacht hat, es ist die *Vergegenständlichung* der Arbeit. Die Verwirklichung der Arbeit ist ihre Vergegenständli||chung. Diese Verwirklichung der Arbeit erscheint in dem nationalökonomischen Zustand als *Entwirklichung* des Arbeiters, die Vergegenständlichung als *Verlust des Gegenstandes* und *Knechtschaft unter dem Gegenstand*, die Aneignung als *Entfremdung*, als *Entäusserung*.

Die Verwirklichung der Arbeit erscheint so sehr als Entwirklichung, daß der Arbeiter bis zum Hungertod entwirklicht wird. Die Vergegenständlichung erscheint so sehr als Verlust des Gegenstandes, daß der Arbeiter der nothwendigsten Gegenstände, nicht nur des Lebens, sondern auch der Arbeitsgegenstände beraubt ist. Ja die Arbeit selbst wird zu einem Gegenstand, dessen er nur mit der größten Anstrengung und mit den unregelmässigsten Unterbrechungen sich bemächtigen kann. Die Aneignung des Gegenstandes erscheint so sehr als Entfremdung, daß je mehr Gegenstände der Arbeiter producirt, er um so weniger besitzen kann und um so mehr unter die Herrschaft seines Products, des Capitals, geräth.

In der Bestimmung, daß der Arbeiter zum *Product seiner Arbeit* als einem *fremden* Gegenstand sich verhält, liegen alle diese Consequenzen. Denn es ist nach dieser Voraussetzung klar. Je mehr der Arbeiter sich ausarbeitet, um so mächtiger wird die fremde, gegenständliche Welt, die er sich gegenüber schafft, um so ärmer wird er selbst, seine innre Welt, um so weniger gehört ihm zu eigen. Es ist ebenso in der Religion. Je mehr der Mensch in Gott sezt, je weniger behält er in sich selbst. Der Arbeiter legt sein Leben in den Gegenstand; aber nun gehört es nicht mehr ihm, sondern dem Gegenstand. Je grösser also diese Thätigkeit, um so gegenstandsloser ist der Arbeiter. Was das Produkt seiner Arbeit ist ist er nicht. Je grösser also dieß Produkt, je weniger ist er selbst. Die *Entäusserung* des Arbeiters in seinem Produkt hat die Bedeutung, nicht nur, daß seine Arbeit zu einem Gegenstand, zu einer *äussern* Existenz wird, sondern daß sie *ausser ihm*, unabhängig, fremd von ihm existirt und eine selbstständige Macht ihm gegenüber wird, daß das Leben, was er dem Gegenstand verliehn hat, ihm feindlich und fremd gegenübertritt.||

|XXIII| Betrachten wir nun näher die *Vergegenständlichung*, die Production des Arbeiters und in ihr die *Entfremdung*, den *Verlust* des Gegenstandes, seines Products.

Der Arbeiter kann nichts schaffen ohne die *Natur*, ohne die *sinnliche*

図3-4　新 MEGA I/2, S.236

234.16 363.18	Theilung > Trennung
234.16–17 363.18–19	1 wie von Arbeitslohn, bis Grundrente, —— die a ebenso 2 b ——— " " , bis " , wie " c ebenso
234.18 363.20	Wert[hes] > Tauschwerthes
234.21 363.23	Grösse ⟨seines⟩
234.22 363.24	die ⟨Wiederherstellung⟩
234.23 363.25	|: des Capitals :|
234.26 363.28	Menschheit > Gesellschaft
234.28 363.30	Die ⟨gewöhn[liche]⟩
234.28 363.30	Sie ⟨wird⟩
234.31 363.33	als ⟨wiss[enschaftliche]⟩ ⟨beweisxx⟩ ⟨nothw[endige]⟩
235.2–3 364.1–2	unterstellt ⟨schon⟩, was
235.3 364.2	hinein. ⟨Wie dieselbe nothw[endig]⟩
235.6 364.5	sagt > lehrt
235.7 364.6	als ⟨eine zufällige⟩
235.8 364.7	Motoren > Agenten der Bewegung > Räder
235.9 364.8	die *Feindschaft* > der *Krieg*
235.9–10 364.8–9	*Concurrenz.* ⟨Wir ⟨mü[ssen]⟩ haben uns jezt nach dem Wesen der geschilderten *materiellen* Bewegung des Eigenthums umzusehn.⟩ | |Eben
235.10–11 364.9–10	1 einer Bewegung nicht begreift, 2 der " " " , darum
235.11 364.10	|: z. B. :|

図3-5

235.14 364.13	entgegenstellen, ⟨eben w[eil]⟩
235.20 364.19	1 Arbeit und Capital, 2 " , —— " und
235.23 364.22	in > mit
235.23 364.22	begreifen. ⟨Warum wird der Arbeiter um so ärmer⟩ ⟨ 1 ———— Das Factum ——, / 2 Wir gehn von dem " aus, daß der Arbeiter um so ärmer wird, je mehr die⟩
235.24 364.23	Wir versetzen > Versetzen wir
235.26 364.25	Ferne. ⟨Z. B. wenn der Tausch erklärt werden soll, durch d.⟩
235.27 364.26	|: des Ereignisses, :|
235.28 364.27	Factoren > Dingen
235.29 364.28	Austausch. ⟨Es ist⟩
235.29–31 364.28–30	So ⟨wenn z. B. in d.⟩ erklärt d[ie] Theologie den Ursprung des Bösen durch den Sündenfall, ⟨als wenn jezt⟩ weil eine 1 —— / 2 graue Thatsache, ein Ereigniß über alle weiteren Fragen erhaben ist. > So erklärt d[ie] Theologie den Ursprung des Bösen durch den Sündenfall, weil eine 1 graue / 2 —— Thatsache, ein Ereigniß durch seine Existenz schon beweist, was es beweisen soll. ⟨Der Sündenfall ist⟩ > So erklärt d[er] Theologe den Ursprung des Bösen durch den Sündenfall, d. h. er unterstellt als ein Factum, in der Form der Geschichte, was er erklären soll.
235.32 364.31	gehn ⟨daher⟩ von
235.34 364.33	|: Reichthum :|
235.35 364.34	zunimmt. ⟨Er wir[d]⟩
235.35–36 364.34–35	1 Die Arbeit wird eine bis mehr Waaren, 2 Der Arbeiter " " bis " " er
235.38 364.37	Arbeit schafft > Arbeit producirt

図3-6

235.38 364.37	Waaren; ⟨ihre Production macht die⟩
235.38 364.37	sie ⟨verwandelt⟩
235.39 364.38	|: und d[en] Arbeiter :|
236.3–4 364.41–365.1	1 ein , d., 2 " , von d[em] Ar[beiter], 3 " , " " Producenten, 4 eine, " " " *unabhängige*
236.8 365.5	der Arbeit > des Arbeiters
236.9–10 365.6–7	|: und *Knechtschaft unter dem Gegenstand* :|
236.10 365.7	|: die Aneignung :|
236.10 365.7	als ⟨eine⟩ *Entäusserung*
236.16–17 365.13–14	1 den er nur mit der größten Anstrengung und a in d., / b mit den 2 dessen " " " " " " " " " 1 unregelmässigsten Unterbrechungen sich, 2 " " " bemächtigen
236.19 365.16	besizt > besitzen kann
236.20 365.17	geräth. ⟨Gehn wir aber von dem Sinn ⟨d. oben⟩ dieses faktischen Zustandes aus, d.⟩
236.21 365.18	daß ⟨der Gegen[stand]⟩ ⟨die *Arbeit*, also⟩
236.22 365.19	verhält, ⟨liegt⟩
236.23 365.20	mehr ⟨auch⟩ der
236.25 365.22	wird ⟨das, was sein eigen⟩
236.27 365.24	Arbeiter ⟨zieht sein⟩
236.31 365.28	der Arbeiter > er

図3-7

図3-4，5，6は図3-2，3，4の本文テキストに対応する異文一覧で，新 MEGA I/2, S.766-770 から合成。即時異文を含む異文一覧を枠囲で示す。なお，記号 |:A:| は，A が挿入されたことを意味する。

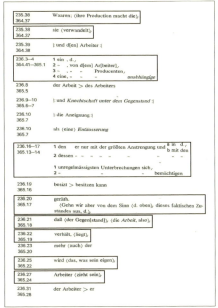

外された労働及び私的所有」に関する論述が記載されている。これを収録した新 MEGA I/2 のテキスト部を見ると，この草稿の 1 ページを再現するには，新 MEGA のフォーマットで 99 行，約 2 ページ半を要していて，前掲のエンゲルス論説の 3 倍以上のテキストが同じ草稿の 1 ページに記入されているのがわかる。学術附属資料部の異文一覧によれば，当該ページの即時異文は 26 箇所に達する。

　以上のマルクス／エンゲルスの 2 つの事例を比較するだけでも，エンゲルスの書き癖は，しっかり考え抜いてから書く，つまり文章を書く前に，予め何度も頭の中で反芻し，そのあとから筆を執る第 1 のタイプである。マルクスは紙の上で考える，すなわち書いては消し，消しては書く第 2 のタイプであるのが明瞭である。「エンゲルスは，ずっと読み易く書けたし，より迅速機敏であった」，あるいはマルクスに比してエンゲルスは「余り遠慮したりせず，ずっと機敏で，仕事が速かった」というマイヤーの評言は，マルクス／エンゲルスが独自に，自発的，自主的に執筆した単独稿に関する限り，極めて適切である。では，H^{5c} の基底稿に刻印された書き癖はどうか。

3．H^{5c} に確認できる著者の書き癖

　図 4 - 1，2（91-92 ページ）に掲げたのは，H^{5c} の M46 の原草稿（図 4 - 1），及び対応する新 MEGA I/5 の本文テキスト（図 4 - 2，上），異文一覧（図 4 - 2，下）である。再現に要した新 MEGA I/5 の行数は 65 行である。新 MEGA I/5 は横二段組なので，横一段組にすると 1 ページ弱の紙面が再現に必要となる。新 MEGA I/5 でリストアップされている即時異文の量は 24 だが，原草稿の画像で精査すると，他にも 1 箇所あった（図 4 - 1，逆三角形で示す）。新 MEGA 先行版異文一覧では 7 つの記載漏れがあった。当該箇所を原草稿画像で太字矢印で示した。M46 の即時異文の総数は，新 MEGA 基準で整理すると，現在の 24 にプラス 1 をして 25 となる[22]。

　この数値は，エンゲルスの単独稿「プロイセン出版法批判」の 2 つの草稿ページに存在する即時異文数 = 4（0 + 4 = 4）箇所よりも遙かに多い。マルクス草稿と比べた場合はどうか。マルクス草稿は 26 箇所であり，草稿 1 ページ当たりの分量ではマルクス草稿の方が多い。しかし両者を同

図4-1　M46の即時異文削除テキスト
(1) 白矢印：新 MEGA I/5 異文一覧に収録
(2) 太枠矢印：新 MEGA 先行版異文一覧に未収録
(3) 三角：新 MEGA I/5，新 MEGA 先行版共に未収録

folgenden Verfall auf lange Zeit verloren gingen. Ebenso im Mittelalter – die Glasmalerei zB. Erst wenn der Verkehr zum Weltverkehr geworden ist, die große Industrie zur Basis hat & alle Nationen in den Konkurrenzkampf hereingezogen sind, ist die Dauer der gewonnenen Produktivkräfte gesichert.

Die Theilung der Arbeit zwischen den verschiedenen Städten hatte zur nächsten Folge das Entstehen der Manufakturen, der dem Zunftwesen entwachsenen Produktionszweige.

Das erste Aufblühen der Manufakturen – in Italien u. später in Flandern – hatte den Verkehr mit auswärtigen Nationen zu seiner historischen Voraussetzung. In andern Ländern – England & Frankreich z. B. – beschränkten die Manufakturen sich Anfangs auf den inländischen Markt. Die Manufakturen haben außer den angegebenen Voraussetzungen noch eine schon fortgeschrittene Konzentration der Bevölkerung – namentlich auf dem Lande – u des Kapitals, das sich theils in den Zünften trotz der Zunftgesetze, theils bei den Kaufleuten in einzelnen Händen zu sammeln anfing, zur Voraussetzung |46| Diejenige Arbeit, die von vornherein eine Maschine, wenn auch noch in der rohsten Gestalt, voraussetzte, zeigte sich sehr bald als die entwicklungsfähigste. Die Weberei, bisher auf dem Lande von den Bauern nebenbei betrieben, um sich ihre nöthige Kleidung zu verschaffen, war die erste Arbeit, welche durch die Ausdehnung des Verkehrs einen Anstoß & eine weitere Ausbildung erhielt. Die Weberei war die erste & blieb die hauptsächlichste Manufaktur. Die mit der steigenden Bevölkerung steigende Nachfrage nach Kleidungsstoffen, die beginnende Akkumulation & Mobilisation des naturwüchsigen Kapitals durch die beschleunigte Cirkulation, das hierdurch hervorgerufene & durch die allmählige Ausdehnung des Verkehrs überhaupt begünstigte Luxusbedürfniß gaben der Weberei quantitativ & qualitativ einen Anstoß, der sie aus der bisherigen Produktionsform herausriß. Neben den zum Selbstgebrauch webenden Bauern, die fortbestehen blieben & noch fortbestehen, kam eine neue Klasse von Webern in den Städten auf, deren Gewebe für den ganzen heimischen Markt & meist auch für auswärtige Märkte bestimmt waren. – Die Weberei, eine in den meisten Fällen wenig Geschicklichkeit erfordernde & bald in unendlich viele Zweige zerfallende Arbeit, widerstrebte ihrer ganzen Beschaffenheit nach den Fesseln der Zunft. Die Weberei wurde daher auch meist in Dörfern & Marktflecken ohne zünftige Organisation betrieben, die allmählig zu Städten, & zwar bald zu den blühenden Städten jedes Landes wurden. – Mit der zunftfreien Manufaktur veränderten sich sogleich auch die Eigenthumsverhältnisse. Der erste Fortschritt über das naturwüchsig-ständische Kapital hinaus war durch das Aufkommen der Kaufleute gegeben, deren Kapital von vorn herein mobil, Kapital im modernen Sinne war, soweit davon unter den damaligen Verhältnissen die Rede sein kann. Der zweite Fortschritt kam mit der Manufaktur, die wieder eine Masse des naturwüchsigen Kapitals mobilisirte & überhaupt die Masse des mobilen Kapitals gegenüber der des naturwüchsigen vermehrte. – Die Manufaktur wurde zugleich eine Zuflucht der Bauern gegen die sie ausschließenden oder schlecht behandelnden Zünfte, wie früher die Zunftstädte den Bauern als Zuflucht |47| gegen die Grundbesitzer gedient hatten.

Mit dem Anfange der Manufakturen gleichzeitig war eine Periode des Vagabundenthums, veranlaßt durch das Aufhören der feudalen Gefolgschaften, die Entlassung der zusammengelaufenen Armeen, die den Königen gegen die Vasallen gedient hatten, durch verbesserten Ackerbau & Verwandlung von großen Strichen Ackerlandes in Viehweiden. Schon hieraus geht hervor, wie dies Vagabundenthum genau mit der Auflösung der Feudalität zusammenhängt. Schon im dreizehnten Jahrhundert kommen einzelne Epochen dieser Art vor, allgemein & dauernd tritt dies Vagabundenthum erst mit dem Ende des 15 u. Anfang des 16 Jahrhdts hervor. Diese Vagabunden, die so zahlreich waren daß u. A. Heinrich VIII von England ihrer 72,000 hängen ließ, wurden nur mit den größten Schwierigkeiten & durch die äußerste Noth, & erst nach langem Widerstreben dahin gebracht, daß sie arbeiteten. Das rasche Auf-

78.32	⸢ᵐ46ᵐ⸣
78.35	als ⟨b⟩
78.40	⸢ Arbeit ⸣
79.2	ist > war
79.6	die ⟨Mobilisation⟩
79.7	⸢ Akkumulation & ⸣
79.7	Mobilisation ⟨beg⟩
79.7	des ⟨Kapi⟩
79.12	überhaupt ⟨gestel⟩
79.14	qualitativ ⟨eine neue⟩
79.16	herausriß. ⟨An die⟩ ⟨Die⟩
79.16	den ⟨webenden⟩
79.18	die ⟨noch immer fortbestehen⟩
79.18	noch ⟨– selbst⟩
79.19	von ⟨Export⟩
79.21–22	1 heimischen ——— & meist auch für den, 2 " Markt " " " " —— auswärtige
79.24	eine ⟨b⟩
79.27–29	1 war ihrer ganzen Beschaffenheit nach dem Z, 2 widerstrebte " " " " den Fesseln
79.31–32	Organisation ⟨ers⟩ Alternative Entzifferung: ⟨erh⟩
79.33	zwar ⟨zu den⟩
79.34	Städten ⟨wurden⟩
79.35	zunftfreien ⟨Org⟩
79.35–36	Weberei ⟨kam⟩ > Manufaktur
79.39	war ⟨das Eigenth⟩ ⟨das Kapital der⟩ ⟨das Aufkommen der Käufleute⟩
80.2	⸢ war ⸣
80.2	soweit ⟨dies unter den damaligen Verhältnissen⟩
80.4	Fortschritt ⟨war⟩
80.7	& ⟨die Masse⟩
80.13–14	Zunftstädte ⟨eine⟩

図4-2　M46の新MEGA I/5 編集者テキスト（上）と同ページの異文一覧（下）
　上：新MEGA I/5, S.78ff. より合成
　下：ibid.S.918 より合成
図4-1とこの図4-2の上下を比較すると、草稿で、新MEGA I/5, S.79（上図中央テキスト）19行目末尾 von 直前に相当する（▽で指示した）箇所の即時異文（⟨st⟩ と読める）が収録漏れである

図4-2　上：新MEGA 先行版, S.56, 57, 58　下：新MEGA 先行版, S.249f.

じフォーマットで比べた場合，第1章「フォイエルバッハ」草稿の方がマルクス草稿よりも多い，2倍以上あると判断できよう。マイヤーの前記評言は，ここでは失当と言うほかない。まさに逆である。

Ⅳ．即時異文の量的対比

　以上は，それぞれの草稿から任意の箇所を取り出した比較である。こうした比較考量に客観的妥当性をもたせるには，連続した一定の草稿ページを比較する必要がある。以下では，エンゲルスの単独稿は，「プロイセン出版法批判」の他，「海賊史（Eine Seeräubergeschichte）」（1836-1837），「コーラ・ディ・リィエンツィ（Cola di Rienzi）」（1840-1841）を考慮する。いずれも新MEGA I/3に収録されている。新MEGAのこの巻は，1844年8月までに執筆されたエンゲルスの初期著作を収録する。この巻には11点の異文一覧が収録されている。これらの異文一覧で即時異文が記録されているのは5点であり，そのうち，原草稿のページ数が10ページ以上あるのは上記3点に限定される。新MEGA I/3に収録された草稿で，即時異文の数量について統計的な処理が可能な草稿はこの3点以外にはない。マルクスの草稿については，新MEGA I/2に収録された既掲の『経済学・哲学手稿』を取り上げる。この草稿は1844年6～8月に作成された。ここで取り上げるのは，引用文がないなど，第1章「フォイエルバッハ」草稿と展開形式が類似しているノートⅠ末尾の「疎外された労働」（MEW, Bd.40 編集者の標題），及びノートⅡの「私的所有のあり方」（同）部分である。第1章「フォイエルバッハ」は，M40-M72の全ページである。

　他方，これらの草稿は，いずれも異なるフォーマットで記載されていて，即時異文の草稿1ページあたりの出現頻度を直接比較しても意味がない。そこで新MEGAのフォーマットによる出現頻度を問題にすることにした。しかしその場合にも，テキストの性格に由来する組み方の問題がある。新MEGA先行版と新MEGAの判型は同一だが，第1章「フォイエルバッハ」は横二段組で組まれている。さらに新MEGA先行版，新MEGA I/5では，草稿右欄の記述の一部（多くは後刻異文）が左欄に組み込まれている。またM72の左欄基底稿の再現にはわずか10行が用いら

原草稿	H^{5c} (M40-72)	Eine Seeräubergeschichte (1836-1837)	Cola di Rienzi (1840-1841)	Zur Kritik der preußischen Preßgesetze (1842)	Ökonomische-philosophische Manuskripte (HeftI: XXII-XXVI) (1845)	Ökonomische-philosophische Manuskripte (HeftII:XL-XLIII) (1845)
(1)草稿オリジナルの即時異文数	433	32	37	9	118	57
(2)草稿オリジナルのページ数	33	16	26	10	5	4
(3)草稿1ページ当たりの即時異文に出現頻度：(1)÷(2)	13.1	2	1.4	0.9	23.6	14.3
(4)通常の新MEGAのフォーマットで草稿を再現した時要するページ数	25 (新MEGA先行版, 新MEGA I/5：52ページ)	12	12 (新MEGA I/3：24)	7	13	6
(5)通常の新MEGAのフォーマットで草稿を再現した場合の、1ページあたりの即時異文の出現頻度：(1)÷(4)	17.3	2.7	3	1.3	9.1	9.5
		平均総出現頻度				
		$(32+37+6) \div (12+12+7) = 2.5$			$(118+57) \div (13+6) = 9.2$	

表1 エンゲルスの他の草稿には見られない H^{5c} の即時異文数とその出演頻度

れているに過ぎない．他方，エンゲルスの「コーラ・ディ・リィエンツィ」は劇作のために印刷テキストには大きな余白がある．これらを考慮して，それぞれの新MEGAの実印刷ページや即時異文の平均出現頻度を算出する際，数値を補正することにした．すなわち，新MEGA先行版，新MEGA I/5ではH^{5c}の再現のために52ページが用いられているが，左欄基底稿のみの実印刷ページはその約半分（25ページ）と考えた．「コーラ・ディ・リィエンツィ」のテキスト再現には新MEGA I/3では24ページが用いられているが，実印刷ページは12ページ相当と考え，この数値を元に両者の即時異文の1ページあたりの平均出現頻度を算出した．以上を纏めたのが表1（上）である．表2（次ページ）では，同一の手法で後刻異文について整理した．ここから次のように言うことができる．

第1に，単独稿だけを比較すると，新MEGAフォーマットに換算したとき，即時異文の出現頻度はマルクスがエンゲルスの約3.7倍（9.2÷2.5＝3.68）ある（表1，参照）．新MEGAのフォーマットは1ページ41行だから，即時異文は，エンゲルスの場合16行おきに1箇所ある程度（41÷2.5＝16.4）だが，マルクスの場合4-5行おきに1箇所ある（41÷9.2＝4.47）．後刻異文についてみると，表2から，エンゲルスの場合，その出

原草稿	H⁵ᶜ (M40-72)	Eine Seeräubergeschichte (1836-1837)	Cola di Rienzi (1840-1841)	Zur Kritik der preußischen Preßgesetze (1842)	Ökonomische-philosophische Manuskripte (HeftI: XXII-XXVI) (1845)	Ökonomische-philosophische Manuskripte (HeftII:XL-XLIII) (1845)
(1)草稿オリジナルの後刻異文数	210	47	125	81	73	61
(2)草稿オリジナルのページ数	33	16	26	10	5	4
(3)草稿1ページ当たりの後刻異文出現頻度：(1)÷(2)	6.7	2.9	4.8	8.1	14.6	15.3
(4)通常の新MEGAフォーマットで草稿を再現した時に要するページ数	25 (新MEGA先行版、新MEGA I/5：52ページ)	12	12 (新MEGA I/3：24ページ)	7	13	6
(5)通常の新MEGAフォーマットで草稿を再現した場合の1ページあたりの後刻異文の出現頻度：(1)÷(4)	8.6	3.8	9.6	11.6	5.6	10.1
平均総出現頻度		(47＋125＋81)÷(12＋12＋7)＝8.2			(73＋61)÷(13＋6)＝7.1	

表2　各草稿の後刻異文数

現頻度は即時異文の平均出現頻度の約 3.3 倍（8.2÷2.5＝3.28）になる。マルクスの場合この数値は約 0.8 倍（7.1÷9.2＝0.77）である。ここから，2人が自発的，主体的に取り組んだ作品では，エンゲルスはマルクスよりも筆を執る前に，より頭の中で文章を練り考え抜いてから執筆し，全体を執筆後，丁寧に修正補完する書き癖があるのがわかる。これに対して，マルクスの場合，筆を執る前に頭の中で文章を組み立てるのではなく，紙の上で考えては書く，書いては消し，消しては書いて基底稿を仕上げる書き癖があるのがわかる。執筆前より多少少なくなるとは言え，いったん基底稿を仕上げてからも，かなり大幅な書き直しをする癖がある。後刻異文の出現頻度に着眼する限り，マルクス／エンゲルスの間に大きな差は無いが，即時異文の出現頻度の差は極めて大きい。この限りにおいて，マルクスに比べて，「エンゲルスは，ずっと読み易く書けたし，より迅速機敏であった」，あるいは，マルクスに比しエンゲルスは「余り遠慮したりせず，ずっと機敏で，仕上げが速かった」，さらに，マルクスより「エンゲルスは，ずっと読み易く書けたし，より迅速機敏であった」，というマイヤーの評言は，マルクス／エンゲルスが自発的，自主的に執筆した単独稿に関する限り正鵠を射ている。

しかし第2に，次のように言わなければならない。草稿1ページあたりの即時異文の平均出現頻度（絶対値）（表1，参照）は，マルクス草稿→H^{5c}の基底稿→エンゲルスの単独3稿の順に少なくなる。しかし，新MEGAのフォーマットで見た場合，1ページあたりの平均出現頻度（表1，参照）は第1，2位が逆転し，H^{5c}→マルクス草稿→エンゲルス単独3稿の順に減少する。H^{5c}の基底稿を通常の新MEGAの印刷ページで再現すると約25ページを要する。ここでの即時異文の平均出現頻度は総数が433[23]だから，17.3箇所（433÷25＝17.3），新MEGA I/3所収のエンゲルス単独3稿の再現には約31ページを要するが，その即時異文の平均出現頻度は2.5箇所，マルクスの草稿断片の再現には総計19ページが用いられているが，その即時異文の平均出現頻度は9.2箇所である。H^{5c}の即時異文の1ページあたりの平均出現頻度は，他のエンゲルスの単独稿に比べると約7倍（17.3÷2.5＝6.92），マルクス草稿よりも平均出現頻度は多く，2倍弱（17.3÷9.2＝1.88）である。こうした即時異文の平均出現頻度の差異は看過できない。研究史では，マイヤー，リャザーノフ，廣松はいずれも，H^{5c}の基底稿の執筆そのものにマルクスの介入＝口述者としての介入を想像さえしていなかった。リャザーノフ，廣松はこれをエンゲルスの単独稿だとみていたし，マイヤーはマイヤーで，『ドイツ・イデオロギー』草稿の全体が，エンゲルスの筆になるものであり，エンゲルスが筆を執ったのは，「エンゲルスは，ずっと読み易く書けたし，より迅速機敏であった」，あるいは，マルクスに比しエンゲルスは「余り遠慮したりせず，ずっと機敏で，仕事が速かった」からであると言い放っていた。研究史に登場したこれらの仮説は表1の前には無力である。これらの仮説の延長線上で，ここに整理された即時異文の平均出現頻度の差異を説明することは不可能であろう。H^{5c}の基底稿の即時異文の出現数は，エンゲルス単独稿の約7倍，マルクス草稿の2倍弱に達するのである[24]。

第3に，H^{5c}の基底稿における夥しい即時異文の存在を合理的に説明するには，基底稿はエンゲルスの筆跡だが，マルクス／エンゲルスの双方に共通するアイデアであれ，エンゲルス単独のアイデアであれ，エンゲルスがそうしたアイデアを自発的に紙上に写してテキストにしたのではなく，マルクスが2人に共通するアイデア，あるいは単独のアイデアを口述（＝文章化＝テキスト化）し，これをエンゲルスが筆記したと考えるほかない

であろう。口述筆記の場合，手書きの草稿に残るのは筆記者の書き癖ではなく，口述者の書き癖である。元来マルクスには即時異文が多くなる書き癖がある。さらに口述筆記の場合，聞き漏らしが必ず生じ，長い訂正があった場合，口述者と筆記者の意見交換が必要となり，口述者本人が直接筆を執った場合より，即時異文が多くなるのは必定だからである。

V. H^{5c}の即時異文の特徴

　こうした私見の合理性＝妥当性は，H^{5c}に見られる即時異文の特徴を個別に取り上げて考察するといっそう明確になる。

1．同音異義語の書き損じ

　そうした個別事例で最初に取り上げるべきは同音異義語の書き損じであろう。即時異文の出自には2類型があった。（Ⅰ）誤記と（Ⅱ）思考の切り替えである。前者は誤記した部分が書き損じとしてテキストに残り異文となる。後者は，文章が完成せず途中で終わる書きさしが変更後の文章の異文となる。H^{5c}の即時異文も多くはこの2類型に概括できる。しかし一考を要する特殊事例がある。同一の著者，それもドイツ人である同一の著者に由来するとは通常考えることができない即時異文，すなわち „daß"（接続詞）とすべき箇所を „das"（関係代名詞）と書いたり，„das"（冠詞）と書くべきところを „daß"（接続詞）と書くなど，同音異義語の訂正によって生じた即時異文である。筆者はこれに類する事例を H^{5c} に総計6箇所見出している（図5，次ページ）[25]。図5の解読文中網掛けした箇所は即時異文の抹消箇所，枠囲いは即時異文の抹消箇所のテキストに置換されたテキストであり，M48の下線部は挿入を意味する[26]。

　これらの6つの即時異文の扱いは，新MEGA I/5と新MEGA先行版とでは異なる。新MEGA先行版で報告されているのは，M42の事例に限定される。新MEGA I/5では，6カ所のうち5カ所まで異文一覧に収録されている。収録されていないのは，M53の事例3（"beiden → bei den"）のみである。しかしこのことから直ちに新MEGA I/5がこれらの即時異文の意義を認識しているとみるのは早計である。これらが同音異義語の聞き違いであるという趣旨の注記は，採録されている5カ所の異文にはな

M42 事例1　daß > das

des Kapitals, na eines Eigenthums
dessen daß das bloß in der Arbeit &
im Austausch seine Basis hat.

M48 事例2　führ > für
挿入部分については本稿巻末補
説を参照

& die durch die Nothwendigkeit der Beschäftigung
führ für die wachsende städtische Bet Bevöl-
kerung nöthig gewordene meist vom Auslande importirte
Industrie konnte der Privilegien nicht entbehren, die...

M53 事例3　beiden > bei den

wie beiden bei den Nomaden das separate
Zelt jeder Familie. Diese getrennte

M64 事例4　daß > das

Hieraus erklärt sich auch das Faktum
daß das man nach der Völkerwanderung überall
bemerkt haben will,...

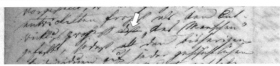

M68 事例5　deß > des

entwickelten Prozeß als den Ent-
wicklungsproß Entwicklungsprozeß deß „des Menschen"
gefaßt, sodaß all den bisherigen

M71 事例6　das > daß

ausgesprochen. Das jus utendi et abu-
tendi selbst spricht einerseits die
Thatsache aus, das daß das Privateigen-
thum vom Gemeinwesen durchaus
unabhängig geworden ist,...

図5　同音異義語の書き損じ
凡例　網掛け：即時異文で削除されたテキスト　枠囲い：削除テキストに置換されたテキスト
　　　太下線：挿入テキスト

い。改めて述べるまでもなく，新 MEGA I/5 には，同音異義語に関する即時異文の検証を通じて口述筆記の可能性を述べる箇所は皆無である。新 MEGA I/5 で口述筆記の可能性に言及した箇所はそもそも存在しない。

2．多数の定冠詞，不定冠詞の置換及び削除

　H^{5c} の基底稿作成過程で生じた即時異文を悉皆的に検討すると，この草稿部分が口述筆記によって成立したことを示唆する典型的な事例がほかにもある。その1つは，定冠詞や不定冠詞の置換や削除事例である（表3，および表4，100-101 ページ）。ドイツ語で書かれたテキストで，定冠詞や不定冠詞が単独で用いられることは殆ど無く，これらは名詞とワンセットで用いられることが一般的である。

　H^{5c} の基底稿には，この種の事例は，M68，及び記述が 10 行と僅少の M72 を除き，M40-71 には複数の事例を指摘でき，M45 では1ージに5箇所を数える。表3ではこうした事例を 20 例掲げた。新 MEGA の通常のフォーマットでは，H^{5c} には総計約 25 ページが再現のために必要だが，そこではこの種の事例が 60 箇所を超える。なお，念のために付言するが，新 MEGA I/5 の異文一覧にはこの表に掲げた事例はすべて収録されている。しかし，新 MEGA 先行版では，表3の備考欄に記したように，20 の事例のうち，15 の事例が異文一覧には収録されていない。

　これに対して，表4から知られるように，新 MEGA I/3 所収のエンゲルスの単独稿を見ると，この事例は，「海賊史」は全体で5箇所，「コーラ・ディ・リィエンツィ」は2箇所，「プロイセン出版法批判」は皆無である。これは，エンゲルスが冠詞や不定冠詞と名詞をワンセットにして書き下ろし，後から変更しない書き癖があったからだと考えることができる。これらの3つのエンゲルス単独稿の再現には新 MEGA の通常のフォーマットだと総計約 31 ページを要する。総計 31 ページでわずか7箇所の事例である。

　新 MEGA I/3 所収のエンゲルスの単独稿に比し，H^{5c} でのこの事例の出現頻度は 10 倍以上になる。この差が生じたのは，H^{5c} の基底稿の作成でマルクスの口述筆記が行われたからだと考えるのが最も合理的である。口述筆記の場合，筆記者は自分自身の頭で考えた文章を筆記するのではなく，口述者の思考を筆記するので，口述者が冠詞や不定冠詞のところで口

H⁵ᶜの草稿ページ	事例	新MEGA I/5のページ数及び行数
M40	...im zweiten Falle unter ~~die~~ [ein] Produkt der Arbeit.	69.24-25l
M41	der Produktionsinstrumente, ~~der~~ [des] Kapitals, der Genüsse, der Bedürfnisse, ...	71.26-28l
M42	Wir haben hier auf die vielfachen Modifikationen ~~der~~ [des] Zunftwesens, ...	73.12-14l
M43	...sich wegen ~~der~~ [des] unentwickelten Verkehrs...	75.10-11l
M44	...~~der ganze~~ [die] geringe Verbindung der einzelnen Städte unter sich ließen keine Theilung der Arbeit aufkommen, ...	75.33-38l
M45	...dieser Nation aus ~~den~~ [dem] Handel	77.39-40l
M46	deren Gewebe für den ganzen heimischen Markt & meist auch für ~~den~~ auswärtige Märkte bestimmt waren	79.20-23
M47	wie dies Vagabundenthum genau mit ...der Auflösung ~~des~~ [der] Feudalität zusammenhängt.	80.26-28l
M49	~~Das im~~ [Die] Bearbeitung des im ... Lande selbst erzeugten Materials wurde begünstigt	84.20-22l
M50	Diese ~~ein~~ [den] Produktionskräften über den Kopf wachsende Nachfrage war die treibende Kraft,	86.36-38
M51	...& ~~den~~ [die] ...Ausschließlichkeit einzelner Nationen vernichtete.	88.2-5l
M52	soweit sie durch ~~das~~ [die] Bedürfnisse ...nothwendig geworden war.	89.36-37l
M53	Die Einrichtung ~~eines~~ [einer] gemeinsamen Hauswirthschaft setzt die Entwicklung der Maschinerie,	92.6-9l
M55	~~ein~~ [einen] gemeinsamen Kampf	94.8l
M57	gegen ~~den~~ [das] feudale Grundeigenthum	97.27-28l
M58	sehr bald ~~einen~~ [die] Verpflichtungen	98.32-33l
M63	In Italien dagegen war durch die Konzentration des Grundeigenthums [...] ~~der~~ [die] freie Bevölkerung fast verschwunden,	106.27-107.3
M64	Mit dem Gelde ist ~~der die~~ [jede] nicht auf d Verkehrsform & der Verkehr selbst als zufällig gesetzt.	109.4-6l
M65	~~Den abs Die~~ [Der] einzige Zusammenhang,	111.13l
M66	Während in ~~der~~ [den] früheren Perioden Selbstbethätigung	111.19-20l

表3　H⁵ᶜにおける定冠詞, 不定冠詞の置換及び削除

備考. 新MEGA先行版の異文一覧には上記20事例のうち15例（M42, 44, 45, 46, 47, 49, 50, 51, 52, 53, 55, 57, 63, 64, 65）の即時異文は収録されていない。

新MEGA I/3 page and line	事例
	Eine Seeräubergeschichte
8.15	...noch eine die Freiheit
12.40	...; dies mein der Dolch....
19.5	..., der sein Schuß ...
19.22	ein ägyptisches eine ägyptische Galeere ...
19.37	... Unter den Hieben des seines tapern Gastes Gegners
	Cola di Rienzi
174.23	.. mein dem Wort
181.26	des Verräthers, der von dem den Schweiß des Volks
	Zur Kritik der preußischen Preßgesetze
	—

表4 エンゲルス単独3草稿における定冠詞, 不定冠詞の置換例（全）
表3, 4で網掛けをしたテキストは即時異文の削除箇所である。
枠囲いをして表記したテキストは，この削除テキストに置換されたテキストである。

述を止め，続けて書く内容を変更した場合，つまり元々はワンセットで口述していたが，名詞に変更を加えた場合，このような結果が生まれるのは当然である。マルクス草稿にはこの種の事例が実に多数見出される。前掲図3-4, 5, 6を参照すると，類例を5つ同一の草稿ページに見出すことができる[27]。

上記事例は，書きながら考える，訂正しては書く，というマルクスの書き癖が反映した事例と見ることができる。つまり草稿当該箇所がマルクス口述・エンゲルス筆記であることの証左である。

3．直ちに復活する削除訂正

いま1つ注目しておくべきは，H^{5c}には，削除された即時異文の構成要素が少し先の本文テキストで復活する事例が多数認められることである。H^{5c}の基底稿に存在する事例として，表5に20例を掲げたが，他の事例も含めると総計60箇所程度ある。なお，付言するが，この表に掲げた事例はすべて新MEGA I/5の異文一覧には収録されている。しかし，ここでも表5の備考欄に記したように，新MEGA先行版では20の事例のうち5事例が異文一覧には収録されていない。

他方，表6から知られるように，新MEGA I/3所収のエンゲルスの単

H^{5c}の草稿ページ	事例	新MEGA I/5のページ数及び行数
M40	Produktionsinsturments, im zweiten Falle & daher ohne Vertheilung der Arbeit an verschiedene Individuen; im zweiten Falle besteht ….	70.23-26l
M41	…der Konzentration der Produktionsinstrumente Bevölkerung, der Produktionsinstrumente.	71.25-27l
M42	Die Konkurrenz der fortwährend in die Stadt kommenden entlaufenen Leibeignen, die Nothwendigkeit der fortwährende Krieg des Landes gegen die Städte & damit die Notewendigkeit einer organisirten städischen Kriegsmacht, ….	72.32-38l
M43	…des Eigenthums, & um ihre Produktionsmittel die Produktionsmittel der einzelnen…	74.4-7l
	…Macht unorganisrt sie eifersüchtig überwachenden Macht unorganisirt,..	74.12-13l
	Die Arbeeit Theilung der Arbeit war…	75.23l
M46	…Mobilisation des Kapitals naturwüchsigen Kapitals,..	79.7-8l
	…Neben den webenden zum Selbstgebrauch webenden Bauern	79.16-17l
	…die Masse überhaupt die Masse des mobilen Kapitals	80.7-8l
M47	Die Manufaktur … erhielt einen enormen Aufschwung durch die Entdeckung Ausdehnung des Verkehrs, welche mit der Entdeckung Amerikas & des Seeweges nach Ostindien eintrat.	81.18-23l
M48	die Akkumulation des Kapitals mobilen Kapitals,	82.4-5l
	Das Verhältniß der Nationen unter einander nahm in ihrem Verkehr nahm während der Epoche von der wir gesprochen haben, zwei verschiedene Gestalten an.	82.20-24l
M52	in jeder Lokalitäten Lokalität eines Landes	89.11-12l
	Diese verschiedenen Formen sind ebensoviel Formen der Organisation des der Eigenthums Arbeit & damit des Eigenthums.	89.31-33l
M57	Der Unterschied tritt vom Stand tritt namentlich heraus im Gegensatz der Bourge.oisie gegen das Proletariat	97.17-20l
M58	Während also die Leibeignen entlaufenden Leibeignen	99.11-12l
M59	& Bewegung der Individuen, Bedingungen unter ihre Controle gibt, Bedingungen,	100.13-15l
M61	als Bedingung Bedingungen der Selbstbethätigung	103.23-24l
	& die verschiedenen Stufen werden Stufen &Interessen werden nie vollständig überwunden,	104.16-18l
M64	Die Feudalität wurde keineswegs aus Deutschland mitgebracht fertig mitgebracht,..	108.21-23l

表5　H^{5c}の直ちに復活する削除訂正例
備考：新MEGA先行版の異文一覧には上記20事例のうち5例（M43の第2例，M52の第1例，M57の事例，M61の第2例，M64の事例）の即時異文は収録されていない。

新MEGA I/3 page and line	事例
	Eine Seeräubergeschichte
8.24	..., zu thun dies zu thun,...
11.1	..., enge Matrosenjacken, weite Kaftans die enge Matorosenjacke, die weite Kaftan,...
	Cola di Rienzi
	――
	Zur Kritik der preußischen Preßgesetze
380.28-30	Bei Censurfällen mag es der Einsicht des Censors, als Polizeibeamten, und solange die Censur Polizeimaßregel ist, überlassen bleiben, ob er etwas für „unehrerbietig" hält; in Criminalkodex oder für „wohlmeinend" hält; die Censur ist eine Ausnahme,

表6　新 MEGA I/3 のエンゲルス単独3草稿にみられる直ちに復活する削除訂正
表5，6で網掛けをしたテキストは即時異文の削除箇所である。
枠囲いをして表記したテキストは，この削除テキストに置換されたテキストである。

　独稿でこの事例は，「海賊史」は2箇所，「コーラ・ディ・リィエンツィ」は皆無，「プロイセン出版法批判」は1箇所であり，3草稿で総計わずか3箇所である。
　マルクス草稿にはこの種の事例を見出すことも容易である。前掲図3－4，5を参照すると3つの類例を同一草稿ページに見出すことが可能である[28]。新 MEGA I/3 に収録されたエンゲルスの3つの単独稿と H^{5c} の基底稿のページ数を比べると，前者の方が実質的にはやや多いので，類例の数が両者間で20倍近い差がある。この差は極めて大きい。この極端な差が生じた理由もまた，H^{5c} の基底稿がマルクス口述・エンゲルス筆記であったからだと考えるのがもっとも合理的であろう。エンゲルスは頭の中で完成したセンテンスをそのまま紙上に写し，途中で変更することは余りない。しかしマルクスの場合，紙上で考える，つまり書いては消し，消しては書くという書き癖があり，口述筆記の場合，筆跡は筆記者のものであっても，筆記内容には筆記者の書き癖ではなく，口述者の書き癖が反映するからである。
　加えて，筆記者の側での筆記ミスである。口述筆記は常に同一の速度，同一の音声でなされるものではなく，早口や小声になれば，聞き漏らしが生まれ，再確認して訂正せざるを得ないことが多々ある。ここに紹介した事例の全てではないにせよ，一定部分はエンゲルスの聞き漏らし，ないし

は聞き違えに由来すると考えて良いであろう。

VI. 検証結果

　以上の検証結果を纏めよう。同一の筆跡＝書体で書かれたテキストであっても，そのテキストが筆記者のものではない可能性，つまり口述筆記の可能性がある。口述筆記が行われたかどうかの判定で注目すべきは，手書きの草稿に刻印された著者の書き癖である。筆記者の書き癖が典型的に現れるのは，草稿基底稿の作成過程で生まれる即時異文の多寡，そしてその特徴である。筆記者でもある著者がしっかり考え抜いてから筆を執るタイプだと，即時異文の量は少ない。しかし，著者が書く前に頭の中で反芻するのではなく，紙の上で書いては消し，消しては書くタイプだと，即時異文の量は増える。口述筆記の場合，書き手は口述者の意志に従って，彼の言いなりに筆を走らせることになるので，その筆跡に刻印される書き癖は，口述者の書き癖に近似し，一般にはあり得ない同音異義語の混同という誤りが生じる可能性もあり，筆記者固有の書き癖から乖離するのは自明である。

　本章ではこのような問題関心の下に，H^{5c}の基底稿の筆跡を検討し，基底稿の作成途上で生じた即時異文の多寡，その特徴から，この筆跡＝書体は100％がエンゲルスのものであること，しかし筆跡に刻印された書き癖は，マルクスに近似し，エンゲルスの単独稿からは明らかに大きく乖離している検証結果を得た。ここから，この部分の筆跡＝書体がエンゲルスのものであることを唯一の根拠に，この部分がエンゲルスの単独執筆であると想定したリャザーノフの仮説，そしてこれを無批判的に踏襲した廣松の仮説や，ネット上で最近明示されたベンディエンの仮説は，この検証結果の前に無力であり，H^{5c}の基底稿はマルクス口述・エンゲルス筆記によって成立した，と見るべきことが明確となった。

　では，研究史で最近復位しつつあるマイヤー仮説の信憑性はどうであろうか。H^{5c}の基底稿はエンゲルス単独稿でなく，マルクスの口述筆記であれば，当然筆記者であるエンゲルスと口述者であるマルクスとの間に事前の打ち合わせや議論はあったに違いない。Mayer（1920）(『エンゲルス伝』初版）では，マルクスの悪筆に比べてエンゲルスの筆跡＝書体は読み

易かったので2人は事前に話し合い,「ある(おそらく wahrscheinlich)前もって十分討議された脈絡」(「おそらく」は,同書第2版(1932)では削除)をエンゲルスが紙上に写した,であるとか,あるいは,「2人のうち余り遠慮したりせず,ずっと機敏で,仕上げが速かったエンゲルスは,より簡単な諸節を,多分しばしば単独でも仕上げた」,更に「エンゲルスは,ずっと読み易くかけたし,より迅速機敏であったので,彼がマルクスと共同して起案した諸節を,いつでも直ぐ紙面に写すことが出来た」,とも推定していた。序論で指摘したように,最新の新MEGA I/5の編集者もこの想定を共有していて,こうした想定は,共同執筆説を採る論者すべての前提であった。

しかし,もしこの推定が妥当で,しかもここでマイヤーが想定しているように,基底稿の執筆過程でマルクスの介入すなわちマルクスの口述がない,すなわちエンゲルスが,マルクスと同意した(従ってエンゲルスの考えでもある)「前もって十分討議されたある脈絡」や「マルクスと共同して起案した諸節」を,自発的,主体的に基底稿として紙上に写し取った(筆記した)なら,そこでの即時異文が,エンゲルス単独稿(新MEGA I/3)の約7倍になり,その出現頻度が,マルクス単独稿(『経済学=哲学手稿』等,新MEGA I/2)の2倍弱となり,ほかにも,„das"(冠詞ないしは関係代名詞)と „daß"(接続詞)との混同という,ドイツ人ならまず間違えない同音異義語の混同が一定数存在したり,マルクスの単独稿には確認するのは容易だがエンゲルスの単独稿には類例が僅少の名詞変更に伴う冠詞の変更や一旦書いた文字を削除し直ちに修飾語を付して復活させるという事例が,エンゲルス単独稿の10倍あるいは20倍を超えることにはならなかったであろう。マイヤー仮説は,従ってまたそれと同軸にある旧MEGA I/5,新MEGA 試行版,新MEGA 先行版そして新MEGA I/5もまた,リャザーノフや廣松,あるいはベンディエンの仮説と同じ問題に直面し,解決不能となるのである。

他方,基底稿執筆に関するイニシアチブがエンゲルスであった,という立場に立ちながら,「マルクス/エンゲルスの草稿執筆前の打ち合わせが十分ではなく,エンゲルスは絶えずマルクスの意見を聞きながら基底稿を執筆した。だから多数の即時異文が生まれた」,とする推定についてはどうであろうか。この推定は,基底稿本体ではなく,基底稿作成過程で生じ

た即時異文にのみマルクスの関与を認める推定である。「共同執筆」説をとる研究者にはこうした推論をする研究者もいる。これは，筆者が本章の骨子を国際会議や研究会で紹介したときに出た質問の一つであるので，これについてもコメントしておこう。

　この種の議論について，肝要なのは，即時異文の性格自体が，「エンゲルスがマルクスに相談したから即時異文が増えた」，という推断を許さないことである。後刻異文は既に基底稿が存在しているので，その生成や増減に第三者が積極的に関与する場合があり得る。しかし即時異文の生成や多寡を規定するのは，第三者のアドバイスではない。この生成と多寡を規定するのは作品の真の著者の側にある。その思考を紙上に移す際，誤記した場合には書き損じが，思考経路を別方向に変更すると書きさしが残り，これらが修訂正や新たな思考との間で齟齬が生じて即時異文となる。即時異文の生成や多寡を規定するのは真の著者がその思考を紙上に移す仕方，つまり彼の書き癖である。自身の思考を紙上に移す前に反芻し，文章を練り上げてから書く著者の作品には即時異文は少ない，逆に紙上で考え，消しては書き，書いては消しながら文章を完成する著者の作品には即時異文が増える。エンゲルスはまさに前者であり，マルクスは後者であった。2人の書き癖は好対照をなしていた。図3で見た『経済学・哲学手稿』には，不定冠詞を確定するのに当該箇所で4度変更を企てた事例[29]や，名詞の修飾語を3度変更し，最終的には修飾語をつけなかった事例[30]もある。こうした書き癖のマルクスが，口述筆記をすると，筆記者が定冠詞や不定冠詞の変更を余儀なくされ，Kri[ege] selbst gewöhnliche Kriege（新 MEGA I/5, S.77.25l に対応する即時異文と直後のテキスト，参照）や Ve[rfall] daraus folgenden Verfall (ibid. S.77.41l に対応する即時異文と直後のテキスト，参照）のように，名詞の頭文字が少し書かれた直後に，その名詞の修飾語が飛び出し，名詞の位置を変更せざるを得なくなることがあるのも当然である。基底稿本体の真の著者は筆記者でもあるエンゲルスで，即時異文にのみマルクスが関与した，という推定はそもそも無理がある。

　H^{5c} の基底稿が生まれる際，マルクスは，エンゲルスとの同意の下に，議論の成果を取り纏めて口述し，これをエンゲルスが筆記した，というべきである。草稿全体の編集はもちろんのこと，口述筆記に先立つ2人の議

論もまたマルクスが主導したと見るべきである。

では，H^{5a} 及び H^{5b}（M3-M7 は欠落）についてはどうか。H^{5a} の M25 の基底稿の筆跡がエンゲルス→マルクス→エンゲルスとなっていることを，唯物史観の第1発見者に関する論争で最初に指摘し，廣松説に疑問を投じたのは渋谷正であった。渋谷によれば，1995年に IISG で草稿当該箇所を目の当たりにして，エンゲルスの傍らに立つマルクスの姿が脳裏に浮かんだという。本章は渋谷のこの直感を，草稿同章の即時異文はなぜ多いのか，という筆者独自の問題関心から発展させたものである。M25 は確かに極めてユニークな草稿紙葉である。基底稿にマルクス／エンゲルス2人の筆跡が存在するからである。しかし新 MEGA I/5 の異文一覧によれば，M25 でエンゲルスの筆跡でテキストが書かれている部分には，14カ所の即時異文が存在し，M25 そのものを新 MEGA の通常のフォーマットで再現するには印刷ページで約1ページを必要とする。この即時異文の出現頻度は，これまで比較に用いてきたエンゲルスの単独3稿における即時異文の出現頻度を大きく上回る。従ってここでもマルクスによる口述をエンゲルスが筆記しいていた可能性が十二分にある。筆者の H^{5a} 及び H^{5b} における即時異文の詳細な調査はまだ完了していない。しかし，手元の資料で試算した H^{5a} 及び H^{5b} の即時異文の出現頻度は H^{5c} と大差なく，エンゲルスの単独稿よりも遙かに多く，マルクス草稿よりも多いので，同じ結論になることが予想される。言葉を換えれば，これら3つの草稿群（H^{5a}，H^{5b} 及び H^{5c}）はいずれもマルクスが口述し，エンゲルスが筆記したとみて良いと思われる[31]。

エンゲルスは1885年に，『共産主義者同盟の歴史によせて』で，「マルクスは，1845年の春にブリュッセルで再会したときには，…彼の唯物論的な歴史理論の大要を完成していた」（新 MEGA I/30, S.96f.）と述べ，1888年の『共産党宣言』英語版序文では，唯物史観の核心をなす「この命題は，私見では，ダーウィンの理論が生物学のためにしたことを，歴史のためにすることになっているのであるが，われわれは2人とも，1845年の数年前から次第にこれに近づきつつあった。どれだけ私が独立にそれに向かって進んでいたかは，私の『イギリスにおける労働者階級の状態』がもっともよく示している。しかし私が1845年の春に，ブリュッセルで再びマルクスに会ったときには，彼はそれをすでに仕上げていて，私がここ

で述べたのと殆ど同じ言葉で，それを私の前に示したのである」（新 MEGA I/31, S.119f.）と述べた。エンゲルスの両証言は，第 1 章「フォイエルバッハ」草稿の起筆（1845 年 11 月）の約半年前のマルクスとの再会について述べたものだが，ここに記されているマルクス／エンゲルスの唯物史観への到達度の差異は，その後も縮まることはなかったのであろう。だからこそ，草稿同章のマルクス口述・エンゲルス筆記ということになったのであろう。これを外的に条件付けていたのが，新 MEGA I/5 が明らかにした『聖家族』の校正で出版者にすっかり嫌われたマルクスの悪筆であったのは推測に難くない。雑誌入稿の場合，校正が迅速正確に行われる必要があるのはあまりにも当然だからである。第 1 章「フォイエルバッハ」草稿成立へのエンゲルスの貢献は，マルクスの議論のパートナーとなったこと，その口述を筆記したこと，そして後刻異文の一部[32]を執筆したことであった。

VII. オンライン版を用いた読者自身による本章の検証を期待する

他方，最初に述べたように，フォイエルバッハに関する草稿は，当初は B. バウアーの「ルートヴィヒ・フォイエルバッハの性格描写」論文への批判として書き始められ，後にこの構想が変更されて，第 1 章「フォイエルバッハ」，第 2 章「聖ブルーノ」，第 3 章「聖マックス」が生まれた。このとき『ドイツ・イデオロギー』草稿全体のリシャッフルが行われ，バウアー駁論の一部が第 2 章「聖ブルーノ」に用いられることになり，残部（H^{5a}）に，当初は「聖マックス」に置かれていた 2 カ所（H^{5b} 及び H^{5c}）が加わった。この 3 箇所がいわゆる「フォイエルバッハに関する手稿の束」（新 MEGA I/5）となり，第 1 章「フォイエルバッハ」の最も重要な構成部分となった。このリシャッフルを終えた後，マルクスは 1 〜 72 の連続したページ数を振った。これが与えられた事実である。筆者の上来の考察に過誤がなければ，この「手稿の束」だけではなく，『ドイツ・イデオロギー』草稿の他の部分についても，多くの箇所でマルクスが口述し，それをエンゲルスが筆記した可能性を否定できない[33]。

改めて述べるまでもなく，H^{5a}，H^{5b} がマルクス口述，エンゲルス筆記によって成立したかどうかを厳密に判定するには，対応する新 MEGA I/5

の異文一覧の即時異文を徹底して吟味する必要がある。しかしこの場合，新 MEGA I/5 の異文一覧のみでは筆者の仮説を検証することはできない。なぜか？例えば，新 MEGA I/5 の異文一覧には „das"（冠詞，関係代名詞）と „daß"（接続詞）のような同音異義語が双方共に掲げられておらず，直ちに当該の訂正（即時異文）が同音異義語であるのかをどうかを確認できないからである。これを果たすには，本章の表3～6に示したような操作，すなわち，即時異文の削除箇所を基底稿に組み入れて表記することが必要不可欠である。

　筆者が本書寄稿の同僚らと編集している「フォイエルバッハ」章草稿のオンライン版は 2019 年春にはリリースされる予定である。オンライン版で最も重要なのは次の3種のレイヤーである。Layer 1 には即時異文の削除箇所と基底稿が含まれる。Layer 2 は基底稿のみからなる。Layer 3-1 (L,R) は草稿左欄及び右欄の基底稿＋エンゲルスの後刻異文，Layer 3-2 (L,R) は草稿左欄及び右欄の基底稿＋マルクスの後刻異文である。Layer 1 を用いれば読者は具体的かつ詳細にマルクスの口述筆記の内容とそのエンゲルスによる筆記を検証することが可能となる。Layer 2 を用いれば，読者は「フォイエルバッハ」草稿基底稿の全容＝最初にマルクスが口述した唯物史観の全容をつかむことができる。Layer 3-1,2 (L,R) を用いれば，1845～1846 年における唯物史観の仕上げの過程で，マルクス／エンゲルスの双方が，基底稿の記述に対してどのような修訂をなしたかを検証することが可能となる。すべてのレイヤーは IISG のオリジナル草稿とリンクが張られている。読者は各レイヤーのテキスト間の相互比較は無論，オンライン版の解読テキストと草稿のオリジナル画像とを直接対比することも可能となる。

　稿内異文の研究はテキスト成立史研究にとって極めて重要な要素だが，新 MEGA の異文一覧に関心を抱く研究者はあまりいない。理由は至って簡単で，新 MEGA 学術附属資料部の異文一覧を単体で検討した場合，内容理解が極めて困難かつ不可能な場合が多々あるからである。一例を挙げよう。 „111.19l in <der früheren>/"（新 MEGA 先行版, S.265　新 MEGA I/5, S.937）[34]。この異文表記のみを前提にした場合，„der früheren" が，なぜ即時異文であるのかを説明することは不可能である。しかし筆者が表3で行ったように，この即時異文を当該箇所の基底稿に組み入れるなら

ば,「Während in der den früheren Perioden"となる。ここから，この箇所では,「der"が削除され「den"に置換されたこと，その理由は,「früheren"の後に単数形の「Periode"ではなく複数形の「Perioden"が続いたからだ，ということがわかる。そして最終的に,「der früheren"は，基底稿の「den früheren"に対する即時異文なのだ，ということもわかる。新 MEGA 編集者が,「der"だけではなく「der früheren"を即時異文にしたのは，この次の語「Perioden"が記入された段階で初めて「der"の削除と「den"への置換が不可避となった，と判断したからであるのもわかる。異文一覧には似た事例はほかにも多数ある。

新 MEGA の異文表記は，単独でそれだけを取り上げた場合，直ちに理解できない場合が多々あること，このため即時異文に研究者の関心があまり向かわなかったのであろう。とりわけアジアの諸国でこの傾向が強い。それは，例えば，中国語のように冠詞を持たない言語だと，冠詞だけの削除や置換を翻訳することははじめから無理であり，この結果，中国語版の新 MEGA 翻訳には異文一覧は含まれないことになった。

しかしながら，表3から知られるように，たとえ冠詞だけの削除や置換であっても，異文を基底稿に組み込めば，そうした削除や置換がなぜ必要となったのかは，ドイツ語を知る研究者には，前後の文脈から簡単に判断することが可能である。言葉を換えれば，オンライン版を用いれば，このような場合にも異文の含意解明が可能となる。筆者は，新 MEGA I/5 に加えて，オンライン版が『ドイツ・イデオロギー』研究のプラットフォームの一つとなり，私見の検証に，今後の唯物史観成立過程の研究に，役立つことを期待してやまない[35]。

補 説

本章 V-1. で，同音異義語の書き損じに関する第3例として M48 の記述（図6）を取り上げた。このオリジナル草稿の3行目左端の&から9行目中程の konnten. は次のように読むことができる。以下では，下線は挿入テキスト，網掛けは即時異文の削除テキスト，枠囲いは即時異文の削除箇所に置換されたテキストである。

    & die ① <u>durch die</u> Nothwendigkeit der Beschäftigung ② führ für die wachsende städtische ③ Bet Bevölkerung ④ nöthig gewordene meist vom Auslande importirte Industrie konnte der Privilegien ⑤ nicht entbehren, die natürlich nicht ⑥ nur gegen inländische, sondern ⑦ nur ⑧ hauptsächlich gegen auswärtige Konkurrenz gegeben werden konnten.

この部分を新 MEGA 先行版は次のように読んでいる（図 7）。

両者の編集者は共に，& から konnten. までが一気に書かれたとは考えていない。いずれも ③ Bet Bevölkerung までを一つの即時異文と考え，ここで中断が生じたと考えている（いずれも ③ の置換を見落としているが，このことは大きな問題ではない）。この点は共通している。しかし看過できない大きな違いがある。

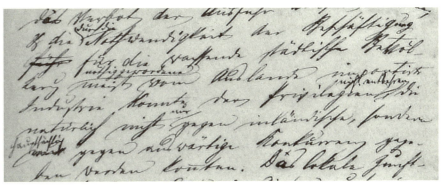

図 6　M48（部分）

60.27–30 l	1 ——— Nothwendigkeit der Beschäftigung für die wachsende
	2 durch die " " " " "
	1 städtische Bevölkerung,
	2 " " nöthig gewordene
60.32–36 l	1 ———, die natürlich nicht —— gegen inländische,
	2 nicht entbehren, " " nur " ,
	1 sondern nur gegen auswärtige Konkurrenz gegeben
	2 " hauptsächlich " " "
	1 werden konnten,
	2 " "

図 7　新 MEGA 先行版, S.251（部分）

```
82.27 |    die ⟨Nothwendigkeit der Beschäftigung ⟨führ⟩ für die wachsende
            städtische Bevölkerung⟩
82.30 |    |: nöthig gewordene :|
            1 Privilegien ─────────, die natürlich nicht ───── gegen in-
82.32–36 |                                              a ──  "    "
            2  "       nicht entbehren,  "    "
                                                        b nur  "    "
              1   ländische, sondern nur      gegen auswärtige Konkur-
            a    "          ,  "        "
              2
            b    "          ,  "     hauptsächlich
            1 renz gegeben werden konnten,
                                           a Die lokale,
            2  "     "       "      "
                                           b Das "
```

図8　新 MEGA I/5, S.920f.（部分）

　第1に，新 MEGA 先行版は②の führ für への置換を見落としている。
　第2に，新 MEGA I/5 は① durch die の挿入を見落としている。
　第3に，新 MEGA 先行版は④ nöthig gewordene を基底稿に含めているが，新 MEGA I/5 は後刻異文の挿入扱いにしている。
　第4に，⑥ nur の挿入と⑦ nur の削除，⑧ hauptsächlich の挿入の時系列を，新 MEGA 先行版は⑥→⑦→⑧と見ているが，新 MEGA I/5 は⑦→⑥・⑧と見ている。
　両者に共通する即時異文の区分，特に，③ Bet Bevölkerung までを一つの即時区分と考える考え方は合理性がある。理由は，& 直後の定冠詞 die は，最終的には，Industrie の定冠詞になるが，最初は Nothwendigkeit の定冠詞であり，この転換は，meist 以下に文章が延びたときに確定したと考えられるからである。上記の新 MEGA 先行版と新 MEGA I/5 の読み方の違いでは，第1は無条件に新 MEGA I/5 が正しく，第4も文章の繋がりから新 MEGA I/5 が正しい。第2は逆に新 MEGA 先行版が正しい。これが挿入であるのは画像から明白である。第3の相違に関する私見は新 MEGA 先行版が正しいと。理由はほかの挿入に比し，特に筆勢が異なるわけではないからである。しかし，この④の挿入時期が meist 以下の記述よりも後であるのは自明である（このことを先行版が明記していないのは

誤りである)。

　この部分の基底稿が最終的に確定する過程を推定すると，次のようになる。この部分は最初，die Nothwendigkeit der Beschäftigung ② führ für die wachsende städtische ③ Bet Bevölkerung と書かれ，いったん筆が置かれた（執筆中断）。

　既にV-①で記しているが，② führ für はたいへん興味深い。führ と für は同音異義語である。ドイツ人が自分自身で文章を書く際，両者を混同することはあり得ない。まして前者は動詞であり，後者は前置詞である。しかし口述筆記であれば別である。おそらくマルクスが，die Nothwendigkeit der Beschäftigung für と述べた際，やや間をおいたため，エンゲルスは die Nothwendigkeit der Beschäftigung führ[te] と書いたが，die wachsende städtische … Bevölkerung と続いたので führ を削除し für に置換したのであろう。

　その後，この部分は改稿され，最初の die と Nothwendigkeit の間に① durch die が挿入され Bevölkerung の後に meist vom Auslande importirte Industrie konnte der Privilegien と続くことになった。これによって，最初 Nothwendigkeit の定冠詞であった&直後の die は，上記 meist vom Auslande importirte に続く Indusutrie の定冠詞になった。

　書き入れの状況から，この後記入されたのは，Privilegien を規定する従属節，die natürlich nicht gegen inländische, sondern ⑦ nur gegen auswärtige Konkurrenz gegeben werden konnten. であった。その後，Indusutrie を主語とする主文の定動詞として⑤ nicht entbehren が konnte の後に挿入され，さらに措辞として，meist vom Auslande の直前に④ nöthig gewordene が補われ，⑦ nur を削除，hauptsächlich に置換，同時に削除語と同じ⑥ nur が挿入され，全体が次のような基底稿に整理された。

　　& die durch die Nothwendigkeit der Beschäftigung für die wachsende städtische Bevölkerung nöthig gewordene meist vom Auslande importirte Industrie konnte der Privilegien nicht entbehren, die natürlich nicht nur gegen inländische, sondern hauptsächlich gegen auswärtige Konkurrenz gegeben werden konnten.

この文面の最終確定を主導したのは口述者マルクスと考えるほかないが，常識的に考えて，こうした複雑な文面確定では，当然2人の意見交換があったとみて良いであろう。

注
（1）「基底稿」（Grundtext）は本章に固有の概念術語である。これを新 MEGA 編集要項（Grandjonc, 1993, S.84f.）の術語を用いて定義すると，新 MEGA テキスト部に収録されているテキストから，„Spätvarianten"（＝後刻異文）の諸要素，すなわちテキストの推敲過程で生まれる削除，置換，挿入（追加），展開順序変更などによって生じた変更箇所を元に戻したテキストのことである。これは，言葉を換えれば，„Grundschicht des Texts"（テキスト最下層）から„Sofortvarianten"（即時異文）のなかで，削除されたテキスト部分（単純削除及び置換に伴う削除）を除いたテキスト，つまり執筆を一時中断した際生じる「書き損じ」や「書きさし」を除いたもので，続く改稿（推敲）の出発点となるテキストである。
　　本章では，基底稿＋即時異文のテキストを図表などで掲げる。このテキストの作成（編集）方法は次の通りである。新 MEGA I/2, I/3 の収録文書については，新 MEGA 当該巻から，『ドイツ・イデオロギー』草稿第 1 章については，新 MEGA 先行版から，それぞれ対応するページのテキスト（最終テキスト，新 MEGA のテキスト部には草稿の最終テキストが収録されている）を抜き出し，新 MEGA アパラートの異文一覧と対照しながら，後刻異文の諸要素を元に戻す（例えば，挿入箇所は挿入部分を削除，置換箇所は置換部分を元に戻す，削除箇所は削除部分を復活させる，など）ことによって作成し，これに異文一覧の即時異文を参考にしながら，即時異文の削除箇所を基底稿に埋め込んだ。草稿第 1 章では，編集結果を新 MEGA I/5 及び草稿オリジナルの精細画像と照合して確認した。
（2）ここで念頭に置いているのは新 MEGA 先行版, S.6-103, すなわち新 MEGA I/5, S.12-139 の本文テキストと対応する両書の異文一覧のテキストである。本章は大村（2017）の改稿である。改稿に際し，Omura（2018b）（印刷中）の成果を組み入れた。新 MEGA I/5 の刊行は，大村（2017）の後で，Omura（2018b）の入稿（2017 年 12 月）直前の 2017 年 11 月末であった。大村（2017）は新 MEGA 先行版までの情報を前提に執筆された。Omura（2018b）には新 MEGA I/5 の情報も組み込んだ。本章では，主要データの典拠には新 MEGA I/5 を用いる一方，必要に応じて新 MEGA 先行版と新 MEGA I/5 との違いにも立ち入っている。
（3）この詳細は，渋谷（1999）や，新 MEGA 先行版及び新 MEGA I/5 の解題，成立と伝承，参照。
（4）マイヤーは 1932 年に刊行されたこの書（『エンゲルス伝』）の第 2 版の対応箇所で，初版引用文にあった wahrscheinlich（おそらく）の語を削除し，「前もっ

て十分討議されたある脈絡」と断じ，マルクス／エンゲルスの間で相当突っ込んだ意見の一致を前提に『ドイツ・イデオロギー』の草稿が起案され，それをエンゲルスが紙上に写した，と判断を変更している．

（5）マイヤーは，このリャザーノフの評言に全く動じなかった．リャザーノフの本書刊行後，しかも『ドイツ・イデオロギー』全体を収録した旧 MEGA I/3 が刊行された1932年に，マイヤーは，特に断ることもなく，『エンゲルス伝』の第2版で，関連箇所を注4のように変更した．

（6）ここで廣松は，『ドイツ・イデオロギー』第1章の記述を念頭に置いて，「われわれは通説とは反対に，『唯物史観およびそれと相即する共産主義理論の確立に際して第1ヴァイオリンをひいた』のは，合奏の初期に関する限り，むしろエンゲルスであることを確認せざるを得ない」（傍点，原文）とした．なお，廣松のこの論文の初出は『思想』1966年9月号であった．

（7）かつての旧ソ連および旧東独のマルクス＝レーニン主義研究所の理解はこうしたものであった．社会史国際研究所で旧 MEGA に収録されていなかった草稿の紙葉を発見し，旧 MEGA および MEW の『ドイツ・イデオロギー』編集を根本的に見直す契機をもたらした S. バーネ（Siegfried Bahne）もマイヤー説を踏襲した（Bahne, 1962）．バーネはオーサーシップ問題で自説をマイヤーの定式（Mayer, 1921）によって代弁している．

（8）廣松版の中国語訳には廣松独自の第1章「フォイエルバッハ」草稿のドイツ語編集テキストも収録されたことから，中国国内では第1章「フォイエルバッハ」の原本と言えばこの廣松版を指すほどである．筆者は本章の骨子を2015年6月25日に清華大学で，同29日に北京の中央編訳局で講演する機会を持った．前者の講演に参加した20数名の研究者が帯同していた原本は新 MEGA 先行版ではなく廣松中国語版であった．

（9）服部は「マルクスのきわめて読みにくい乱筆とちがってエンゲルスの文字が整然としていたため，両者が共同して討議したうえ，エンゲルスが執筆したと推測されます」（服部監訳版, p.124）としている．服部はマイヤーを引証していないが，服部の理解がこれに依拠したものであるのは引用文から明白である．服部監訳版の翻訳底本は新 MEGA 試作版（1972年）だが，これに先立ち旧 MEGA および MEW を批判して刊行されたバガトゥーリヤ版（1964年）を翻訳した花崎皋平は，マイヤーの立場に立ちながらも，廣松説も一理あるとしている（花崎, 1966）．

（10）リャザーノフは M25 のマルクスの執筆部分を注記している（Rjazanov, 1926, S.261）．しかしこの部分が基底稿の作成途上で書き込まれたものであることを明記していない．従ってカーバーらが，渋谷が指摘する80年前にリャザーノフがこのことを「正確に」指摘していた，というのは誤りである（Carver, 2014a, p.111）．この点は旧 MEGA I/5（S.575），新 MEGA 試作版（S.456）も同断．研究史でこの挿入が基底稿作成途上のものであったことを初めて指摘したのは，1998年に出た渋谷版であった．なお，新 MEGA 先行版では，この執筆部分が基底稿に含まれていることが明記されている．リャザーノフ版や旧 MEGA I/5

も含め，草稿第 1 章におけるマルクスの筆跡についてはかなり詳細な報告をしているが，記載箇所の報告は十全ではない。R.Sperl によれば，記載箇所への遺漏なき言及は新 MEGA の編集方針には含まれない（大村泉ほか，2015a, p.69）。

(11) 筆者が口述筆記説の構想を抱いたのは 2015 年であった。これ以来，IMES の編集委員の資格で，新 MEGA I/5 の編集者らには，「解題」で口述筆記説に言及することを再三述べたのだが，この要請は容れられなかった。私見の外国語（英語）での公表が Omura (2017) となり，これは口頭報告で，英文の活字での公表が Omura (2018b) と遅れたからかもしれない。新 MEGA I/5 の「解題」には，新 MEGA 同巻の編集完了の日付が 2017 年 4 月と明記されている。

(12) 以下で述べる諸点，特にその問題の所在は，筆者が，2007 年来，『ドイツ・イデオロギー』第 1 章「フォイエルバッハ」草稿のオンライン版のために，草稿オリジナル画像と新 MEGA 解読テキストとの対比検討を進めるなかで明確にした。

(13) 廣松が追随したのは，リャザーノフの H^{5c} がエンゲルスの単独執筆という仮説であり，廣松はこの仮説を H^{5a} 及び H^{5b} に広げた。両仮説の内容は正反対だが，廣松は無論，その支持者は両者の違いに無関心であった。

(14) 口述筆記については「証拠がない」（新 MEGA 先行版，S.168），というのが新 MEGA 編集者の立場である。

(15) 本章での問題に接近する方法は，内外における『ドイツ・イデオロギー』の研究史で筆者が初めて採用した方法であり，新 MEGA 編集者を含め，マルクス／エンゲルスの研究者が着眼したことがなかった方法である。他方，この方法は，マルクス／エンゲルス文書に限らず，他の研究分野の文書でも著者同定で威力を発揮する方法であると確信する。

(16) マイヤーは 1921 年に「ライプチヒ宗教会議」と「聖ブルーノ」をマルクス／エンゲルスの遺稿から初めて公表した際，ファーストオーサーをエンゲルスにしてマルクスをセカンドオーサーにしていた。これはおそらく，いずれの草稿＝入稿原稿にもマルクスの筆跡はゼロまたは極めて僅少であったからであろう。

(17) 『資本論』段階のマルクス／エンゲルス問題については，新 MEGA II/4.2；II/12；II/13 を参照。これらは『資本論』第 2 (II/12；II/13)，3 巻 (II/4.2) に関連するが，第 1 巻については，大村泉『新 MEGA と《資本論》の成立』，八朔社，1998 年，が詳しい。

(18) 基底稿については注 1，参照。完成稿は新 MEGA テキスト部に収録されるテキストであるが，厳密に言えば，新 MEGA テキスト部には完成稿から，正書法上の誤りなどを訂正した編集者テキスト („Edierter Text") が収録されている。

(19) 稿内異文を即時異文と後刻異文とに区分するのは，新 MEGA においてであり，旧 MEGA は両者を区別していない。両異文の構成部分には共通する一面があるが，新 MEGA は両者を表記上明確に区別し，即時異文には必ず末尾に中断記号 "/" を付す。

(20) 注 14 で先記したように，新 MEGA 編集者は，『ドイツ・イデオロギー』第 1

章「フォイエルバッハ」の草稿が口述筆記である「証拠はない」と述べた。しかし彼らは草稿の即時異文の多寡に全く関心を示していない。

(21) 口述筆記は英語で dictate（動詞），dictation（名詞）でドイツ語では diktieren（動詞），Diktat（名詞）であり，口述者は dictator, Diktator だが，これが転じて独裁者の意味を持つのは，口述筆記では筆記者に自由はなく，強制的に口述者が言ったとおりのことを書き取ることになるからであろう。

(22) 先行版の異文一覧には即時異文の全てがリストアップされていない。「意味をなさない個々の文字や書きさしの削除，並びに手稿で解読不可能な箇所の抹消」は異文一覧に収録する必要が無い，という『編集要項』の規定（Grandjonc, 1993, S.85）があるからである。

(23) 筆者の調査によれば，H^{5c} の即時異文数は 433 だが，新 MEGA 先行版では 245 である。筆者の調査は，H^{5c} のオリジナルの精細画像と新 MEGA 先行版とを比較対照して，その欠を補う方法で行ったものである。従って，極めて信頼度の高いデータに基づいている。他面，言及しておく必要があるのは，新 MEGA I/5 ではこの数値が 407 だということである。現在筆者は『ドイツ・イデオロギー』第 1 章「フォイエルバッハ」草稿のオンライン版を編集している。後述するように，オンライン版では解読原稿と草稿オリジナルの精細画像とを同一モニター上で利用者が閲覧できるようになるので，この差異の詳細に興味を持つ読者は，リリース後にオンライン版で確認されたい。

(24) マイヤーの仮説はマルクス／エンゲルスの書き癖に一歩踏み込んで提起されている。しかし彼の仮説は，この矛盾の前には無力である。実際には，マイヤーの仮説は，マルクス／エンゲルス単独稿の丹念な検討と，それを踏まえた第 1 章「フォイエルバッハ」草稿との対比を何ら試みることなく提示されていた，というべきであろう。

(25) 先行版がこれらの多くを異文一覧に掲載しなかったのは，新 MEGA の編集原則が，テキストの発展を記録することに力点を置いた「論理的編集」であるからであろうか。この立場からすれば，同音異義語の誤りはドイツ人には本来あり得ないものであり，この訂正がテキストの発展を意味するものではないのは自明であり，テキストの発展を記録する異文一覧で逐一報告するようなものではないからである。しかし，この種の誤りはテキストが口述筆記かどうかを確認する場合極めて重要な指標になる。筆者らが取り組んでいるオンライン版はテキストの外観を重視し，解読原稿と草稿オリジナルの画像との直接的対比も可能にする「記録的編集」なので，即時異文は細大漏らさず取り上げることにしている。

(26) この挿入箇所については，本章巻末に補説を配し，新 MEGA 先行版および新 MEGA I/5 の解読を批判する形で，立ち入って解説した。参照されたい。

(27) 例えば，新 MEGA I/2, S.234.21; S.235.7; S.235.10-11; S.235.35-36; S.236.3-4. のテキスト部分に対応する即時異文を参照。これらの異文はいずれも，図 3 で掲げた『経済学・哲学手稿』ノート I，第 XXII 頁のテキストに見いだされる即時異文（図 3-4，5，6）だが，これらの異文をテキストに組み込むと，いずれの箇

所でも定冠詞や不定冠詞の置換や削除が行われているのを容易に見いだすことができる。

(28) 例えば，新 MEGA I/2, S.234.22; S.235.7; S.235.20. これらの異文は前注同様いずれも図3で掲げた『経済学・哲学手稿』ノートI，第XXII頁のテキストに見いだされる即時異文（図3-4，5）だが，これらの異文をテキストに組み込むと，いずれの箇所でも削除されたテキスト（単語）が直ちに復活している事例を見いだすことができる。

(29) 新 MEGA I/2, S.236.3-4 のテキスト部分に対応する即時異文（図3-6），参照。

(30) 新 MEGA I/2, S.234.31 のテキスト部分に対応する即時異文（図3-4），参照。

(31) 新 MEGA I/5 にはエンゲルスの別の単独稿，「フリードリヒ・エンゲルス，［真正社会主義に関する草稿］（"Friedrich Engels, [Manuskript über den wahren Sozialismus])」（新 MEGA I/5, S.602-643）が収録されている。この草稿は新 MEGA I/5 では H^{15} と略称されているので，以下ではこの略称でこの草稿を表記する。新 MEGA I/5 によれば，H^{15} は1847年1月から4-5月に執筆された（新 MEGA I/5, S.1674-1680）。したがってこの草稿は『ドイツ・イデオロギー』第1章「フォイエルバッハ」草稿の約1年後に執筆されたことになる。H^{15} の再現に新 MEGA I/5 は新 MEGA の通常のフォーマットで39ページを用いている。記録されている即時異文数は同巻の異文一覧によると336カ所である。従って，H^{15} の即時異文出現頻度は，新 MEGA 通常フォーマット1ページあたりだと，平均8.6回（336÷39＝8.61）である。この数値は，新 MEGA I/3 に収録されたエンゲルスの単独3草稿の出現頻度よりも大きい。本章第II節で算出した数値に比べると，3.4倍（8.6÷2.5＝3.4）ある。この2.5回が8.6回に増加した理由が何であるのか。エンゲルスの書き癖が変化した結果なのか，それとも，新 MEGA 両巻の即時異文の判定基準が変化した結果なのかは検討する必要がある。注23で記しているように，新 MEGA 先行版では H^{5c} の即時異文数は245であったのが，新 MEGA I/5 では407になり，筆者の調査では433であった。ここから，即時異文の判定基準が新 MEGA 両巻で異なっている可能性は十分ありうる。筆者は将来，この問題に関連する諸資料を入手し，検証をしてみたい。だが，ここで注意しておく必要があるのは，このことではなく，次の事実である。たとえこの増加の原因がもっぱらエンゲルスの書き癖が変化したことに求められるとしても，H^{5c} の即時異文の出現頻度は，H^{15} の出現頻度の2倍（17.3÷8.6＝2.0）にも達することである。なぜこのようなことが生じているのか？ H^{5c} にはなぜこれほど多くの即時異文が存在するのか？ この問題は一考に値する。言葉を換えれば，この事実は，本章の問題設定に正当性があることを示している。

(32) 基底稿の作成後，その推敲過程で生まれる異文が後刻異文である。後刻異文の大多数もエンゲルスの筆跡である。エンゲルスの筆跡の後刻異文で長文の挿入には，多数の即時異文が含まれている場合があり，基底稿同様マルクスによる口述の可能性もある。これらを除き，短い削除や挿入はエンゲルスに由来するとみて良いであろう。

(33) 本書第4章のフィライシス，ヴォルフ論文で取り上げられている『ドイツ・イデオロギー』第3章「聖マックス」草稿の一節も非常に多数の即時異文が記録されていてマルクス口述・エンゲルス筆記の可能性が濃厚な箇所である。

(34) これは新MEGA先行版から引き継いでいる。"89.19l in <der früheren>/"（新MEGA先行版, S.265）。

(35) 異文情報を本文テキストに組み入れている点では，オンライン版は廣松版や渋谷版，またカーバー版や孫版と同一だが，これらの諸版では，口述筆記説の検証は不可能である。渋谷版は日本語訳であり，カーバー版は英訳，孫版は中国語訳である。渋谷版の底本は『ドイツ・イデオロギー』第1章「フォイエルバッハ」草稿そのものであり，教えられることは多いが，関連する注記は皆無である。カーバー版，孫版は翻訳底本が新MEGA先行版であり，先行版の異文一覧の翻訳が，本文テキスト＝最終テキストの翻訳に組み込まれている。新MEGA先行版は異文の概念区分，表記上の区分を行っているが，両版では消えている。そればかりか，異文そのものの翻訳がかなりの程度省略されている。新MEGA先行版におけるH^{5c}の異文一覧では，草稿には6カ所現認できる同音異義語の即時異文のうち，収録されていたのは1カ所だけだが，カーバー版，孫版には当該箇所は翻訳もされていないし，注記もない。廣松版について言えば，そもそもの異文情報が二つの異文の概念区分をしていない旧MEGA I/5に依っているので，はじめから，検証は不可能である。この検証は異文一覧を新MEGA I/5の本文テキストと逐一照合して行うか，オンライン版のリリースを待つほかない。

引用・参考文献一覧
＊凡例に掲げた文献は除く

Bahne, Siegfried 1962: *"Die Deutsche Ideologie" von Marx und Engels. Einige Textergänzungen.* in: International Review of Social History, Vol.7（1962）, Part 1, S.93-104.

Bendien, Jurriaan 2018: https://marxandphilosophy.org.uk/reviews/15919_a-world-to-win-the-life-and-thought-of-karl-marx-by-sven-eric-liedman-reviewed-by-david-mclellan/（comment on the 27th June 2018 at 6:30 pm）

Carver, Terrell, and Daniel Blank, 2014a: *A political history of the editions of Marx and Engels "German Ideology Manuscripts."* New York: Palgrave Macmillan.

Carver, Terrell, and Daniel Blank, 2014b: *Marx and Engels's "German Ideology" Manuscripts Presentation and Analysis of the "Feuerbach chapter."* New York: Palgrave Macmillan.

鄭文吉・中村福治訳 1996：「『ドイツ・イデオロギー』研究におけるテキスト編纂の問題」，『マルクス／エンゲルス・マルクス主義研究』第27号，1996年6月，1-30ページ，参照。

Chung, Moon-Gil（鄭文吉）1997: Einige Probleme der Textedition der Deutschen Ideologie, insbesondere in Hinsicht auf die Wiedergabe des Kapitels „第1章「フォ

イエルバッハ」". In: *Beiträge zur Marx-Engels-Forschung*, Neue Folge 1997, Berlin und Hamburg, 1998, S.31ff.

Engels, Friedrich, Karl Marx 孫善豪（Sun Shanhao 編訳）2016: 德意志意識型態 Ⅰ.費爾巴哈原始手稿」聯經出版事業公司, 2016.

Grandjonc, Jacques（Redaktionskommission der IMES）1993: Edtionsrichtlinien der Marx-Engels- Gesamtausgabe（MEGA）, Dietz Verlag Berlin, 1993, S.84.f. 本書の全文訳は『マルクス／エンゲルス・マルクス主義研究』第 32 号, 1998 年, 86-93 ページ, 参照。

花崎皐平 1966: 唯物論的歴史観の全体的構想について,『思想』, 1966 年 11 月, 岩波書店.

Mayer, Gustav. 1920: *Friedrich Engels. Eine Biographie* Bd. 1: Friedrich Engels in seiner Frühzeit., Berlin, Verlag von Julius Springer, 1920; Zweite Auflage, 1932.

Mayer, Gustav. 1921: „*Das Leipziger Konzil von Friedrich Engels und Karl Marx.*" *Archiv für Sozialwissenschaft und Sozialpolitik*, Bd. 47:773-808.

大村泉 2017a：口述筆記説に基づく『ドイツ・イデオロギー』I. Feuerbach のオーサーシップ再考,『マルクス・エンゲルス・マルクス主義研究』第 59 号, 2017 年 7 月, pp.17-50. 八朔社。

Omura, Izumi 2017b: Re-examining the authorship of the "Feuerbach" chapter in *The German Ideology* on the basis of a hypothesis of dictation. Marx 1818／2018. New developments on Karl Marx's thought and writings, Lyon (France), 27-29 September 2017（※国際会議報告）.

Omura, Izumi 2018a: Re-examining the Authorship of the "Feuerbach" Chapter in *The German Ideology* on the Basis of a Hypothesis of Dictation, in: *Marxism 21*, Vol.15（1）,pp.101-135, 2018 年（※韓国語 2017b の翻訳）

Omura, Izumi 2018b: Re-examining the Authorship of the "Feuerbach" Chapter in *The German Ideology* on the basis of a Hypothesis of Dictation. in: *The European Journal of the History of Economic Thoughts*, Marx special issue, Vol.25（5）, October 2018 London and New York: Routledge（※印刷中）.

渋谷正 1999, ドイツ・イデオロギーの成立過程,『マルクス／エンゲルス・マルクス主義研究』第 33 号, 1999 年 12 月, 3 -40 ページ。八朔社

Shibuya, Tadashi. 2006. "*Editorial problems in establishing a new edition of the German Ideology.*" Marx for the 21st Century, with a special introduction by Terrell Carver, ed. by Hiroshi Uchida, pp.193-200. London and New York: Routledge.

第6章　唯物史観の成立に関する　廣松渉のエンゲルス主導説批判

はじめに

　日本の戦後の『ドイツ・イデオロギー』研究に衝撃をあたえたのは，廣松渉である。廣松は，1965年に公表された論文「『ドイツ・イデオロギー』編輯の問題点」のなかで，ドイツ語底本のいわゆるアドラツキー版が「草稿を一旦バラバラに切りきざんだうえで，いわば糊と鋏でつぎはぎしている」ことをもって，この版を「偽書に等しいもの」と呼んだ（廣松，1968a, 149-150頁）。さらに，1966年に公表された論文「初期エンゲルスの思想形成」のなかで，「われわれは通説とは反対に『唯物史観およびそれと相即する共産主義理論の確立に際して第1ヴァイオリンをひいた』のは，合奏の初期に関する限り，むしろエンゲルスであることを確認せざるをえない」と述べて，「エンゲルス主導説」を唱えた（廣松，1968a, 81頁）。この両説が相俟って，それまでの研究に転換を促したのである。

　1974年に，廣松渉編輯版『ドイツ・イデオロギー』が刊行された。しかし，この廣松版は，『ドイツ・イデオロギー』の草稿における修正過程の復元に際して，廣松が「偽書」と断じて批判したアドラツキー版を底本としたものであり，筆者が，この事実を初めて明らかにした[1]。

　他方，「エンゲルス主導説」は，1968年に刊行された廣松の著作『エンゲルス論』の最終章で縷説されたのであるが（廣松，1968b），この著作における「エンゲルス主導説」にたいして，これまで根本的な異論が唱えられたことはなかった。

　廣松版が「偽書」に依拠した版本であることは，廣松自身がこの事実に口を閉ざしたことによって，長く知られることがなかったのであり，そのために，それがアドラツキー版を含むそれまでの版本を凌駕するものと信ぜられてきたのであろうが，「エンゲルス主導説」についても，研究者は，あるいはこの虚像に捉えられていなかったか？

しかし，廣松『エンゲルス論』における「エンゲルス主導説」は，けっして根拠のあるものではない。本稿の後半ではこのことを明らかにするが，前半で，それとの関連で，『ドイツ・イデオロギー』以前のマルクスとエンゲルスの思想形成にも触れておこう。

I．『ドイツ・イデオロギー』以前のマルクスとエンゲルスの思想形成

1．マルクスの思想形成

マルクスは，1859年に刊行された『経済学批判』の「序言」のなかで，彼の研究の出発点について次のように回顧していた。

「私の研究は，次の結論に達した。すなわち，法的諸関係ならびに国家諸形態は，それ自体からも，いわゆる人間精神の一般的発展からも理解されうるものではなく，むしろ物質的な生活諸関係に根ざしているのであり，……〔生活諸関係の総体である〕市民社会の解剖学は経済学のうちに求められなければならない，ということである」(新 MEGA Ⅱ/2, 1980, S. 100. 訳(13)，6頁。訳文中で，……は省略であり，〔　〕は引用者の補足である。以下，同様)。

法的および政治的な上部構造を物質的な生活諸関係から解明するという唯物論的な見地は，1844年2月末に刊行された『独仏年誌』のなかのマルクスの2論文において，すでに定まったといえるが，このような解明に向けられた，マルクスの最初期の「経済学批判」は，『経済学・哲学手稿』の「第一手稿」(1844年6月・7月執筆)のなかで展開された労働疎外論に見出される。

労働疎外論は，「第一手稿」の後半で展開されているが，その前半には，手稿の各ページが，「労賃」「資本の利潤」「地代」の表題のもとで3欄に分けられて，主として抜粋が記されている。この3欄のうちの「労賃」欄で，マルクスは，「国民経済学者」の矛盾について，次のように述べている。

「さて，われわれは，まったく国民経済学者の立場にたち，そして彼にしたがって労働者の理論的および実践的な諸要求を比較してみよう。

彼はわれわれにいう，起源上も概念からみても，労働の全生産物は

労働者に属する，と。しかし彼は同時にわれわれにいう，現実において労働者の手にはいるのは，生産物の最小の，かつもっとも不可欠の部分である，と。すなわち，労働者が人間としてではなく，労働者として生存するために必要なだけ，労働者が人類をではなく，労働者という奴隷階級を繁殖させるために必要なだけなのだ，と。」（新 MEGA I/2, 1982, S.331. 訳(40), 394 頁。傍点は原文イタリクス，以下同様）

「労賃」欄におけるこれ以前の部分では，もっぱらアダム・スミスの『諸国民の富』の内容に即した論述になっているのであり，引用文における「国民経済学者」とは，スミスにほかならない。この引用文では，資本蓄積と土地所有以前の「初期未開の社会状態」では，労働の全生産物が労働者に属するとしながら，それ以後の社会（資本主義社会）では，労働の生産物から地代と利潤が「控除」され，その結果，それらの控除後の労働者の賃金は労働者とその家族の生存費に制限されるという，スミスの把握（『諸国民の富』第1篇第8章）の矛盾が，批判されているのである。この問題は，『諸国民の富』におけるスミスの価値論・分配論の根本的な矛盾であるが，マルクスは，経済学研究の出発点において，スミスのこの矛盾を的確に捉えたと言ってよい。マルクスの最初の「経済学批判」の対象は，アダム・スミスであった。

スミス自身においては，この問題は，社会の発展段階の相違（「事物の本源的な状態」と「資本蓄積と土地所有以後」における現実の資本主義社会との相違）に基づく，事実上の変化として認識されたにすぎず，この変化の解明は，最初から問題になっていないし，むしろ放棄されている。スミスは，労働者が労働の全生産物を享受するという「本源的な状態」について，「この状態は，労働の生産諸力においてもっとも大きな改善が行われるずっと前に終わったのであり，どれほどの効果が労働の報酬すなわち賃金に及ぼされたのかをこれ以上たどることは無駄であろう」（Smith, 1976, pp.82-83.）（第1篇第8章），と述べている。「本源的な状態」とは，狩猟民族がビーヴァーと鹿を交換し合うような未開社会であり，労働者による労働の全生産物の享受という状態は，歴史のはるか以前の過去に終了したことである。したがって，歴史の発展に伴う生産力の増大が労働者の報酬を改善させるのかどうかという問題の解明は，「無駄」である，つま

り無意味な考察であるとみなされた。生産力の増大が進展したのは，そういう「本源的な状態」の社会が終了した後のことだからである。現実の資本主義社会では，労働者が生産物のすべてを受け取る条件は存在していないという，動かし難い現実を所与の前提とみなして，労働生産物からの利潤と地代の「控除」が何故に生じるのかという問題は，スミスにおいては不問に付されたのである。マルクスは，「第1手稿」後半の「疎外された労働」のなかで，次のように述べている。

　「対象の獲得は，労働者がより多くの対象を生産すればするほど，彼の占有できるものがますます少なくなり，そしてますます彼の生産物すなわち資本の支配下におちっていくくらいに，はなはだしい疎外として現れる。」(新MEGA I/2, S.365. 訳(40), 432頁)

マルクスは，スミスの分配論の矛盾を，労働者から生産物が奪われていく労働疎外の問題として捉えようとしたのであり，マルクスの経済学研究の課題は，スミスが不問に付した問題，すなわち，資本主義的生産における労働疎外の理論的根拠を明らかにすることに定められたのである[2]。これにたいして，後述するように，この時期のエンゲルスには，マルクスと同様にスミスを論じながら，スミス理論のこのような矛盾についての認識は，存在しなかった。

『経済学・哲学手稿』以後，マルクスは，経済学研究を深めていく。1845年2月1日付で，マルクスとダルムシュタットのC.W.レスケ書店との間で，『政治および国民経済学の批判』と題する2巻本の著作の出版契約が結ばれた。この著作の準備のために，マルクスは，「ブリュッセル・ノート」と「マンチェスター・ノート」と呼ばれる多数の抜粋ノート群を作成した[3]。

しかし，この著作の出版は，『ドイツ・イデオロギー』の出版を先行させるために延期されることになったのであり，その理由を，マルクスは，1846年8月1日付けのレスケ宛の手紙で，次のように記している。

「私はドイツの資本家たちと取り決めたかの出版物のために，『経済学』に手を加えることを延期しました。というのも，自分の**積極的**展開の前に，ドイツの哲学とこれまでのドイツの社会主義にたいする論争書を先に公にすることがひじょうに重要だと，私には思われたからです。これまでのドイツの学問に真っ向から対立する私の経済学の立場に世間の目を向け

させるためには，このことが必要なのです。」(新 MEGA Ⅲ/2, S.23. 訳(27), 386 頁。傍点＋太字体は原文隔字体)

　1845 年 2 月の出版契約時点において，マルクスのもっとも重要な課題は，『政治および国民経済学の批判』の執筆と出版であった。レスケ宛の同じ手紙に，「もっぱらこの著作〔『政治および国民経済学の批判』－引用者〕のために行なわれたイギリスへの旅行と滞在」と書かれているように，1845 年の 7 月と 8 月にマンチェスターで作成されたマルクスの抜粋ノートは，この著作の執筆のためのものであり，また，「私の著書の第 1 巻のほとんど書き終わった原稿」とも記されていることから，「より多く歴史的である第 2 巻」には未着手であったはいえ，第 1 巻の方は，一応の完成をみていたことが分かる。マルクスは，「研究し続けている著述家が，6 ヶ月前に書いたものを，6 ヶ月後にもはやそのままの言葉で印刷させることはできません」と記して，改稿の必要性をレスケに伝えているが，「『経済学』に手を加えること（Bearbeitung）」が，『ドイツ・イデオロギー』の出版計画のために延期されたのである (ibid. S.24/25. 訳(27), 387 頁)。

　マルクスが，もっとも重要な課題であった経済学書の出版を後回しにしてまで，『ドイツ・イデオロギー』の公表を先行させようとしたことは，マルクス自身の側に，ドイツ・イデオロギー批判のための強い内発的な意思があったことを，窺わせるのであり，また，レスケ宛の手紙では，『ドイツ・イデオロギー』が，「私の〔マルクスの－引用者〕編集のもとで，またエンゲルスなどの協力のもとで（unter meiner Redaction und unter der Mitarbeit von Engels etc.）刊行される出版物」(ibid. S.23. 訳(27), 386 頁) であることも伝えられている。マルクスは，出版業者のレスケにたいして，「論争書」が，マルクスの「編集」になるものであり，それにエンゲルスらが「協力」していることを，公言していたのであり，この記述も，「論争書」の出版が，マルクスの発意によるものであったことを示唆している。

　『ドイツ・イデオロギー』の執筆の直接的な動機は，『ヴィーガント季刊誌』1845 年版第 3 巻に掲載されたブルーノ・バウアーの論文「ルートヴィヒ・フォイエルバッハの特性描写」であった。この論文は，その最終節「フォイエルバッハと唯一者」のなかに，ブルーノ・バウアーとその一

派を批判したマルクスとエンゲルスの共著『聖家族』（1845年2月刊行）にたいする反批判をも含んでいた。『ドイツ・イデオロギー』のもっとも古い層では，この最終節に関する批判が記されているが，このバウアー批判は，「われわれはいまや，このやむをえない脱線（Abschweifung）のあとで，聖ブルーノと彼の世界史的な諸闘争にたちかえることにしよう」（新 MEGA I/5, S.897. 渋谷版，86頁）という文章（抹消文）に見られるように，執筆の当初は，「脱線」部分にたいしていわば本論として書かれたものである。しかし，草稿の執筆の過程で，冒頭章としての「Ⅰ．フォイエルバッハ」が成立することになった。この結果，バウアー批判は，すべて抹消されたうえで，エンゲルスによって清書され，新たに編成された第2章「Ⅱ．聖ブルーノ」の一部として組み込まれたのである[(4)]。この際に，マックス・シュティルナーの『唯一者とその所有』を批判した草稿の一部も切り離されて，「Ⅰ．フォイエルバッハ」に組み込まれた。上述のレスケの手紙に記されているように，この新たな章を編集したのはマルクスであり，第1章には，マルクスによって，通しのページ番号が記された。

　ブルーノ・バウアーにたいする批判は，「ユダヤ人問題によせて」（『独仏年誌』掲載）に発し，『経済学・哲学手稿』と『聖家族』を通じて，マルクスの一貫した課題であった。1844年9月の日付のある『聖家族』の「序文」（エンゲルスとマルクスの連名）のなかで，「戯画として模写されている思弁」としてのバウアー哲学が，「批判的批判」と呼ばれ，これにたいする論争を，「われわれのそれぞれ自身」（エンゲルスとマルクスのそれぞれ）が「われわれの積極的な見解」を叙述する「独立した著作」の前に出す，と述べられている。ここですでにエンゲルスとマルクスの「積極的な見解」を展開する著作が予告されるとともに，この展開の以前にバウアーの「思弁哲学の妄想」を暴露することの必要性が語られているのである（MEW, Bd.2, S.7/8. 訳(2)，5頁）。

　『聖家族』は，マルクスとエンゲルスの共著とはいえ，エンゲルスの執筆部分は，全体のごく僅かな部分にすぎない。したがって，『ドイツ・イデオロギー』におけるバウアー批判も[(5)]，『聖家族』におけるマルクスの執筆部分に関するものが，ほとんどを占めることになる。バウアー論文では，エンゲルスを名指しして，『聖家族』におけるエンゲルス担当部分

（ブルーノ・バウアーの弟であるエトガル・バウアーを批判した第4章第1節）に言及した箇所があるが，『ドイツ・イデオロギー』の「Ⅱ. 聖ブルーノ」章では，これについて僅かに触れられているにすぎない[6]。「Ⅰ. フォイエルバッハ」章における抹消文でも，「Ⅱ. 聖ブルーノ」章でも，マルクスの加筆を除けば，筆跡はエンゲルスのものであるが，『ヴィーガント季刊誌』第3巻のバウアー論文を批判すべき理由は，マルクスにあったといえるのである。

さらに，『ドイツ・イデオロギー』では，「Ⅲ. 聖マックス」が長大な章となったが，マックス・シュティルナーの『唯一者とその所有』については，マルクスが，月刊誌として刊行される予定であった『フォーアヴェルツ！』の最初の号に，この著作にたいする批判論文を掲載する予定であった（新 MEGA I/2, S.556/557）。

2．エンゲルスの思想形成

経済学研究については，マルクスの『経済学・哲学手稿』以前に，エンゲルスが先行していた。エンゲルスは，『独仏年誌』に「国民経済学批判大綱」を掲載したが，新 MEGA I/3 によって 1843 年 9 月末または 10 月初めから遅くとも 1844 年 1 月半ばまでの執筆と推定された[7]この論文は，エンゲルスによるイギリス経済学の系統的な研究の成果である。

ここでは，商業の拡大の自然の結果として生まれた「国民経済学」の発展として，重金主義と重商主義以降のイギリス経済学が叙述されており，「国民経済学すなわち致富学は不快極まる利己心の刻印を額につけている」と特徴付けられた。この「致富学」は，18 世紀になると，「詭弁と偽善」や「博愛的性格」をもつようになり，ここに，「新しい経済学，すなわち，アダム・スミスの『諸国民の富』に基礎をおく，自由貿易の学説」が生まれたとされる（新 MEGA I/3, S.467-471. 訳(1), 543～545 頁）。

マルクスが，労働生産物の帰属をめぐるスミスの理論的な矛盾を，生産過程における労働疎外の問題として解明しようとしたのにたいして，エンゲルスは，古い経済学に含まれていた「不道徳性」が偽善によって最高度に高められたことをもって，スミスの経済学を批判したのである（ibid. S.471. 訳(1), 545 頁）。「不道徳性」とは，「商業の貪欲な性格」や「貨幣欲と利己心」などを指す（ibid. S.468. 訳(1), 543 頁）。エンゲルスの論文に

は,「生産物の大部分は,資本と土地所有の間に分配されるのに,労働にはきわめて不充分なもの,かつかつの生活手段だけが手に入る」(ibid. S.491. 訳(1), 566頁)という一文が見られるとはいえ,この一文は,競争が資本と土地所有と労働とを対立させる結果として述べられたものにすぎず——スミスの名は挙げられず——,マルクスのようにスミスの前述の理論的な矛盾が解明されているわけではない。経済学批判の出発点において,マルクスとエンゲルスの間には,視点の根本的な相違があったといわねばならない。

さらに,エンゲルスによれば,イギリスの経済学は「私的所有の経済学」であり,私的所有の弊害の原因はすべて,次のように「競争」に求められている。「私的所有が存在するかぎり,結局すべてが競争に帰着する。競争は,経済学者の主要なカテゴリーであり,彼がたえず甘やかしかわいがっている彼の最愛の娘である」(ibid. S.482. 訳(1), 557頁)。そして,人類のこれまでの不道徳性の完成が,競争とみなされるのである。

エンゲルスは,スミス以後のリカードウやセーの経済学の核心をなす価値論の当否も,この競争の観点から裁断した。マカロックとリカードウは,「抽象価値」は生産費によって規定されると主張するが,この規定は,「競争の関係を外す」ものである。この「抽象価値」は,「抽象的な商業,競争のない商業,すなわち,身体のない人間,思想を生みだすための頭脳のない思想」を前提にしている。ここに言う「抽象価値」ないし「実質価値」というのは,「競争関係が均衡する時,需要と供給が一致する時の価格」である。生産費による価値規定は,需給の偶然的な一致の場合にのみ当てはまる抽象的理論として,批判されているのである。

これにたいして,セーの価値概念である「効用」は,「何か純主観的なもの」であり,物の効用の大小に関する,客観的で一般的な決定に達する唯一可能な方法は,競争関係であるが,この競争関係が,無視されなければならない。エンゲルスは,競争が欠如している考察という点では,セーもまた,リカードウらと「同じ抽象」に陥っている,と言うのである(ibid. S.475-478. 訳(1), 549〜552頁)。

前述のように,エンゲルスは,人類の「不道徳性」を完成させるものが,競争であるとみなした。「不道徳性」とは,商業の貪欲性や利己心を意味しており,これらの不道徳な弊害を推進するものが,利己心を追及す

る自由競争だからである。エンゲルスは、この競争の結果として、過剰な富と結び付いた過剰な人口が生まれると述べており、この問題を説明する「もっとも粗野で、もっとも野蛮な体系」、「絶望の体系」(ibid. S.471. 訳(1), 544頁) として、最後に、マルサスの人口理論が考察されるのである。マルサスの人口論の批判がエンゲルス論文の最後の3分の1近くを占めている。

エンゲルスによれば、「資本にたいする資本の、労働にたいする労働の、土地にたいする土地の闘争」、つまり、それらの競争による過度の緊張の結果として、「生産の発展のなかで、多量の過剰な生産力が存在するので、国民の大多数が生活のためになにももたず、人々がほかならぬ過剰のために餓死するという段階が現れるにちがいない」のであり、さらに、「繁栄と恐慌の、過剰生産と停滞の交替」が生じる (ibid. S.486. 訳(1), 560～561頁)。

マルサスの人口理論は、この事実を人口の自然的増加の問題として説明したのであり、「意のままになる生活手段を越えて増加するという人口に固有の傾向が、あらゆる貧困、あらゆる悪徳の原因である」、とみなされた。なぜなら、多すぎる人間は、暴力的に殺されるか、それとも餓死するか、どちらかの方法で片付けられなければならないからである。エンゲルスは、このマルサスの人口理論にたいして、「経済学者の不道徳性」の「絶頂」という結論を下した (ibid. S.487-488. 訳(1), 562頁)。

初期エンゲルスの経済学批判は、このように「国民経済学」の「不道徳性」を暴くことが核心となったのであり、マルクスと同様、スミスをも考察の対象にしながら、生産物の帰属をめぐるスミス理論の根本的矛盾の解明には向かわなかったのである。

エンゲルス論文では、その末尾で、「労働にたいする資本と土地の闘争」として、労働者の失業と賃金引き下げをもたらす「機械の影響」について述べられており、ここで、「やがて機会を得て」、「工場制度」について詳論することを予告したが、この場合にも、この制度の「恐るべき不道徳性」と「経済学者の偽善」との暴露が著述の目的とされている (ibid. S.493-494. 訳(1), 568～569頁)。この論文以後、『ドイツ・イデオロギー』に至るまで、エンゲルスの著述の中心的な課題は、イギリスの工場制度の解明に向けられるのである。

この予告は，1845年5月末に刊行されたエンゲルスの浩瀚な著作『イギリスにおける労働階級の状態』となって実現されたのであり，ここでは，イギリスの労働者階級の生活状態と工場制度が，克明に叙述された。
　この著作の「序文」の冒頭では，執筆の経緯について，簡潔に次のように述べられている。すなわち，エンゲルスは，この著作の対象を，はじめは「イギリスの社会史に関するより包括的な（umfassender）著作の単独の章としてだけ」述べるつもりであったが，その重要性のために，やがてそれを独立に論ぜざるをえなくなった，と（MEW, Bd.2, S.232. 訳(2), 227頁）。ここでは，『イギリスにおける労働階級の状態』は，さらに広範囲なテーマを含む著作の単独の章にすぎなかったという，執筆の経緯に触れられているのであるが，エンゲルスが，当初の著述計画を捨てていなかったであろうこと，そして，「イギリスの社会史」というテーマは，イギリスの資本主義成立史における労働者階級の状態を中心とするものであったであろうことは，1845年夏にマンチェスターで作成されたエンゲルスの抜粋ノートが示している。

3．『ドイツ・イデオロギー』と抜粋ノート
(1)　「マンチェスター・ノート」

　『ドイツ・イデオロギー』は，唯物史観が確立された書とみなされてきた。マルクスの『経済学批判』の「序言」のなかで，「ひとたび獲得されてからは私の研究にとって導きの糸として役だった一般的結論」（新MEGA I/2, S.100. 訳(13), 6頁）として定式化された諸命題——生産諸力に対応する生産諸関係，社会の土台と上部構造との関係，生産諸力と生産諸関係・所有諸関係との矛盾による社会革命の開始，物質的変革とイデオロギー諸形態との区別など——が，「フォイエルバッハ」章のなかですでに明確に述べられていたからである。しかし，これらの命題は，その後のマルクスの研究にとっての「導きの糸（Leitfaden）」となった根本思想を述べたものにほかならないのであって，この「導きの糸」が適用される具体的な歴史分析そのものではない。唯物史観の真価は，この適用にかかっているといわねばならない。
　『ドイツ・イデオロギー』で，上記の命題が集中的に述べられているのは，「フォイエルバッハ」章の前半部である（M8〜M29, M3〜M7 は欠如

――以下では，この章についてマルクスが付けたページ数を，マルクスの頭文字をとってM1, M2…と表記）。同じ章の後半部では資本主義の成立過程が詳細に叙述されている（M40〜M52）。この後半部は，上記の「一般的結論」の適用による歴史分析の最初の試みであるといえよう。

リャザーノフは，前半部を「第1章」ないし「第1部」と呼び，この部分については，マルクスがエンゲルスに口述筆記させたとみなしたが，これにたいして，「第2章」ないし「第2部」と呼んだ後半部については，「独りで，口述によらずに執筆したように思われる」と述べた（Rjazanov版, S.217）。後述との関連で言及しておけば，廣松渉は，『エンゲルス論』において，彼自身が「財産形態（所有形態）の歴史的変遷を基軸にした歴史記述」と呼ぶ後半部分については，「当面のわれわれにとってさして重要でないから，ここで論旨を辿るには及ばないであろう」と述べて，まったく無視した（廣松, 1968b, 294頁）。

M40〜M52における資本主義成立史の分析の資料的基礎は何か？残存するマルクスとエンゲルスの資料としては，1845年7月・8月におけるマルクスとエンゲルスのイギリス旅行中に作成された両者の抜粋ノートである「マンチェスター・ノート」のなかのウェイド抜粋とイーデン抜粋，並びに，マルクスのギューリヒ抜粋が，存在する。唯物史観の確立とは何かを検証するためには，『ドイツ・イデオロギー』における歴史記述の資料的基礎が問われなければならないであろう。

わが国では，1988年に刊行された新MEGA第Ⅳ部門第4巻のなかで初めて公表された「マンチェスター・ノート」に関する研究は，公表後30年を経てなお皆無である。マンチェスターの3つの図書館で，マルクスは5冊の抜粋ノートを作成し，エンゲルスは3冊の抜粋ノートを作成した。

マルクスがレスケとの間で契約した著作『政治および国民経済学の批判』の準備のために，マルクスの5冊の抜粋ノートのほとんどを経済学の著作からの抜粋が占めることになったが，それらのノートのなかで資本主義成立史に関する抜粋は，新MEGA第Ⅳ部門第4巻が「ノート5」と呼ぶ抜粋ノートにおける，ジョン・ウェイドの著作『中間階級および労働階級の歴史』第3版，1835年からのものである。マルクスの「ノート5」では，資本主義成立史について，この著作からの抜粋と関連させながら，フレデリック・モートン・イーデンの著作『貧民の状態，すなわち，ノル

マン征服から現在までのイギリスにおける労働諸階級の歴史』1797年からの抜粋があるが，これは，エンゲルスがマルクスの抜粋の時点ですでに作成していたイーデンの抜粋に基づいて書き留められたものである。

　エンゲルスは，彼の抜粋ノートのうち，「ノート1」と「ノート2」と呼ばれるもののなかで，イーデンの著作『貧民の状態』から詳細な抜粋を作成した。エンゲルスは，すでに，1845年5月末に『イギリスにおける労働階級の状態』を刊行していたが，この著作は，当初，前述のように，「イギリスの社会史に関するより包括的な著作」の1章が独立して公表されたものであり，エンゲルスの「マンチェスター・ノート」は，当初の執筆計画の延長線上にあるもの，つまり，引き続きその計画を実現するための準備であろう。エンゲルスの抜粋ノートのなかには，ウェイドからの抜粋はないが，エンゲルスの論文「国民経済学批判大綱」に2度，『イギリスにおける労働階級の状態』に1度，ウェイドの上掲書についての言及がある。これらは，商業恐慌などに関する言及であり，エンゲルスは，イギリスの資本主義成立史についての研究に際して，ウェイドの著作の歴史篇である第1篇「中間階級および労働階級の歴史」のなかで利用されているイーデンの著作そのものから，抜粋したのであろう[8]。

　資本主義成立史が叙述されている，「フォイエルバッハ」章のM40～M52のなかで，ウェイドとイーデンの名が挙げられることはなく，また，マルクスのウェイド抜粋とエンゲルスのイーデン抜粋から直接転記された文章も見出されない[9]。しかし，これらの抜粋が利用されたことを濃厚に窺わせる箇所が，M40～M52のなかに存在する。M47に，次の叙述がある。

　　「諸マニュファクチュアの開始と同時に，浮浪者群の時代がやってきたが，それは，封建的家臣団の消滅，臣下に敵対する国王たちに仕えていたよせ集めの諸軍隊の解散によって，農業の改良と広い耕作地帯の牧場への転換によってひきおこされた。すでにここから，この浮浪者群がどれほど密接に封建制の解体と関連しているかが明らかになる。すでに13世紀に，この種の時期が個々に現われるが，一般的かつ持続的にこの浮浪者群が現れるのは，ようやく15世紀のおわりと16世紀のはじめになってからである。」[10]

　ここには，資本主義成立期における「浮浪者群の時代」が述べられてい

るが，この歴史的事実は，マルクスとエンゲルスの上述の「マンチェスター・ノート」のなかで抜粋された。マルクスの「ノート5」には，浮浪者と乞食に関する法律に関して，ウェイドの上掲書からの次のような抜粋がある。

「1530年に可決された法律によって，乞食は，2つの部類，すなわち，1) 老齢で無力な人々，2) 浮浪者と怠け者に分けられた。一定の区域で乞食をするための最初の免許状を与える権限を，治安判事が与えられた。乞食をしていることが見つかった強壮な浮浪人たちは，鞭打たれ，その後で，彼らの出生地か，または，彼らが最近3年間住んでいた所に帰ることを宣誓しなければならなかった。33, 34ページ。」（新MEGA Ⅳ/4, S.308）

引用文中，「1530年に可決された法律」とは，ヘンリー8世の治世の第22年の法律である。引用文の直後には，同じくヘンリー8世の治世の第27年の法律（乞食法）に定められた施し物の徴収について抜粋されている。この第27年の法律については，ウェイドからの引用文に続けて，イーデンの著書からの抜粋が書き留められ，その抜粋のなかで，浮浪者にたいする追加的な刑罰の次のような内容が記された。

「ヘンリー8世の治世の第27年の法律，第25章によって，強壮な浮浪者は，再犯の場合は，鞭打たれ片方の耳が切り取られ，3度目は，彼らは，社会の敵として死刑にされなければならない。」(ibid. S.310)

この抜粋は，第27年の法律の条文の内容を，イーデンの記述によって補足したものであろう。これらの2つの法律については，エンゲルスによっても，イーデンの著作から刑罰のいっそう詳しい内容が，「ノート1」のなかに抜粋されたのであり，この抜粋に，「（彼ら〔貧民 - 引用者〕は，つねに家畜のように取り扱われなければならない）。これにたいして，強壮な人々は，本当の怒りを込めてこの条例において迫害される」というエンゲルス自身の覚書きが記された（ibid. S.380）。

「フォイエルバッハ」章のM47における浮浪者の記述には，浮浪者群（Vagabundenthum）にたいする刑罰に関する法律の記述は見られない。しかし，イギリスの資本主義成立期に出現した浮浪者と乞食という歴史的事実に関する明確な認識を，マルクスとエンゲルスの双方が，『ドイツ・

イデオロギー』執筆の直前に，ウェイド抜粋とイーデン抜粋から得たのである。上掲のM47の引用文に見られる，浮浪者の出現時期の特定（「15世紀のおわりと16世紀のはじめ」）も，この抜粋に基づいている。「16世紀のはじめ」は，ヘンリー8世の治世下の法律の時期であろう。また，「15世紀のおわり」については，ヘンリー7世の治世の第11年における，浮浪者と乞食の処罰に関する法律（1495年-1496年）が，上述のエンゲルスのイーデン抜粋の直前に抜粋されている（ibid. S.379）。

　浮浪者と乞食に関する諸法律については，のちに『資本論』第1巻の「いわゆる本源的蓄積」のなかで，マルクスとエンゲルスのウェイド抜粋とイーデン抜粋と同一の内容が記述された。『ドイツ・イデオロギー』の20数年後の『資本論』で，マルクスは，経済学における「原罪」として本源的蓄積の過程を描いたが，その重要な局面を成す，「浮浪にたいする血の立法」の歴史は，1845年の「マンチェスター・ノート」作成の時期においてすでに，マルクスとエンゲルスとが共有する知見となっていたのである。

(2)　「ギューリヒ抜粋」

　ウェイドとイーデンの著作は，それらの表題の通りに，イギリスの資本主義成立過程における貧民と労働者階級の歴史を記したものである。他方，「フォイエルバッハ」章のM40～M52における叙述の中心になっているのは，マニュファクチュアの成立と発展であり，この叙述の典拠になったのは，けっしてウェイドとイーデンの抜粋だけではない。典拠として考えられるのは，グスタフ・フォン・ギューリヒの浩瀚な著作『現代のもっとも重要な商業諸国の商業，工業および農業の歴史的叙述』全5巻，1830年～1845年，である。マルクスは，「ドイツ語での世界経済史の最初の総合的叙述」といわれるこの著作から，他の抜粋ノートに類を見ない詳細かつ膨大な抜粋ノート（3冊の抜粋ノートで，都合200ページ）を作成した。抜粋の作成時期は，1983年にそれを初めて公表した新MEGA第Ⅳ部門第6巻の綿密な考証によって，1846年秋から遅くとも1847年9月までと推定されており，1845年11月から1846年5月までの執筆と推定されている『ドイツ・イデオロギー』に，ギューリヒ抜粋が利用されたわけではない。しかし，ギューリヒの著作そのものは，新MEGA同巻によって，

その第1〜4巻が1844年秋/冬,第5巻が1845年末/1846年初めに,マルクスに入手されたと推定されているのであるから,『ドイツ・イデオロギー』の執筆に際して,ギューリヒの著作が利用された可能性は,十分にありうる。

　ギューリヒ抜粋と『ドイツ・イデオロギー』との関連について,新MEGA Ⅳ/6の「序文（Einleitung）」では,次のように述べられている。「マルクスは,彼が個人的に所有していたギューリヒの著作をも,すでに『ドイツ・イデオロギー』にたいする取り組みの前にないしその間に熟知していたということ,また,この読書の成果は,とりわけ「フォイエルバッハ」章における資本主義的生産様式の形成の叙述に際して,彼にとって多くの知識のために役立ったということは,明白である」（ibid. S.29＊）。しかし,新MEGA Ⅳ/6の「序文」では,例えば,都市と農村との分離に関するギューリヒの叙述がマルクスの特別の関心をひいたというような,一般的な指摘しか見られず,ギューリヒの著作ないし抜粋と「フォイエルバッハ」章の照応箇所とが,逐一示されているわけではない。そのような照応の事例について,筆者は,旧稿でその一端を明らかにしたが（渋谷, 2015, 124〜163頁）,ここでは,マルクスがギューリヒの著作を利用した蓋然性の高さを考慮して,やや特殊な歴史的事実の例を挙げよう。当該の箇所は,「フォイエルバッハ章」のM40〜M52ではないが,「歴史の世界史への転化」について論じられた,M20からM21にかけての次の叙述である。

　　「たとえばイギリスである機械が発明され,インドやシナで無数の労働者からパンをうばい,これらの国の存在形態全体をくつがえすとき,この発明がひとつの世界史的事実となるし,あるいは,ナポレオンの大陸封鎖によってひきおこされた砂糖とコーヒーの欠乏が,ドイツ人をナポレオンにたいする蜂起へと動かし,このようにして1813年の栄光の解放戦争の現実的土台となったことによって,砂糖とコーヒーは19世紀においてその世界史的意義をしめした。」（新MEGA Ⅰ/5, S.41, 服部監訳版, 48頁。渋谷版, 68頁）

　この引用文で述べられている「世界史的事実」については,マルクスのギューリヒ抜粋のなかに,それに照応する内容が書き留められている。

　（A）イギリスにおける機械の発明が,インドやシナで労働者からパン

を奪ったことに関しては，ギューリヒ抜粋に次のような記述がある。当該の箇所は，ギューリヒ抜粋のうち，新MEGA第Ⅳ部門第6巻が抜粋の執筆順序を考慮して「抜粋ノート1」ないし「第1ノート」と呼んだ抜粋ノートの冒頭部で，ギューリヒの著作の第5巻における綿製品に関する部分からの抜粋である。

「<u>東インド</u>。極度に，イギリスの輸入による国内マニュファクチュアの圧迫があった。紡績工と織布工（機械無し）は，安い賃金と原料の近さにもかかわらず圧倒された。ヨーロッパ大陸が困難になればなるほど，それだけイギリス人は，インドの市場を開拓した。

〔18〕<u>30</u>年代にヨーロッパの多くの地方で，販売の削減が生じたので，<u>インドの市場</u>も，もはや十分ではなくなった。したがって，<u>アジアの他の諸地方</u>でも，〔イギリス人は〕彼らの織物を普及させようと努めた。〔……〕<u>ナトーリエン</u>(11)，<u>シリア，メソポタミア，ペルシア</u>では，多くの織布工が，彼らの職業をやめざるをえなかったのであり，いっそう多数の紡績工がそうであった。それらの綿マニュファクチュアによってかつて繁栄した多くの都市が，最大の貧困に陥った。<u>シナ</u>でも，最近，同様の状況が生じた。」（新MEGA Ⅳ/6, S.13. 下線は，抜粋ノートで引かれた下線を示す。〔　〕の中の語句は，引用者の補足を示し，〔……〕は省略を示す。以下，同様）

ギューリヒ抜粋においては，イギリス人によるインド市場の開拓によって，機械を使用しない東インドの織布工と紡績工が圧倒されたことが，述べられている。さらに，イギリスの市場開拓が近東にまで及び，そこでは織布工と紡績工が失業し，綿マニュファクチュア都市が貧困に陥ったという叙述が引用され，そして，これと同様の状況が生じたシナにも言及されるのである。

「フォイエルバッハ」章では，「イギリスである機械が発明され，インドやシナで無数の労働者からパンをうばい」という短い一文しか記されていないが，マルクスは，イギリスの産業革命における機械の発明が，インドとシナ，さらに他の諸国の綿マニュファクチュアを衰退させ，織布工と紡績工を失業させた具体的な歴史過程を，ギューリヒの著作から詳細に知ったのである。

インドとシナへの綿製品の輸出の急激かつ夥しい増大については，「抜

粋ノート3」の中にも，ギューリヒの著作の第3巻からいっそう詳細な記述が抜粋されている。そこでは，「イギリスの綿マニュファクチュアにおける機械の広範な利用の結果として，インドにおけるよりもイギリスにおいてはるかに安く生産された」と記したあとで，次のような抜粋が見出される。

「綿製品については，最初は特に撚糸だけが，イギリスからインドに輸出された。1815年以来，この輸出はほとんど中断なく増大した。〔……〕

イギリスからインドとシナへの撚糸の輸出は，次のように増大した。すなわち，1818年から1836年までに＝約1：5200，1824年から1836年までに＝約1：100。モスリンについては，1824年にようやく800 000エレ，1837年に約64 000 000エレが，輸出された。」（新MEGA Ⅳ/6, S.563.）

ここでは，綿糸の輸出が，1818年〜1836年の18年間に5200倍増大し，綿布の輸出が，1824年〜1837年の13年間に80倍増大したことが記されており，この夥しい輸出増大が，インドとシナの甚だしい失業と貧困をもたらしたことは，想像に難くない。『ドイツ・イデオロギー』執筆前後におけるマルクスの歴史認識は，資本主義の発展に関するこのような具体的な知見によって裏付けられていたのである。

（B）「フォイエルバッハ」章からの上掲の引用文の後半で述べられている，「ナポレオンの大陸封鎖によってひきおこされた砂糖とコーヒーの欠乏」という特殊な歴史的事実も，ギューリヒ抜粋のなかで記述されている。「抜粋ノート3」には，ドイツの経済史が抜粋されているが，「6）大陸封鎖に関するさらに若干の概説」という見出しの下で，次のような抜粋がある。

「最後の4－5年間に，植民地製品の供給は，ごく僅かであった。コーヒーと砂糖は，とくにはなはだしく欠乏した。とくにこの取引に従事した商人についてだけでなく，とくに消費者自身についても，そうであった。多くの世帯で，甜菜や人参や国内の他の植物の液汁が，インドの砂糖の代わりになった。コーヒーを，とくに卑賤の者は，チコリ，炒ったライ麦，および他の代用品で代替させようとした。コーヒーの代わりに，いくつかの地方では，より多くのビールが飲まれ

た。」(ibid. S.791f.)

　この引用文は，ギューリヒの著作の第2巻におけるドイツの時代区分である「第7期」(1803年-1814年) に関する叙述からの抜粋であり，文頭の「最後の4－5年間に」というのは，「第7期」のそれという意味である。上記の見出しのなかの「大陸封鎖に関する」から分かるように，この抜粋においては，1806年に始まり1813年に終ったナポレオンによる大陸封鎖によってコーヒーと砂糖が払底し，それらの代わりにさまざまな代用品が使われたことが，述べられている[12]。

　さらに，「フォイエルバッハ」章では，「ナポレオンの大陸封鎖によってひきおこされた砂糖とコーヒーの欠乏が，……1813年の栄光の解放戦争の現実的土台となった」と記されているが，「第3ノート」における上掲の抜粋の直後には，「7) 1813年の戦争の影響」という見出しの下での抜粋が続いている。この見出しの下で抜粋されている内容は，ドイツの工業に及ぼした1813年の戦争の影響であり，とりわけ，イギリスが，同盟国のスウェーデン，ロシア，プロイセンに支払った助成金が，軍事需要を増大し，それによって，ドイツの商人，製造業者が富裕になり，「多くの工業部門が，その繁栄状態をほとんどただ戦争に負っている」(ibid. S.792) ことが，述べられている。しかし，抜粋ノートの方には，砂糖とコーヒーの欠乏が，ドイツ人の対ナポレオン蜂起を促し，1813年の解放戦争の現実的土台となったという記述は存在しないのであり，このような認識は，あるいは，抜粋ノートを作成したマルクス自身のものかもしれない。

　解放戦争の現実的土台という点はともかく，大陸封鎖によるドイツにおける砂糖とコーヒーの欠乏という歴史的事実の記述のためには，その典拠が必要であり，この事実と，それに続く1813年の戦争が述べられているギューリヒ抜粋が使われた可能性が濃厚であり，「フォイエルバッハ」章の当該箇所の記述にたいするマルクスの直接的関与が推測されるのである。

II．廣松渉のエンゲルス主導説批判

1．エンゲルス主導説批判

　廣松渉は，『ドイツ・イデオロギー』のアドラツキー版を「偽書」と断

ずるとともに，この草稿におけるエンゲルスの「オリジナリティ」と「イニシャチーヴ」には，「疑問の余地がありえない」，「この遺稿で第一ヴァイオリンを弾いたのがエンゲルスであることには疑いを容れるに難い筈である」（廣松, 1968b, 244頁）と述べて，「エンゲルス主導説」を提唱し，日本の『ドイツ・イデオロギー』研究に大きな衝撃を与えた。その後，この解釈を根本的に否定する論考がほとんど現れなかったことからも，この説の衝撃の大きさが窺えよう。衝撃の大きさについては，あるいは，『ドイツ・イデオロギー』の草稿が，エンゲルスの筆跡によって書かれているという知見が，当時は定着していなかったという理由があるのかもしれない[13]。

　しかし，廣松のエンゲルス主導説は，「疑問の余地がありえない」と述べているような，動かぬ根拠のあるものでは，けっしてない。しかし，このことを明らかにした論考は，これまでになかったのである。

　『ドイツ・イデオロギー』の「フォイエルバッハ」章について，廣松が「エンゲルス主導説」をもっとも詳しく論じたのが，『エンゲルス論──その思想形成過程──』（1968年）の第6章「ブリュッセル時代（1845〜47年）」である。本節における以下の叙述は，同書の「エンゲルス主導説」に検討を加えたものである。

　『ドイツ・イデオロギー』の草稿は，2つ折りの用紙，すなわちボーゲン（Bogen, 4ページ）を重ねた草稿である。ボーゲンの各ページとも，中央で縦に折り目（Falte）が付けられており，この折り目に沿って，左欄にエンゲルスが最初の文案を記し，右欄は欄外への書き込みのために空白にされた。したがって，この草稿は，最初から，マルクスとエンゲルスが，共同で執筆することを予定していたものである。そして，左欄に記された最初の文案にたいして，この文案の執筆時点あるいはのちの時点で，マルクスとエンゲルスによって左欄と右欄に修正や加筆が加えられた。

　廣松の「エンゲルス主導説」の前提となっているのは，最初に記述されたエンゲルス筆跡の叙述は，すべてエンゲルスの思想が記された部分であるとみなし，これにたいしてマルクス筆跡による「補筆修正，欄外書込み，覚書き」は，当然マルクスの思想の叙述とみなすということであり，エンゲルス筆跡の叙述のなかに，マルクスにたいするエンゲルスの「オリジナリティ」と「イニシャチーヴ」が，「疑問の余地」なく見出されると

言うのである。したがって，エンゲルスの最初の文案のなかにマルクスの思想が含まれていることは，否定されるのであり，廣松が，上掲書の第6章で，「エンゲルスの書き下したウアテクストのモチーフと議論の大綱」（廣松，1968b，277頁）を説明するときには，エンゲルス筆跡の箇所については，無条件に「エンゲルスは」という主語で記述が始まるのである。

廣松の言う「ウアテクスト」とは，「フォイエルバッハ」章のM8からM29までのページを指し，さらに，「広義のウアテクスト」は，M8からM72までを指す[14]。前記の「ウアテクストのモチーフと議論の大綱」とは，M8からM35までの「フォイエルバッハ」章の叙述（「ウアテクストの約半分」）を解説したものである。

この箇所について，マルクスのページ付けの順を追って，漢数字の7項目に亘って解説がなされるのであるが，解説文における文頭の主語は，「エンゲルスは」という記述になる。例えば，「（二）エンゲルスは歴史を解明するに当って……」とか，「エンゲルスは，かたくななまでに疎外というヘーゲル学派的な言葉を用いない」（廣松，1968b，279, 283頁）という，文章の書き出しになるのである。これらの「エンゲルスは」という主語の意味は，文章の執筆者（筆記者）がエンゲルスであれば，その文章の思想はすべてエンゲルスのものということである。筆跡がエンゲルスのものだから，唯物史観は，エンゲルスの「オリジナリティ」と「イニシャチーヴ」によるものというのが，廣松の「エンゲルス主導説」に他ならない。

廣松による「議論の大綱」の説明について，例を挙げれば，第「（一）」項は，M9～M10の文章が引用されるが，この文章では，フォイエルバッハは，人間が「感性的対象」であると洞察するが，人間を社会的関連のなかで把握せず，活動的な人間には到達しないということが，述べられている。廣松によれば，このような考えは，この記述がエンゲルスの筆跡であるから，エンゲルスのものということになるのである。なお，この箇所では，「マルクスの補筆修正」とマルクスの「フォイエルバッハに関するテーゼ」との関連も述べられているが，これについては後述する。

第「（二）」項は，次のような書き出しで始まる。「（二）エンゲルスは歴史を解明するに当って……，飲み且つ喰わねばならぬ具身の諸個人から出発する」。ここでは，「歴史の第一前提，つまり〝人間が歴史をつくりうるためには……人間が生きていることができねばならないこと」という引用

文（廣松，1968b，280頁。廣松による引用文には〝にたいする閉じの引用符がないが，ママ）を冒頭にして，M11〜M15に記された「本源的な歴史的諸関係の4つの契機」や物質的労働と精神的労働との分業に関する引用が続けられる。しかし，人間が「歴史をつくる」ことができるためには生きることができなければならず，生きるために必要なのは，とりわけ飲食と住居などであるという記述をとってみても，これは，唯物史観の出発点になる認識であり，マルクスが，1845年4月にブリュッセルでエンゲルスと再会した時に唯物史観について明瞭に語っていたとすれば，ことさらにエンゲルスの「オリジナリティ」に帰すべきものではなかろう。

第「（三）」項では，冒頭で，「家族内の自然生的分業」に関する1文が引用され，その後に，「この所有は，『家族の内部で——そこでは妻子が夫の奴隷であった家族の内部で——自然生的に発展していた』『家族内の潜在的奴隷制が最初の財産である』とエンゲルスはいう」，と述べられている（廣松，1968b，282頁。傍点は引用者）。M16からM17までの引用文が続くこの箇所でも，それらの引用文には，「——とエンゲルスは書く——」，「エンゲルスは留意する」，「エンゲルスは，かたくななまでに疎外というヘーゲル学派的な言葉を用いない」，という主語が書き加えられるのである（廣松，1968b，283頁。傍点は引用者）。

要するに，「フォイエルバッハ」章そのものについての廣松の考察においては，草稿の左欄に書かれたエンゲルス筆跡の文章は，すべてエンゲルス独自の思想が記されたものであるということが，前提にされているのであり，いわば同義反復に類する。エンゲルスが最初に筆記した文案については，マルクスの関与は，まったく否定されているのである。

第「（四）」項から「第（七）」項までの解説もすべて，上述したところと同様であるが，これ以上の例示は，無用であろう。

いわゆるマルクスとエンゲルスの「持分」問題に関わる指摘がなされるのは，7つの項目のうち，第「（三）」項だけである。廣松の前提から，当然，「持分」は，エンゲルス筆跡の文章とマルクス筆跡の「書込み」との間における「見解の相違，少なくともずれ」（廣松，1968b，285頁）として存在することになる。

論点は，次の3点である。(a)「エンゲルスは，かたくななまでに疎外というヘーゲル学派的な言葉を用いない」が，「一方のマルクスは，この個

所への書込みで，哲学者たちに判る言葉でいえば，この疎外は云々，と書いている」。(b) M17 では，共産主義社会における分業の廃止を述べて，エンゲルスは，「朝には狩猟，昼には漁猟，夕方には家畜の世話をし」と説いたが，マルクスは，「『食後には批判する』『批判的批判家になる』という言葉を挿入して，行文を〝茶化して（？）〟いる」こと，(c) エンゲルス筆跡の文章では，「共産主義を打建てられるべき社会状態〔……〕として考えている」のにたいして，「マルクスの欄外書込み」では，「共産主義とは，われわれにとって，打建てられるべき状態ではない，現実がそれに依準すべき理想ではない。われわれは，今日の状態を止揚する現実的な運動を共産主義と呼ぶ」と述べており，マルクスの書込みは，「『共産主義という打建てられるべき状態』を論じたエンゲルスの議論を否認してしまうこと」(15)。

(a)のマルクスの「書込み」は，M18 の欄外（右欄）の記述であり，「哲学者たちに判る言葉」という但し書きを付けながら，「疎外（Entfremdung）」と記している。他方，エンゲルス筆跡の叙述では，「疎外」という言葉は記されていないが，しかし，同じページである M18 の左欄からそれに続くページである M22 の左欄まで，分業の固定化に関して，「疎遠な（fremd）」という形容詞は，「疎遠さ（Fremdheit）」という名詞とともに，「疎遠な力（fremde Macht）」といった用語で繰り返し使われているのである。

(b)の「行文を〝茶化して（？）〟いる」ことの理由について，廣松は，「マルクスは，共産主義社会における固定化された分業の廃止というエンゲルスの立論の真の意味，行論で占めるその意義を理解しなかった（？）のか」，と述べている。

「『食後には批判する』『批判的批判家になる』という言葉を挿入して，行文を〝茶化して（？）〟いる」(16)という評言は，廣松の臆断にすぎない。臆断と言う理由は，次の通りである。M17 の左欄の末尾では，各人が分業による排他的な活動領域をもたない共産主義社会が論ぜられ，ここで，エンゲルス筆跡の文章に，マルクスが「あるいは批判家」と「そして食後には批判をする」という言葉を付け加えたが，同じ M17 におけるこれより前の行の右欄にも，マルクスの筆跡で「あるいは批判的批判家（oder kritischer Kritiker）」という言葉が書き加えられている。「批判的批判家」

という言葉は，1845年2月末に刊行されたマルクスとエンゲルスの最初の共著『聖家族』の副題「批判的批判の批判。ブルーノ・バウアーとその伴侶を駁す」から明らかなように，ブルーノ・バウアーとその一派を意味しているのであり，したがって，バウアーらにたいする当てこすりないし揶揄として，書き加えられたものであろう。マルクスの加筆は，自然成長的な分業の社会では，バウアーらも，特定の排他的な職業としての「批判的批判家」になるということへの揶揄であり，ドイツのイデオローグあるいはドイツ・イデオロギーを批判する言葉にほかならない。したがって，マルクスの加筆は，エンゲルスの叙述を批判するものではなく，「行文を〝茶化して（？）〟いる」という廣松の評言には，心理的な憶測以外の根拠があるわけではない。

　さらに，これについては，マルクスの加筆の記載状態も考慮に入れなければならない。「あるいは批判的批判家」は，左欄にエンゲルスによって書かれた「牧人（Hirt）」の直後に，マルクスが挿入記号の＋を付け，同じ行の右欄にも＋を付けて「牧人」に続けるように指示しながら，その記号の後に記されたものである。この「あるいは批判的批判家」は，漫画の吹き出しのように枠で囲まれて，右欄外に書かれている[17]。M17の右欄では，この枠で囲まれたマルクスの加筆を避けながら，「幻想的な共同性」としての国家に関する，エンゲルスの長文の加筆された文章が，記されているのである。したがって，エンゲルスの加筆文は，マルクスの「あるいは批判的批判家」の後の時点で書かれたことに，疑いはない。この加筆をめぐってマルクスとエンゲルスとの間に見解の深刻な相違があれば，「あるいは批判的批判家」は，エンゲルスの加筆の際に抹消されたはずであり，廣松の言うように「茶化して」いたとするのならば，草稿に抹消の事実はないのであるから，エンゲルスは，自分の加筆の際にマルクスの「茶化し」を甘受したことになる。なぜならば，『ドイツ・イデオロギー』は公刊を予定した著作であって，新たな歴史観である唯物史観を初めて世に問う著作の内容を，見解の深刻な相違ないし対立を文面に残したまま公表することは，考えられないからである。バウアー批判としての「批判的批判家」という加筆は，エンゲルスも，抵抗なく同意していたと見るのが順当であり，そのことは，「批判的批判家」の加筆を囲む吹き出しの前後3行（右欄）に亘って，「彼らに『独仏年誌』と『聖家族』のなかで，それ

について手引きが十分に与えられていたにもかかわらず」(渋谷版, 65頁) と述べられて,『聖家族』にエンゲルス自身が言及していることにも, 窺われるように思われる。この問題は, (c)の問題にも関わっている。

(c)について, 廣松は,「この書込みの時点で, 共産主義をめぐってマルクスとエンゲルスとの間に見解の相違, 少なくともずれがあった」, と言う[18]。エンゲルスの見解と相違するマルクスのそれとして問題になっているのは, M18の右欄にマルクスの筆跡で書かれた, 原文で3つのセンテンスだけである。共産主義論について, マルクスとエンゲルスとの間に根本的な対立があるならば, (b)の問題と同様にこの問題についても, マルクスとエンゲルスのいずれかの文章が抹消されなければならないであろう。

上述の3つのセンテンスの後に, M18からM19にかけて, マルクスの筆跡で長い共産主義論が続いている[19]。ここでは,「生産諸力の普遍的発展」と「世界交通」を前提とするものとして, 共産主義が論述されているのであるが, この叙述は, 歴史の世界史への転化との関連で, 個々人の解放と共産主義が論じられている, M20からM23に及ぶ, エンゲルス筆跡の左欄の叙述と符合するものである。左欄のこの箇所には,「共産主義革命による現存の社会状態の転覆＜と廃棄＞(これについてはあとでくわしくのべる)」(渋谷版, 70頁) という記述が見られ, マルクスは,「あとでくわしくのべる」べき共産主義論を, 右欄の当該ページで展開したようにも思われる。エンゲルスは,「社会状態の転覆」という現実的運動についても明言しており,「その運動は現在の状態を廃棄する〔廣松訳では「止揚する」〕」というマルクスの記述とも合致するのであり, マルクスとエンゲルスの間に見解の深刻な対立があったとは, 考えられない。マルクスは, 共産主義が「現実的運動」であると記すが, そもそも,「現在の状態を廃棄する」この運動の結果生まれるのは, 新しい社会状態に他ならないであろう。

2. マルクスとエンゲルスの共同執筆

廣松は, 草稿の左欄に書かれた, エンゲルス筆跡の最初の文案は, すべてエンゲルスの思想を示すものとみなし, マルクスの思想が記されているのは, マルクス筆跡の「補筆修正, 欄外書込み, 覚書き」(廣松, 1968b,

277頁）だけであり，したがって，エンゲルス筆跡の最初の文案の作成には，マルクスは関与していないものと考えた。『エンゲルス論』における「フォイエルバッハ」章そのものの考察に際して，「比較分析」されるのは，廣松の言う「エンゲルスの地の文章とマルクスの筆蹟で加筆修正されている文章」（廣松，1968b，244頁）であり，この場合の「地の文章」という言葉には，エンゲルスの思想内容という意味も含められているのであろう。これが，エンゲルス主導説の前提であり，この前提から，いわゆる「口述筆記説」その他は，廣松によって強く否定された。

しかし，「フォイエルバッハ」章の最初の文案（初稿）の執筆に，マルクスは，まったく関与しておらず，したがって，そこにマルクスの思想の反映は，まったく見られないのであろうか？

否である。「フォイエルバッハ」章のM25の左欄に，最初の文案の作成中に，マルクスとエンゲルスが，文字通り共同で執筆した箇所が存在する。この「共同執筆」について，渋谷版はその「解題」で詳細に考察したが（渋谷版，別巻，191～193頁），ここでは要点を記しておこう。

「共同執筆」の記載状態（草稿の左欄）は，日本語に翻訳すれば，次の通りである[20]。

「〔……〕その時代の幻想を＜ともにした＞ともにせざるをえなかった。たとえば，ある時代が，自分は＜それの＞純粋に「政治的な」または「宗教的な」諸動機によって規定されていると思いこむならば，その時代の歴史家はこの見解をうけいれるのである。この一定の人間たちの，彼らの現実的実践についての「思いこみ」や「観念」は，＜現実的に＞ただ１つ規定的で能動的な＜本質に変［えられ］＞力に変えられるのであり，その力が，これらの人間の実践を支配し規定する。」[21]

この訳文のドイツ語原文は，次のようになっている。

[…] die Illusionen dieser Epoche <geth> theilen müssen. Z.B. bildet sich eine Epoche ein, <ihr> durch rein „politische" od. „religiöse" Motive bestimmt zu werden F, so acceptirt ihr Geschichtschreiber diese Meinung. Die „Einbildung", die „Vorstellung" dieser bestimmten Menschen über ihre wirkliche Praxis wird in d. <wirklich> *einzig* bestimmende u. aktive <Wesen verw> Macht verwandelt, welche die Praxis dieser Menschen beherrscht & bestimmt.[22]

この箇所における執筆の態様は，上掲の日本語訳で説明すれば，次の通りである。エンゲルスが，「その時代の幻想をともにせざるをえなかった。」というところまで書き終えた時点で，マルクスが，エンゲルスのそれ以前の叙述を例証するために，「たとえば（Z.B.）」という書き出しで，エンゲルスの文章の直後に，2つの文章（「**たとえば，ある時代が……うけいれるのである。**」という文章と「**この一定の人間たちの〔……〕力に変えられるのであり**」という文章）を記した。そして，マルクスが2番目の文章を書き終えていない途中で，エンゲルスが，マルクスの執筆を中断させたうえで，未完成のマルクスの文章に，「その力が，これらの人間の実践を支配し規定する。」という語句を付け加えて，文章を閉じたのである。

　この執筆の態様を，ドイツ語原文によって補足して説明すれば，マルクスが2番目の文章を verwandelt まで書いたあとで，エンゲルスが，verwandelt の直前の Macht を先行詞にして，それを受ける関係代名詞の welche にはじまる関係文を書き下したのである。

　エンゲルスとマルクスによるこの交互の執筆は，左欄の行間や右欄への書き込みによるものではない。左欄における最初の文案（廣松の言う「地の文章」）の作成時点での両者の執筆である。

　上述の記載状態は，次のことを意味している。マルクスの文章は，行間や欄外への書込みではないのだから，草稿のこの箇所では，マルクスが，左欄におけるエンゲルスの執筆の場に居合わせていて，エンゲルスの執筆の途中にその場で，マルクスが必要と考えた加筆をしたことになる。つまり，エンゲルスが左欄における最初の文案を記述している途中で，マルクスがそれを中断させ，エンゲルスの叙述の例証として「たとえば」で始まる文章を書いたが，今度は，エンゲルスも，マルクスの執筆を再び中断させて，文章を完成したのである。エンゲルスが最初の文案を執筆している最中に，マルクスが，「ちょっと待て，そのあとは僕に書かせてくれ」と言ってエンゲルスの筆を止めさせ，さらに，エンゲルスが，マルクスの執筆の途中で，「そこからは僕が書こう」と言ってペンを取り戻したといった場面を髣髴させるのであるが，この箇所では，文字通りマルクスとエンゲルスの共同執筆という形で最初の案文が書かれたことに，疑いはない。この一箇所の記載状態だけをもって，『ドイツ・イデオロギー』全編の執

筆の態様を推し量ることは控えなければならないが，しかし，M25の記載状態に見られる共同執筆を唯一つの例外とすることも，不自然な考え方であろう。『ドイツ・イデオロギー』は，前述のように，草稿の各ページの中央で用紙が予め2欄に折り曲げられて，マルクスとエンゲルスの共同執筆が予定されていた草稿であることからしても，M25の執筆に際して，マルクスが居合わせていたという事実は，他の箇所での執筆の態様をも窺わせるのである。

さて，M25における共同執筆は，「エンゲルス主導説」の場合に，どのように解釈されているのであろうか？「エンゲルス主導説」では，左欄における「地の文」は，初稿のあとの時点でのマルクスの「補筆修正」（「欄外書込み，覚書き」は右欄）を除けば，すべてエンゲルス筆跡の記述であり，マルクスの思想は，「地の文」では排除される。したがって，M25における共同執筆の事実は，この仮説に根本的に抵触するものとなる。これを，前述の「ウアテキストのモチーフと議論の大綱」について，見てみよう。この解説の第「六」項では，唯物史観とそれまでの歴史観との対比に関する，M24とM25からの2つの引用が掲げられているが，そのうち2番目の引用文は，M25からのものである。『エンゲルス論』におけるこの2番目の引用文は，次の通りである。

「旧来の歴史観は，こぞって，歴史のこの現実的な土台を，全然まったく顧慮しなかったか，歴史の経過とは関聯のない余事としてしか考察しなかった。それゆえ，従来の歴史観は，歴史のうちに，派手な政治的大事件と，宗教闘争，しかも理論闘争しか見ることができず，とりたていえばその埒内ですら，或る歴史時代を考察するに当ってその時代の人々が抱いていた幻想を分かちもつという仕儀に陥らざるをえなかったのである。」
（廣松, 1968b, 290頁。傍点は原文）

第「六」項については，例の「エンゲルスは」という書き出しはなく，この引用について何のコメントもないが，エンゲルスの思想を示す叙述として，引用が行われている。この引用文は，「幻想を分かちもつという仕儀に陥らざるをえなかったのである。」という文章で閉じられているが，この文章は，前掲の渋谷版における「その時代の幻想を＜ともにした＞ともにせざるをえなかった。」と同一の箇所であり，廣松の引用文では，この箇所の直後に記された，マルクスとエンゲルスによる交互の共同執筆の部

147

分が完全に欠落しているのであり，『エンゲルス論』を読んだ読者には，「持分問題」の判定にとってきわめて重要なこの引用文のあとの執筆状態が知らされることがなかった。廣松の「エンゲルス主導説」は，左欄の「地の文章」がすべてエンゲルス筆跡のものであるということを前提としており，エンゲルスの「オリジナリティ」，「イニシャチーヴ」や，「第一ヴァイオリンを弾いたのがエンゲルスである」という仮説は，この前提のうえにたっていることからして，自説の前提を覆す共同執筆の箇所からの引用が意識的に避けられていると考えるほかない。

その証左が，『エンゲルス論』の次の記述である。廣松は，既述の7項目を含めた「ウアテクスト旧層のモチーフと論議の大綱」（廣松, 1968b, 300頁。「ウアテクストの旧層」は，M8～M72を指す）の解説を終えたあとで，次のように述べている。

　「断るまでもなく，われわれはウアテクストに見出される思想が悉くエンゲルスの創見だと主張する者ではない。エンゲルスが第{10}ボーゲンまで——本書二九〇頁の後半部に紹介した明らかにそれまでの叙述を締め括った一文まで——を書いた時点でマルクスに原稿を見せていることが，マルクスのそこへの或る記入からも判る。とはいえ，われわれの見るところでは，ウアテクストの思想内容はエンゲルスのヘゲモニーによるものであり〔……〕」（廣松, 1968b, 301頁）

これは，前掲のM25からの引用文のかなり後の記述であるが，「本書二九〇頁の後半部に紹介した明らかにそれまでの叙述を締め括った一文」とは，『エンゲルス論』の290ページにおける，前掲のM25の引用文（「旧来の歴史観は，こぞって，〔……〕幻想を分かちもつという仕儀に陥らざるをえなかったのである。」）であり，したがって，「マルクスのそこへの或る記入」とは，この引用文の直後に続く，前述のマルクスの2つの文章（共同執筆を示す文章）である。「或る記入」という言葉の前に，廣松は，「エンゲルスが第{10}ボーゲンまで〔……〕を書いた時点でマルクスに原稿を見せている」と述べているが，「書いた時点でマルクスに原稿を見せている」のではなく，マルクスがエンゲルスの執筆の場に立ち会っているのである。草稿のこの箇所だけで，エンゲルスが，執筆を中断して，マルクスの許に原稿を持って行って「原稿を見せ」たなどということは，常識的には考えられないであろう。それとも，マルクスの文章は，「たとえ

ば（Z.B.）」で始まるから，この箇所でだけ，エンゲルスが，マルクスに自分の叙述の例証を求めたとでも言うのだろうか？

　廣松は，ここでも，これらのマルクスの文章を，さらに，マルクスの文章に続くエンゲルスの文章をも引用しないのであり，「マルクスのそこへの或る記入」と書かれて，この言葉が，M25における共同執筆のことであると理解する者がいたであろうか？『エンゲルス論』が刊行された1968年は，廣松版の『ドイツ・イデオロギー』も出ていないのである。「マルクスのそこへの或る記入」が何であるかを明示しないで，「或る記入」の言葉の直後に，「とはいえ，われわれの見るところでは，ウアテクストの思想内容はエンゲルスのヘゲモニーによるものであり」，と述べられている。廣松は，「フォイエルバッハ」章が「エンゲルスの執筆になることを知った例外的少数の人々も〔……〕『口述筆記説』その他を無責任に持出し」（廣松，1968b，243頁）と言うが，「或る記入」とだけ記して[23]，共同執筆という重大な箇所の引用を避け，それにもかかわらず「ウアテクストの思想内容はエンゲルスのヘゲモニーによるものであり」と主張する廣松の論法こそが，無責任の誇りを免れないと言わねばならない。

　この共同執筆については，『エンゲルス論』刊行時に，『ドイツ・イデオロギー』のドイツ語諸底本のなかで情報が与えられていた。1926年に「フォイエルバッハ」章を原語のドイツ語で初めて公表したRjazanov版では，前掲のドイツ語の引用文におけるverwandeltのあとに注番号が付けられ，これにたいする脚注で，次のように述べられている。

　　「この文章（Z.B.からMacht verwandeltまで）は，マルクスによって書かれている。しかし，マルクスによって書かれたものは，他の場合には，エンゲルスの本文の行間に書き込まれているか，それとも欄外に書かれているのに，この箇所では，マルクスの文字は，直接にエンゲルスの文字に続いており，そして，エンゲルスによってverwandeltの直後でwelcheに続けられる。」（Rjazanov版，S.261, Fußnote 1))

　「マルクスの文字は，直接にエンゲルスの文字に続いており」という上掲の記述から，マルクスの文章は，エンゲルスの執筆の途中で（初稿の執筆の段階で），その執筆を中断させて，そのあとに書き下されたことを知ることができるし，また，「エンゲルスによってverwandeltの直後で

welcheに続けられる」という記述から，マルクスが書いた文章をさらに中断して，エンゲルスが，再び，関係代名詞のwelche以下の文章を書き続けたことも，明らかにされている。「フォイエルバッハ」章が初めて公表された時にすでに，エンゲルス→マルクス→エンゲルスという執筆順序での共同執筆を示す箇所が，草稿に存在していることが，明らかにされたのである。

　1932年に刊行されたアドラツキー版（旧MEGA第1部第5巻）では，当該の箇所は，草稿の記載状態を報告する巻末の「テキスト異文（Textvarianten）」のなかで，次のように表記されている。

　28_{42}-29_3 Z.^{m} B.^{m} *bis* verwandelt^m, welche die Praxis[24]

　アドラツキー版には，当該の箇所について，これだけの簡単な表記しかないが，「28_{42}-29_3」とは，旧MEGA第1部第5巻に収録された『ドイツ・イデオロギー』のテキストにおける，28ページの42行目から29ページの3行目までを指している。そして，その後の表記が意味しているのは，このページと行の間に，Z.^{m} B.^{m}からverwandelt^m, welche die Praxisまでの，テキストの文章が記されており，この文章のなかで，文字の右肩に上付き文字の^m（mはマルクスの頭文字）が付けられた部分，すなわち，Z. B.からverwandeltまでの文章が，マルクスの筆跡で書かれているということである。

　この表記では，Z. B.からverwandeltまでの文章が，マルクスの筆跡であるということしか報告されておらず，この文章が，エンゲルスの筆跡での初稿の執筆段階で記されたものか，それとも行間または右欄におけるマルクスの加筆なのかは，まったく不明である。アドラツキー版では，共同執筆という事実は，覆い隠されたのである。

　アドラツキー版はともかく，『エンゲルス論』が刊行された時には，共同執筆の事実は，リャザーノフ版によって知られていた。廣松は，この著作のなかで「エンゲルス主導説」を主張しながら，この仮説に抵触する共同執筆の箇所の引用を避け，そして，共同執筆という事実についても，一言もなかったのである。

　廣松が，リャザーノフ版の上記の脚注について初めて述べたのは，1974年に刊行された，『ドイツ・イデオロギー』のいわゆる廣松版においてである。筆者は，廣松が，アドラツキー版を「偽書」と呼びながら，廣松版

がこの「偽書」を底本とするものであることを繰り返し指摘してきたが（渋谷, 2004a, 159～177頁), 廣松版『ドイツ・イデオロギー』においては, M25における共同執筆の箇所に関しては, リャザーノフ版の脚注の説明に従って, 当該箇所の記載状態が復元された。リャザーノフ版には, アドラツキー版では知りえない事実が報告されていたからであろう。

　リャザーノフ版の脚注については, M25の当該箇所が載せられている廣松版のテキストの脚注のなかで記されており, この版の「原文テキスト篇」では, リャザーノフ版の脚注の全文がドイツ語の原文のまま引用され,「邦訳テキスト篇」では, 訳者の補足も加えながら原文が訳されている（廣松版, 52頁, 同「邦訳テキスト篇」, 52頁)。しかし, 廣松版のこれらの脚注では, エンゲルスおよびマルクス両者の交互の記述と「エンゲルス主導説」と関連については, 触れられるところがなかった。

　そして, 廣松版におけるM25の当該箇所が「エンゲルス主導説」との関連で問題にされることもまた, わが国の『ドイツ・イデオロギー』研究史のうえでなかったのであるが, その理由の一端は, 以下のことにもあるように思われる。

　廣松版では, 草稿の各ページの左右両欄が, 見開きの2ページの偶数ページと奇数ページとして印刷されている。この版の「原文テキスト篇」では, M25の当該箇所が, リャザーノフ版の脚注に従って, 草稿の左欄を示す偶数ページに, エンゲルス→マルクス→エンゲルスの順序で表記された。しかし, 廣松版では, 左欄に組み込む指示のある右欄のマルクスの加筆も, すべて見開きの偶数ページ（左欄）に載せられた。それまでのドイツ語諸底本では, 加筆が左右どちらの欄に記載されているかについての情報が, 欠如していたからであり, したがって, 廣松もまた, 加筆がどちらの欄のものかについて知りえなかったからである。これが, 廣松版の奇数ページの大半が空白のページになった理由である。

　したがって, M25がリャザーノフ版の脚注にしたがって再現されたとはいえ, 廣松版の表記上は, 当初の案文と後の時点での加筆の間の見分けがつかないのである。例えば, 同じM25のページの右欄上部に, 挿入を指示する＋を付けたマルクスの文章が記されているが[25], この加筆（後の修正段階での加筆）と共同執筆におけるマルクスの加筆との区別がつかないのである。このため, 廣松版で, リャザーノフ版の脚注に関する説明

が付けられたにしても，これと「エンゲルス主導説」との関連は，不問に付されたのであろう。

3．「フォイエルバッハに関するテーゼ」

『ドイツ・イデオロギー』の冒頭章は「Ⅰ．フォイエルバッハ」であるが，これに先立って，マルクスは，フォイエルバッハを批判した覚書である「フォイエルバッハに関するテーゼ」を作成した。これは，マルクスの「1844年-1847年の手帳（Notizbuch aus den Jahren 1844-1847）」のなかに5ページにわたって記されたものであり，エンゲルスは，この「テーゼ」の最初の公表に当たって，それがブリュッセルで1845年春に執筆されたと述べた[26]。

「フォイエルバッハ」章には，この「テーゼ」に記された諸命題の反映が濃厚に見られるのであり，「フォイエルバッハ」章の最初の文案のすべてがエンゲルスの「オリジナリティ」を示すものであるとは，けっして言うことはできない。

廣松の『エンゲルス論』では，上記の7項目の解説のなかで，この「テーゼ」と「フォイエルバッハ」章との関連についても触れられている。しかし，それは次の2箇所だけであり，いずれも，本文よりもポイントの小さな活字の注記である。

(a)「われわれは，マルクスの補筆修正を逐一指摘していく遑を欠くが，ここに限って附言しておけば」という前置きのあとで，「マルクスはフォイエルバッハが『人間をただ〝感性的対象〟としてしかとらえず，〝感性的活動〟としては把えない点は措くとしても』という補筆（『フォイエルバッハに関するテーゼ』とほぼ同文！）をおこなっており」，と述べられている（廣松，1968b，278頁）。これは，M10の右欄におけるマルクスの加筆である。(b)「フォイエルバッハに関するテーゼ」における，「人間的本質は，その真実態においては，社会的諸関係の総体である」（廣松の訳文）という文章について，「マルクスは，『ドイツ・イデオロギー』への加筆修正にあたって，先にも一端を示した通り，『テーゼ』の主要な論点を，しかもほぼ同一の表現で，再現しているが，『社会的諸関係の総体』という表現は，再録していない」，と述べている（廣松，1968b，280頁。傍点は原文）。

(b)は,「社会的諸関係の総体」という表現が,『ドイツ・イデオロギー』に再録されていないということであるから,触れる必要はない。
　(a)について,廣松は,「人間をただ〝感性的対象〟としてしかとらえず,〝感性的活動〟としては把えない点は措くとしても」という文章は,マルクスの「補筆」であり,「テーゼ」と「ほぼ同文」である,と言う。したがって,この文章は,エンゲルスの筆跡の文章ではないのである。たしかに,廣松が言う通りに,この文章は,M10の右欄におけるマルクスの加筆であり,「フォイエルバッハに関するテーゼ」の第1テーゼの内容と合致する。しかし,『エンゲルス論』において,「テーゼ」と「フォイエルバッハ」章との関連に触れた箇所は,この1箇所だけである。
　廣松は,1966年に公表された論文「初期エンゲルスの思想形成」への「補遺　いわゆる〝口述筆記説〟に寄せて」(廣松,1968a,収録)のなかで,次のように述べている。

　　「『フォイエルバッハに関するテーゼ』や『経哲手稿』の立論と重なる文章が,たしかにこの未定稿にも再現しているが,それらはすべて──敢て唯一つの例外もなくと云おう──,マルクス自身があとから追補したものであって,エンゲルスの地の文にはみられないこと。」
　　（廣松,1968a,115頁。傍点は原文）

　廣松は,「テーゼ」と重なる文章が「唯一つの例外もなく」マルクスのあとからの「追補」である,と断言した。果たして,そうなのか？廣松の断言は,事実に照らして正しくない。
　以下は,「フォイエルバッハ」章の叙述と「フォイエルバッハに関するテーゼ」とを対照したものである。「フォイエルバッハ」章の叙述は,マルクス筆跡の加筆ではなく,エンゲルスの筆跡である。引用文末尾における,例えば「M8」と「第11テーゼ」といった文言は,それぞれ「フォイエルバッハ」章のマルクス筆跡のページ数と「フォイエルバッハに関するテーゼ」のテーゼ番号を示す。

　　（1）「現実において,また,実践的唯物論者,すなわち共産主義者にとって重要なのは,現存の世界を変革すること,眼前の事物を実践的に攻撃し,変えることである。」(M8の冒頭部分,左欄)（渋谷版,48頁。下線は,草稿のなかで引かれている下線である。以下同様。）
　　「彼〔フォイエルバッハ－引用者〕は,他の理論家たちのように現

存の事実についての正しい意識だけを提示しようとするが，真の共産主義者にとって重要なのは，この現存するものをくつがえすことである。」(M28, 右欄, 渋谷版, 87 頁)

「哲学者たちは，世界をさまざまに<u>解釈</u>しただけである。肝要なのは，世界を<u>変える</u>ことである。」(第 11 テーゼ, 服部監訳版, 113 頁)[27]

フォイエルバッハを含む理論家たちは，「<u>現存の事実についての正しい意識だけを提示しようとする</u>」が，実践的唯物論者，共産主義者にとって重要なのは，現存の世界を変革することである，という「フォイエルバッハ」章における 2 箇所の引用文は，「哲学者たちは，世界をさまざまに<u>解釈</u>しただけである。肝要なのは，世界を<u>変える</u>ことである。」という第 11 テーゼの文章とほとんど同文である。M8 と M28 とは，それぞれ左欄と右欄に書かれた，紛れもなくエンゲルス筆跡の文章であり，「テーゼ」と重なる文章が「唯一つの例外もなく〔……〕マルクス自身があとから追補したものであって，エンゲルスの地の文にはみられない」という廣松の断言が事実に反することは，明らかであろう。

M8 の引用文は，このページの冒頭の叙述であり，文章の途中から書かれている。M3 から M7 までは紛失しており，したがって，M7 の末尾に書かれた，引用文の始めの文章は，不明である。第 11 テーゼとの対比を考えれば，紛失した初めの箇所には，「哲学者たちは，世界をさまざまに解釈した」という文意が記されていた，と推測することもできるであろう。S. バーネによって 1962 年に初めて公表された M1 と M2 は，「わが賢明な哲学者たち」の批判に当てられており，その M1 には，「たとえ彼ら哲学者たちが哲学，神学，実体およびすべてのガラクタを『自己意識』へと解消したとしても〔……〕それによってまだ一歩も進みはしなかったということ，現実的な解放を現実的世界のなかで，また現実的手段による以外のやり方でなしとげることは不可能であるということ」，さらに，「『解放』は，歴史的な事業であって，思想の事業ではない」，と記されている。「フォイエルバッハ」章の冒頭部でも，哲学者によるすべてのものの意識への解消と現実的な世界の解放とが，エンゲルスの筆跡によって対比されているのであり，左欄のこの叙述にたいして，M1 の右欄でも，マルクスが「哲学と現実的解放」と記している (服部監訳版, 30 頁。渋谷版, 42～43 頁)。

(2) 前述のように，廣松は，フォイエルバッハが人間を「『感性的対象』としてだけ把握し，『感性的活動』として把握しない」という，M10の右欄におけるマルクスの文章が「補筆」であり，それが「『フォイエルバッハに関するテーゼ』とほぼ同文！」であることを指摘していたが，この注記の直前に，廣松自身が引用しているM10の叙述が，第1テーゼの内容に合致しているのである。廣松は，当該の叙述を引用しながら，この合致にはけっして触れることがない。そして，引用されたエンゲルス筆跡の叙述（「地の文」，「当初の文脈」）に基づいて，「エンゲルスはフォイエルバッハの〝人間なるもの〟に対して〝現実的な，個人的な，具身の人間〟というマックス・シュティルナーの〝人間〟を対置する」と指摘され，さらに，「ここの意想は〔……〕マルクスの文書にはかつてみられなかったものであること」が強調されるのである（廣松，1968b，277～278頁）。

　しかし，廣松によって引用されたM10の叙述は，次のように「テーゼ」と合致する内容をもっている。

　　「フォイエルバッハは，もちろん，人間も『感性的対象』であると洞察していることで，『純粋な』唯物論者たちよりもはるかに優れている。しかし，＋＋彼はここでもまた理論のなかにとどまっており，人間たちを彼らのあたえられた社会的関連のなかで把握せず，彼らを現にあるものにした彼らの当面の生活諸条件のもとで把握しないので，フォイエルバッハは，現実に存在する活動的な人間たちにはけっして到達せず，『人間というもの』といった抽象物にとどまったままであり，『現実的な，個人的な，肉体を備えた人間』を感覚のなかで認めるところにこぎつけるにすぎない。」（M9～M10，左欄）[28]

　　「これまでのすべての唯物論（フォイエルバッハのそれをも含めて）の主要な欠陥は，対象，現実，感性が，ただ<u>客体</u>または<u>直感</u>という形式のもとでだけとらえられて，<u>感性的・人間的な活動，実践</u>として，<u>主体的</u>にとらえられていない，ということである。……フォイエルバッハは，感性的な──思想的客体から現実に区別された，客体を欲する。しかし，彼は，人間的な活動そのものを<u>対象的な活動として</u>とらえていない。」（第1テーゼ）[29]

　　「<u>抽象的な思考に満足しないフォイエルバッハは，直観</u>を欲する。

しかし，彼は感性を実践的な人間的・感性的活動としてはとらえない。」(第5テーゼ，服部監訳版，112頁)

「人間的な本質は個々の個人に内在する抽象物ではない。それは，その現実においては，社会的諸関係の総和(Ensemble)である。」(第6テーゼ，服部監訳版，112頁)

　「フォイエルバッハ」章のM9～M10では，フォイエルバッハが，人間が「感性的対象」であると洞察しているが，しかし，彼は，「現実に存在する活動的な人間たちにはけっして到達」しないことが，フォイエルバッハの限界として指摘されている。これにたいして，第1テーゼでは，フォイエルバッハの主要な欠陥が，「対象，現実，感性」が「感性的・人間的な活動，実践」としてとらえられていないことに求められ，また，フォイエルバッハは，感性的な客体を欲するが，対象的な活動としての人間の活動がとらえられていない，と述べられる。「感性的(sinnlich)」という同じ言葉を使いながら，「フォイエルバッハ」章と「テーゼ」とで，全く同じ内容の思想が語られていることは，明瞭であろう。前者の文章は，エンゲルス筆跡の最初の文案であり，後の時点でのマルクスの加筆ではない。「テーゼ」と重なる文章が「唯一つの例外もなく」マルクスのあとからの「追補」であるという，廣松の断言は，事実とは異なる。第1テーゼと第5テーゼに見られる「感性的活動(sinnliche Thätigkeit)」という言葉も，前掲のM9～M10の左欄の引用文の直前に，エンゲルスの筆跡で記されているのである。

　さらに，フォイエルバッハが「人間たちを彼らのあたえられた社会的関連のなかで把握せず」というM10の記述も，唯物史観の基本的な見地として，「テーゼ」のなかで「社会的諸関係の総和」として端的に表現されていた認識であった。

　(3)「フォイエルバッハ」章のM26の左欄に，エンゲルスの筆跡で，「この理論的な雲づくり(Wolkenbildung)の珍妙事」と記され，さらに，左欄の文案の修正過程で，この「雲づくり」の直後の右欄に，数行にわたって修正の文章が書かれ，その文章のなかに，「その雲づくりが現実的で世俗的な諸関係から生じる(ihre Entstehung aus den wirklichen irdischen Verhältnissen)」という語句がある(渋谷版，82～83頁)。この直前の文章では，シュティルナーの歴史観が批判されているが，「理論的

な雲づくり」とは、「宗教的な空想＝生産」のことであり、「人間の国」にたいする「神の国（Gotttesreich）」と呼ばれている。

他方、第4テーゼには、次のような記述がある。

「彼〔フォイエルバッハ－引用者〕の仕事は、宗教的な世界をその世俗的な基礎へ解消することにある。しかし、世俗的な基礎が自分自身から浮き上がって、一つの独立した国が雲（Wolken）の中に定着するということは、ただ、この世俗的な基礎の自己分裂と自己矛盾とからだけ説明できる。」（服部監訳版，111頁）

第4テーゼでは、「一つの独立した国」としての宗教的な世界が、「雲（Wolken）」という同じ言葉で形容され、この「雲」が世俗的な（weltlich）基礎の矛盾から生じることが、述べられているのであり、「フォイエルバッハ」章でも、第4テーゼと同一の立論が再現している。

以上の対照から、左欄におけるエンゲルス筆跡の初稿にも、マルクスの「テーゼ」に記された思想がそのまま見出されるのであり、したがって、「テーゼ」と重なる文章が「唯一つの例外もなく」マルクスのあとからの「追補」であるという廣松の断定が事実無根であることは、明らかであろう。

ところで、「テーゼ」が記されたのは、マルクスの「1844年-1847年の手帳」のなかである。エンゲルスは、『ルートヴィヒ・フォイエルバッハとドイツ古典哲学の終結』を刊行するに際して「1845年／46年の古い草稿をもう一度探し出し、目を通す」とともに、「マルクスの1冊の古い雑記帳（Heft）のなかに、付録に印刷された11のテーゼを見つけた」[30]のであり、このマルクスの「テーゼ」が、1888年に刊行された同書の改訂別冊版のなかで付録として初めて公表されたのである。エンゲルスは、改訂別冊版の前書きで、この「テーゼ」を「新しい世界観の天才的な萌芽が記されている最初の文書」として高く評価した。

エンゲルスは、前書きで「11のテーゼを見つけた（gefunden）」と述べているが、同書の準備に際して、「テーゼ」の存在を初めて知ったのか、『ドイツ・イデオロギー』の執筆時点で「テーゼ」を見ていたのかは、不明である。

とはいえ、マルクスの手帳のなかには、エンゲルス筆跡の記載も見られる。この手帳にはページが付けられていないが、新MEGA第Ⅳ部門第3

巻のページ付けに従えば，手帳の 44 ページに，10 冊の文献がマルクスとエンゲルスによって交互に記されており，これらの文献のうち 3 冊は，エンゲルスが記載したものである。44 ページにおけるこれらの文献は，1845 年の 7 月と 8 月におけるマルクスとエンゲルスのマンチェスター旅行の時に書かれたものである。

他方，「テーゼ」は，53 ページから 57 ページにかけて記されており，1845 年春から同年 7 月初めまでの間という，「テーゼ」の執筆時期に関するいずれの推測をとっても，手帳の 44 ページにエンゲルスが文献を記載した時に，このページから 9 ページ後に記載された「テーゼ」を見た可能性は否定できない[31]。見たにしろ見なかったにしろ，いずれにしても，「フォイエルバッハ」章におけるエンゲルス筆跡の最初の文案に，マルクスの「テーゼ」の思想が，そのまま記されているのである[32]。

4.「口述筆記説」

『エンゲルス論』では，前述のように「口述筆記説」についても触れられているが，当該箇所の全文は，次の通りである。

「従来の研究者たち」は，「フォイエルバッハ」章が「エンゲルスの執筆になることを無視してきた。これがエンゲルスの執筆になることを知った例外的少数の人々も——恐らくや『経済学批判』序文の卒読とエンゲルス晩年の〝証言〟に引摺られて——『口述筆記説』その他を無責任に持出し，旧来の〝通説〟に追随してきた。しかし『ドイツ・イデオロギー』の手稿におけるエンゲルスの地の文章とマルクスの筆跡で加筆修正されている文章とを比較分析してみれば，エンゲルスのオリジナリティとこの時点におけるイニシャチーヴには疑問の余地がありえない。」（廣松，1968b，243〜244 頁）。

ここに述べられている「口述筆記説」の否定と「エンゲルス主導説」とが，廣松の『ドイツ・イデオロギー』分析の核心であるが，この両説の根拠とされているものは，「エンゲルスの地の文章とマルクスの筆跡で加筆修正されている文章とを比較分析」すること以外にはない。この記述には，左欄に記されたエンゲルス筆跡の「地の文章」は，すべてエンゲルス独自の思想を書き留めたものであるという前提が含まれている。これらの文章については，それがエンゲルスの筆跡であるという理由だけで，そこ

からマルクスの思想は排除されるのであり，廣松が両人の筆跡の記述の間に齟齬や対立が存在すると思料する箇所については，エンゲルスの思想がマルクスの加筆によって「背負い投げを喰う」（廣松，1968a，99頁）という，鬼面人を驚かす言葉で，「持分」が強調されるのである。

　廣松が言う「比較分析」には，意味がない。「フォイエルバッハ」章の最初の文案は，エンゲルスによって筆記されたものだから，筆跡を理由にこの章の思想，すなわち唯物史観の「オリジナリティ」を問えば，その思想はエンゲルス独自のものとなることは，当然だからである。要するに，「エンゲルス主導説」というのは，唯物史観はエンゲルスが筆記したものだから，エンゲルスの思想であるということに尽きるのであり，「口述筆記説」は，「誰の筆跡かということは問題外とされ」（廣松，1968a，110頁）たという理由で，否定された。

　ところで，「補遺　いわゆる〝口述筆記説〟に寄せて」という論考では，「口述筆記説」の否定の傍証として，次の3点が挙げられた（廣松，1968a，110～119頁）。

　(a)　「テーゼ」や『経済学・哲学手稿』と重なる文章はすべてマルクスの「追補」であるという，前述の指摘。

　(b)　若干のターム，特に，「生産力」という基本的概念を表すのに，マルクスはProduktivkraftを用いているが，エンゲルスはProduktionskraftを用いていること。

　(c)　「マルクスの修正，エンゲルス自身による加筆を除去して原型にもどしてみると，行論が整理されておらず，思い付くままに書きなぐったという観が深い」ということ。

　(a)については，すでに論じた。(b)についても，筆者は，かつて詳述したので，その参照を求めておくが（渋谷版，別巻，193～194頁），次の点だけ指摘しよう。廣松は，「生産力」という言葉の綴りの相違について，「最旧層」において「例外」が3箇所あるが，これらの「例外」はすべて，解読の進展によって「解消すると与料」した。「例外」とは，エンゲルスが，Produktivkraftを用いたということであるが，筆者が，アムステルダムの「社会史国際研究所」で草稿を現認したところ（1995年），「例外」と呼ばれた箇所のすべてが，Produktivkraftであった。廣松の予断は予断にすぎなかったことが判明した。さらに，この事実と併せて，草稿には2様の綴

りが混在しているページがあることは，エンゲルスの独自性を立証するものではなく，むしろ逆に，「口述筆記説」を含むマルクスとエンゲルスの共同作業を示唆しているであろう(33)。「生産力」の綴りの問題は，「口述筆記説」を否定するに当たって，草稿の記載状態をめぐって示された，廣松の唯一の論拠であり，「エンゲルス主導説」は，テクスト・クリティークの面からみても，根拠がないのである。

(c)について，廣松の言葉通りに「マルクスの修正，エンゲルス自身による加筆を除去して原型にもどしてみる」ときには，最初の文案の作成後のいわば初稿が復元される。廣松が言う「原型」は，第1段階の執筆が終了した後の完成した文章であって，この初稿の作成の途上には，無数の修正，すなわち「即時異文（Sofortvarianten）」が存在した。「フォイエルバッハ」章の初稿の復元に実際に取り組んだ者は，驚くほどの「即時異文」の複雑さに直面するはずであり，廣松が言うように「思い付くままに書きなぐったという」感懐を，けっしてもたないであろう。廣松は，「一般に高度の理論的著作の口述は——伝記的懐旧談のごときとは異り——困難である」（廣松, 1968a, 119頁）と述べているが，このような「一般」的な印象批評の類は，もとより草稿研究とは無縁のものである。

さて，「口述筆記説」の問題になるが，廣松による「口述筆記説」の否定は，草稿の記載状態の検討に基づくものではけっしてない。前述の通り，M25における共同執筆の箇所も，『エンゲルス論』では避けられたのである。

グスタフ・マイヤーは，1919年に，『ドイツ・イデオロギー』についてマルクスとエンゲルスによって「以前に十分に話し合われた脈絡」についてエンゲルスが書き留めたものと述べ，リャザーノフは，1926年に，第1章については(34)，マルクスがエンゲルスに口述筆記させたと述べた。しかし，いずれも，具体的な論拠を欠く仮説にすぎなかったのであり，廣松によって，「口述筆記説」は「素朴な〝思い込み〟」ないし「臆説」，マイヤーの仮説は「罪つくりな〝推測〟」と断じられたのである（廣松, 1968a, 110, 111頁）。

これにたいして，「口述筆記説」を草稿の綿密な検討に基づいて立証した研究が現れた（大村, 2017）。この論文における「口述筆記説」の論拠は，多岐にわたり，その詳細については大村論文そのものに委ねるが，

もっとも重要と思われる論拠のひとつは，同論文で「同音異義語の書き損じ」と呼ばれるものである。これについて，大村は，次のように述べた。

「**同一の著者，それもドイツ人である同一の著者に由来すると通常考えることができない即時異文**，すなわち „daß"（接続詞）とすべき箇所を „das"（関係代名詞）と書いたり，„das"（冠詞）と書くべきところを „daß"（接続詞）と書くなど，**同音異義語の訂正によって生じた即時異文**である。」（大村，2017，33頁。太字は原文）。

この「同音異義語の書き損じ」の事例が6例挙げられているが，そのうち「〔新MEGAの〕先行版で報告されているのは，M42の事例に限定される」，という。

引用文で述べられているのは，„daß" と „das" という同音異義語であるが，6例の事例のうち，この同音異義語は3例であり，残る3例は，他の単語に関するものである。„daß" と „das" という同音異義語について，先行版が報告したM42の事例ではなく，大村が初めて報告したM71の事例を見てみよう。大村論文では，オリジナル草稿の当該箇所の画像も掲げながら，その解読文が，次のように示されている。

ausgesprochen. Das jus utendi et abu-
tendi selbst spricht einerseits die
Thatsache aus, das daß das Privateigen-
thum vom Gemeinwesen durchaus
unabhängig geworden ist, …(35)

3行目の網掛けと枠囲いについて解説を加えてみよう。草稿の筆記者のエンゲルスは，一旦 „das" と書いた直後に，この „das" の末尾の „s" に „ß" を書き重ねて（即時異文），定冠詞の „das" を接続詞の „daß" に変えたのである（大村（2017），「M71事例6」の画像，参照）。＜書き重ね＞によるこの変更の理由は，die Thatsache aus のあとに記されるべき単語は，ドイツ語の文法と文脈から見て，関係代名詞の „das" でも定冠詞の „das" でもありえず，„die Thatsache"（事実）という名詞の付加語を導く接続詞の „daß" でなければならないということにある。なぜならば，die Thatsache aus のあとの単語が関係代名詞であれば，先行詞となるべき

161

die Thatsache が女性名詞であるのだから，関係代名詞は das ではなく die でなければならず，他方，定冠詞の das の場合には，定冠詞の „das" の直後に再び定冠詞の „das" が書かれることはありえないからである。

　ドイツ語の文章を自ら起草するドイツ人が，上述のように，最初に定冠詞の „das" だけを書いて，直ちにそれを同音異義語の „daß" に書き換えて，その前の名詞である „die Thatsache" の内容を説明する副文章を書き続けるなどというのは，およそ考えられないことである。この即時異文は，大村の言うように，「同一の著者，それも**ドイツ人である同一の著者に由来すると通常考えることができない即時異文**」というほかなく，口述筆記によるエンゲルスの聞き誤りと考えるのが，もっとも自然なように思われる。

　いずれにしても，リャザーノフ以来の仮説について，『ドイツ・イデオロギー』研究史上初めて客観的な根拠が提示されたといえよう。「口述筆記説」は，廣松が言うような，「一般に高度の理論的著作の口述は——伝記的懐旧談のごときとは異なり——困難である」といった「一般」論では片付けられない問題である。

結　び

　廣松渉は，『エンゲルス論』において，『ドイツ・イデオロギー』の「フォイエルバッハ」章が「エンゲルスの執筆になることを無視してきた」ことをもって，「従来の研究者たち」を批判し，「旧来の〝通説〟」を排した。廣松は，「旧来の〝通説〟」を否定するにあたって，「エンゲル主導説」を提唱したのであるが，この説にたいして，批判された「従来の研究者たち」によって根本的な反論が加えられたことを，筆者は寡聞にして知らない。

　しかし，既述の如く，廣松渉の「エンゲルス主導説」は，廣松自身が確信するように「疑問の余地がありえない」というものでは，けっしてない。この仮説の根拠は，「フォイエルバッハ」章の筆跡がエンゲルスのものであるから，この章の思想の「オリジナリティ」と「イニシャチーヴ」もエンゲルスのものであるという，いわば同義反復にあるにすぎない。こ

のこともまた、「エンゲルス主導説」の提唱後の長い研究史のなかで、『エンゲルス論』の論旨に即して指摘されることがなかったのである。

さらに、廣松の「エンゲルス主導説」は、草稿の記載状態に関する綿密な考証にもとづいて唱えられたものではない。「生産力」の綴りの問題を除けば、記載状態に関する考察は、ほとんど存在しない。「地の文章」が、すべてエンゲルスの「オリジナリティ」を示すものと断定されれば、記載状態の考察から „Autorschaft" を究明する必要もなくなるからであろうし、そもそも、アドラツキー版を底本とする廣松版『ドイツ・イデオロギー』では廣松自身も、草稿の記載状態を正確には知りえない。のみならず、本文で明らかにしたように、M25における共同執筆など、自説に反する事実は、廣松によって意図的に無視されたのであり、このようなことが、わが国の『ドイツ・イデオロギー』研究を不当にゆがめてきたといわざるをえない。

『ドイツ・イデオロギー』は、『経済学批判』の「序言」のなかでマルクス自身が回顧したように、「ドイツ哲学のイデオロギー的見解にたいするわれわれの見解の対立を共同で仕上げ」(新 MEGA Ⅱ/2, S.111. 訳(13)、7頁) た草稿である。この「ドイツ・イデオロギー」批判は、論文「ユダヤ人問題によせて」におけるブルーノ・バウアー批判以来のマルクスの一貫した課題であり、マルクスにはこの批判についての強い自発的な理由があった。ブルーノ・バウアーとその一派を批判するために、浩瀚な著作『聖家族』が刊行されたのであり、この著作は、エンゲルスとの共著とはいえ、そのほとんどがマルクスによって執筆されたものであったことは、「ドイツ・イデオロギー」批判は、なによりもマルクスにとっての避けられない課題であったことを物語っている。『聖家族』では、その「序文」に記されているように (MEW, Bd.2, S.7. 訳(2)、7頁)、バウアーが発行した『アルゲマイネ・リテラトゥーア・ツァイトゥング』の最初の8号が主として批判されたが、『聖家族』の批判を含んでいたバウアーの新たな論文 (『ヴィーガント季刊誌』1845年版第3巻掲載) にたいする反批判の必要性が生じた。さらに、「感性的な活動」の把握に達しないフォイエルバッハの唯物論=「古い唯物論」の批判の決意 (マルクス「フォイエルバッハに関するテーゼ」)、ならびに、1844年10月に刊行されたマックス・シュティルナー『唯一者とその所有』の批判の必要性が、「ドイツ・

イデオロギー」批判の新たな理由として加わった。これらの「ドイツ・イデオロギー」の批判は，『聖家族』と同様に，膨大な草稿として残されたのである。

　この「ドイツ・イデオロギー」批判は，とりわけマルクスにとって，彼の経済学研究と密接に結び付いていた。すでに，『聖家族』の「序文」のなかで，「われわれの積極的な見解」を述べる「独立した著作」を予告していたが，1846年8月1日付のレスケ宛のマルクスの手紙には，マルクスが公刊を予定した『政治および国民経済学の批判』を推敲する前に，「ドイツ哲学とこれまでのドイツ社会主義にたいする論争書を先に公にする」ことの重要性が記されている。

　『ドイツ・イデオロギー』で確立された唯物史観は，『経済学批判』の「序言」に明記されているように，マルクスならびにエンゲルスの経済学研究と相即不離に発展したものである。しかし，『ドイツ・イデオロギー』に至る両者の経済学研究は，既述のように，異なる視点の下で進められたといえる。マルクスが，労働者の生産物の剥奪をめぐるスミスの理論的矛盾を剔抉することに経済学批判の重心をおくのにたいして，エンゲルスの経済学批判は，国民経済学の「不道徳性」を暴くことを核心として，マルサス人口論批判に帰着する傾きを見せた。この視点の相違は，等閑視すべきものではなく，例えば，MEW, Bd.3 の編集者の「序文」のように，『ドイツ・イデオロギー』を論ずるに当たって，すべての記述において「マルクスとエンゲルスは」という主語を前提とするのは，もとより空虚というほかない。

　しかし，マルクスとエンゲルスとの無条件の一体視を否定することと「エンゲルス主導説」を唱えることとは，別の事である。「ドイツ・イデオロギー」批判は，マルクスの発意で計画されたと考えられるのであり，そして，この批判がマルクスとエンゲルスとによって「共同で」仕上げられたというマルクスの回顧，さらに言えば「われわれが1845年の春にブリュッセルで再会したときに，マルクスは，上述の諸原理からすでに彼の唯物論的な歴史理論を，主要な諸特徴において完全に説明していた」（MEW, Bd.21, S.212. 訳(21), 216頁）というエンゲルスの後の回想などを，疑わねばならない客観的な理由は存在しない[36]。『ドイツ・イデオロギー』はついに刊行されなかったが，『経済学批判』の「序言」に「われ

われの見解の決定的な諸点は、たとえたんに論争的であったとしても、1847年に出版され、プルードンに反対した私の〔マルクスの―引用者〕著書『哲学の貧困』のなかに、はじめて科学的に示された」（新MEGA Ⅱ/2, S.102. 訳(13), 8頁）と述べられているように、唯物史観は、『ドイツ・イデオロギー』以後においても、経済学批判の深化と表裏の関係にあった[37]。「われわれの見解（unsre Ansicht）」としての唯物史観は、とりわけマルクスにとって、『哲学の貧困』や『賃労働と資本』などにおける経済理論形成のために「導きの糸」としての役をはたしたのである。

廣松は、「エンゲルス主導説」を唱えるに当って、「口述筆記説」が「無責任に持出」されたものであるとして、それを一蹴した。「共同労作」にたいする「持ち分」の問題を提起したグスタフ・マイヤーも、「口述筆記説」を初めて唱えたリャザーノフも、草稿の記載状態からこれらの仮説を立証したわけではない。しかし、もっぱら草稿の記載状態の考察にもとづいて、「口述筆記説」を立証する大村泉の研究が現れた。リャザーノフが「口述筆記説」を唱えたのは1926年であり、その後90年余りを経て、この問題についても、たんなる「仮説」に留まらない文献学的な決着が迫られているといえよう。

注
（1）廣松版がアドラツキー版を底本とした版であることについては、渋谷（1996, 2004a），参照。
（2）スミス批判としてのマルクスの労働疎外論については、渋谷（2000），19-26頁，参照。
（3）これらの抜粋ノートの概要については、渋谷（2000），33-35頁，参照。
（4）第1章「フォイエルバッハ」の編成と第2章「聖ブルーノ」の成立については、渋谷版，「解題」，194～198頁，参照。
（5）第2章「聖ブルーノ」では、バウアー論文における『聖家族』からの引用のすべてが、『ダス・ヴェストフェーリッシェ・ダンプフボート』1845年5月号における「混乱した、誤解だらけの批評」（匿名論文であるが、筆者はヘルマン・クリーゲ）からの孫引きであることが、明らかにされている。この批評の筆者は、「Ⅱ. 聖ブルーノ」章では「ヴェストファーレンの批判者」と呼ばれている。新MEGA I/5, S.160. 訳(3), 94頁，参照。
（6）第2章「聖ブルーノ」の第3節「聖ブルーノ対『聖家族』の著者たち」における当該箇所は、次の通りである。「ヴェストファーレンの批判者は、『働く者は、なにも創らない』という批判的命題を論じていることから、包括的な結論だけ

を取り出す。／聖なる批判者は，それがこの命題に関して述べられたことのすべてであるとほんとうに信じ，141 ページでヴェストファーレンの引用を書き写し〔……〕。新 MEGA I/5, S.161. 訳(3), 95 頁。斜線は原文の改行。

「働く者は，なにも創らない」とは，『聖家族』第 4 章第 1 節でエンゲルスが批判したエドガル・バウアーからの引用であるが，この節に関する「聖なる批判者」，つまりブルーノ・バウアーの記述も，「ヴェストファーレンの批判者」からの孫引きである，と述べられているのである。なお，引用文中の「141 ページ」は，バウアー論文が掲載された『ヴィーガント季刊誌』1845 年版第 3 巻のページ数である。

(7) 執筆時期の推定の根拠は，新 MEGA I/3, S.1111/1112, 参照。
(8) 新 MEGA IV/4 における，エンゲルスの「ノート 1」に関する「成立と来歴」では，エンゲルスによるイーデンの抜粋は，「偶然」ではなく，イーデンの著作に含まれているデータと文書がウェイドの著作（上掲書と『イギリス史』，1839 年）のために十分に利用されたことに，エンゲルスが気付いたからである，と指摘している（新 MEGA IV/4, S.749）。
(9) 新 MEGA IV/4 の「註解」では，ウェイド抜粋およびイーデン抜粋と「フォイエルバッハ」章との関連については，まったく触れられていない。新 MEGA IV/4 で，これらの抜粋と『ドイツ・イデオロギー』との関連が指摘されているのは，エンゲルスの「ノート 2」のイーデン抜粋のなかで，労働者の食費を切り下げるための代用食の調理法を提案したベンジャミン・トムソン（ラムフォード伯）と，それを救貧院の管理者に推奨したイーデンについて述べた箇所だけである。新 MEGA IV/4, S.798. この調理法は，『ドイツ・イデオロギー』の第 1 巻第 3 章「聖マックス」のなかで，2 度にわたってラムフォードの「乞食スープ (Bettelsuppe)」と呼ばれた。新 MEGA I/5, S.219, 328. 訳(3), 236, 279 頁。トムソン，イーデンと「乞食スープ」については，『資本論』第 1 巻で，エンゲルスのイーデン抜粋の内容が復元されている。
(10) 新 MEGA I/5, S.80, 服部監訳版, 73 ページ, 渋谷版, 128～129 ページ。2017 年 11 月に刊行された新 MEGA I/5 の「註解」で，この引用文と抜粋ノートとの関連について述べられている。そこでは，マルクスのイーデン抜粋，エンゲルスのイーデン抜粋，および，デイヴィド・マクファーソンの『商業年史』が，挙げられている（新 MEGA I/5, S.961）。
(11) ナトーリエンは，原語では Natolien であるが，Anatolien（英語では Anatolia）の別名であり，小アジア（アナトリア）のことである。
(12) 大陸封鎖と砂糖との関連について，他の抜粋箇所でも述べられており，そこでは，イギリスでは砂糖備蓄が増大し，そのため砂糖価格が低下したが，他方で，大陸では価格のいちじるしい上昇，大陸製品による代用が起こり，砂糖は「大陸ではほとんど手に入れることができない」，と記されている（新 MEGA IV/6, S.55/56）。
(13) 廣松は，「これ〔『ドイツ・イデオロギー』の「フォイエルバッハ」章—引用者〕がエンゲルスの執筆になることを知った例外的少数の人々も……『口述筆記説』

その他を無責任に持出し，旧来の〝通説〟に追随してきた」（傍点は引用者，……は省略），と述べている（廣松，1968b, 243〜244 頁）．
(14) 廣松，1968b, 293 頁．M8 から M29 までの，いわば狭義の「ウアテクスト」は，「最旧層」と呼ばれている．
(15) 廣松，1968b, 283〜285 頁．(b)のエンゲルスの引用文のなかで，「昼には漁猟」の「昼には」の箇所は，草稿では「昼には」ではなく「午後には（Nachmittags）」と書かれている．この箇所では，エンゲルスが，最初に「そして昼［には］（& Mitt）」と書きかけて，直ちにこの2語を抹消し，「午後には」と書き換えた．Mitt は，Mittags（昼には）の書きかけである．これについては，渋谷版，64 頁，参照．(c)について，「共産主義を打建てられるべき社会状態……として考えている」というのは，廣松自身の文章の引用であり，草稿におけるエンゲルス筆跡の文章のなかに，「共産主義を打建てられるべき社会状態」といった言葉が記されているわけではないことに，留意する必要がある．
(16) 「批判的批判家になる」は，「食後には批判する」と並べられている引用句であるから，M17 末尾の左欄に書かれたマルクスの言葉であろう．そうであれば，この箇所では，「批判的批判家になる」という引用は誤りであり，草稿にはマルクスの筆跡で「あるいは批判家（oder Kritiker）」とのみ書かれている．
(17) この記載状態については，渋谷版の口絵として掲載した M17 の鮮明な写真を参照．この M17 の写真は，世界で初めて公表されたものである．渋谷版では，吹き出しも，草稿の通りに復元されている（渋谷版，65 頁）．
(18) 廣松，1968b, 285 頁．この「見解の相違」について，「エンゲルス主導説」が初めて提唱された，1966 年の廣松論文「初期エンゲルスの思想形成」では，次のように述べられた．「この一文によって，当の個所でエンゲルスのおこなっている『旧来の自然生的な社会』と来るべき『共産主義社会』との対比が背負い投げを喰う」（廣松，1968a, 99 頁）．
(19) 3つのセンテンスは，M18 の右欄における2つの覚え書きの間の余白に書き込まれている．したがって，3つのセンテンスは，記載の順序としては，それらの覚え書きの後に書かれたものである（渋谷版，別巻，57〜58 頁）．
(20) 「共同執筆」の箇所でも，左欄のマルクスの記述に組み込むべき，右欄のマルクスの記述があるが，煩雑を避けるために，右欄の記述は省略する．
(21) 渋谷版，80 頁．明朝体はエンゲルスの筆跡，ゴシック体はマルクスの筆跡である．下線は，草稿の下線を示す．＜　＞は抹消された語を示し，［　］は訳者の補いである．斜体にした「ただ *1* つ」は，マルクスによって左欄の行間に書き込まれている．
(22) 渋谷版，別巻，191 頁．Times New Roman の書体はエンゲルスの筆跡であり，Arial の書体はマルクスの筆跡である．＜　＞は，抹消を示す．einzig がイタリック体にされているのは，wirklich を抹消して，その上の行間に einzig が書き込まれていることを示す．2行目の werden の直後の F は，右欄に記されたマルクスの加筆を左欄に挿入すべき位置を指示する記号であり，右欄にも同様に F の記号が書かれたうえで，この記号の直後に次の文章が書かれている．

167

obgleich <d.> „Religion" u. „Politik" nur Formen ihrer wirklichen Motive sind,

(23) 廣松は，草稿における「或る記入」の箇所を示すのに，他の文章についてはマルクスが付けた頁番号（例えば，「第〔8〕頁」のように）を挙げているのに，上掲の引用文の場合には，「第 |10| ボーゲンまで」という不明瞭な参照指示を——「本書二九〇頁の後半部に〔……〕一文まで」と付記しているとはいえ——記している。第 10 ボーゲンは，その第 1 頁にマルクスの頁付けがなく，第 2 頁から第 4 頁までが頁付けされていて，共同執筆のある頁は 25 頁である。「第 |10| ボーゲンまで〔……〕を書いた時点で」「或る記入」では，当該の箇所を特定できないのであって，このような参照指示は，参照の作法としては論外である。

(24) 旧 MEGA I/5, S.575. 1972 年に公表された新 MEGA 試作版の「異文一覧（Variantenverzeichnis）」では，当該箇所は，次のように表記された（新 MEGA 試作版, S.456.）。

67.30-39　ᵐZ. B. bildet sich eine Epoche **bis** aktive Macht verwandeltᵐ

この表記でも，旧 MEGA I/5 同様に，冒頭の数字は，テキストの 67 頁の 30 行 - 39 行を指し，上付き文字の前後 2 つの ᵐ によって，テキストにおける Z. B. bildet sich eine Epoche から aktive Macht verwandelt までの文章が，マルクス筆跡の文章であることが示されている。

新 MEGA 試作版では，『ドイツ・イデオロギー』の草稿の通りに，テキストの部分では各頁が左右両欄に分けて印刷されているが，草稿で右欄に書かれた文章についても，左欄への組み込みの指示のある文章は，テキストでも，左欄に組み込まれて印刷されている。この場合には，挿入であることを示す記号である |:abc:| が，用いられる。上掲の表記では，この記号がないので，挿入文ではなくて，左欄における，マルクス筆跡の文章であると判断すべきなのであるが，左欄の記載か右欄の記載かに関する説明がなければ，読者は判断に迷うであろう。

新 MEGA 先行版における「異文一覧」では，当該箇所は，次のように表記されている（新 MEGA 先行版, S.235）。

ᵐZ. B. bildet sich eine Epoche **bis** aktive Macht verwandelt,ᵐ
　　　　Der Text steht in der Grundschicht.

表記は，verwandelt のあとにコンマが付け加えられていることを除けば，新 MEGA 試作本と同一であるが，この表記の 1 行下の解説文に，「テキストは，基層に書かれている」と述べられていて，マルクスの加筆が，左欄における最初の文案の執筆時点で行われたものであることが，明確にされている。

2017 年末に漸く刊行の運びとなった『ドイツ・イデオロギー』の最終決定版である新 MEGA I/5 の「異文一覧」では，当該箇所は，次のように表記された（新 MEGA I/5, S.888）。

ᵐZ. B. **bis** verwandelt,ᵐ
　　　　Der Text ist Teil der Grundschicht.

ここでは，新 MEGA 先行版と比べて，表記は簡略になり，解説文の方は，

「テクストは，基層の一部である」となり，マルクスの加筆が，最初の文案の「一部」であることが，より明確になった。
(25) この一文は，次のものである。
+ nämlich einerseits d. vorhandenen Productivfräfte, [...] revolutionirt- ([...] は省略)
「＋　すなわち，一方では，現存の生産諸力〔……〕」（渋谷版，81頁）
(26) テーゼの執筆時期について，ゲ・ア・バガトゥーリヤは，エンゲルスのブリュッセル到着後の1845年4月と推測し，インゲ・タウベルトは，1845年7月初めと推測する。
(27) この引用文のなかの下線は，この訳書では傍点が付されている箇所を，「テーゼ」のオリジナル通りに下線に改めたものである。「テーゼ」の下線については，以下の引用文でも同じ。
(28) 渋谷版，50，52～53頁。引用文中の＋＋は，左欄にマルクスによって書かれた，加筆を挿入すべき位置を示す記号であり，右欄にも同じ記号が書かれ，そのあとに前述のマルクスの語句（「彼が，人間を『感性的対象』としてだけ把握し，『感性的活動』として把握しないことは別としても」）が記されている。

　本文に掲げた引用文は，最初の文案の執筆過程における抹消と修正（「即時異文」）を省略している。廣松版も，抹消と修正の過程を復元した版本であるが，廣松版は，アドラツキー版を底本としてそれを復元したものであり，そのような復元の典型を示しているのが，上掲の引用箇所（「しかし」以下）である（渋谷，2004b，150～154頁）。
(29) 服部監訳版，109頁。但し，引用文中の「感性的」は，服部文男監訳の訳語である「感覚的」を改めた。原語は，sinnlichであり，『ドイツ・イデオロギー』からの引用文中の「感性的」も，同じsinnlichである。
(30) MEW, Bd. 21, S.264．訳(21)，268頁。この手帳は，1932年に旧MEGA I/5で，「1844年-1847年のマルクスの手帳（Marxens Notizbuch aus den Jahren 1844-1847)」と呼ばれてその概要が報告され，1991年に新MEGA IV/3で，その全貌が公表された。エンゲルスは，この手帳をHeftと記しているが，これは，マルクスとエンゲルスの抜粋ノートのような自家製ないし手製のノート（selbstgefertigtes Heft）ではなく，既製品の手帳である（渋谷，2002a，122～125頁）。
(31) 新MEGA IV/3は，手帳の44頁～52頁は，その前の文献目録（36～43頁）を続けるつもりで，当初は空白のままにされていた，と推測している。したがって，この推測に基づけば，マンチェスターで44頁が記載された時には，空白の諸頁の後に，すでに「テーゼ」が記載されていたことになる（渋谷，2002b，127頁）。
(32) 「1844年-1847年の手帳」と「テーゼ」との関連については，渋谷(2002c,d,e)，参照。
(33) この示唆については，渋谷版，別巻，193頁，参照。「生産力」についてのエンゲルスの綴りはProduktivkraftであるが，マルクスのそれはProductivkraftで

169

ある。口述筆記の場合には，下線を施したvとcという綴りの違いまでは，むろんエンゲルスの筆記に移せない。

(34) リャザーノフが名付ける第1章（Kapitel）ないし第1部（Teil）——「イデオロギー一般，とくにドイツの」——は，M35までである。「フォイエルバッハ」章の後半，M40〜M72——「一般的経済史に関する概観」，M36〜M39は欠如——は，第2章ないし第2部と呼ばれている（リャザーノフ版，S.217-221）。

(35) 大村，2017，35頁（本書，98頁，参照）．図6の「M71 事例6」。引用文のなかで，網掛けは削除を示し，枠囲いは削除された単語から置換された単語を示す。図6では，引用文のように，各行の行末の単語は，草稿のオリジナルと同一にされている。

渋谷版では，この同音異義語については，判読できなかったために報告されていない。新MEGA I/5では，この同音異義語が，„aus, <das>/ " という表記で報告された（新MEGA I/5, S.940）。

(36) 廣松は，「フォイエルバッハ」章がエンゲルスの執筆になることを知った例外的な研究者さえも「エンゲルス晩年の〝証言〟に引摺られて」，「『口述筆記』その他を無責任に持出し」た，と述べている。この「エンゲルス晩年の〝証言〟」として，マルクスの幾多の著作にたいするエンゲルスの序文などが12点，挙げられている。そして，廣松は，これらの「証言」の「偽証」の可能性を指摘して，次のような疑問を述べるのである。「エンゲルスは，何故，彼の〝証言〟のなかで『ドイツ・イデオロギー』に言及しないのか？この遺稿に論及し，そこに盛られている基本命題がマルクスに負うものだと一言しさえすれば，彼は他言を要しなかった筈である」（廣松，1968b，244〜245頁）。『ドイツ・イデオロギー』の真の著者（Autor）がマルクスであれば，この草稿を挙げてその旨を明言しさえすればよいにもかかわらず，それをしないのは，エンゲルス自身が著者であることを隠蔽している（その意味での「偽証」）からである，と言うのであろう。

さらに，同書の別の箇所では，上記のようなエンゲルスの「沈黙」の理由として，(1)エンゲルスが『独仏年誌』におけるマルクスの論文を余りに高くみているという「マルクスに関する記憶ちがい」，(2)「『ドイツ・イデオロギー』ウアテクストの水準に関しての過少評価」，という2点を挙げている（廣松，1968b，310〜311頁）。いずれも，エンゲルスの心理的な理由が，「エンゲルス主導説」の根拠にされているのであるが，(2)については，『ドイツ・イデオロギー』における唯物史観が「まだ体系的な論述になってない」ために，このような論述が「水準以下のものとして半ば嫌悪の対象となる一般の傾向に徴して」，と述べられている。これは，エンゲルスにとって「嫌悪の対象」となっているかどうかという心理を憶測するという問題であり，論評の埒外である。

また，「エンゲルスは，何故，彼の〝証言〟のなかで『ドイツ・イデオロギー』に言及しないのか？」という問題が，仮に存在するとすれば，それは，次のような問題であろう。『ドイツ・イデオロギー』は，未刊の草稿である。マルクス自身が，『経済学批判』の「序言」のなかで，この草稿について言及したが，「フォイエルバッハ」章の全貌が明らかにされたのは，1926年のリャザー

ノフ版の刊行によってであった。それ以前は，この草稿の内容を知る術がなかったのであり，エンゲルスが，例えば，『共産主義者同盟の歴史によせて』(1885年) のなかで，1845年春にマルクスが彼の唯物論的歴史理論を完全に説明していたことを明らかにしても，これとの関連で，『ドイツ・イデオロギー』に言及することは，この草稿の内容を知る術をもたない読者にたいする無用の指摘になったであろう。エンゲルスがこの草稿に触れたのは，『経済学批判』の「序言」そのものから引用した文章のある，『ルートヴィヒ・フォイエルバッハとドイツ古典哲学の終結』(1888年，改訂単行本) の前書だけである。

(37) 『哲学の貧困』については，渋谷, 2000, 51～56頁，参照。

引用・参考文献一覧
＊凡例に掲げた文献は除く

大村泉　2017：口述筆記説に基づく『ドイツ・イデオロギー』I. Feuerbach のオーサーシップ再考，『マルクス・エンゲルス・マルクス主義研究』第59号，八朔社, 2017年7月，17～50ページ。

渋谷正　1996：『ドイツ・イデオロギー』の編集問題，『経済』1996年9月号，新日本出版社，138～141ページ。

渋谷正　2000：経済学批判と唯物史観 (1840年代)，『資本論体系(1)』，2000年，有斐閣，17～65ページ。

渋谷正　2002a：初期マルクスの経済学研究と1844年-1847年の手帳 (一)，『経済』2002年6月号，新日本出版社，119～140ページ。

渋谷正　2002b：初期マルクスの経済学研究と1844年-1847年の手帳 (三)，『経済』2002年9月号，新日本出版社，120～134ページ。

渋谷正　2002c：フォイエルバッハ・テーゼ (上) 初期マルクスの経済学研究と1844年-1847年の手帳 (四)，『経済』2002年10月号，新日本出版社，104～125ページ。

渋谷正　2002d：フォイエルバッハ・テーゼ (中) 初期マルクスの経済学研究と1844年-1847年の手帳 (五)，『経済』2002年11月号，新日本出版社，155～163ページ。

渋谷正　2002e：フォイエルバッハ・テーゼ (下) 初期マルクスの経済学研究と1844年-1847年の手帳 (六)，『経済』2002年12月号，新日本出版社，138～155ページ。

渋谷正　2004a：『ドイツ・イデオロギー』はいかに編集されるべきか (中)，『経済』2004年2月号，新日本出版社，159～177ページ。

渋谷正　2004b：『ドイツ・イデオロギー』はいかに編集されるべきか (下)，『経済』2004年4月号，新日本出版社，150～154ページ。

渋谷正　2015：マルクスのギューリヒ抜粋をめぐって，『新MEGAと「ドイツ・イデオロギー」の現代的探求——廣松版からオンライン版へ——』，2015年，八朔社，124～163ページ。

Smith, Adam. 1976: *An Inquiry into the Nature and Causes of the Wealth of Nations*, Volume 1. The Glasgow edition of the works and correspondence of Adam Smith. Oxford University Press, 1976.

廣松渉　1965：『ドイツ・イデオロギー』編集の問題点，『季刊 唯物論研究』第21号，

1965 年 3 月，青木書店，104〜130 ページ。
廣松渉　1966：初期エンゲルスの思想形成，『思想』第 507 号，1966 年 9 月，岩波書店，1〜16 ページ。
廣松渉　1968a：『マルクス主義の成立過程』，1968 年，至誠堂。
廣松渉　1968b：『エンゲルス論——その思想形成過程』，1968 年，盛田書店。

第7章 マルクス社会理論の生成
――『経済学・哲学手稿』と『ドイツ・イデオロギー』の接合――

はじめに

　草稿『ドイツ・イデオロギー』においてはじめて措定された社会理論――端的にいえば，1)〈土台＝上部構造〉論（イデオロギー批判を含む），2) 変革理論（共産主義），3) 唯物論的歴史観［唯物史観］，等の要素からなる理論――を主導的に形成したのは，マルクスであった[1]。この結論を得たとき，ただちに提起されるのは，いかにしてマルクスはその社会理論を形成しえたのかという理論形成史の問題である。

　『経済学・哲学手稿』（以下，『経哲手稿』1844年4-8月）と《フォイエルバッハに関するテーゼ》（以下，《テーゼ》1845年5月），草稿『ドイツ・イデオロギー』（1845年11月-46年）との間に「理論的切断」を設定するアルチュセールらの解釈以来，マルクスの社会理論は1845年に「天啓」として現れたかのごとくに理解され，1843-44年においてマルクス社会理論の生成過程をとらえる作業はほとんど試みられなくなった。しかし他方，マルクスは――『経済学批判』（1859年）序文に示されるとおり――1843年のヘーゲル法哲学批判を通して，独自の社会理論への転換を果たす端緒を開き，そして理論の諸要素の大半を『独仏年誌』の2論文（1843年秋-），『経哲手稿』，《ミル評注》（1844年夏），『聖家族』（1845年2月）等において示す[2]のであり，マルクス社会理論の生成を把握するためには，これらの論文・草稿等――とくに『経哲手稿』――と草稿『ドイツ・イデオロギー』を，細部の差異はあれ，連続性において考察するのが肝要である。

　『経哲手稿』と草稿『ドイツ・イデオロギー』はいかに接合されるのか。この問題を考察するための論点は，さまざまに設定されうる。第1は〈土台＝上部構造〉論（イデオロギー批判を含む），第2は市民社会概念の変容，第3は疎外論と物象化論，第4は変革理論（共産主義），第5は歴史

理論の構想，等々。いずれも，草稿『ドイツ・イデオロギー』に現れると同時に『独仏年誌』期以来の生成過程に存在する論点である。本章では，これらを全体として考察することによって，社会理論の形成過程に迫ることにしたい。

Ⅰ．1843年における〈土台=上部構造〉論の生成と理論転換

　マルクスは1843年にヘーゲル法哲学批判を通して〈土台=上部構造〉論を形成し，理論転換——〈民主制〉理論から〈人間的解放〉理論への転換——を果たすとともに，フォイエルバッハ哲学に対する批判を含むイデオロギー批判の端緒を生成させた。それゆえまず第1に考察すべきは，〈土台=上部構造〉論（イデオロギー批判を含む）の生成過程と理論転換である[3]。

1．ヘーゲル法哲学批判の2段階

　マルクスは1843年にヘーゲル法哲学の批判的検討を企てた。草稿『ヘーゲル国法論批判』（1843年3月-）は，人倫的共同体［Gemeinwesen］=「普遍的自由の実現態」というヘーゲル法哲学の国家理念を前提として，国家理念とヘーゲルの示す政治体制=君主制の構成との矛盾を衝いたものであり，マルクスは，政治的国家が他の圏域（家族／市民社会）から自立し，他の圏域の「彼岸」として対立的に現れる事態を「疎外」（新MEGA I/2, S.33. 訳(1), 265頁）と規定して，本来，国家を構成する根拠であるはずの現実的人間に，その国家を返還しようとした。ここに成立するのが〈民主制〉である。〈民主制〉では政治的疎外が廃棄され，政治的解放が達成される。だが，それだけではない。マルクスによれば，〈民主制〉では同時に，市民社会の私的立場=私的在り方をも廃棄すること——市民社会の「実体転化」→「普遍と特殊との真の一体性」（ibid. S.31. 訳(1), 264頁）——が構想されるのである（cf. ibid. S.131. 訳(1), 364頁）。この〈民主制〉理論を成立させる根拠は，フォイエルバッハの宗教批判に示される「意識の改革」（ibid. S.488. 訳(1), 382頁）による啓蒙主義的な批判[4]の方法にあった。

　しかしマルクスは『独仏年誌』期には，「民主制」概念を近代の政治的

解放に限定し，政治的解放の限界を語るようになる。この場合，政治的解放は，第1には「公民としての人間の解放」として，第2には，「私人としての人間の解放」あるいは「市民社会の解放」として，理解される。

　第1の「公民としての人間の解放」とは，国家に対するあらゆる特権の廃止，万人の同等の権利＝公民権を実現する解放，要するに，上記の政治的「疎外」の廃棄を意味する。それゆえここでは「政治的民主制」が実現される。政治的解放は「民主制」において，人びとの間に存在する私的所有や身分等の区別を非政治的区別として廃棄するのであり――「政治的超出」（ibid. S.148. 訳(1), 391頁）――，人びとは公民として同等に政治に関与する。もしそうであるなら，〈民主制〉理論によれば，人びとは実体転化を遂げて，私的所有そのものを廃棄しなければならないはずだろう。しかし，いまやマルクスが確認するのは，政治的解放はかえって市民社会の私的所有等を前提しており，その完成とは，市民社会と国家の二元主義の完成（公民と私人への人間の分裂）でしかなく，しかも市民社会では人間は自己喪失，疎外に陥るということであった。

　　「政治的国家の成員は，個人的生活と類的生活の間の，市民社会の生活と政治的生活の間の，二元主義ゆえに宗教的である。……政治的民主制はキリスト教的である。なぜならこの民主制にあっては，人間が，一人の人間が，ではなく，あらゆる人間が，至高の存在，最高の存在と認められながら，他方において，……現代社会の全機構によって転落させられ，自己自身を喪失し，他に売り渡され，非人間的な諸関係や諸要素の支配のもとにおかれている人間，一言でいえば，なお現実的な類的存在［Gattungswesen］ではない人間だからである。キリスト教の幻像，夢，要請であった人間の至上性，しかも現実の人間からは区別された疎遠な存在としての人間の至上性は，民主制では感性的現実，現在，現世的準則をなしている」（ibid. S.154. 訳(1), 398頁）

　第2の「私人としての人間の解放」はどうか。マルクスは，山岳党による《人および市民の権利宣言》（1793年）を分析し，政治や法律等の核心に私的所有という経済的基礎が存在していることを発見した。ここに確認されるのは，次のような〈土台＝上部構造〉論的把握である。

　　「いわゆる人権［平等，自由，安全，所有］のどれ1つを取っても，

エゴイスト的な人間，市民社会の成員であるような人間を超えない」(ibid. S.158. 訳(1), 403頁)

「政治的革命は，市民的生活をその構成部分に解体するが，これらの構成部分そのものを革命し批判に付することはしない。それは，市民社会に対して，すなわち欲求と労働と私的利害，私的権利の世界に対して，己れの存立の基礎，それ以上に基礎づけられることのない前提，したがって自己の自然的土台に対する態様で，関係するのである」(ibid. S.162. 訳(1), 406頁)

この認識に基づくなら，〈民主制〉も理論構成上は，政治的解放の完成態を意味するにすぎない。ここに民主制概念を「政治的民主制」に限定する必然性があった。こうしてマルクスは『独仏年誌』段階では〈民主制〉理論を破綻させ，ヘーゲル法哲学をも，近代諸国民の成し遂げた政治的解放一般と関連づけて，その限界ゆえに「決定的に否定」するに至るのである (ibid. S.175-176. 訳(1), 420-421頁)。ヘーゲル法哲学も，政治的解放の在り方と限界を共有し，さらにいえば，私的立場を超える政治的理性を前提とするかぎり，啓蒙主義的理論構成を超えない。この結論がヘーゲル法哲学批判の最終的な成果にほかならない。

2．宗教批判

ヘーゲル法哲学批判の過程は以上のように，〈土台＝上部構造〉論の生成過程でもある。まずマルクスは，あらゆる政治と法［権利］が土台――市民社会――のあり方を超えないことを確認した。だが，そればかりではない。マルクスは宗教についても，〈土台＝上部構造〉論的把握を獲得したものと考えられる。

宗教は当時，政治と並ぶ主要問題であった。それゆえ，マルクスは論文《ユダヤ人問題によせて》において，バウアーの政治的解放論を批判しつつ，政治的解放と宗教とを関連づけて論じた。政治的解放は，国教を廃止し，国家を宗教から解放する。しかし宗教からの政治的解放は，宗教からの徹底した，矛盾のない解放ではない。人間［市民社会の成員］は，宗教そのものから解放されるわけではない。人間は，政治的国家と市民社会の二元主義を生きている。マルクスはこのあり方と宗教とを関連づけて，いまや民主制国家こそ「完成されたキリスト教国家」(ibid. S.151. 訳(1), 395

頁）であると指摘する。それは，この国家においてこそ「キリスト教の人間的基礎」(ibid. S.154. 訳(1), 398 頁) が実現されるからである。「キリスト教の人間的基礎」とは，フォイエルバッハに従えば，愛と信仰である（『キリスト教の本質』）。愛（共同性）は普遍的要素を，信仰は自己救済，すなわち心情の全能を求める利己的要素を，表すとすれば，それは，まさに近代の二元主義——国家における権利等の普遍性と市民社会における私的立場の分裂——に合致する。では，なぜ人間的基礎が実現されながら，宗教は廃棄されないのか。「宗教の存在は何らかの欠陥の存在」(ibid. S.146. 訳(1), 389 頁) を意味する。つまりキリスト教の人間的基礎は民主制の二元主義のうちに現れるが，しかし民主制は，それぞれを完全には実現できないという欠陥をもつ。普遍性は抽象的であり，人間は最高の存在と認められながら，私利私欲にまみれ，「現代社会の全機構によって転落させられ，自己自身を喪失している」。だから，宗教は近代民主制の二元主義に現世的根拠をもって存在するだけでなく，それの欠陥の現象でもある (ibid. S.146. 訳(1), 390 頁)。そしてそれゆえにマルクスは宗教批判を現実批判に転化した。

「ドイツにとって宗教の批判は本質的にはすでに終っている。そして宗教の批判はあらゆる批判の前提である。……反宗教批判の基本は，人間が宗教をつくるのであって，宗教が人間をつくるのではない，ということである。しかも宗教は自己自身をまだ獲得していないか既にふたたび喪失した人間の自己意識にして自己感情である。ただし，[宗教の基礎をなす] この人間とは，世界の外にうずくまっている抽象的存在ではない。人間とは，人間の世界のことであり，国家，社会 [Sozietät] のことである。この国家，この社会が倒錯した世界であるがために，倒錯した世界意識である宗教を生み出すのである」(ibid. S.170. 訳(1), 415 頁)

この批判は，《テーゼ》第4テーゼないし第6テーゼにも相当する認識であり，草稿『ドイツ・イデオロギー』も，『独仏年誌』期に宗教批判においてフォイエルバッハの啓蒙主義的な宗教批判を超えたことを次のように証言する。

「フォイエルバッハは，宗教的世界を地上的世界——彼にあってはまだ空文句として現れるだけのものだが——の幻想であると指摘し

た。このことによって，フォイエルバッハには答えられていない疑問が理論にも自ずから生じることになった。すなわち，それは，人間がこれらの幻想を己れの「頭の中に入れた」事態はどうして起こったのか，ということである。この疑問は，ドイツの理論家たちにさえも，唯物論的な世界観への途を……拓いた。この行程は，すでに『独仏年誌』所載の論文《ヘーゲル法哲学批判序説》と《ユダヤ人問題によせて》において示唆されていた」（新 MEGA I/5, S.291. 訳(3), 236-237頁）

3.〈土台＝上部構造〉論の生成

　さらに哲学，道徳も同様。マルクスは，哲学と世界とを関係づけて，哲学そのものがこの世界に属し，この世界の補完物であったという把握を示した（新 MEGA I/2, S.175-176. 訳(1), 420-421 頁）。道徳が市民社会の私的あり方を土台とすることは，すでにヘーゲルが市民社会を「道徳固有の場」（『法哲学』207 節）ととらえていたことからも知られる。こうしてマルクスにとって，政治＝法律の意識だけでなく，宗教や哲学，道徳等という，近代の社会理論を構成する主要な「意識形態」がことごとく市民社会を現実的土台としていること，そして，これらの意識形態によっては市民社会の原理は超えられないことが判明する。

　結論的に，〈土台＝上部構造〉論の原理は『独仏年誌』期に形成された。〈土台＝上部構造〉論は今日，比喩にすぎないとして軽視される傾向にある。しかし，これこそマルクスが終始一貫して維持した視角であり，このことの基本的意味を把握することが肝要である。

　第 1 は，「土台」概念によってマルクスが市民社会を人間の「本質」的領域，再生産領域としてとらえたことである（cf. ibid. S.271. 訳(40), 463-464 頁）。再生産領域とは，生産－所有に基づく経済的次元と婚姻－家族形成の社会的次元を包括した領域であり，男女両性からなる経済的社会的領域（ヘーゲルが「市民社会」として総括した「生活諸関係の総体」）である。これまでの歴史観は，国家・法律，宗教などに示される在り方を人間（主として男性）の本質的在り方となし，再生産領域を副次的な領域としてとらえてきた。しかし，人間の本質的在り方とされた国家・法律等が市民社会という現実を土台・目的にしていることが判明するとすれば，反

対に，男女両性の関わる再生産領域こそ，人間の存在および歴史的現実の全体に関わる「本質」的領域である。この認識をマルクスは獲得したのである。

　第2は，従来のあらゆる理論構成を廃棄し，イデオロギー批判の基礎を築いたことである。イデオロギー概念はまだ確立されていない。だが，政治・法律の意識，哲学・道徳・宗教を「上部構造」とする場合，それだけを以てしては貧困と隷属という土台に存在する諸問題は解決されないという結論が導かれる。これは後のイデオロギー論を先取りする認識である。そして，これによってマルクスは従来のあらゆる啓蒙主義的理論構成を廃棄した。近代の社会理論が一般に，政治・法律，あるいは哲学・道徳等の普遍的原理を根拠・前提として構成されていた――啓蒙主義的理論構成――とすれば，もはやマルクスにとって，それらはことごとく根拠・前提たる資格を失うのである。ここにマルクスの為し遂げた理論的な成果がある。この把握は尋常なものではない。近代の社会理論を形成する意識形態が総体として妥当性を疑われ，普遍性の根拠を剥奪される。〈民主制〉理論が破綻するというだけでなく，いまやマルクスの理論が破綻するというだけでなく，近代の理論的パラダイム全体が変容されるべきものとして把握されるのである。

　かくて〈民主制〉理論の最終的破綻が確定する。代案は存在しない。マルクスは理論的に依拠すべき根拠をすべて失い，「理論的空白」に陥る。ここにマルクスの理論転換の必然性がある。〈土台=上部構造〉論は，これほどの衝撃的意味をもっていた。

4．1843年の理論転換と市民社会概念の歴史的相対化

　理論的空白と関連して確認されてよいのは，マルクスが批判していた近代の二元主義，市民社会の分裂性――人間の自己喪失，貧困と隷属，あるいはヘーゲルが市民社会論において指摘していたような富と貧困の両極分解――という事実が，いまや政治的理性等によっては原理的に解決されない問題として顕在化する，ということである。それだけではない。そもそもマルクスは市民社会の現実を批判する根拠をも喪失するのである。市民社会批判のさいに前提されていた「普遍的自由」等の理念は失われた。それはもはや近代の市民社会を前提した理念にすぎない。人間の自己喪失，

貧困と隷属等の事実がもはや政治的理性等によっては解決されない，市民社会独自の問題として現れるという事態に直面し，なおも，その問題解決——〈民主制〉理論の目指していたもの——を志向するとすれば，マルクスは市民社会の批判・変革を考えるほかはない。このとき，マルクスは何を根拠に市民社会の現実を批判しうるのか。近代の二元主義と市民社会そのものを批判的に問題としうる規準ないし基礎をいかにして開くのか。

人間の自己喪失等の問題を解決するとは，すなわち人間の自己確証［Selbstbetätigung］，欲求・能力・感覚等を実現することである。マルクスはいまやそれを，政治的解放と区別して，〈人間的解放〉と規定する（ibid. S.163. 訳(1), 407 頁）。またマルクスの直観では，人間の自己喪失，貧困と隷属等が市民社会の原理である私的所有に基づく問題であることは——なお自己喪失等と私的所有との関連は把握されていないとしても——明らかであった（このことは基本的にヘーゲル市民社会論にも示唆されていた）。それゆえ，ここで求められるのは，〈人間的解放〉と市民社会の原理の廃棄とを結合することである（ibid. S.162-163. 訳(1), 407 頁）。しかし，それにしても，この構想はいかにして可能なのか。

〈人間的解放〉は，私的所有の廃棄を前提する。しかるに他方では，私的所有こそ人間存在の前提ではなかったか。いかにしてそれを否定しうるのか。要するに，人間は〈人間的解放〉のためには市民社会の原理を否定しなければならないが，それは原理なるがゆえに否定されえない。ここに，1つの二律背反が現れる。

《ユダヤ人問題によせて》では，市民社会は「欲求と労働と私的利害と私的権利の世界」（ibid. S.162. 訳(1), 406 頁）であると規定されていた。市民社会をこのように規定して固定するかぎり，すべての人間は市民社会の原理——私的所有，私的権利——に立つのであり，上記の二律背反は解くことができない。それゆえ市民社会を本来的に私的所有の原理に基づく領域とする以上の抽象は廃棄し，市民社会を歴史的に相対化して，一方では人間の「本質」的領域＝再生産領域であると同時に，他方では人間の「本質」（欲求・能力等）を否定する私的原理をもつ歴史的領域であるとして，把握する必要が生じる。そしてじっさい，マルクスは市民社会のうちに，「貨幣と教養とを有する」（ibid. S.179. 訳(1), 425 頁）市民社会の1階級たる「ブルジョアジー［Bourgeoisie］」（ibid. S.180. 訳(1), 425 頁）と市民社

会の原理の解体された存在——「従来の世界秩序の事実上の解体」(ibid. S.182. 訳(1), 427 頁) ——としてのプロレタリアート, を発見することによって, かかる相対化を果たす。

「プロレタリアートが従来の世界秩序の解体を告知するとすれば, それはただそれ自身の存在の秘密を表明したにすぎない。というのは, プロレタリアートこそこの世界秩序の事実上の解体だからである。プロレタリアートが私的所有の否定を要求するとすれば, それは, 社会がプロレタリアートの原理に高めたものを, すなわちプロレタリアートのうちに社会の否定的な結果としてすでにその関与なしに体現されているものを, 社会の原理にまで高めるだけにすぎない」(ibid. S.182. 訳(1), 427 頁)。

従来の世界秩序である市民社会は, すべての構成員が私的所有者として自由かつ平等に関係を形成する領域ではない。むしろ内部に私的所有と無所有を包括した階級社会である。市民社会には市民社会の原理を前提できない階級が存在する。この認識によってこそ, 二律背反は解くことができる。

以上の認識は, 政治的解放についても新しい知見をもたらす。マルクスは《ヘーゲル法哲学批判序説》段階で, 政治的解放を市民社会の特定の階級［ブルジョアジー］による解放として, 階級的に把握するようになる。

「部分的な革命, 単に政治的であるにすぎない革命［政治的解放］は, 何に基づくのか。それは, 市民社会の一部分が自己を解放し, 普遍的支配を達成すること, ある特定の階級［ブルジョアジー］が自己の置かれた特殊な立場から, 社会の全般的な解放を企てること, に基づくのである」(ibid. S.179. 訳(1), 424-425 頁)。

ブルジョアジーの置かれた「特殊な立場」とは, 私的所有（私的権利）と等価交換等の存在条件を表す。かくて政治的解放は,「全社会が同じこの階級の立場にあるという前提の下でのみ全社会を解放する」(ibid. S.179. 訳(1), 425 頁) という, ブルジョアジーによる解放として把握される。マルクスがこれまで受容してきた市民社会の抽象的規定は, ブルジョアジーの支配する社会, ブルジョア社会の規定であったことが判明する（マルクスによる市民社会概念の変容）。他方, 市民社会には,「市民社会のいかなる階級でもない市民社会の 1 階級」,「あらゆる身分の解体として

ある1身分」(ibid. S.181. 訳(1), 427頁) として，私的所有を否定されたプロレタリアートが存在する。プロレタリアートは，一言で言えば「人間の完全な喪失」(ibid. S.182. 訳(1), 427頁) である。市民社会はこのように分極化されるのである。

では，以上の「市民社会の歴史的相対化」を前提するなら，〈人間的解放〉の現実的可能性は何に求められるのか。それは，普遍的理性に基づくものではありえない以上，市民社会の構造的矛盾，あるいは自己喪失，貧困と隷属のうちに生まれるほかはない。いまやマルクスにとって依拠すべきものは，市民社会に存在する事実，自己喪失，貧困・隷属そのものである。自己喪失等は1つの経験的事実である。しかし存在するのは1つの事実だが，各個人には，自己の形成する諸関係（「自己関係」と表現する）に存在する矛盾，分裂として，苦悩として，経験される事実である。市民社会の感性的現実に，個人の生活の否定（自己喪失）が存在するとすれば，このときに，現実を矛盾，分裂，苦悩として，自己喪失等としてとらえる個人もまた存在する。現実を矛盾，分裂，苦悩としてとらえるということは，現実を感情や欲求レベルでは超える（否定する）ことである。もし人間［プロレタリア］の欲求，能力が私的所有という市民社会の原理の下において否定されるとしたら，この矛盾は「本質」に関わる原理的な対立であり，それゆえに現実的に市民社会の原理を否定できないだろうか。自己喪失，貧困や隷属はいまや自己否定をもはらむ動態的な現実として，主体的矛盾として現れる。マルクスはおそらくこのような思考を通して，市民社会批判の次元を開いたのである。かくてマルクスは〈人間的解放〉を市民社会に生成する現実的要素——欲求——によって基礎づけるに至った。

　　「ラディカルな革命はラディカルな欲求の革命でしかありえない」
　　(ibid. S.178. 訳(1), 423頁)

ここに言われる「ラディカルな革命」とは「私的所有の廃棄」に基づく〈人間的解放〉のことである。そして，〈人間的解放〉理論は「人民の欲求の現実化」という脈絡でとらえられる。

　　「理論は，つねにそれが人民［Volk］の欲求の現実化であるかぎりにおいてのみ，人民のうちに現実化される」(ibid. S.178. 訳(1), 423頁)

ラディカルな革命は，プロレタリアートの解放として成し遂げられる。マルクスによれば，プロレタリアートは，「もはや特殊的な権利を要求するのではなくて，……ただ人間的な権原［Titel］しか拠りどころにできない」(ibid. S.181-182. 訳(1), 427頁) 階級であり，人間の完全な回復によってしか自己自身を獲得できない階級である。この階級は「その直接的状態，物質的な必然性，その鎖そのもの」によって，「普遍的解放の欲求と能力」(ibid. S.181. 訳(1), 426頁) を形成しうる。マルクスによる「プロレタリアートの発見」とはこの形成可能性の発見を意味する。

以上が，1843年に起こった理論転換の概要である。マルクスは〈人間的解放〉をプロレタリアートの解放と結合することによって，事実上「共産主義」へと理論転換を遂げた。転換の根拠は，すでに述べた〈土台＝上部構造〉論の原理的生成にある。それゆえに，マルクスは市民社会の内在的批判を課題として立て，市民社会のうちにある私的所有と無所有の対立に基づいて，〈人間的解放〉理論への転換を果たしたのである。こうして，市民社会の内在的批判という課題をつかみ，理論を新たに現実的欲求によって基礎づけたことは，理論革命というに相応しいマルクスのオリジナリティとして確認しうるのではあるまいか。

〈人間的解放〉を論ずるさいに，マルクスは貧困を「人為的に生み出された貧困」と述べ，プロレタリアートを「社会の急激な解体，とりわけ中間階級の解体から出現する人間大衆」(ibid. S.182) であるとも指摘していた。しかし，この認識は，なお直観の域を超えない。その事実の解明をなし得る経済学研究はまだ果たされていないからである。では，なぜ私的所有は一方に富を蓄積しながら，他方に貧困を生み出すのか。人間は市民社会の原理の下でなぜ自己喪失等に陥るのか。マルクスは〈土台＝上部構造〉論に立ち，ここにはじめて経済学研究——市民社会の分析——を自らの課題として設定する。それは，たまたま選択された領域の研究なのではない。政治・法律・宗教・哲学・道徳等の土台として，人間の「本質」に関わる再生産領域として，把握された市民社会の分析であり，〈人間的解放〉の究極的根拠を与えるべき領域の分析である。パリ時代の経済学研究は，このような包括的意味を与えられてこそ設定されるのであり，フォイエルバッハ哲学の啓蒙主義的理論構成をすでに超えた次元にあったと言わねばならない。

Ⅱ.『経済学・哲学手稿』の疎外論と共産主義

　マルクスは『独仏年誌』期に，市民社会における階級的分裂——私的所有の下での富と貧困・隷属——という認識に基づいて〈人間的解放〉を求め，かつ私的所有と貧困・隷属の関連を把握するという課題を設定していた。ここでは市民社会の現実を二重化して，すなわち人間の再生産領域として本質的次元をなすにもかかわらず，歴史的原理ゆえにプロレタリアートを貧困・隷属に陥れる分裂性をもつ現実として，とらえる批判的立場が求められる。それの成果が疎外論と共産主義の措定である。

1.『経済学・哲学手稿』疎外論の性格と〈労働＝所有形態〉論

　マルクスの疎外論は一般に，フォイエルバッハ哲学の「人間の本質」概念を前提した理論構成に基づくとされる。しかし，前節でも示したとおり，これはもはや支持されない。疎外論に関して，詳細に論じることは控え，ここでは，4つのことを確認しよう。

　まず第1に，疎外論は資本主義的私的所有を前提とした議論であるということである。『経哲手稿』第1草稿においてマルクスは，「われわれは国民経済学の諸前提から出発した」（新 MEGA I/2, S.234. 訳(40), 430頁）と述べる。この前提とは何よりも「資本と土地所有と労働の分離」（新 MEGA I/2, S.190. 訳(40), 390頁）あるいは「労働と資本と土地の分離」（ibid. S.234. 訳(40), 430頁）である。この分離は，まさに資本主義的生産様式の前提をなすものであり，マルクスは『経哲手稿』でも，この前提に基づいて，それが労働者にとってのみ「致命的」（ibid. S.190. 訳(40), 390頁）であること，労働者が商品（労働力商品）となり，しかも「最もみじめな商品」となること，そして「土地所有の大部分は資本家の手中に落ちて」，資本家が土地所有者となり，ついには「資本家と土地所有者との区別」（ibid. S.229. 訳(40), 425頁）が解消[5]し，全社会は所有者［資本家］と無所有の労働者という2階級に分裂すること，を論じた。

　資本（私的所有）と労働の分離を前提したとき，労働はすでに単純な労働ではない。労働はいまや「商品を生産するだけでなく，労働それ自身と労働者を商品として生産する」労働，すなわち「疎外された労働」である。ここでは「事物［物象］世界の価値増殖に正比例して，人間世界の価

値喪失［Entwertung］が増加する」。これこそ，マルクスが「国民経済学上の現に存在する事実から出発する」(ibid. S.235. 訳(40), 430頁) さいの事実にほかならない。

　国民経済学では，人間の外部に存在し人間から独立した富［私的所有］は廃棄され，労働が私的所有の主体的本質としてとらえられる（ibid. S.257. 訳(40), 450頁)。しかし，マルクスによれば，このことは人間の自立性を認めることを意味しない。

　　「したがって人間を承認するという見せかけの下に労働を原理とする国民経済学は，むしろ人間の否認を首尾一貫して遂行するものにすぎない」(ibid. S.258. 訳(40), 451頁)

それは，人間自身が私的所有の緊張した存在［Wesen］，つまり私的所有を自らに内在化して自己否定的な存在になっているからである。ここにあるのは，国民経済学における「分裂性［Zerrissenheit］の原理」(ibid. S.258. 訳(40), 452頁) である。国民経済学は，私的所有の主体的本質として労働をとらえ，人間［労働者］の労働を承認するという見せかけの下で，人間を私的所有に従属せしめ，自立性を奪う。この労働者において経験される分裂性の現実こそ，国民経済学の原理にほかならない。マルクスが『経哲手稿』において一貫して問題とするのは，この分裂性，すなわち私的所有の下における労働の分裂性＝「疎外」(6)であった。

　第2に，疎外は，私的所有の関係を前提として，それを再生産する労働者が自己の欲求・能力・感覚・素質等の「人間的本質諸力」(ibid. S.269. 訳(40), 462頁) ないし自己のもつ〈個体性〉を確証できない，という主体的構造を表すということである。

　資本主義的私的所有の下では，労働が結合される対象［生産手段］は，もはや労働者には属さない。労働者は，対象的な生産諸条件に対して，他者の所有物に対する態様で関係する。このとき労働が生産する対象＝生産物は，人間（労働者）にとって「疎遠な存在」であり，生産者から独立した威力をもって対立して現れ，労働そのものも疎遠なものとなる（ibid. S.236. 訳(40), 431-432頁)

　そして，ここから，1)「対象の疎外」(ibid. S.236. 訳(40), 432頁) ＝「事物の疎外」(ibid. S.239. 訳(40), 435頁)，2)「労働の外化」(ibid. S.238. 訳(40), 434頁) ＝「自己疎外」(ibid. S.239. 訳(40), 435頁)，3)「類

的本質」の疎外（ibid. S.242. 訳(40), 438頁），4）「人間の人間からの疎外」（ibid., 同上），という4つの疎外が現れる。肝心なのは，なぜこれが「疎外」なのか，である。

マルクスはたとえば労働の疎外に関して，「労働が労働者にとって外面的であること，すなわち労働者の本質に属さないこと」（ibid. S.238. 訳(40), 434頁）を指摘した。ここからあたかもマルクスが「労働者の本質に属する」べき労働を前提として，本質主義的批判を行ったかのような解釈が生じた。だが，これは「Aは［人間の］本質に属する」というフォイエルバッハ的表現の解釈を誤ったものである。

フォイエルバッハによれば，「水中の存在は魚の本質に属する」とは，魚は水なしに存在しえず，水中の存在は魚の本質を発揮するのに不可欠の要素（エレメント）であることを意味する（cf. FGW9:306）。この意味で，「水は魚の本質（エレメント）である」ともいわれる。マルクスが「Aは［人間の］本質に属する」という場合も同じ意味である。つまり，Aが人間の存在にとって不可欠の要素であるとき，「Aは人間の本質に属する」と言われる。このことをよく表すのは，《ミル評注》に示される「二重の所有関係」である。それによれば，私が事物＝物象に対する欲求をもつことは「事物が私の本質に属する」（新MEGA Ⅳ/2, S.454. 訳(40), 371頁）ことの証明である。そして私的所有の下では，この事物に対して人間［私的所有者］は二重の関係（自己関係）を結ぶ。1）私は事物に対する欲求をもつ。2）事物は他の人間の所有物である。それゆえ交換によって事物を領有できない場合に私は欲求を実現／確証できない。マルクスは，事物が私に属するべきであると言っているわけではない。ただ，「本質に属する」事物を確証できないという事実を問題としているのであり，この二重の自己関係的事態が「疎外」なのである。疎外が表すのは，欲求・能力等として存在する本質諸力・〈個体性〉を確証できないという，現実の二重の，矛盾した事態である。本質諸力・〈個体性〉が存在するからこそ，人間に本質的な関わりをもつ対象や活動は，他者に属するものであるとき，疎遠な威力として現れる。このことは上記4つの疎外に例外なく妥当する（詳論は割愛）。ここでもマルクスはフォイエルバッハ的理論構成を超えていることが確認される。

第3は，疎外された労働による私的所有の再生産構造である。マルクス

は「疎外された労働の概念は現実にはいかに表現されなければならないのか」（新 MEGA I/2, S.242. 訳(40), 438頁）と問うて，疎外における人間と人間の関係を明らかにする。労働の生産物が疎外されるとすれば，それは誰に属するのか，疎外された労働は誰に属するのか。それは，労働者以外の他の人間（資本家）でしかありえない。つまり，疎外された関係は，つねに「他の人間に対する労働者の関係を通してはじめて対象的現実的でありうるのである」(ibid. S.243. 訳(40), 439頁)。こうして，疎外された労働は，他の人間に対する「関係の生産」という視角を獲得する。

　「それゆえ，疎外された労働を通じて人間は，ただ生産の対象や行為に対する自己の関係を，自己に敵対的な，他の人間に対する関係として生み出すだけでなく，他の人間たちが自己の生産や生産物に対してもつ関係をも，また他の人間に対してもつ自己の関係をも，生み出すのである」(ibid. S.243. 訳(40), 440頁)

　マルクスがここで確証するのは，疎外された労働が前提をなす私的所有そのものを再生産することである。

　「私的所有は外化された労働の，すなわち自然および自己自身に対する労働者の外在的関係の，産物であり，成果であり，必然的な帰結である」(ibid. S.244. 訳(40), 440頁)

疎外された労働が「私的所有の運動からの結果」として得られたとすれば，いまや私的所有は疎外された労働の一帰結にほかならないことが判明する。私的所有は外化された労働の産物であり，他方では私的所有こそ労働を外化させる根拠である。かくて私的所有と疎外された労働とは相互に反省関係をなし，この全体が私的所有を構成するのである。こうしてマルクスはこの全体としての私的所有こそ現実的疎外の，したがって貧困と隷属との根拠と把握したのである。所有形態は，それだけでは運動原理をもたない。他方，労働は所有形態を離れて自立的に運動できない。マルクスは，労働と所有形態を一体のものとしてつかみ，労働を所有形態の運動原理ととらえる。この把握を〈労働=所有形態〉論と規定しよう。マルクスはこの〈労働=所有形態〉論を『経哲手稿』以後草稿『ドイツ・イデオロギー』に至るまで，さまざまに定式化した。

　第4に，『経哲手稿』は疎外論を通して，歴史への問いに行き着いたことである。それは，以上の把握に基づいて，1）私的所有の普遍的本質

[あり方]を，真に人間的かつ社会的な所有との関連において規定すること，2)「いかにして人間は自己の労働を外化し，疎外するようになるのか，いかにしてこの疎外は，人間的発展の本質のうちに基礎付けられるのか」(ibid. S.246. 訳(40), 442頁)を問うこと，である。1)の課題は，第3草稿の共産主義論において論じられる（後述）。2)の課題は，私的所有⇔疎外された労働そのものの歴史的根拠を問うことである。私的所有が疎外された労働の根拠であるとすれば，なぜ私的所有は歴史的に成立したのか（私的所有は始原から存在していたわけではない）。あるいは資本主義的私的所有の起源が疎外された労働に求められるとすれば，人間はなぜ歴史的に労働を外化し疎外するようになるのか（人間は本質的に自己の労働を外化し疎外するものではない）を問う。疎外された労働は資本と労働の分離，生産諸条件と労働力との分離に基づく。この分離はいかなる歴史によって成立するのか。こうしてマルクスは歴史への問い[7]を切り開く（それはのちに，草稿『ドイツ・イデオロギー』の〈労働=所有形態〉論によって説明される）。以上，いずれも歴史の変動要因を解明しようとする問いであった。

2．「歴史の変革」の論理と共産主義の措定

　マルクスは第3草稿「私的所有と共産主義」において，労働と資本の対立は「発展を遂げた矛盾関係としての私的所有」であるがゆえに「解体へと駆り立てるエネルギッシュな関係としての私的所有」(ibid. S.260. 訳(40), 454頁)であると述べた。それは，人間が私的所有を通して，一方でははじめて対象的富をつくり出すとともに，他方で，それに相応しい本質諸力・〈個体性〉という主体的富を——対立した疎外の形態において——再生産するからである（詳細は，後述「歴史の変革」の論理を参照）。そして共産主義は，このいずれの形成をも必要とし，かつ資本主義的私的所有の前提——資本と労働との分離——を廃棄して両者（＝生産諸力）を統合するところに基礎づけられる。ここでは共産主義について，本稿のテーマとの関連において3点を指摘する。

　第1は，共産主義の性格規定。それは，一言でいえば，「私的所有の積極的廃棄」あるいは「現実的疎外の廃棄」である。すなわち，共産主義は疎外の廃棄として——4つの疎外に照応して——4つの契機から論じられ

る。1）対象的富の領有。2）自己活動の獲得。3）個と類の対立の廃棄。4）人間と人間の疎外の廃棄。

　事物の疎外の廃棄としての対象的富の領有は，たんに「所持［Haben］」という意味だけでとらえられてはならない。それは各人の〈個体性〉の確証として把握される。

　　「［私的所有の積極的廃棄では］人間は，自己の全面的な本質を全面的な仕方で領有し，したがって一個のトータルな人間として領有する。……要するに人間の〈個体性〉のすべての器官は，……対象的関わりにおいて，対象への関わりにおいて，対象の領有であり，人間的現実の領有であり，対象への関わりは，人間的現実の確証なのである」（新 MEGA I/2, S.268. 訳(40), 460 頁）

　そしてそれは，「人間の個人的生活と類的生活」(ibid. S.267. 訳(40), 459 頁）の対立を廃棄した「ゲゼルシャフト［Gesellschaft］」＝「結合社会」の下でこそ実現される。この「結合社会」のイメージはなお具体的でない。しかし，「ゲゼルシャフト的性格は［共産主義］運動全体の普遍的性格である」(ibid. S.264. 訳(40), 458 頁）とされ，それが共同所有を想定するものであることは明らかである。そして，ここでこそ，〈個体性〉の確証が再説されるのである。

　　「したがって［私的所有の積極的廃棄たる］ゲゼルシャフトにおける人間にとっては至るところで，一方では対象的現実が人間的本質諸力の現実として，人間的現実として，それゆえに人間に固有の本質諸力の現実として生成することによって，人間にとってあらゆる対象が，自己自身の対象化として，個人の個体性を確認［bestätigen］し実現する対象として，人間の対象として生成する。かくて人間自身が対象として生成する」(ibid. S.269. 訳(40), 462 頁）

　要するに，私的所有の積極的廃棄は現実的疎外の廃棄である。それゆえに共産主義は次のようにも規定される[8]。

　　「共産主義は，人間と自然との間の，また人間と人間との間の，抗争の真実の解決であり，現存と本質との，対象化と自己確証との，自由と必然との，個と類との間の，争いの真の解決である」(ibid. S.263. 訳(40), 457 頁）

　これらの対立は，「疎外された労働」論で問題とされた論点であった。

第2は,「歴史の変革」の論理。そもそもマルクスにとって問題は,市民社会を変革することであった。そして,市民社会(私的所有)の運動を疎外としてとらえ,疎外を,私的所有(資本)と労働の対立という前提の下に労働が私的所有を再生産する構造,あるいは疎外を拡大再生産する構造において把握した――〈労働=所有形態〉論。これは疎外の消極的側面である。これだけでは疎外は,積極的な結果を生み出さない。では,なぜ,労働と資本の対立は,上記の「発展を遂げた矛盾関係としての私的所有」に転化するのか。それは,人間［労働者］が私的所有の運動を通して,一方でははじめて自己の本質諸力・〈個体性〉に必要な対象的富をつくり出すとともに,他方では,それに照応する人間諸力・〈個体性〉という主体的富――疎外の積極的側面――をつくり出すからである。マルクスによれば,「人間的本質の対象化」は理論的観点からも実践的観点からも,「人間的かつ自然的本質の富全体に照応する人間的感覚を創り出す」(ibid. S.270. 訳(40), 463頁)ために必要である。そして人間(労働者)は対象的富と主体的富を形成することによって,両者の対立を「発展を遂げた矛盾関係」にまで深化させ,それゆえに,この疎外を廃棄せずにはいない。こうしてマルクスは「歴史の変革」の論理をつかむのである[(9)]。かくて共産主義は,共産主義は,私的所有の運動を経験的土台として歴史的に基礎づけられる運動である。

　　「歴史の全運動は共産主義を現実に産出する行為――それの経験的存在を生み出す行為――である。……／私的所有の運動,換言すればまさに経済の運動のうちに,全革命運動はその経験的土台をも理論的な土台をも見出すということ,このことの必然性は容易に洞察されるところである」(ibid. S.263. 訳(40), 457頁)

　第3は,〈理論と実践〉に関する了解転換によりイデオロギー批判の基礎を提示したことである。マルクスは第3草稿で,現存する産業とその対象的存在とを――疎外という形態の下にあるとはいえ――「人間的本質諸力の開披された書物」と,「人間の本質との連関において」(ibid. S.271. 訳(40), 463頁)とらえた(マルクスはこの認識を〈土台=上部構造〉論的把握によって獲得していた)。この認識は,従来の〈理論と実践〉に関する了解一般を転換する。なぜなら,これまでの理論はすべて,物質的産業を「有用性」の関連においてのみとらえ,それに対立する人間の「普遍的存

在」を，すなわち宗教や政治等を「人間的本質諸力の現実として，人間的な類的行為として」とらえ，これを根拠に理論を築いてきたのだからである。

これに対してマルクスは，これまで哲学的思想的次元で論じられてきた対立——人間と自然，人間と人間，現存と本質，等——を理論的にのみとらえた哲学を批判した。

> 「理論上の諸対立の解決さえも，ただ実践的な仕方でのみ，人間の実践的なエネルギーによってのみ，可能なのであり，したがってその解決は，けっして認識の問題にすぎないのではなくて，一つの現実的な生活上の課題である。この課題を哲学が解決できなかったのは，まさにそれを理論的な課題としてのみとらえたからである」(ibid. S.271. 訳(40)，463頁)

マルクスによれば，むしろ実践によって現実的存在を変革することが理論上の謎を解決する。共産主義は理論的諸課題の解決をも包括する。では，〈理論と実践〉の了解転換は，どこに現れるのか。哲学等は普遍的理性を前提として，現実を批判し実践的に変革しようとする（啓蒙主義的理論構成）。この場合，理論は実践に先立ち，自立的に存在する普遍的理性——現実には，近代になって可能となったブルジョア的支配的理性[10]——などにより構成されるのであり，実践はこうした理論の実践（理論→実践）にほかならない。この場合，理論はなぜ普遍的理性に反する現実（不自由等）が歴史的に存在するのかを説明できず，したがって，こうした理論に基づく実践は原理的に現実を変革できない。ここに啓蒙主義的理論構成の原理的な限界が存在する。これに対してマルクスの場合，理論は実践から自立しない。むしろ理論は現実（生活）において存在する疎外を解決する運動＝実践の表現である（自己関係視座）。いったん理論が形成されるならば，理論に基づく実践が存在しうるとしても，この理論はつねに現実に存在する運動＝実践の表現（実践→理論）でしかない。かくて共産主義理論の形成によってマルクスは，最終的に啓蒙主義的理論構成の批判を成し遂げたのである。ここにイデオロギー批判の生成を見ることができる。

もはやマルクスにとって現実から自立した理念は存在しない。現実をこえる理念があるとすれば，それはただ，現実のうちに生成する——疎外に

おいて確証されない——主体的富である。そしてそれは，世界史のうちに形成されることが想定される。「5感の形成はこれまでの世界史全体の仕事である」(ibid. S.270. 訳(40), 463頁)。それゆえ私的所有の積極的廃棄は「あらゆる人間的感覚および性質の完全な解放」(ibid. S.269. 訳(40), 461頁) とも規定され，「人間としての人間」が次のように語られる。

「全歴史は，「人間」が感性的意識の対象となり，「人間としての人間」の欲求が欲求となるための準備の歴史，発展の歴史である」(ibid. S.272. 訳(40), 465頁)

マルクスはここでフォイエルバッハの「人間」なる理念を示す。だが，それは，「人間」の欲求が欲求となるという歴史において要請される理念にすぎない。ここにマルクスが果たした了解転換の成果が現れる。マルクスはフォイエルバッハ的な「人間」を理念的に前提して共産主義を提起したのではない。むしろ，あらゆる人間的感覚，豊かな人間の欲求の形成をとおしてはじめて，「人間」という理念，あるいは「人間としての人間」の欲求が歴史的に形成されると述べる（フォイエルバッハ的な概念の歴史的変容）。対象的富に照応する人間の主体的富の形成が，共産主義の前提である。それゆえ，マルクスは普遍的理性とは異なる現実変革の理念を提起したということができる。

III．歴史観の研究（1845-46）

これまでに示したのは，1）〈土台＝上部構造〉論（イデオロギー批判を含む），2）変革理論（共産主義），というマルクス社会理論の要素の多くが，『独仏年誌』の2論文から『経哲手稿』までの成果に負っていたということである。しかし，それだけで草稿『ドイツ・イデオロギー』の社会理論が成立するわけではない。とりわけ，3）歴史段階説（唯物史観）に関しては『経哲手稿』等までの叙述には見られない拡充がある。それはいかに形成されたのか。

草稿『ドイツ・イデオロギー』は，1845年11月から執筆が開始されたと考証される。『聖家族』執筆後のおよそ1年間は，シュティルナー『唯一者とその所有』読了（1844年末），パリ追放後のブリュッセル移住（1845年2月），『聖家族』刊行（同），経済学・歴史観の研究を示す《ブ

リュッセル・ノート》,《テーゼ》執筆 (45年春), エンゲルスとのマンチェスター旅行 (45年7-8月),《リスト評注》(45年8月), などによって知られる[11]。以下では, 18世紀英仏の歴史記述の批判的受容とリストおよびシュルツに示される歴史段階説を論じることから, 唯物史観の生成過程を考えよう。

1. 18世紀歴史記述の批判的受容

草稿『ドイツ・イデオロギー』には, 物質的生活そのものの生産という「あらゆる歴史の根本条件」($M11^L$=新MEGA I/5, S.26. 渋谷版, 54頁。なお, $M11^L$はマルクスによる頁付けを, 上付LとRはそれぞれ左欄, 右欄を表す) と関連させて, 次のような指摘がある。

「フランス人とイギリス人は, たとえ上記の事実といわゆる歴史との関連をきわめて一面的に——とりわけ政治的イデオロギーに囚われていたかぎりにおいて——把握しただけであるとしても, ともかく, はじめて市民社会, 商業および産業の歴史を書くことによって, 歴史記述に唯物論的土台を与える最初の試みをなした」($M11^L$=ibid. S.27. 渋谷版, 54頁)

これは, ロックを先駆として, モンテスキュー, ファーガソン, スミス, コンドルセなどが論じた「歴史の4発展段階」説——18世紀型文明史観——の批判的受容を示唆する。とくにマルクスの《手帳》(1844-47年) には,《テーゼ》叙述の前後に, ホッブズ, ロック, ファーガソン, ヒューム, リストらの著作の記載があり (cf. 新MEGA IV/3, S.22), この時期にマルクスがこれらを摂取した形跡が認められる。

では,「歴史記述に唯物論的土台を与える最初の試み」とは何か。それは主に, 次の4点であったと思われる。

第1に「4発展段階」説は, 自然状態をとらえていたということである。自然状態は「国家の存在しない状態」として歴史的事実であり, 通説的解釈のいう「孤立した近代的個人から構成されたフィクション」ではありえなかった。自然状態は17世紀アメリカなどに現存した状態であり, 1つの共同社会 [community] を構成していた。そしてそれは, 論者によって相異があるとはいえ, 生産-所有に基づく経済的次元と婚姻-家族 (家父長制) からなる社会的次元を包括する領域として把握された。つま

り，人間の再生産領域は，18世紀にも歴史の前提として認められていたのである。草稿『ドイツ・イデオロギー』が認めた「本源的な歴史的諸関係の4つの契機」（M13^L＝新 MEGA I/5, S.29. 渋谷版, 58頁），すなわち，1）物質的生活の生産，2）新しい欲求の産出，3）生殖による他人の生命の生産，4）社会関係の形成，という4契機は，自然状態において認められる諸関係と共通性がある。たとえばファーガソン『市民社会の歴史』（初版1767年）が提示する原理は，1）「自己保存原理」(Ferguson, 1966, p.10)，2）「結合 [union] の原理」(ibid. p.16)，3）学芸技術 [arts] の発明・考案による進歩の原理，4）「戦争と不和の原理」(ibid. S.20) である。直接的でなくとも関連性を読みとることは可能である。

第2に「4発展段階」説は，自然状態から国家の歴史的設立を論じるにあたって，歴史をほぼ，狩猟（savage）→牧畜（barbarous）→農耕（以後 civilized）→商業という4段階においてとらえ，ファーガソンやスミスに見られるように，4発展段階を分業によって説明したことである。かくてそれは，唯物論的に「商業および産業の歴史」を書く最初の試みをなしたのである。

第3に，社会契約説のロックであれ社会契約説を批判するファーガソンやスミス[12]であれ——さらにはカント，ヘーゲルであれ——，国家（市民社会）をほぼ古代の農耕段階で成立したととらえたことである。たとえばロックであれば，農耕段階で不動産の私的所有が成立し，ここから貨幣使用後に貧富の格差に基づく権利侵害，争い（「自然状態の不都合」）が生じ，所有権の保全が共同社会の課題となったと説明された。この場合，国家は引き続き経済的次元と社会的次元とを包括し，これを支配統合する「政治共同体 [politike koinonia; civitas; commonwealth]」と解された。つまり，国家は経済的次元と社会的次元とを包括し支配統合するかぎり，二重構造——能動市民と受動市民からなる支配＝被支配構造——から構成される全体社会である。ここで問題とされる国家は近代国家ではなく，人民を1人の例外もなしに「受動的服従 [passive obedience]」の下におく支配統合機関としての国家一般である。同時に国家の政治体制（権力機関）と法律は，全体社会の構造を前提（土台）として，それに関わる「上部構造」[13]であることが，事実上示唆される（ただし，ロックらにあってはイデオロギー的に政治的次元の優位が想定されている）。

第4に「4発展段階」説は，設立された国家を「市民社会」と規定していたことである。国家＝市民社会は，古代以来の文明段階において成立した。そして，それは近代に至って，法的統治と普遍的富裕化という新たな段階に達した。近代市民社会はスミスが「富裕な商業社会」と規定した近代文明社会であった。
　「歴史記述に唯物論的土台を与える最初の試みをなした」という評価は，以上のような歴史認識をマルクスらが18世紀のフランス人とイギリス人から摂取したことを示唆する[14]。確認すべきは――もとより推測の域を出ないとはいえ――，マルクスによる4発展段階説の批判的受容である。18世紀のフランス人とイギリス人は，マルクスが把握したような〈土台＝上部構造〉論には達していない。むしろ政治的イデオロギーにとらわれ，政治を優位に置いたのである。しかし同時に，4発展段階説がマルクスらの歴史観に継承された側面も無視できない。

2．マルクス《リスト評注》（1845年8月）

　1837年にヘーゲルの『歴史哲学講義』が公刊されたのち，ヘス『人類の聖史』（1837年），チェシコフスキ『歴史学へのプロレゴメナ』（1838年），リスト『経済学の国民的体系』（1841年），シュルツ『生産の運動』（1843年），ギューリヒ『現代の最も重要な商業諸国家の商業，工業および農業の歴史的叙述』（全5巻，1844-45年）などの著作が立て続けに刊行され――見方によっては，シュティルナー『唯一者とその所有』（1844年）さえも1つの歴史観の表明である――，歴史把握は大きなテーマをなしていた。このような状況は『経哲手稿』以後のマルクスの課題と相互に関連しあうものである。ここではマルクス《リスト評注》と絡めてリスト『国民的体系』を考察する。
　リストは『国民的大系』においてスミスの経済学体系を「世界主義的経済学」として批判し，「国民生産力の理論」をうち立てた。この理論は，概括すれば，1）世界主義経済学と国民経済学の区別，2）生産諸力概念の拡張，3）歴史の5発展段階説，4）保護貿易体制論，の4つの要素からなるとみることができる。
　まず，世界主義経済学と国民経済学の区別。前者は，ケネーとスミスによって唱えられた「全人類がいかに福祉を達成しうるか」（List, 1971,

S.161）を教える科学であり，「世界連合と永久平和の存在を前提」(ibid. S.167）に一般的自由貿易の理念に基づいて，富すなわち交換価値の蓄積を目指す科学（交換価値の理論）。これに対して後者は「所与のネイションが所与の世界情勢の下でいかに農耕・工業・商業によって福祉と文明と威力を達成するか」(ibid. S.161）という課題に限定した科学であり，先進ネイションの下での「後進ネイションの全般的臣従」(ibid. S.167）という世界情勢に応じて，生産諸力をいかに形成するかを説く科学（生産諸力の理論）である。世界主義的経済学は理念が現実に存在しているとみなす錯誤を犯している。こうして，リストは後者の立場を主張した。

　第2は，生産諸力概念の拡張。リストは「富の原因［生産諸力］は，富［交換価値］そのものとはまったく別のものである」(ibid. S.173），「富をつくり出す力は富そのものよりも無限に重要である」(ibid.）として，生産諸力の概念を拡張する。生産力概念に，1）物質的生産力（各種の資本），2）個人の勤勉，節約，道徳性等，3）国家の社会的政治的および市民的な制度および法律，までを包括して，それを国民的規模で連結させ，物質的生産と精神的生産の調和，農工商の均整的形成を求めたのである。

　　「諸国民の生産諸力は，たんに各個人の勤勉，節約，道徳性および知性によって，あるいは自然資源や物質的資本の所持によって制約されるばかりではなく，社会的，政治的および市民的な制度および法律によっても，とりわけその国民体［Nationalität］の持続，独立および威力によっても，制約される。……国民的統一なしに，国民的分業および生産諸力の国民的連結なしに，ネイションが高度な福祉と威力を達成することはなく，精神的・社会的・物質的財の持続的な所持を確実にすることはないであろう」(ibid. S.51）

　そしてリストは，この生産力概念と発展段階説とを結合して，国民生産力の理論（国民経済学）を構築した。

　第3は歴史の5発展段階説。これは，「未開（狩猟）状態→牧畜状態→農耕状態→農工並存状態→農工商並存状態」からなる諸民族の歴史段階説である（cf. List, 1971, S.49）。リストは農耕段階以後を「文明」と規定しながら，古代と近代とを区分し，さらには近代にも2段階を設定した。ドイツは第4段階，イギリスは第5段階にあり，第5段階のネイションこ

そ,「標準的ネイション [Die normalmäßige Nation]」(ibid. S.210) と規定される。ここに,変形された19世紀型文明史観[15]が成立する。

「標準的ネイションは,共通の言語と学芸をもち,多様な自然資源に富み広大かつまとまりのある領土と大規模な人口とを有している。ここでは農業,工業,商業,海運が均等に発達を遂げ,技芸と学問,教育施設と一般の教養は物質的生産と同じ水準に達している。憲法,法律,制度は各成員に高度の安全と自由を与え,宗教心と倫理および幸福を向上させる,一言で言えば,各市民の福祉を目的としている」(ibid.)

国民経済学の課題は,遅れたネイションを標準的ネイションに形成するところにある。

「政治の課題は,野蛮の国民体を文明化し,弱小の国民体を強大化し,とりわけその存在と持続を確実なものとすることにある。国民経済学の課題は,ネイションの経済的育成を為し遂げ,将来の世界社会へと入る準備をさせることにある」(ibid.)

第4は,保護貿易体制論。リストは以上に述べた発展段階説に基づいて,第4段階にあるドイツは保護貿易によって第5段階に移行しなければならないと主張した。それゆえスミスを大綱において認め,かつイギリスを標準的ネイションと規定しながら,リストはその自由貿易論(世界主義的経済学)を受容できなかった。

リストの理論はドイツの後進性を前提としたネイションの形成理論である。ここには,生産力概念,産業の発展段階説など,スミスらとの共通性もあり,マルクスも認める認識が存在する。しかし,それはマルクス《リスト評注》によれば,あくまでブルジョア的なネイション形成にほかならない。リストの理論から学ぶものがあったとしても,基本的な理論構成が異なり,懸隔は大きい。以下,《リスト評注》の要点を記す。

第1に,全体的評価。マルクスは「リストの大系の理論的部分全体は,実直な経済学の産業的唯物論を観念的な空文句で装ったものにほかならない」(Marx, 1972, S.425) と評する。それは,とくに「富を追求しながら,富を否認する」(ibid.),「没精神的唯物主義[富の追求]をまったく観念論的な装いでくるむ」(ibid.),「悪しき交換価値を憧憬しつつ,それについて語ることに羞恥を覚えて生産諸力を語り,競争について語ることに羞

恥を覚えて，国民的生産諸力の国民的連合を語り，そして己れの私的利害を語ることに羞恥を覚えて国民的利害を語る」(ibid. S.425f.)ところに現れる。つまりリストは，富を蓄積するという場合，ブルジョアが追い求めるのは，「非精神的物質的財ではなく，精神的な存在［Wesen］であり，悪しき有限な交換価値ではなくて，無限の生産力である」(ibid. S.432)ということを証明する。「リスト氏にあるのは，幻想と観念論化をこととする［idealisierend］空文句である」(ibid.)。この意味でマルクスによれば，リストの経済学は「誇大な，観念論化をこととする偽善的な国民経済学」(ibid. S.426)なのである。

　第2に，「生産諸力の学説」についての論評。マルクスは上記のとおり，リストが「生産的階級は交換価値を生産し，不生産的階級は生産諸力を生産する」(List, 1971, S.182)というように，交換価値と生産諸力を区別すること——そして前者には「世界主義的経済学」を，後者には「国民的経済学」を対応させること——を批判する。

　　「諸国民の圧倒的多数を「商品」に，すなわち「交換価値」となし，かれらを交換価値に基づくまったく物質的な［物象化された］諸関係に従属させる，というさもしい唯物主義［Materialismus］に現実に堕落した学説［リストの大系］が，他の国民を交換価値の悪しき「唯物主義」ゆえに軽蔑的に見下す一方，己れにはただ「生産諸力」だけが問題であるかのように申し立てるのは，下劣な偽善，観念論的な粉飾（ごまかし）である」(Marx, 1972, S.436)[16]

この批判は，とくに生産諸力を政治的および市民的制度および法律等まで拡張し，これを富の原因として富［交換価値］そのものと区別した議論に関わる。

　第3に，保護貿易体制論について。ドイツのブルジョアが考えているのは主として「保護関税」を手段として富裕化することである。しかし，保護関税によってブルジョアが富裕化できるのは，イギリス人ではなくドイツのブルジョア自身が「同国人を搾取し，しかもこれまで外国によって搾取されていた以上に搾取する」(ibid. S.433)場合だけである。それゆえ「ブルジョアジーの全願望は，要するに［保護関税によって］，自国の工場制度に「イギリスに並ぶ」繁栄をもたらし，産業主義を社会の規制因とすること，すなわち社会の組織解体［Desorganisation］を生み出すことに

帰着する」（ibid.）。

第4に，歴史的部分について。リストの歴史発展段階説についての具体的論評，あるいは発展段階についての叙述は《リスト評注》には存在しない。しかし，それに関説した部分は注目される。

  「アダム・スミスが［リストの］国民経済学の理論的出発点であるとすれば，この経済学の現実的出発点，現実的な学校は「市民社会」であり，経済学のうちに「市民社会」のさまざまな発展段階を正確に辿ることができる」（ibid. S.432）

スミスの市民社会論は周知のように，歴史の4発展段階説を含む。リストもまたスミスにしたがって発展段階説を構成した。スミスの発展段階説を何らかの形で学んでいるはずのマルクスが，リストの5段階説を退けるとしても，全面的な否認ではありえなかったと考えられる。

3．シュルツ『生産の運動』

シュルツは，一時期リストと共著論文を執筆するなど，直接に交渉があり，同じ理論的基礎に立ちながら，かつそれを資本主義の矛盾と結びつけることにより，著書『生産の運動』（初版1843年）において独自の「生産諸力の理論」を打ち立てた[17]。唯物史観の成立史という視点からみて，3つの要素が注目される。

第1は，生産諸力および生産様式等の概念。シュルツによれば，生産諸力は，生産的人間諸力と自然諸力からなる。前者は「人格的力能，すなわち生産の目的のために活動する人格的諸力の総体」（Schulz, 1974, S.65）とも規定される人間の労働力。後者は生産手段，すなわち労働対象と労働手段を指す。かくてシュルツは，一方で「活動のさまざまな主要部門への人口の適正な分配［verhältnismäßige Verteilung］」（ibid. S.17），すなわち農業・工業・商業への「労働有機体」（ibid. S.28）の分業を論じると同時に，他方で「生産的人間諸力と没知性的自然諸力との関係」（ibid. S.28; cf. ibid. S.17）を問題とし，「生産行為はつねに事物的諸力と人格的諸力との一体化と相互作用に基づく」（ibid. S.64）ことを指摘している。これが「生産様式」（ibid. S.8）である。シュルツによれば，ここから労働有機体の「編成」（ibid.）と「社会形成体」（ibid. S.11）が生じるとされる。

第2は，歴史の4発展段階説。シュルツは，最も粗野な黒人諸民族から

ヨーロッパ文明の最先進ネイションに至るまでの社会的諸関係の「同時的並存」(Schulz, 1974, S.10) を年代的に, 各ネイションが辿った古い諸時代に発見される段階として認識する。そしてこれによって歴史は分業と生産諸力の発展を規準に,「4つの主要段階」(ibid. S.37) に区分された。第1段階は, 本来的な狭義の「手労働 [Handarbeit]」(ibid. S.14) の時代。「欲求はなお単純であり, それを充足させる手段は乏しい」(ibid. S.11)。「社会の最初期には, なお個人, あるいは家族が一切である」(ibid.)。経済的な単位は「家族」であり, 性的分業以外の分業は存在しない。「この文化段階では手が人間にとってほとんど唯一の道具であり, これによって必要なものを周囲の自然からなおきわめて直接的な仕方で取り出し, また自然に干渉する。これを超える生産用具はすべて, それ自身が手の直接的労働の粗野な産物にすぎない」(ibid. S.12)。漁労と狩猟, あるいは牧畜が, この段階の主要な産業である。階級ないし身分もまだ成立しておらず, 国家も存在していない。ここには,「ポリネシアやアメリカの原住民, 大半の黒人諸民族, さらには中央アジアの遊牧民族すらも」(ibid.) 属するとされる。第2段階は, 定住農耕民族が出現する段階である (cf. ibid. S.13)。大地の豊かな産物が多様な利用と加工をもたらし, 相互の交換→交易を生み出す。生産はますます多様化し, 農業・工業・商業の広範な分業が始まる (cf. ibid. S.14)。人間の労働は精神的活動に媒介されて高度になり, 各人の手はより技巧的な道具を操り, 外界に干渉するようになる。「農耕と手工業」の時代。結果として本来の「カースト制度」(ibid.) への市民社会の分割が起こる。そして「所有の成立」(ibid. S.15) と結合して「資本の漸次的蓄積」が可能になり, かくて物質的生産と知的(精神的)生産が分離する。同じ時期に「本来の法的統治 [Legislation]」(ibid.), すなわち国家が成立する。想定されるのは, 古代エジプト, アジアの帝国 (インド, 中国, 日本), イスラム国家, 古代ギリシアやローマ, 中世ゲルマンの諸国家である (ibid. S.16f.)。第3段階はマニュファクチュアの時代である。ここでは人間はますます活動を分割し, 協同を果たすようになる。「こうしてマニュファクチュアの時代が始まる。それは最高度に分割され, かつ同時に同一の生産目的のために協同する, 手工業的活動なのである」(ibid. S.37)。第4段階は「より完全な機械制の適用」(ibid.) の時代である。

第3は，資本主義的生産様式の批判。シュルツは資本主義のもつ矛盾，「社会的弊害」(ibid. S.60) をさまざまに指摘した。マルクス『経哲手稿』も引用する典型的な個所を挙げる。

　　「所得の差異と相対的な隔たりはいっそう大きくなりうるのであり，このことによって富と貧困との対立はいっそう鋭く現れることもできる。なぜなら，まさに総生産が上昇するがゆえに，この上昇と同じ度合で欲求，欲望，要求もまた増大し，したがって絶対的貧困［Die absolute Armut］が減少する一方，相対的貧困が増加しうるからである」(ibid. S.65f.)

　　「このこと［生産諸力のいっそう広範な結合，資金力と知識・技能の結合等］によって資本家が資本の節約分をいっそう多様な仕方で，しかも同時に，農業的・工業的・商業的生産に充用することが可能になり，かくて同時に彼らの利益はいっそう同時的に多面的なものになる……。しかし，資本をこのうえなく多様な仕方で収益あるものにする以上の可能性が容易になったこと自体が，有産階級と無産階級との間の対立を昂進させるに違いない」(ibid. S.40f.)

　資本主義における富と貧困との対立，有産階級（資本家）と無産階級（労働者）との間の対立をシュルツがとらえていたことは明白である。では，これをいかなる脈絡で把握したか。シュルツはこう述べている。

　　「われわれは，思い込みと利害によって昂進する無政府状態の只中を，すなわち教養および所有の，精神的財および物質的財の，自然に反する分配［widernatürliche Verteilung］によって生み出され助長された無政府状態の只中を，生きている。この自然に反する分配によって，文明化されたヨーロッパのすべての国で，住民の大部分は奴隷状態，荒廃状態を余儀なくされ，そして残る人々も，利己心という致命的な癌に冒されて，自由で喜ばしい活動の生き生きした享受を奪われている」(ibid. S.3)

　同じことをシュルツは，「社会的弊害は本質的に，ただ労働と所得の不正な分配にのみ起因しうる」(ibid. S.60) とも述べる。問題は，労働と所得の不正な「自然に反する分配」に還元される。労働の「自然に反する分配」とは，「機械制の完成による時間の節約にもかかわらず，無数の人びとにとっては工場における奴隷労働の持続がただ増大するだけであった」

(ibid. S.68) ということである。だから，シュルツは，より多くの自由時間の獲得こそ国民的力の共同による収益であり，「社会の全成員はこれの適正な分配を要求する［ことができる］」(ibid.)と述べた。他方，所得の「自然に反する分配」とは，すでに指摘された所有の不平等，あるいは格差的な分配，である。問題は「社会の全成員に，増大する国民所得の調和的かつ適正な分配」(ibid. S.66)を行うことである。シュルツにとっては，問題は現在に存在している可能性に基づいて「適正な分配」を実現することであった。

『経哲手稿』の引用から明らかなように，1844年にマルクスはシュルツの資本主義批判に共感を寄せた。では，1845年のマルクスはシュルツをどうとらえただろうか。唯物史観の生成という視点から，3つの事柄を指摘する。

第1は，唯物史観に関わる基礎概念の多くをシュルツが提出していたことである。生産用具，生産諸力，労働様式，労働有機体，生産様式，交通，生産諸関係，物質的生産と精神的生産，等。シュルツの著書『生産の運動』は，草稿『ドイツ・イデオロギー』にも頻出する概念に基づいて理論が構成されており，関連を否定できない。

第2は，歴史段階説である。歴史段階説をもっぱらシュルツから受容したということはできない。しかし，分業論，自由時間論などから学んだことは考えられる。たとえば「分業とともに，精神的活動と物質的活動とが，享受と労働，生産と消費とが別々の個人のものになる可能性が，それどころか現実性が与えられる」($M16^L$＝新 MEGA I/5, S.32. 渋谷版, 60頁)などの叙述にはシュルツ的な視点が感じられる。

第3は，シュルツが「自然」を理論的前提として現実の問題を解決しようとした理論構成である。マルクスはこの理論構成を取ることができない。マルクスにとって肝心なのは私的所有の現実の運動そのものを通して，現実を変革する要素（ラディカルな欲求）が生成することである。それは私的所有に存在する疎外のうちで生成する。それはたんに生産諸力の発展だけでは説明できない。生産の運動には，生産諸力の発展だけでなく，敵対的関係を生み出すもう1つの根拠がなければならない。それが，交通形態であり，生産諸力と交通形態の矛盾であった。マルクスは，『経哲手稿』以来問題としてきた「分裂性」を生み出す根拠として，所有関係

（交通形態）を把握していたのである。この視点からすれば，シュルツのいう「自然に基づく適正な分配」は，啓蒙主義的傾向を免れない。いよいよ独自の歴史把握を構想する必要が形成されたものと想像される。

Ⅳ．唯物史観の形成

では，唯物史観はいかに形成されたのか。もとより形成過程を実証的に再現することはできない。しかし唯物史観の形成は，あえていえば，〈土台＝上部構造〉論の拡張および「歴史の変革」の論理の適用に基づいた，歴史段階説の批判的再構成，ととらえることができる。以下，この過程を各要素から構成する作業を試みる。

1．〈土台＝上部構造〉論の歴史的拡張

まず〈土台＝上部構造〉論——唯物史観の第1の要素——が，各時代における市民社会と国家との関係として歴史全体に拡張され[18]，次のように定式化される。

> 「この歴史観は，次のことに基づいている。すなわち，現実的な生産過程を，しかも直接的生活の物質的生産から出発して，展開すること，この生産様式と連関し，それによって生み出された交通形態を，したがってさまざまな段階にある市民社会を，歴史全体の基礎としてとらえること，そして，市民社会を国家としてのその作用において示すとともに，宗教，哲学，道徳等々という，意識のさまざまな理論的産物および形態のすべてを市民社会から説明し，そして，それらの成立過程をそれぞれから跡づけること……，である」（M24^L＝ibid. S.45. 渋谷版，76-78頁）

人間各個人の交通形態＝市民社会と物質的生産の生産様式との関連（後述）を措けば，1）交通形態を，したがってさまざまな段階にある市民社会を，歴史全体［上部構造をも包括する全体］の基礎［土台］として拡張し，2）国家としての市民社会の作用および意識のさまざまな理論的産物および諸形態を市民社会から説明すべきものと拡張された意味で述べていることは明らかである。この拡張にあたっては，3つのことが注目される。

第1は，市民社会が「生産および交通から直接に発展する社会的組織」（M68^L＝ibid. S.115. 渋谷版, 170頁），再生産領域（人類の永続的な存在条件をなす領域）として規定され，あらゆる歴史の土台をなすとされたこと，「あらゆる歴史の真のかまど」（M19^L＝ibid. S.39. 渋谷版, 66頁）としての市民社会概念（市民社会概念のマルクス的了解の拡張）が成立したことである。
　ただし，市民社会が歴史全体の基礎とみなされることは無条件ではない。少なくとも，古代以来の politike koinonia ないし societas civilis のとらえ返しが存在していなければならない。なぜなら，それは本来「国家」と同義語であったからである。国家＝市民社会の意味を奴隷制などと対立した政治体制としてのみ理解するとすれば，古代のそれは，歴史の基礎とはみなしがたい。したがって国家＝市民社会を，経済的次元と社会的次元をも包括する社会として拡張的にとらえる一般的視角が要請される。それこそ伝統的な意味での〈市民社会〉，ヘーゲルが理解していた〈市民社会〉でもあった。草稿『ドイツ・イデオロギー』はこのことを確認した上で，相対的に国家と区別して市民社会を歴史の土台としたと考えられる。

> 「市民社会は，生産諸力の一定の発展段階内部における諸個人の物質的交通全体を包括する。……生産および交通から直接に発展する社会的組織［市民社会］は，あらゆる時代に国家およびその他の観念論的上部構造の土台をなし，この間たえず同じ名称で呼ばれてきた」（M68^L＝ibid. S.114f.. 渋谷版, 170頁）

この言明は，「あらゆる時代」を有史に限定し，国家＝市民社会を狭義の国家と再生産領域を包括するものととらえてこそ，了解可能である。
　要するに，マルクスの場合，市民社会と国家は単純に対立させられてはいないということである。むしろ〈市民社会〉は国家と相対的に区別されながら，国家をも包括し，他方，国家によって統合される領域として把握される。「国家は，支配階級の諸個人がその共同利害を通用させるさいの形態であり，そしてある時代の市民社会全体が総括される形態である」（M70^L＝ibid. S.117. 渋谷版, 174-175頁）といわれるのも，この脈絡で理解されうる。
　第2は，〈土台＝上部構造〉論を有史に限定したとき，有史前――国家等が存在しない歴史――を表す概念が要請されたということである。じっ

さい，草稿『ドイツ・イデオロギー』は市民社会と国家・法律等の上部構造が存在しない部族所有段階を歴史（広義）の第1形態に設定している。この場合，市民社会を部族所有段階の土台として規定するのは不都合である。したがって，〈土台＝上部構造〉論において再生産領域を表していた市民社会は，あくまで国家等が存在する有史の概念として限定し，さらにそれに先行する再生産領域を表す概念が求められる。それが草稿『ドイツ・イデオロギー』では Gemeinwesen と規定されることになった。

　マルクスは草稿『ドイツ・イデオロギー』において，Gemeinde と Gemeinwesen を区別した。Gemeinde は男性（一部）が形成する政治的組織（国家・法律等），すなわち歴史的に農耕段階で成立した支配秩序・社会統合の機関およびそれによって成立する人為的な政治体制であり，Gemeinwesen は，1）生産−所有の諸関係に基づく経済的次元と，2）婚姻−家族形成の諸関係による社会的次元を包括する，男女両性からなる経済的社会的再生産組織を指すものと見られる。マルクスによれば，Gemeinwesen は，近代に至って解体されるとはいえ，部族所有から封建的所有に至るまでのすべての所有の基礎をなすとされる（後述）。

　Gemeinde は，1844年段階（『聖家族』『イギリスにおける労働者階級の状態』等）で，「教団」（MEW, Bd.2, S.145）「自治体（市町村）」（ibid. S.423,447,etc.），共産主義「団体」（ibid. S.511）など人為的な組織・団体を表す概念として，通常の意味で使われていた。また Gemeinwesen は《ミル評注》などに人間の「共同的本質」「共同社会」として頻出した概念であり，『聖家族』でも，「民主主義的代議制国家と市民社会の対立は，公的な Gemeinwesen と奴隷制の古典的対立の完成である」（ibid. S.123），「ロベスピエール，サン＝ジュストおよび彼らの党が没落したのは，現実の奴隷制を基礎とする実在的民主主義的な Gemeinwesen を，解放された奴隷制，すなわち市民社会に基づく近代の精神主義的民主主義的な代議制国家と混同したためである」（ibid. S.129）などと，古代と近代の政治的 Gemeinwesen（cf. ibid. S.117）を表す概念として現れた。これらがなぜ草稿『ドイツ・イデオロギー』において区別され独特な歴史的概念とされるに至ったか。それは，〈土台＝上部構造〉論を歴史的に拡張するにあたり，再生産領域を市民社会と区別して規定する必要が歴史的に生じたからであると考えられる。両者の区別は草稿『ドイツ・イデオロギー』以後のマル

クスに特有である。以下では，Gemeinde を「共同体」，Gemeinwesen を「共同社会」と訳す。

　第3は，国家等の上部構造の限定性である。いま述べたように，部族段階では基本的にいわゆる国家・法律等の上部構造は存在しない。つまり国家等の上部構造も，明確に歴史的に成立したものとみなされる。かくて，国家・法律だけでなく，宗教，哲学・道徳等の観念論的上部構造も，歴史のある段階で成立した支配秩序・社会統合に関わる領域として明確に把握されたものと解釈される。

　肝要なのは，マルクスが支配秩序・社会統合に関わる領域の独自的次元を認めたことである。「国家の起源および国家の市民社会に対する関係」（M19^L＝新 MEGA I/5, S.40. 渋谷版, 68頁）は，草稿『ドイツ・イデオロギー』の掲げたテーマであった。そしてマルクスは国家について，それが歴史的に農耕段階で支配秩序・社会統合に関わる領域として設立されたことを認めた。幻想的な共同的利害とこれに対立する特殊的利害との実践的闘争が「国家としての幻想的「普遍的」利害による実践的介入と制御を必要とさせる」（M18^R＝ibid. S.37. 渋谷版, 65頁）。だから，国家は上部構造として自立性をもたないとされながらも，他方で「被支配階級にとってはまったく幻想的な共同関係［illusorische Gemeinschaft］であっただけでなく，新たな桎梏でもあった」（M56^L＝ibid. S.96. 渋谷版, 146頁）として，独自の支配統合機能を認めた。

　一般に上部構造はマルクスにとってたんなる「幻想」ではなく，支配統合領域を構成する。〈土台＝上部構造〉論を歴史的に拡張したとき，この認識はいっそう明確に定式化された（このことはイデオロギー論にも妥当する）。

2．生産様式と「歴史の変革」の論理

　〈土台＝上部構造〉論を歴史観の基本視角としたとき，マルクスは，市民社会をあらゆる歴史の真のかまど，歴史の土台としてとらえ，土台内部の再生産構造および「歴史の変革」の論理を把握する概念装置を措定しなければならない。それが唯物史観の第2の要素をなす，物質的生産の〈生産様式〉と「生産諸力と交通形態の関係」である。

　生産は，シュルツもいうように，生産諸力（生産手段と労働力）の結合

の仕方によって起こる。この結合の仕方が「生産様式」である。生産様式は2つの側面から把握することができる。1つは，生産の内容（何を生産するか）に関わる技術的結合様式（cf.H^2:Fragment = ibid. S.8ff. 渋谷版, 16-18頁），もう1つは所有形態から結果する生産諸力の諸要素——生産手段（草稿『ドイツ・イデオロギー』では「生産用具」）と労働力（草稿『ドイツ・イデオロギー』では「労働」）——の社会的結合様式（→交通形態），である。この生産様式は草稿『ドイツ・イデオロギー』では，〈労働＝所有形態〉論によって説明された。

　　「これら［部族所有から近代的資本に至るまでの］さまざまな形態は，それだけ多くの，労働の組織形態，したがって所有の形態である。いずれの時代にも，諸欲求によって必要になったかぎりにおいて，現存の生産諸力の結合が起こったのである」（$M52^L$ = ibid. S.89. 渋谷版, 138-140頁）

　　「分業のさまざまな発展段階は，まさにそれと同じ数だけ異なる所有形態をなす。すなわち，分業のその都度の段階は，労働の材料，用具および生産物との関連における各個人相互の諸関係をも規定する」（H^7:3-Fragment = ibid. S.129. 渋谷版, 26頁）

　ここで問題となっているのは，生産手段（原材料＋労働手段）の所有をめぐる各個人相互の諸関係である。生産様式はこの所有諸関係／諸形態の結果であり，またその産出要因でもある。すでに指摘したように，マルクスは『経哲手稿』や《リスト評注》ですでに労働と所有形態論の再生産構造を定式化していた。この再生産構造の産出要因がいまや生産様式として把握される。それはある所有形態を前提とした生産諸力の結合関係であり，それゆえに労働によって生産諸力［対象的富と主体的富］を生産し，特定の所有形態と人間各個人の交通形態を再生産する。それゆえ，「市民社会は，生産諸力の一定の発展段階内部における諸個人の物質的交通全体を包括する」のであるかぎり，それは「生産および交通から直接に発展する」ことになる。こうしてマルクスは，労働と所有形態との関連から交通形態を把握した。

　マルクスの歴史観は，土台に関する以上の生産様式論，〈労働＝所有形態〉論に基づく。とはいえ，土台内部の再生産構造に関する議論はそれだけに尽きない。それはもう1つの構成部分，「歴史の変革」に関わる「生

産諸力と交通形態の関係」と結合される。

　草稿『ドイツ・イデオロギー』は，歴史の変動根拠を「生産諸力と交通形態の矛盾」のうちに求めた。

　　「歴史上のすべての衝突は，われわれの見解によれば，その起源を，生産諸力と交通形態の矛盾の中にもっている」（M52-53^L＝ibid. S.90. 渋谷版, 140頁）

　この矛盾は，さまざまな階級の諸衝突として現れ，思想闘争・政治闘争などの「副次的」な主体的運動として——諸個人，諸階級の意識を媒介として——現れるとしても，なお諸衝突に関わる当事者たちの主観／意識を超えるという意味において，ある種の客観性を帯びた対象関係である。これは，たしかに『経哲手稿』にない表現である。それゆえ，ここから草稿『ドイツ・イデオロギー』があたかも疎外論的理論構成を廃棄したかのようにとらえる解釈も生みだされた。だが，はたして生産諸力と交通形態との矛盾は，人間各個人の経験を超えた，如何ともしがたい運命であるのか。それは疎外論的理論構成と接合不能であるのか。

　ところが他方，草稿『ドイツ・イデオロギー』には注目すべき次のような箇所が存在する。

　　「生産諸力と交通形態との関係は，各個人の交通形態と活動ないし確証との関係である」（M60^L＝ibid. S.102. 渋谷版, 156頁）

　この箇所を解釈するために必要なのは，歴史的に規定された個人が自己関係のうちに抱える矛盾，つまり人間各個人の階級的被規定性をつかむことである。

　　「他方では，階級はこれまた各個人に対して自立化するから，この結果，各個人は各人の生活諸条件を予め定められたものとして見出し，階級によって，各人の生活上の地位を，それとともに各人の人格的発展を，割り当てられ，階級の下に服属させられる」（M55^L＝ibid. S.94. 渋谷版, 144-145頁）

　ここには「歴史上の事実」として，「人格的個人と偶然的個人との区別」（M60^L＝ibid. S.101. 渋谷版, 154頁）が現れる。偶然的個人とは「階級的に規定された個人」を，人格的個人は「生活欲求に基づく個人」を言う。肝心なのは，この二重の在り方が同じ個人の内部において対立／分裂することである。草稿『ドイツ・イデオロギー』は，同一個人における「内部対

立」を次のように論じる。

　「人格的個人と階級的個人との区別，個人にとっての生活条件の偶然性は，それ自体ブルジョアジーの産物である階級［プロレタリアート］の登場とともにはじめて現れる」（M56^L＝ibid. S.97. 渋谷版, 148頁）

　「彼ら［大多数のプロレタリア］がなお生産諸力および各人の生存に対してもつ唯一の連関，すなわち労働は，自己確証のあらゆる外観を失い，生活を縮減させることによってのみ生活を維持するのである」（M65-66^L＝ibid. S.111. 渋谷版, 166頁）

　自己確証と物質的生活の生産（労働）はこのように分裂している。草稿『ドイツ・イデオロギー』が指摘するのは，生産様式に基づいて生じる階級的区分が個人の意識や意志を超えるという，存在次元における事実であり，このときには，人間の自己関係が階級的に規定された部分と人格的な部分とに分裂するという，自己関係視座に基づく事実である。

　さて，以上の各個人の内部における対立／分裂は，生産諸力と交通形態の矛盾とどう関連づけられるのか。生産諸力の発展は，さしあたり，富の増加として現れる。この意味は二重である。すなわち，対象的物質的富の増加と主体的富の増加。前者は財貨の豊富として現れる。後者はプロレタリアとしての人間各個人——各個人はそれ自体が生産諸力である——の〈個体性〉，欲求・能力等の形成・発展として現れる。それゆえ，交通形態は矛盾が現れていないかぎり，各個人の自己確証の条件をなす（cf.M60^L＝ibid. S.102f.. 渋谷版, 156頁）。だが他方，私的所有と無所有を前提するならば，プロレタリアの生産した対象的富は資本の所有となり，プロレタリアに対立して現れる。プロレタリアは依然として無所有であり，労働能力の交換によって生活手段を獲得しうるにすぎない。ときには生産諸力の発展によりプロレタリアは失業等の憂き目に会う。つまり，ここに現れるのは，プロレタリアとしての生産諸力が，それ自体が今日の生産様式に照応する交通形態の下ではこれ以上発展できない，言い換えれば交通形態がプロレタリアの確証にとって桎梏として現れる，という事態である。生産諸力と交通形態との矛盾とは，特定の交通形態の下で生産する各個人の欲求・能力等（生産諸力）が縮減され破壊されるという自己関係の事態，あるいは交通形態が生産諸力をなす各人の自己確証にとって桎梏となるとい

う自己関係の事態を言うのであり，そしてこれは各人の自己関係において「耐えられぬ力」（M18^R＝ibid. S.37. 渋谷版，67頁）として経験されるのである。

　生産諸力と交通形態の矛盾は，各個人に無関係に，現れるものではない。むしろ各個人に内在的に，それ自身の経験として（したがって主体的にも意識されたものとして）現れる。これはあえていえば「疎外」（M18^R＝ibid. S.37. 渋谷版，65頁．cf. ibid. S.337）である。そして，草稿『ドイツ・イデオロギー』もまた，交通形態と生産諸力の対立・矛盾のなかで，疎外が拡大再生産され，それゆえに労働者はこの疎外を廃棄せずにはいないことを語った。かくて共産主義は，以上の諸条件に基づいて現実的疎外を廃棄する運動としてとらえられる。この理論構成は，『経哲手稿』のそれと異なるわけではない。『経哲手稿』においてマルクスがつかんだ「歴史の変革」の論理は，草稿『ドイツ・イデオロギー』でも核心をなしている。それゆえ，この論理を歴史全体に拡張して草稿『ドイツ・イデオロギー』は，こう語ったのである。

　　「これらさまざまな条件［生産諸条件］は，最初は自己確証の条件として現れ，のちにその桎梏として現れるのであり，歴史的発展全体の中で，交通形態の連関した一系列をなしている。この連関とは，桎梏となった以前の交通形態に代わって，より発展した生産諸力に，したがって各個人の自己確証の進歩した方式に照応する新しい交通形態が置かれ，それがふたたび桎梏となってやがて別の交通形態に代えられるというところにある」（M61^L＝ibid. S.103. 渋谷版，156頁）

かくて『経哲手稿』の「歴史の変革」の論理は，草稿『ドイツ・イデオロギー』の「生産諸力と交通形態の関係」論と接合される。

3．唯物史観の構想

　唯物史観は，以上の2つの要素――〈土台＝上部構造〉論と〈労働＝所有形態〉論・「生産諸力と交通形態の関係」論――を，歴史段階説という，第3の要素と結合して形成される。生産諸力の結合ないし所有形態を表す生産様式こそ社会的諸関係を形成する基礎であり，各段階の分業形態（生産諸力）と所有形態（交通形態）を区別する規準をなす。それゆえ，歴史段階は，1）生産諸力（分業形態），2）交通形態（所有形態），3）社会

関係，4) 国家，という各層によって構成される。

歴史段階	分業形態	所有形態	社会	国家
第1形態 (先史)	狩猟 牧畜	共同所有	共同社会	───
第2形態 (古代)	農耕 手工業	共同体所有＋私的所有	奴隷制	ポリス（共同体）
第3形態 (中世)	農耕 手工業	封建的所有＋私的所有	農奴制 同職組合	封建国家
第4形態 (近代)	商工業	資本主義的私的所有	文明社会	ブルジョア国家

第1形態は，部族所有。この形態は，狩猟と牧畜，初期的な耕作で暮らす生産の未発展な段階を想定している。まだ私的所有は想定されず，想定されるのは共同所有［Gemeineigentum］である。分業はまだごくわずかしか発展しておらず，「家族内に生じた自然成長的な分業のいっそうの拡大に限られている」（H⁷:3-Fragment＝ibid. S.130. 渋谷版，26頁）。この段階では国家は存在しない（自然状態）。そして，共同所有を基礎とする社会が共同社会である。共同社会は，マルクスによれば，近代に至って解体されるとはいえ，部族所有から封建的所有に至るまでのすべての所有の基礎をなすとされる。

第2形態は，古代的な国家＝共同体を前提として成立する共同体所有にして国家所有である。これは農耕段階を想定する。

> 「第2形態は古代的な共同体所有にして国家所有であり，これは，とりわけ都市へのいくつかの部族の結合から生じ，またこの所有では奴隷制が依然として存続する。共同体所有と並んで，すでに動産の私的所有が，そしてのちには不動産の私的所有が発展するが，これは共同体所有に従属する，変則的な形態としてである」（H⁷:3-Fragment＝ibid. S.130. 渋谷版, 28頁）

この段階でも基礎をなすのは共同社会だが，同時に国家（ギリシアのポリス）が形成される。これが共同体である。共同体は，主として私的所有者である男性市民を中心に構成される政治的組織ないし政治体制として成立するのであり，オイコス領域（女性と子ども，奴隷）と対立しながらそれを包括する国家を表す。

この段階で野蛮から文明への移行が起こる。

「物質的労働と精神的労働の最大の分割は都市と農村の分離である。都市と農村の対立は野蛮から文明への，部族制から国家への，局地性から国民への移行とともに始まり，文明の歴史全体を今日（反穀物法同盟）に至るまで貫いている。——都市が起こると同時に，行政，警察，租税等の，要するに共同体制度［Gemeindewesen］の必要が，したがってまた政治一般の必要が与えられる」（M41^L＝ibid. S.71. 渋谷版，116頁）

さて第3形態は，中世の封建的ないし身分的所有である。

「封建的所有は，部族所有や共同体所有と同じように，またしても共同社会に基づいている。古代の共同社会に対して奴隷が対立するように，この［封建的所有の］共同社会に対しては，農奴的小農民が直接に生産を行う階級として対立する」（H^7:3-Fragment＝ibid. S.133. 渋谷版，30頁）

ただし，「封建制の完全な形成」と同時に諸都市に対する対立も付け加わる。

「土地所有の以上の封建的編成に対して，諸都市において照応していたのが同職組合的所有，すなわち手工業の封建的組織であった」（ibid.，同上）

こうして，封建制において主要な所有は，1）土地所有に縛り付けられた農奴労働を伴う土地所有，2）職人の労働を支配する小資本を伴う自己労働（同職組合的所有），にあった（cf. ibid.）。ここでは，「未成熟の農耕と手工業的な工業」が存在するだけである。そして，中世の後期には，諸都市の発展とともに，分業の次の拡大が起こる。それが「生産と交通の分離，商人たちという特別な階級の形成」（M44^L＝ibid. S.76. 渋谷版，122頁）であった。

第4形態は，近代的私的所有である。ここでは，1）15世紀以後に同職組合に代わって現れたマニュファクチュア（織物業）の時代（15C〜17C），2）17世紀半ば〜18世紀の世界商業時代，3）大工業時代，の3段階が区別される。重要なのは，第1段階で，「マニュファクチュアの開始と同時に，浮浪者群の時代がやって来た」（M47^L＝ibid. S.80. 渋谷版，128頁）ことである。そして，それを吸収したマニュファクチュアでは，職人と親方という同職組合における家父長制的関係に代わって，「労働者

と資本家との貨幣関係」（M47^L＝ibid. S.81. 渋谷版，128頁）が現れた。つまり，共同社会の解体過程が始まった。第2段階は，「17世紀の半ばから始まり，そしてほぼ18世紀の終わりまで続いた」（M49^L＝ibid. S.83. 渋谷版，132頁）世界商業時代である。そして，「中世以後の私的所有における第3の時代」（M51^L＝ibid. S.86. 渋谷版，136頁），大工業の時代が現れる。

> 「大工業は，それがすべての文明ネイションとその中でのすべての個人を，彼らの欲求充足において全世界に依存させた……かぎりで，はじめて世界史を生み出した。……大工業は，労働の内部で可能なかぎりで一般に自然成長性をなくし，そしてあらゆる自然成長的関係を貨幣関係に解消した」（M51^L＝ibid. S.87f.. 渋谷版，136-138頁）

ここでは，「共同社会のあらゆる外観」（M69^L＝ibid. S.116. 渋谷版，172頁）が棄てられ，貨幣関係に基づく純粋な私的所有，現代のブルジョア的私的所有（資本）が成立する。私的所有は大工業段階で完成される。

4. 唯物史観の独自性

草稿『ドイツ・イデオロギー』の叙述には，のちの諸著作等と比べた場合，なおいろいろな不備が見出される。たとえば，1）アジア国家や所有のアジア的形態に対する認識が，たとえばシュルツなどに比しても希薄である。2）共同所有から私的所有への転化過程，あるいは私的所有の生成史が，とくに貨幣関係の生成との関連において十分に分析されていない。3）近代的私的所有の叙述がなお現象面を超えず，資本の本源的蓄積過程などについては分析が見られない，等々。だが，それらは，研究の不備を表したとしても，マルクスらが草稿『ドイツ・イデオロギー』で達成した独自性を損なうものではない。

マルクスの構想した唯物史観の独自性はどこにあるのか。それはとくに，生産様式を社会的な水準で，生産手段と労働力との結合様式としてとらえたところにある。この生産様式によってこそ，交通形態は生み出される。そして，再生産過程において生産諸力と交通形態の矛盾が生じ，歴史的変動が生まれる。つまり，生産手段と労働力との結合（生産様式）→交通形態の形成→生産諸力と交通形態の矛盾→歴史的変動。このことはマルクス独自の理解であり，リストもシュルツも把握せず，およそイデオロギー的歴史観[19]が把握しないところであった。そして，唯物史観が，〈土

台=上部構造〉論と「歴史の変革」の論理に基づいてマルクスが発見した歴史観なのであり，初期マルクスによる理論的営為の成果であることは，本書第5章の大村論文とも本質的に合致するといわなければならない。

　この場合に肝要なのは，マルクスが歴史研究の図式として唯物史観を構想したのではなく，〈土台=上部構造〉論に基づいて土台の変革を求めたがゆえに，「歴史の変革」の論理として生産諸力と交通形態の矛盾をとらえ，この矛盾の根拠を〈個体性〉に定めたことを確認することである。マルクスにとって〈個体性〉は，私的所有の下での疎外を疎外として構成する根拠であり，また疎外を廃棄する現実的要因でもあった。かくてマルクスは草稿『ドイツ・イデオロギー』においても〈個体性〉と関連づけて所有の諸形態を考察し，私的所有の積極的廃棄を論じたのである。

　これまで，『経哲手稿』と草稿『ドイツ・イデオロギー』とは理論構成が本質的に異なるという解釈が存在した。また草稿『ドイツ・イデオロギー』では，マルクスは疎外論から物象化論へと転換を遂げたという解釈がなされたこともある。しかし，『経哲手稿』が啓蒙主義的理論構成を批判し，市民社会の現実的疎外をとらえ，それを現実的に廃棄しようとする共産主義の運動および「歴史の変革」の論理をつかんだものであるかぎり，すでに示したとおり，1）〈土台=上部構造〉論（イデオロギー批判を含む），2）市民社会概念の変容，3）疎外論，4）変革理論（共産主義）等，多くの論点において『経哲手稿』等と草稿『ドイツ・イデオロギー』とは本質的に接合が可能であり，マルクス社会理論の生成はこのレベルにおいて把握されなければならない[20]。

[付論] 望月清司『マルクス歴史理論の研究』によせて

　望月清司は『マルクス歴史理論の研究』において，「持分問題」と関連させて草稿『ドイツ・イデオロギー』のうちにマルクスの歴史論とエンゲルスの歴史論を画然と区別し，前者を「分業展開史論」（望月, 1973, 239頁），後者を「所有形態史論」（同上, 233頁）と名づけた。両史論の定式化を望月の行論にしたがい補完して示せば，次のとおりである[21]。
　マルクス「分業展開史論」：Gemeinwesen 的諸個人 → 内部交通
　　→ Gemeinwesen 間交換 → 所有諸形態 → 農工分業［都市の農村からの

分離（手工業の自立）→「生産と交通の分離（商人階級の形成）」→都市間分業（マニュファクチュア成立）→都市からの農村の分離（農村工業の形成・発展）]→大工業＝市民社会的分業（cf. 同上，241，249頁）

エンゲルス「所有形態史論」：部族所有［性的分業→家族内自然発生的分業→家族内私的所有＝家族内潜在的奴隷制］→家族間・社会的分業→階級支配［古代の Gemeinde 所有＝奴隷制→封建的所有・農奴制］（cf. 同上，217，234頁）

かくて望月は，エンゲルス「所有形態史論」に，「分業とは所有，所有とは私的所有，私的所有とは階級支配，階級支配とは国家＝政治権力支配」（同上，218頁）という，「教義体系の論理」を読み込み，これとは区別されるマルクス「分業展開史論」に，「人間のゲマインヴェーゼンの重層的で高次化してゆく蓄積の歴史」（同上，602頁）をとらえ，分業と交通，すなわち市民的なゲゼルシャフトの普遍化のうちに文明史＝市民社会史を貫通する「人間的ゲゼルシャフト」（同上，600頁）を展望する「歴史理論」を読みとろうとした。この解釈全体に立ち入る必要はない。以下，マルクス「分業展開史論」，エンゲルス「所有形態史論」という，草稿『ドイツ・イデオロギー』解釈に関わるかぎりにおいて，望月の主な誤りを4つ指摘して，まとめに代えることとする。

第1は，「本源的 Gemeinwesen＝Gemeinde 所有＝部族」をマルクスのカテゴリーと限定する誤り（cf. 同上，231頁）。望月は，マルクスが「本源的 Gemeinwesen のもっとも基本的な特質を Gemeinde 単位での農工未分離ないし農工の直接的統一，という一点に求めていた」（同上，239頁）と述べ，反対に，所有の「第2形態」における Gemeinde 所有概念をエンゲルスに帰してマルクスと対立させた（同上，231頁）。しかし，部族所有に基づく本源的な Gemeinwesen に Gemeinde が成立しているという認識を，マルクスが示したことはない。なぜなら，前者は狩猟・牧畜段階をも包括し，国家成立以前の再生産組織を表すからであり，国家成立後に現れる人為的組織である Gemeinde が「本源的 Gemeinwesen のもっとも基本的な特質」を表す単位ではありえないからである。本源的な Gemeinwesen の所有は Gemeineigentum ではあっても，Gemeinde 所有ではない。望月がこの認識をマルクスから切り離し，エンゲルスに帰したのは，誤りであ

る。

　第2は，マルクス「分業展開史論」が「所有諸形態」（同上，249頁）の記述を「農村からの都市の分離」＝「農村と都市の対立」という視点から語り始める（同上，239頁）ととらえる誤り。これに対してエンゲルス「所有形態史論」はつねに，「分業とは所有，所有とは私的所有」等々，という上記の傾向性[22]をもつ「分業＝私的所有」論（同上，225頁）[23]と規定される。まず確認されてよいのは，1)「所有の最初の形態は部族所有である」（H^7:3-Fragment＝新 MEGA I/5, S.129. 渋谷版，26頁），2)「分業のさまざまな発展段階は，それだけの数の所有のさまざまな形態である」（ibid.. 同上）という2つの命題は，マルクスでもエンゲルスでも基本認識であったことである。これを前提すれば，エンゲルスのものとされる分業論は「分業＝私的所有」論ではない。望月によってエンゲルスに帰される「部族所有」の叙述個所では，「所有の第1形態［部族所有］は，人びとが狩りや漁，牧畜，あるいはたかだか耕作で生活する生産の未発展な段階に照応する」（ibid.. 同上）とされる。定住農耕を想定しない分業——狩猟と牧畜——の段階では私的所有は成立せず，私的所有の成立は第2形態（古代的な共同体＝国家所有）に求められる（cf. H^7:3-Fragment＝ibid. S.130. 渋谷版，28頁）。他方，望月によれば，マルクス「分業展開史論」は「所有諸形態」を「都市と農村の分離」という視点から語り始めるとされるが，もとより部族所有を認める史論が「まず農耕労働からの工業労働の分離とそれによる都市と農村の分離をもたらす」（望月，1973，239頁）事実から始まるわけがない。なぜなら，そもそも都市と農村の分離は農耕段階の分業を前提するからである。所有諸形態を文明史だけに限定するのは，不適切であり，ましてマルクスのいう「所有諸形態」に私的所有が包括されないかに——私的所有といえばエンゲルスに帰するかのように——論じるのは，所有形態論としても適切性を欠く。

　第3に，草稿『ドイツ・イデオロギー』の「市民社会」論を2つに分け，「国家という鏡像において」つかむ市民社会把握と国家＝「幻想的共同関係」論をエンゲルスに，「歴史の真のかまど」あるいは「生産諸力の一定の発展段階内部における諸個人の物質的交通の全体」としてつかむ市民社会把握をマルクスに帰して，対立させる誤り（cf. 同上，244-247頁）。これによってはマルクス独特の国家論が失われる。「幻想的共同関係性」

($M17^R$＝新 MEGA I/5, S.34. 渋谷版, 63 頁），「幻想的共同関係」（$M56^L$＝ibid. S.96. 渋谷版, 146 頁）は，社会における特殊的利害と共同的利害の矛盾から国家が自立した形態をとって現れる事態である。マルクス執筆部分でも，幻想的な共同的利害とこれに対立する特殊的利害との実践的闘争が「国家としての幻想的「普遍的」利害による実践的介入と制御を必要とさせる」，「共同的利害の幻想」（$M32^R$＝ibid. S.63. 渋谷版, 105 頁）などと述べられており，国家＝「幻想的共同関係」論がエンゲルスに固有とはいえない。マルクスのものとされる上記引用個所でも「市民社会は他方で，対外的には国民体として現れ，対内的には国家として編成されざるをえない」（$M68^L$＝ibid. S.115. 渋谷版, 170 頁）といわれており，マルクスの市民社会概念を国家から切り離すことはできない。市民社会を「諸個人の物質的交通の全体」ととらえ，歴史の土台として把握するとしても，それは文明史に限ったことである。したがって市民社会を問題とするかぎり，ここに国家が成立していることは前提であり，つねに国家との関連の中で市民社会を把握せざるをえない。階級の存在，市民社会の公的表現である国家という規定は，アンネンコフ宛マルクスの手紙（1846 年 12 月）にも示されるとおりである（cf. 新 MEGA Ⅲ/2, S.71. 訳(27), 389-390 頁）。

　第 4 に，所有の第 2 形態とされる「古代的な共同体所有および国家所有」（H^7:3-Fragment＝新 MEGA I/5, S.130. 渋谷版, 28 頁）をエンゲルスの規定となし，マルクスには，「古代における都市と農村の対立という表象はない」（望月, 1973, 233 頁）と認定する誤り。望月によれば，「[エンゲルス史論における]真の問題は，第 1 形態から第 2 形態への「発展段階」的移行において，分業形態なるものが本質的な推進動機として働いていない，という論理構造を確認することである」（同上, 232 頁）とされ，他方，第 2 形態は，マルクスに占める位置はほとんどないといわれる。「マルクスの表象に浮ぶ世界史の構成は，端的にいって，本源的 Gemeinwesen → 「中世」 → 市民社会（農村的→近代的）」（同上, 577 頁）であり，古代世界は「市民社会形成史の視点からは袋小路と観念される」（同上）。しかし古代世界こそ，分業論的所有論的視角からしても市民社会形成史の視点からしても，逸することができない段階，すなわち，1）定住農耕段階と私的所有の成立，2）都市と農村の対立（手工業の成立），3）国家＝市民社会と国家＝Gemeinde 所有の成立，を同時的に実現する

世界史的な段階を表す。第1形態から第2形態への移行において「分業形態なるものが本質的な推進動機として働いていない」のではなく、まさに農耕と手工業と商業が成立し、文明史を開いたという意味で、分業形態の発展は本質的契機をなすのである。

　以上の議論は、エンゲルスの史論とマルクスの史論を区別して、前者を擁護しようとするものではない。むしろエンゲルス「所有形態史論」として示される史論のうちにマルクス独自の理解が存在し、マルクス「分業展開史論」とされる叙述には誤読あるいは望月独特の読み込みが存在するということである。マルクスの主導性が確認されたとき、「2つの史論を区別すること」は、整合性も根拠も存在せず、甲斐のない試みであったとしなければならない。

注

（1）本書第5章の大村論文を参照。
（2）エンゲルス《共産主義者同盟の歴史によせて》（1885年）によれば、「1845年の春にブリュッセルで再会したとき［エンゲルスのブリュッセル移住は4月］」には、マルクスは……すでにその唯物論的な歴史理論の大要を完成していた」（新MEGA I/30, S.96f., 訳(21), 216頁）のであり、唯物史観の構想さえも1845年初めまでに得られていたと推定される。
（3）詳細は渡辺（1989）を参照。
（4）この批判は一般に、普遍的理性の原理（人間の類的本質、人間的本性、自由など）を根拠・前提として現実を批判し変革する理論構成［以下、「啓蒙主義的理論構成」という］をとる。
（5）これは、「所有者の支配が私的所有の、資本の、純粋な支配として」現れ、「所有物に対する所有者のあらゆる人格的関係がなくなって、所有物が物象的な物質的富にすぎないものとなる」（新MEGA I/2, S.231, 訳(40), 426頁）過程としてとらえられる。資本主義的私的所有はこの物象化を前提する。
（6）初期マルクスの疎外概念には2つの脈絡が区別される。1つは、資本（私的所有）の下での労働の疎外、もう1つは、貨幣関係（物象化）の下での人間の社会的関連の疎外。前者は『経哲手稿』で、後者は《ミル評注》で論じられる。ここでの対象は主として前者であるが、後者の下での疎外は前提でもある。なお「疎外」概念は『独仏年誌』期の論文にも現れていた（cf. 新MEGA I/2, S.165,166,171, 訳(1), 409, 411, 416頁）。
（7）以上の歴史への問いにおいてとくに問題となるのは、いかにして自然生的な共同社会の共同所有から私的所有が成立し、さらにはブルジョア的私的所有が生成したか、である。これは、草稿『ドイツ・イデオロギー』以降のテーマである。

（8）共産主義はさらに，1）物象化を廃棄した「現実的個性的な生活の特定の発現」（新 MEGA I/2, S.322. 訳(40)，489 頁；cf. 新 MEGA IV/2, S.465）でもあり，2）「あらゆる疎外の積極的廃棄」（新 MEGA I/2, S.264 訳(40)，458 頁）でもある。これらの論点には立ち入らない。

（9）以上は，草稿『ドイツ・イデオロギー』の概念によって言い換えれば，交通形態と生産諸力の矛盾である（後述）。

（10）なぜ「普遍的理性」を「ブルジョア的支配的理性」と規定するか。それは，ブルジョア的哲学・理論の基礎とする「普遍的理性」が本質的に支配統合を正当化する理性だからである。このことは，ホッブズ，ロックだけでなく，モンテスキュー，ヒューム，スミス，カント，ヘーゲルに至るまで，ほとんどの哲学者が支配秩序・社会統合を目的としていたことからも知られる。マルクスは草稿『ドイツ・イデオロギー』において，普遍的理性に基づく哲学・理論を「イデオロギー」と規定することになる。

（11）この時期の草稿等に関する分析は，渋谷（2000）を参照。

（12）ファーガソンらは原初契約を否定したとはいえ，国家設立以前の「自然状態」を想定していた。

（13）ここでの「上部構造」概念は，マルクスらに固有のもの。なお，周知のように，ファーガソン『市民社会の歴史』にも「上部構造」が現れる。「繁栄したネイションはこの状態［法的統治による権利の保全］を熱望し，またある程度達成するのであり，この状態のうちにこそ，人類は安全の土台［basis］を据え，彼らの見解に適合した上部構造［superstructure］を樹立するに至るのである」（Ferguson, 1966, p.188）。ここでは，安全の土台は権利の保全［法的統治］であり，上部構造はそれから築かれる法・権利体系を意味する。

（14）フィライシスは，ファーガソンの『市民社会の歴史』と草稿『ドイツ・イデオロギー』を対比し，両者の照応関係を分析的に示した（cf. Vileisis, 2010）。たしかに，両者の共通性を指摘することは困難ではないが，これらの共通性はすでに指摘したとおり，18 世紀型文明史観全体に存在しており，ファーガソンの受容だけを意味しない。

（15）最も典型的な「19 世紀型文明史観」は，未開（狩猟）→野蛮（牧畜）→半開→文明（農耕→商業），と第 3 段階に「半開」を設定する 4 発展段階説（スペンサーなど）である。リストの 5 発展段階説は，18 世紀型文明史観における文明を 3 つに分けたものであり，19 世紀ドイツ的な性格をもつ。

（16）この個所でマルクスは〈労働＝所有形態〉論について再説しているので，摘録しておく。「「労働」は私的所有の生きた基礎であり，自己自身の創造的源泉としての私的所有である。私的所有は対象化された労働にほかならない。……「労働」は本質からして，不自由な，非人間的な，非社会的な，私的所有に制限された，私的所有を創造する活動である。だから，私的所有の廃棄はそれが「労働」の廃棄としてとらえられてはじめて現実のものとなる」（Marx, 1972, S.436）。

（17）シュルツの研究として，植村（1990）を参照。

(18) ただし，有史前には当然，〈土台＝上部構造〉論は成立しない。
(19) 草稿『ドイツ・イデオロギー』の唯物史観がバウアーやシュティルナーらのイデオロギー的歴史観に対する批判を狙いとしていた側面については，本書第6章の渋谷論文および第8章を参照。
(20) 草稿『ドイツ・イデオロギー』の物象化論について詳論することは機会を改める。一言するならば，草稿『ドイツ・イデオロギー』では物象化は，「分業による人格的威力（諸関係）の物的なそれへの転化」（M55^L＝新 MEGA I/5, S.95. 渋谷版, 146頁）としてとらえられ，「疎外」の脈絡でも規定される（cf.M18^L＝ibid. S.37f., 渋谷版, 64頁）。それは，物象化が人間の人格性，自己確証を否定し，「耐えられぬ力」（前出）として経験されるからである。この了解は『経哲手稿』，《ミル評注》の疎外論／物象化論と異なるものではない。
(21) 以下，望月によるルビの表記（概念区別）は煩瑣になるため，すべて原語表記に改める。
(22) 望月は他方で，「市民社会とはブルジョア社会であり，階級支配と労働搾取に立つ資本家的社会だ」というのは草稿『ドイツ・イデオロギー』次元の「すぐれた現実分析であり歴史感覚である」（望月, 1973, 257-258頁）と述べて，マルクスに「階級支配」の視点を認める。これは不整合である。
(23) 「分業＝私的所有」論とする文献的根拠は，分業＝所有を論じた次の個所にある。「ついでながら，分業と私的所有とは同一の表現であって，後者にあっては活動の産物との関連において言われることが，前者にあっては活動との関連において言われるのである」（M17^R＝新 MEGA I/5, S.33. 渋谷版, 63頁）。この記述は，家族内の「潜在的な奴隷制」という「最初の所有」（ibid., 渋谷版, 62頁）が「所有とは他人の労働力に対する支配」という近代の経済学者の定義と完全に照応すると述べた後の，ややミスリーディングな追記であり，私的所有成立後のことに限定して理解されるべきである。

引用・参照文献一覧
＊凡例で掲げた文献は除く

Ferguson, Adam, 1966: A. Ferguson, *An Essay on the History of Civil Society*, Edinburgh UP 1966.
FGW: L. Feuerbach, *L. Feuerbach Gesammelte Werke*, hrsg. von W. Schuffenhauer, Berlin 1967ff.
HW: G. W. F. Hegel, *Werke in zwanzig Bänden*, Suhrkamp 1969-71.
List, Freidrich, 1971: F. List, Das nationale System der politischen Ökonomie, hrsg. von A. Sommer, durchgesehener Neudruck der Ausgabe Berlin 1930, in: *F. List, Schriften/ Reden/ Briefe*, 10 Bände in 12, Bd. Ⅵ, Scientia Verlag Aalen 1971.
Marx, Karl, 1972: K. Marx, Über F. Lists Buch „ Das nationale System der politischen Ökonomie", in: *Beiträge zur Geschichte der Arbeiterbewegung*, H.3. 1972.
Schulz, Friedrich Wilhelm, 1974: F.W. Schulz, *Die Bewegung der Produktion, Zürich und Winterthur*, 1843. Nachdruck, Glashutten im Taunus 1974.

Vileisis, Danga, 2010: D. Vileisis, Der unbekannte Beitrag Adam Fergusons zum materialisitischen Geschichtsverständnis von Karl Marx, in: *Beiträge zur Marx-Engels-Forschung*. Neue Folge 2009, Hamburg 2010.

石塚正英編，1992：『ヘーゲル左派——思想・運動・歴史』法政大学出版局，1992 年。

岩佐茂／小林一穂／渡辺憲正編，1992：『「ドイツ・イデオロギー」の射程』創風社，1992 年。

植村邦彦，1990：『シュルツとマルクス——「近代」の自己認識』新評論，1990 年。

大村泉ほか編，2015：『新 MEGA と「ドイツ・イデオロギー」研究の現在』八朔社，2015 年。

渋谷正，2000：「経済学批判と唯物史観（1840 年代）」，富塚良三／服部文男／本間要一郎ほか編『資本論大系』第 1 巻，有斐閣，2000 年。

渋谷正，2002-03：「初期マルクスの経済学研究と 1844 年-1847 年の手帳」，『経済』新日本出版社，2001-2003 年。

廣松渉，1984：『増補マルクス主義の成立過程』至誠堂選書，1984 年。

望月清司，1973：『マルクス歴史理論の研究』岩波書店，1973 年

渡辺憲正，1989：『近代批判とマルクス』青木書店，1989 年

渡辺憲正，1992：「マルクスのフォイエルバッハ批判の意味」，岩佐ほか編（1992）

第8章 イデオロギー批判は、いつ、いかにして成立したのか
——新 MEGA I/5 解題に対する異論——

はじめに

　完結した作品である『ドイツ・イデオロギー』は存在せず，あったのは独自の季刊誌を刊行しようとして編集された草稿群だけである。マルクスとエンゲルスの中心思想および諸概念［唯物史観］の生成は「純粋な理論形成の結果というのではなく，むしろ同時代の諸論争の枠内で生じた」（新 MEGA I/5, S.728)。しかも、この場合，「出発点をなしたのは，フォイエルバッハとの対決ではなくて，バウアーおよびシュティルナーに対する批判であった」（ibid.）のであり，とくにシュティルナーとの対決によってマルクスらの独自の歴史把握はいっそう明確な輪郭を与えられるに至ったのである。——新 MEGA I/5 解題および G・フープマンのプレスリリースに示されるこれらの見解は，草稿『ドイツ・イデオロギー』執筆過程の分析に基づく判定であるだけに，一定の説得力がある。しかし、ここには肝心の考察が欠落しているように見える。すなわち，それは，仮に上記の見解が妥当であるとしても，なぜマルクスらは青年ヘーゲル派を批判できたのか，という条件がほとんどまったく解明されていないということである。

　その要因の1つは，たぶん『経済学・哲学手稿』（以下，『経哲手稿』）評価にある。新 MEGA I/5 の解題は無条件に，「フォイエルバッハ哲学は，マルクスが1844年夏に取り組み始めた『経哲手稿』の基礎をなしていた」（新 MEGA I/5, S.733）という解釈を示す。この解釈を前提すれば，『聖家族』のフォイエルバッハ評価と合わせて，マルクスらにドイツ・イデオロギー批判を為さしめた根拠はシュティルナー『唯一者とその所有』以後の論争にあり，それゆえ唯物史観はこの過程でしか生成しないという結論に導かれるのも，1つの必然である。

　しかし、すでに第7章で示したように，1）フォイエルバッハ批判は，

『独仏年誌』期に始まり，『経哲手稿』においても貫かれているのであり，2）バウアー批判もまた，『独仏年誌』掲載の論文《ユダヤ人問題によせて》においてなされ，さらには『聖家族』で完遂された［後述］。これらの批判が蓄積されていればこそ，マルクスは『聖家族』序文（1844年9月）で，「われわれはこの著作［『聖家族』］後に刊行予定の独立した著作］のなかで，われわれの積極的な見解を，それとともに最新の哲学的・社会的学説に対するわれわれの積極的な態度を述べるつもりである」（MEW, Bd.2, S.8. 訳(2), 5頁）と記し[1]，かつ1845年初めにシュティルナー批判を行うことができたのである。以下では，新MEGA I/5の解題が問題とした同時代の諸論争，とりわけフォイエルバッハ批判の生成を論ずることによって，マルクスによるドイツ・イデオロギー批判の条件を考察する。

I．1844年までのフォイエルバッハ論

ドイツにおける共産主義の進展とともに，1844年には，さまざまなフォイエルバッハ論ないしフォイエルバッハ批判が現れる。1844年までのフォイエルバッハ論には，およそ以下の4つの流れが存在する。第1は，フォイエルバッハの「人間的本質」概念に拠りながら，実践的にその観想性を批判するヘスやK・グリュンら真正社会主義者のフォイエルバッハ論。第2は，自己意識の哲学に基づいて「人間的本質」の実体性を問題とするバウアー派のフォイエルバッハ批判。第3は，バウアー派と共通項をもちながらフォイエルバッハの本質概念そのものを否定するシュティルナーの批判。第4は，現実的人間主義を唱えるマルクスとエンゲルスのフォイエルバッハ論。これらを概観するとき，フォイエルバッハ批判がテーマとなり公然と論じられるようになるのは，およそ1844年後半以後であったことが知られる（詳細は，渡辺，1992を参照）。

1．1844年までのフォイエルバッハ哲学受容

1844年後半のフォイエルバッハ批判には，もとよりフォイエルバッハ哲学の受容が先行する。それを理解せずには，批判の意味も把握しがたい。まずは受容の事実を確認することから始めよう。

フォイエルバッハは周知のように，『キリスト教の本質』（1841年），

『哲学改革のための暫定的テーゼ』(1842年),『将来の哲学の根本命題』(1843年)などを通して,次のような仕事を成し遂げた。すなわち,第1に,宗教批判およびヘーゲル哲学批判に基づいて,人間から自立化した神的存在,理性的存在を人間の類的本質の疎外としてとらえ,問題を人間的基礎に還元したこと(『キリスト教の本質』)。第2に,理性,知性を人間の理性,知性としてとらえ,自立的な理性的存在を否定し,現実的なものを哲学の原理および対象にまで高めることによって,感性的存在こそ「真の存在」ととらえ,人間を,人間の土台としての自然をも含め,「哲学の唯一の,普遍的かつ最高の対象」(『将来の哲学』55節)としたこと,第3に,哲学の最高かつ究極の原理を「人間と人間との一体性」(同上65節)に求め,類の共同によって人間の無限の本質を実現しようとする〈行為の哲学〉を構想したこと。そしてそれは,多くの理論家に受容され,またドイツ共産主義の基礎となった。このことは,当時の文献によっても確証される。

たとえばヘスは論文《ドイツにおける社会主義運動》(1845年；1844年5月執筆)で,フォイエルバッハ哲学に対して,その観想性を批判し実践的に改作を試みるとはいえ,他方ではきわめて高い評価を与えた。ヘスによれば,あらゆる学問と芸術の,そして社会生活の,究極的根拠は人間,人間的本質である(cf. HS,1980, S.285. 訳, 350-351頁)。だが,人間は今日まで,自己の創造物たる神や国家,貨幣を創造主とみなし,それらに従属してきた。それは人間が自己自身の能力の秘密をまったく知らなかったからである。

> 「社会的本質,人間の類的本質,その創造的本質は,今日まで人間にとって神秘的彼岸的存在として——つまり政治的生活では国家権力として,宗教的生活では天上の権力として,理論的には神として,実践的には貨幣の権力として——,自己に対立して存在していたのであり,いまでもそうである」(ibid., 訳, 351頁)

いまや必要なのは,このように対立して現れる諸力の本質を把握することである。このことを成し遂げたのが青年ヘーゲル派,とりわけフォイエルバッハであった。「[いまや]人間が人間の創造者であることがきっぱりと前提されて,思弁的神学は人間学に,哲学一般は人間主義に移された。人びとは,ヘーゲル打倒,フォイエルバッハ万歳を叫んだ」(HS, 1980,

S.292, 訳, 358 頁)。ヘスはフォイエルバッハに即してドイツ哲学の一般的欠陥を指摘する［後述］。しかしまずは，フォイエルバッハの果たした疎外論的把握を次のように評価した。

「フォイエルバッハは，次のような正しい根本命題から出発する。すなわち自己の本質を外化し，あるいは自己を展開する人間こそは，一切の衝突，矛盾，対立を生み出す主体であること，したがって，実際に媒介されるものは何もなく，打ち立てるべきは，対立の同一性ではなく，至るところに存在する人間の自己自身との同一性にすぎない以上，思弁的媒介は何ら問題となりえないこと，である。……フォイエルバッハは，最も完成された宗教，すなわちキリスト教の客観的本質は人間の外化された本質であることを証明する。そして，この批判1つでフォイエルバッハは，一切の理論的誤謬ないし矛盾の基礎を破壊したのである」(HS, 1980, S.292-293, 訳, 359 頁)

この脈絡では，K・グリュンやゼミッヒらの評価[2]，マルクス，エンゲルスらの評価（cf.新 MEGA I/2, S.317, 訳(2), 5 頁；MEW, Bd.2, S.98, 訳(2), 94 頁）も，それほど異なるものではない。こうしてフォイエルバッハ哲学は多くの理論家の共有財産となり，思考にある方向づけを与えた（このことは，フォイエルバッハを批判するバウアーやシュティルナーですら例外ではない）。ある意味では，フォイエルバッハ哲学こそヘーゲル左派論争の焦点をなすのである。

2．フォイエルバッハ批判の本格化

さて，以上のような受容にもかかわらず，1844 年後半になるとフォイエルバッハ哲学は，さまざまな形で批判されるようになった。

ヘスも論文《ドイツにおける社会主義運動》において，フォイエルバッハ哲学の観想性を批判した。たしかにフォイエルバッハは「一切の理論的誤謬ないし矛盾の基礎を破壊した」とはいえ，これは理論的な領域に限られる。フォイエルバッハは，神の本質は人間の本質であるというが，それだけでは完全な真理とは言い難い。同じ疎外は，宗教だけでなく，実践的領域で，つまり国家においても貨幣所有においても成り立つ。それゆえ，次のことが付け加えられなければならない。

「人間の本質は社会的本質であり，同じ目的，全く同一の利害のた

めにさまざまな個人が協働すること［Zusammenwirken］にある。そして，人間についての真の理論，真の人間主義は人間の社会化に関する理論である」（HS, 1980, S.293. 訳，360 頁）

この理論によれば，たとえば所有は人間と結びついた社会的な占有物であるべきであり，そのようなものとして，「譲り渡すことのできないもの」（ibid.. 同上）であるべきである。フォイエルバッハはこの実践的帰結に到達していない。要するに，人間の本質は，フォイエルバッハがやや神秘的に表現した「類的本質」（cf. HS,1980, S.287. 訳, 353 頁）にあるのだが，それはつまり「諸個人の協働」（ibid.. 同上）のことである。人間は実践的に協働によってのみ現実的な個人となりうる。かくてヘスは，人間の本質たる諸個人の協働を実現するものとしての共産主義ないし社会主義を哲学的に提起する[(3)]。

バウアー派は，自己意識の哲学に基本として，フォイエルバッハの「人間的本質」概念の抽象性を批判する。ここでは匿名論文《ルートヴィヒ・フォイエルバッハ》（1844 年 10 月）を取り上げる。

匿名論文はまず，「真理を二重につかもうとした」積極哲学派と対比して，フォイエルバッハの「真理と本質の単一化」（Anonym, 1844, S.1, 訳, 318 頁）を批判する。「真理を二重につかむ」とは，積極哲学派が，真理の啓示に関わる２つの人格——実体［神的存在］と個人［人間］——を前提として，人間の人格を，より包括的な人格［実体］によって措定されるとしながら，同時に必然的にそれが「高次の人格によって措定された後に——事後的に——自己自身を措定する，つまり，いったん創り出された後に，改めて自ら自己を創造する」（ibid.S.3. 訳, 320 頁）主体ととらえ，「その存立の本質を部分的には自己自身に負っており，自己の固有な活動の成果として実体をも有している」（ibid.. 同上）ものととらえることをいう。ここには実体間の矛盾した関係が存在する。問題なのは，本質［実体］と個人［人間］との関係である。しかし匿名論文によれば，フォイエルバッハは本質をそれ自体として実体化し，「個人にまったくの非自立性を付与することによって」（ibid. S.4. 訳, 320 頁），この矛盾を除去した。これに対して匿名論文は，矛盾のもう１つの解決として，本質を「個人自身の自ら運動する活動的な本質」，「個人の行為」ととらえる視角を提起する。

「そもそも人格［Persönlichkeit］という概念は，自己自身を制限さ

れたものとして措定し，自らその普遍的本質をとおして措定しているこの制限をふたたび廃棄するところにある。なぜなら，まさにこの本質こそ，人格［個人］が行った内的な自己区別の結果であり，人格の活動の結果にほかならないからである」(ibid.. 同上)[4]

　そして匿名論文はこうした視角——自己意識の哲学——から，フォイエルバッハの「人間の［宗教的］疎外とその廃棄の関係」をも批判した。フォイエルバッハにあっては「人間は自己の本質を「至高のもの」として自己に対置し，それを自己の実体とみなさなければならない」(ibid.S.5.訳, 321頁)。つまり，フォイエルバッハが「主語と述語の転倒」を要請する場合，普遍的なもの［愛・理性等］という述語は「至高のもの」,「すべての真なるもの」=「聖なるもの」という宗教的な意義をもつべきものになる」(ibid. S.8. 訳, 323頁)。だが，本質と個人の矛盾とその廃棄とは，それ自体が「本質の正しい一貫した発展」(ibid. S.12. 訳, 326頁）である。本質は個人の活動と端的に対立しているものではない。「こうした対立［歴史上に現れたさまざまな対立］は，むしろきわめて自然的な対立である」(ibid. S.13. 訳, 326頁)。なぜなら，人間の本質には，自己の普遍性を本質的かつ疎遠なものとして個体性に対立させ，この分裂を生み出す本質を批判に委ねることによって自己の一体性を獲得する，という在り方が基礎づけられているからである（cf. ibid.. 同上）。

　こうして匿名論文は，自己意識の哲学を擁護しながら，フォイエルバッハが人間の本質の実体性に囚われていることを批判した。論争はいよいよ，実体［本質］と自己意識［個人］の対立に収斂してきたといいうる。

3．シュティルナー『唯一者とその所有』

　シュティルナー『唯一者とその所有』(1844年10月)は第Ⅰ部「人間」と第Ⅱ部「自我」とに分かれ，第Ⅰ部は古代以来の精神史とフォイエルバッハとバウアーなどの「人間」主義に対する批判，第Ⅱ部は主として「唯一者」の提示，からなる。ここでは，とくにシュティルナーのフォイエルバッハ批判を考察する。

　シュティルナーによれば，古代以来，人間［精神］は現世とは異なる精神的世界を創造し，神や精神［精霊］のみを真理として，それに囚われてきた。このとき人間は，自己のうちに「妄念［Sparren］」，すなわち1つ

の「固定観念」(Stirner, 1845, S.57. 訳(上), 58頁) を抱え，高次の存在にしがみつき，自らを屈従せしめる「憑かれた者」となった。こうして，ここに１つの「教権秩序［Hierarchie］」(ibid. S.87. 訳(上), 88頁) が生まれる。「教権秩序とは，思想の支配であり，精神の支配である」(ibid. S.97. 訳(上), 97頁)。そして思想の支配は，ついには近代思弁哲学による理念の王国建設に至る (cf.ibid. S.92. 訳(上), 92頁)。かくて近代までの歴史は思想［神，真理，人間等々］の支配する教権秩序の歴史であった。

　以上のことは最近代の「自由人」にも妥当する。自由人とは，18世紀以後の自由主義に「憑かれた」近代人を意味する。自由主義は，思想の最新型であり，政治的自由主義，社会的自由主義［共産主義］，人間的自由主義［バウアー派］，の３類型が区別される。ここではこれらに立ち入らず，一般的な特徴づけをみるならば，自由主義は，「人間宗教」(ibid. S.230. 訳(下), 36頁) である。私の本質＝「人間」を私から分離して，私の上に置く。それは私の固有性から１つの疎遠なもの，「本質」をつくり出すがゆえに，宗教である。したがって，それらはことごとくシュティルナーによって斥けられる。

　シュティルナーのフォイエルバッハ批判がいかなるものであったかは，以上の概要からもすでに明らかである。それは「人間の本質は，人間の最高の存在である」とする人間主義に向けられる。

　　「精神である神を，フォイエルバッハは「われわれの本質」と名づける。この「われわれの本質」がわれわれに対立させられ，われわれが本質的自我と非本質的自我とに二分されること，これをわれわれは容認することができようか」(ibid. S.43. 訳(上), 43頁)

　　「最高の存在はたしかに人間の本質であるが，まさにそれが人間の本質であって人間自身ではないからこそ，われわれが，それを人間の外にみて「神」として直観しようが，人間の内に見出して「人間の本質」ないし「人間［der Mensch］」と名づけようが，いずれにせよまったく同じことである」(ibid. S.44. 訳(上), 45頁)

「人間」を最高存在とする者は，「憑かれた者」である。本来的な私そのものとみなされる「人間」もまた，１つの思想，１つの概念にほかならない。シュティルナーがこうした批判をとおして提起するのは，教権秩序を覆して，「人間」と対立する個別人のもつ「固有性［Eigenheit］」を実現

すること，そしてそれに必要な対象を「私のもの」として所有すること，「所有人〔Eigner〕」となること，である。固有性は，「私の本質および存在〔Wesen und Dasein〕の全体」(ibid. S.207. 訳(下), 10 頁)であり，それ自体が独立的に存在する。「私は〔いかなる状況でも〕内的にも外的にも，完全に固有なもの，私に固有のものであった」(ibid. S.208. 訳(下), 11 頁)。固有性は「1 つの現実性」(ibid. S.215. 訳(下), 19 頁)である。それゆえ個人は，そもそもの初めから自己以外の一切のものを斥けることができる。この者は「自己自身から出発」して，「自己自身を獲得する」(ibid. S.216. 訳(下), 20 頁)。

かくてシュティルナーにとって問題は，本質の生か，それとも自己の生か，であり，「いかにして生を獲得するかではなくて，いかに生を蕩尽し享受しうるかである」(ibid. S.428. 訳(下), 253 頁)。真理とされる「人間の本質」のために生きなければならないとされる間は，私は断じて私を享受することなどできない。「私は私自身から出発する」(ibid. S.428. 訳(下), 252 頁)。そして，このとき，「人は，己れの成り得るところのものに成る」(ibid. S.434. 訳(下), 259 頁)。「一個の人間は，何の使命をもつわけでもなければ，何の課題，何の本分を有するわけでもない」(ibid. S.436. 訳(下), 261 頁)。私は生来からして「真の人間」である。「真の人間は，未来に，憧れの対象としてあるのではなく，この現在に，現実に存在しているのである」(ibid. S.437. 訳(下), 262 頁)。自我においては，「可能性と現実性とはつねに一致している」(ibid. S.439. 訳(下), 265 頁)。「われわれは皆すべて完全である」(ibid. S.481. 訳(下), 311 頁)。「私は唯一者たる自己自身の上に，私の事柄をすえる」(cf.ibid. S.491. 訳(下), 323 頁)。かくてシュティルナーの哲学もまた，実体〔本質〕と自己意識〔個人〕の対立を実体の「否定」によって廃棄し，現在において「真の人間」を実現しようとするのである。

II. ヘーゲル左派内部論争

シュティルナーの『唯一者とその所有』は，フォイエルバッハ批判という課題を喚起するとともに，ヘーゲル左派内部のイデオロギー論争を引き起こすことになった。いまここで論争の推移全体に立ち入る必要はない。

本節の課題は，1845年に現れたフォイエルバッハやバウアーの論文，ヘス『最後の哲学者たち』などによって，論争の性格をとらえることである。

1．フォイエルバッハのシュティルナー反駁

フォイエルバッハは『ヴィーガント季刊誌』掲載の論文《〈唯一者とその所有〉との関連における〈キリスト教の本質〉》（1845年6月）において，シュティルナー『唯一者とその所有』に対する反駁を行った。反論は基本的に3つにまとめられる。

第1は，「フォイエルバッハは神学と宗教からの神学的解放を与えるにすぎない。フォイエルバッハは神という主語を廃棄するとはいえ，神的なもの，すなわち神の述語はこれを争いの余地なく存立させる」というシュティルナーの批判に対する反論である。フォイエルバッハの——自らを「フォイエルバッハ」と称しての——反論は下記のとおり。

> 「むろんフォイエルバッハは，神の述語を存立させている。だがフォイエルバッハはそれを存立させもしなければならない。さもなければ，自然と人間とを存立させることができないからである。というのは，神とは，あらゆる実在性から，すなわち自然と人類の述語から，つくり上げられた存在だからである」（FGW, Bd.9, S.427）

問題は，「フォイエルバッハがいかにして述語を存立させるか」（ibid. S.428），である。フォイエルバッハは，神の述語を自然と人間の述語として，すなわち自然的人間的特性として，存立させる。述語が神から人間に移されるならば，述語は神的性格を失い，現実化される。この場合，フォイエルバッハは「主語を廃棄する者は，それを以て述語をも廃棄する」（ibid.）と述べる。なぜなら，主語はまさに主語として表象された述語にほかならないからであるが，これはあくまで神の述語として廃棄することを意味するにすぎない。「神とは神ではなく，自己自身を愛し，自己自身を肯定し承認する人間的存在にすぎない」（ibid. S.429）。『キリスト教の本質』が示したのは，このことにほかならないと，フォイエルバッハは反駁するのである。

第2は，フォイエルバッハの見解を「神学的」と規定するシュティルナーに対する反論。シュティルナーによれば，フォイエルバッハは人間を

「本質的自我と非本質的自我とに分裂させ」、「類、すなわち人間という抽象、理念をわれわれの真の存在として立て、非本質的自我としての現実的個人的自我から区別する」とされる。だが、これに対してフォイエルバッハは、本質的自我と非本質的自我との分裂の廃棄、すなわちトータルな人間の「神格化」、その肯定こそ、『キリスト教の本質』のテーマをなすのだと反駁する（cf. ibid. S.430）。「人間は人間の神である」としても、このことは「人間」を宗教的な神とするのとは異なる。だから『キリスト教の本質』の結論でも「個人の神性は宗教の解消された秘密である」と述べたのだと指摘して、フォイエルバッハはこう主張したのである。

　　「近代の標語である人格性、個体性が無意味な美辞麗句であることを止めた唯一の著作こそ、まさに『キリスト教の本質』なのである。というのは、ただ神の否定だけが個人の肯定であり、ただ感性だけが個体性の適確なる意味をなすのだからである」（ibid. S.430）

「絶対的存在とは感性的存在であり、感性的存在こそ絶対的存在である」（ibid. S.431）。このことをはじめて把握したのはフォイエルバッハである。それゆえ「個人は、フォイエルバッハにとって絶対的存在、すなわち真の現実的存在なのである」（ibid. S.432）。ただし、フォイエルバッハは、この個人を「この排他的個人」とはとらえない。個人とはたしかに「唯一者」ではあるとしても、同時に「否応なく共同主義者［Kommunist］」（ibid. S.433）であるほかはないからである。

　それゆえ第3の反論は、他者との類的共同である。真の存在たる個人は、孤立した唯一者においてではなく、類の共同においてはじめて「完全な人間」になりうる。フォイエルバッハはシュティルナーに対して、「感覚に従え」、そうすれば、人間は本質的必然的に他者との関連を認めざるをえないだろう、と要請する（cf. ibid. S.434f.）。シュティルナーは「われわれは［各人が］まったく完全である」というのだが、われわれは「制限されており不完全である」（ibid. S.435）。「ただ類だけが、神性、すなわち宗教を廃棄し、同時にそれに取って代わることができる」（ibid. S.435f.）。かくて「フォイエルバッハは、ともかく人間の本質を共同関係に転じるがゆえに——、共同人、共同主義者」（ibid. S.441）なのである。

　フォイエルバッハの反論の大要は明らかである。そしてここからは、『キリスト教の本質』以来の現実的人間主義が1845年段階でも、まったく

揺らぎのないこと，すなわちフォイエルバッハが個々には新しい論点を示しながら，シュティルナーの批判以前と基本を違えることはなかったことが知られるであろう。

2．バウアー《L・フォイエルバッハの特性描写》

バウアーは以上の論争に介入し，『ヴィーガント季刊誌』に本格的な批判論文《L・フォイエルバッハの特性描写》（1845年10月）を掲載した。

バウアーはまず，フォイエルバッハの前提をなすヘーゲル哲学の矛盾を指摘する。ヘーゲルは「スピノザの実体とフィヒテの自我を1つに統合した」（Bauer, 1845, S.86. 訳, 117頁）。ここでは一切は「真なるものを実体としてではなく，まさに同様に主体としてとらえ表現することにかかる」とされた。だが，まさにそれゆえにヘーゲル哲学の大系は，つねに矛盾のうちを揺れ動く。

> 「一方では，絶対者が最善かつ最高のもの，全体，人間にとっての真理，人間の尺度，本質，実体，目的であるとされる。しかし他方ではまた，人間こそ実体，自己意識であり，この自己意識こそ自己自身の活動の結果，自己自身の創造的な産物である……。この矛盾のうちでヘーゲル大系は揺れ動いたが，それから脱することはできなかった。それゆえ矛盾は解体され全否定されなければならなかった」
> （ibid. S.87. 訳, 118頁）

解体は2つの方向でなされた。1つは純粋な実体を確立する方向，もう1つは自己意識こそ真の主体とする方向，である。前者がフォイエルバッハを，後者がバウアーを指すのは言うまでもない。かくてバウアーは，フォイエルバッハを首尾一貫した実体主義者として描くのである。

フォイエルバッハは「実体の立場」（ibid. S.109. 訳, 141頁）に立っている。このことは，バウアーによれば，フォイエルバッハの初期著作だけでなく，ヘーゲル批判以後の『キリスト教の本質』『将来の哲学の根本命題』にも妥当する。

> 「［フォイエルバッハによれば神の本質は人間の本質へと還元され，人間の本質が絶対的本質とされる］だが，「人間の本質」「本質」とは一般に，到達しがたいもの，とらえがたいもの，不可触なもの，神聖なもの，超越的なもの，つまりは1つの実体［Hypostase］ではない

のか。……ひとえに「類の本質と合致するものこそが真なるものである」とすれば，真理は何か確固たるものにされてはいないか，それは不動のもの，不易のもの，それゆえに虚偽，非真理なのではないか。……個人は類に服従し，それに奉仕しなければならない。奉仕は隷属［Sklaverei］である」（ibid. S.104f.. 訳, 135-137 頁）

　この事情は，フォイエルバッハの唯物論についても同じである。フォイエルバッハにとっては，「真理，現実性，感性は同一である」。それはすなわち，不動不変なるもの，永遠に自己同一的であるものとしての自然こそ真理なのだということにほかならない（cf.ibid. S.120＝訳 151 頁）。だから人格性としての人間は「非真理」（ibid. S.120. 訳, 152 頁）とされてしまう。たしかにフォイエルバッハは，「人間こそ哲学の唯一の，普遍的かつ最高の対象である」というが，しかし，「それにもかかわらず，フォイエルバッハは人間を全否定する」（ibid., 同上）のである。

　かくフォイエルバッハを論評したバウアーは最後に，自己意識の哲学を次のように擁護してみせる。

　　「いかなる人間も，自己のありうるものであるし，なりうるものになる。なぜなら，誰しもが自己自身の創るものであり，自己自身の作品だからである。……真の人間は，いかなる時点においても完全である」（ibid. S.136. 訳, 170-171 頁）

　バウアーによれば，「批判」は「一切の超越に対する不断の闘争と勝利であり，絶えざる全否定と創造，唯一創造的かつ生産的なもの」（ibid. S.138. 訳, 173 頁）である。「批判」は，この批判をとおして人間を解放し，人格として形成する。こうしてバウアーもまた，いかなる時点でも完全な「真の人格性」に行き着いた。ここでは，市民社会も国家も自己意識の創造する世界において再建される。

　バウアーは 1841 年以来，『ヘーゲルを裁く最後の審判ラッパ』や『暴かれたキリスト教』等において自己意識の哲学を提唱し，さらには 1844 年には「純粋批判」として，実体性を自己自身の内部に包括する自己意識＝「人格性」を現実化しようとしてきた。以上のフォイエルバッハ論評は，シュティルナーらの批判の後にもかかわらず，1845 年段階で自己意識の哲学を，バウアーが基本的に再確認したことを示す。

3．ヘス『最後の哲学者たち』

ヘスは『最後の哲学者たち』（1845年6月）[(5)]において，バウアー，シュティルナー，フォイエルバッハの3者を，「類的人間」と個別的人間との区別を理論的に廃棄しようとしながら，実践的にはそれを廃棄できず，個別化された人間に囚われ，現実を超えない「最後の哲学者たち」と規定して，次のように批判した。

> 「最後の哲学者たちもまた［見えざる教会を存続させたプロテスタンティズムと同様に，神的存在と人間的存在等の区別を廃棄できず］，この見えざる教会［天上界］を廃棄したものの，天上界に代わって「絶対精神」，「自己意識」，「類的本質」を措定する。個別的人間と人間的類との間の区別を理論的に廃棄しようとするこれらの試みはすべて，失敗に帰した。なぜなら，個別的人間は，たとえ世界と人類，自然と歴史を認識したとしても，人間の個別化が実践的に廃棄されないかぎり，現実には個別化された人間にすぎず，あくまで個別化された人間にほかならないからである。実践的には，人間が置かれた分離状態はただ社会主義によって，すなわち人間が協同し，共同関係のうちで生活し，働き，私的営利活動を廃止することによってのみ，廃棄されるのである」(HS, 1980, S.381f.．訳，4-5頁)

人間は現実の生活において，分離され個別化されたエゴイスト，すなわち「非人間」(ibid. S.382．訳，5頁) である。この現実［市民社会］を変革し，隣人と社会的に結合することによってはじめて，人間は「ひとかどの者」になりうる。この立場からすれば，3者は市民社会の哲学者である。類的人間と個別的人間［エゴイスト］との区別，あるいは理論と実践の分裂——「キリスト教的二元主義」——は，現代の国家に現れる。キリスト教的国家こそ，現代のキリスト教会である。天国はもはや彼岸ではなく，此岸に，つまり国家のうちに存在する。ここでは，自由な国家公民こそ類的人間であるとされる。だが，ヘスによれば，国家公民は「現実的な人間の霊［Geister］にすぎない」(ibid. S.381f.．訳，8頁)。この霊の肉体は市民社会のうちにある。最後の哲学者たちはいずれもこの構図を超えない。フォイエルバッハの《将来の哲学》もまた「現在の哲学」(ibid. S.384．訳，9頁) にほかならない。

> 「この［哲学を如何に否定し実現するかという］方法に関してフォ

イエルバッハは，現代国家と同じように，自己自身との矛盾に陥っている。一方では「現実的」人間を市民社会の個別化された人間のことと理解し，「現実」を，市民社会の法，市民社会の婚姻，市民社会の所有を以てなる「悪しき現実」のことと理解しながら……，他方では社会的人間，「類的人間」，「人間の本質」を予定し，そしてこの本質が，まさにそれを認識する個々の人間に潜むことを仮定するのである」(ibid., 同上)

　ヘスによれば，類的人間は，すべての人間が教養形成を遂げ相互存在を実現し，自己を確証できるようになる社会でこそ現実となる（cf. ibid. S.384. 訳，10頁）。だが，フォイエルバッハはそれを理論的に実現しようとするのであり，つまりは上記の現実を受容する「現在の哲学」であるほかないと，ヘスはいうのである[6]。

4．ヘーゲル左派論争の小括

　かくてヘーゲル左派の内部論争は，実体と自己意識［主体］の対立，あるいは本質［類］と個人の対立において争われた。特徴的なのは，フォイエルバッハもバウアーもシュティルナーも，相互の――さらにヘスの――批判を受けた後ですら，1844年までの自己の理論――「人間の本質」，「真の人格性」「唯一者」という自立した理念に基づく理論――に固執し，何よりも現在における理論の現実性，真理性を主張したことである。それはヘスの指摘した意味とは異なるものの，各々，まさに――市民社会の変革など想定することなく，国家と市民社会の対立という二元主義のうちに生き――「現在の哲学」を，あるいは各自の「哲学の現在性」を主張したのである。

III．ドイツ・イデオロギー批判の条件

　では，マルクスはヘーゲル左派内部論争にどのように関わりえたのか。ドイツ・イデオロギー批判が可能であったとすれば，その条件は何か。この条件を1845年前半までに限定して考えるならば，次の3ないし4つの条件を指摘することができる[7]。
　第1は，〈土台＝上部構造〉論とそれに基づくフォイエルバッハらの宗

教批判あるいは一般に啓蒙主義的理論構成に対する批判である。そして，第2は，現実［市民社会］の批判的分析——疎外論と〈労働＝所有形態〉論，第3は，現実［市民社会］の変革理論——共産主義論，そしてあえて挙げるならば，第4には，歴史理論の形成，である。

1．〈土台＝上部構造〉論と啓蒙主義的理論構成に対する批判

　第1の条件は，『独仏年誌』期に生成する。このことは，すでに第7章第1節のヘーゲル法哲学批判や〈土台＝上部構造〉論の生成で述べたとおりである。ここでは2つのことを付記する。1つは，論文《ユダヤ人問題によせて》におけるバウアー政治的解放論に対する批判，もう1つは《フォイエルバッハに関するテーゼ》（以下，《テーゼ》）第4テーゼ，である。

　マルクスは『独仏年誌』期に，ヘーゲル法哲学批判と同時に，バウアー『ユダヤ人問題』等の政治的解放論に対する批判を行った。バウアーは，1）宗教からの解放を［ユダヤ人の］政治的解放の前提条件とする一方，2）宗教の政治的廃棄が宗教の廃棄そのものと考える。これに対してマルクスは，1）宗教からの政治的解放は，宗教（ユダヤ教）の廃棄を要求せず，バウアーは政治的解放と人間的解放を混同していること（cf. 新MEGA I/2, S.155. 訳(1), 399頁），2）宗教は完成された民主制（近代的二元主義）においても存立するのであり，宗教の廃棄は近代的二元主義の廃棄を要求すること（cf. ibid. S.154-155. 訳(1), 398-399頁），3）ユダヤ教の基礎をなす実践的欲求，利己主義こそ「市民社会の原理をなす」（ibid. S.166. 訳(1), 411頁）のであり，その神は貨幣であること，したがって「ユダヤ教は市民社会の完成を以てその頂点に達する」（ibid. S.168. 訳(1), 412頁）ことを主張し，かくて次のような結論に達するのである。

　　「われわれは，ユダヤ人の吝嗇をその宗教からではなく，むしろその宗教の人間的根拠たる実践的欲求，エゴイズムから説明する。……ユダヤ人の社会的解放は，ユダヤ教からの社会の解放［人間的解放］である」（ibid. S.168f.. 訳(1), 413頁）

　この結論は，宗教一般に対する『独仏年誌』期マルクスの批判と合致する。そしてマルクスは『聖家族』で，『独仏年誌』の2論文に繰り返し言及し（cf. MEW, Bd.2, S.92,112, 114f., 116-120. 訳(2), 89, 110, 112-113, 114-

119頁），バウアーの自己意識の哲学と1844年以後の「批判的批判」期の純粋批判をも批判した[8]。以上の事実は，バウアー批判が『聖家族』までに尽くされており，イデオロギー批判の条件が1845年前半までに生成していたことを示す。

　さて，いま1つは，《テーゼ》第4テーゼの，フォイエルバッハの宗教批判ないし啓蒙主義的理論構成一般に対する批判である。

　　「フォイエルバッハは，宗教的自己疎外という事実，すなわち宗教的世界と世俗的世界への世界の二重化という事実から，出発する。彼の業績は，宗教的世界をその世俗的基礎に解消したところにある。だが，世俗的基礎が，それ自身から浮揚し，雲上に自立した王国を築き上げることは，この世俗的基礎の自己分裂性と自己矛盾からだけ説明されるのである。それゆえ，世俗的基礎そのものが，それ自身の内部において，一方ではその矛盾のうちに理解され，他方では実践的に変革されなければならない。つまりたとえば，地上の家族が天上の家族の秘密として暴かれたのちは，いまや前者そのものが理論的かつ実践的に否定されなければならない」（新MEGA Ⅳ/3, S.20. 訳(3), 4頁）

　第4テーゼは，現実世界の実践的変革にまで及んでいるものの，注目すべきは，ここにも〈土台＝上部構造〉論と啓蒙主義的理論構成に対する批判が示されていることである。第1の条件を，マルクスは1845年春の段階できわめて明確に定式化しえていたことが確認されるであろう。

2．現実［市民社会］の批判的分析

　第2の条件は，現実［市民社会］の批判的分析，すなわち現実の関係構造［私的所有］と疎外された労働との関連づけ，あるいは両者の再生産構造である。これは言うまでもなく，『経哲手稿』の疎外論あるいは〈労働＝所有形態〉論に示された認識であり，第7章第2節で論じたとおりである。ここでは，その認識が《テーゼ》にも現れることを確認する。

　そもそも，すでに上記第4テーゼが，宗教的自己疎外を「世俗的基礎の自己分裂性と自己矛盾から」説明するべきことを主張しており，《テーゼ》における現実［市民社会］の批判的分析の視角は明確である。注目すべきは，第6テーゼである。

　第6テーゼは，これまで，「人間の本質は社会的諸関係の総体である」，

あるいは「人間存在［各個人］は，社会的諸関係のアンサンブルである」という，いわば社会学的テーゼを表すものとして理解されてきたが，誤りである。

> 「フォイエルバッハは，宗教の本質［＝在り方］を人間の本質［＝在り方］へと解消する。しかし，［宗教の本質とされた］人間の本質［＝在り方］は，個別的な個人に内在する抽象物ではない。それは，その現実態においては，社会的諸関係の総体である。／フォイエルバッハは，この現実態における本質［＝在り方］の批判に立ち入らないがゆえに，以下のことを余儀なくされる。すなわち，1）……，2）本質はしたがってただ「類」として，多数の個人を自然によって結合する，内的で沈黙した普遍性として，とらえられうるだけである」（新 MEGA Ⅳ/3, S.20f., 訳(3), 4頁）

こうして第6テーゼが問題としているのは，宗教の本質［＝在り方］と人間［個人］の関連づけ，あるいは社会的関係構造の総体と個人の自己関係［疎外］の関連である。マルクスは，社会的諸関係［私的所有］の総体によって個人が規定され現実的矛盾［疎外］を抱えること，そして個人［労働者］は自己の疎外された労働を通して，社会的諸関係をも再生産することを把握した。第6テーゼが，宗教の根拠をなすとされる現実の社会的諸関係総体の批判に立ち入らないフォイエルバッハの抽象性を問うのも，こうした把握ゆえである。

これが，ヘーゲル左派内部論争で争われた「実体［本質］と自己意識［個人］」というテーマに関わることは見やすいところである。前節までに確認したとおり，フォイエルバッハとシュティルナーは，それぞれを対立において描き，一方は本質を，他方は個人を，原理とするのであり，両者を媒介的に関連づけて把握することができなかった。バウアーは媒介を問題としながら，本質を前提し，それを包括する自己意識に到達しただけで，社会的関係構造の下で個人が現実的矛盾のうちに生きるという疎外の認識を獲得しえたわけではない。一切は自己意識の創造にかかるとされたとき，疎外は個人的に解消しうるものとなった。これに対して疎外の再生産構造をとらえる〈労働＝所有形態〉論は，いわば実体［本質］としての関係構造と自己意識［個人］の活動との対立において問われた事柄を現実の矛盾として認識する論理であった。この認識に1844年段階で到達した

のは，たぶんマルクスだけである。この認識からすれば，ヘーゲル左派は，「疎外」を問題としながら，それを個人の現実的自己矛盾として把握しえず，それゆえに疎外を廃棄することができない理論構成をもつがゆえに，批判されなければならない。そして，この批判の条件は，明らかに『経哲手稿』で形成されたのである。

3．現実［市民社会］の変革理論と歴史理論の形成

　第3は，現実［市民社会］の変革理論としての共産主義論の獲得である。すでに明らかなように，マルクスにとって肝要なのは，市民社会を変革すること，あるいは市民社会における個人の現実的疎外を共産主義によって廃棄することである。この認識が『経哲手稿』において達成されたことは，第7章第2節の「「歴史の変革」の論理と共産主義の措定」で示したとおりである。そして，それもまた，《テーゼ》第1テーゼや第9テーゼなどに示される条件にほかならない。

　宗教の批判に見られるように，現実は倒錯した世界であり，貧困や隷属等，矛盾に満ちている。にもかかわらず，フォイエルバッハの唯物論は，この世界をそれ自体として受容し，直観，欲求の対象とする。だが，この場合フォイエルバッハは——第1テーゼによれば——は「人間的活動そのものを対象的な活動とはとらえない」(新 MEGA Ⅳ/3, S.19. 訳(3), 3頁)のであり，したがって現実における矛盾——疎外——をとらえることができず，現在のブルジョア社会をそのままに受容せざるをえない。それゆえ第9テーゼは，「直観的唯物論が……至り着くのはせいぜいのところ，個別的な各個人と市民社会の直観である」(ibid. S.21. 訳(3), 5頁) と記して，直観的唯物論がもつ限界を歴史的に，近代の市民社会（ブルジョア社会）とブルジョア的個人の直観に定めた。そして第10テーゼ「新しい唯物論の立場は，人間的社会，あるいは社会的人類である」(ibid.. 同上) は，何よりも古い唯物論の立場を表す「市民社会」そのものの変革を提起し，第11テーゼは，これまでの哲学［啓蒙主義的理論構成］一般が原理的に「観想的」であることを批判した。肝心なのは世界を変革することである。

　ドイツの哲学はフォイエルバッハも含めて，それぞれが自己の理論の真理性＝現実性を争った。これに対してマルクスは，第2テーゼでこう述べた。

「人間の思考に対象的真理性［対象化されうる真理性＝現実性］が属するか否かの問題は，何ら理論の問題ではなく，1つの実践的問題である。人間は実践において，自己の思考の真理性を，すなわちその現実性と力，此岸性を証明しなければならない。思考が——実践から切り離されて——現実的であるか非現実的であるかを争うのは，1つの純スコラ的な問題である」（新 MEGA Ⅳ/3, S.20. 訳(3), 3頁）

これは，フォイエルバッハ哲学に向けられただけでなく，バウアーやシュティルナーの理論にも向けられた批判と解される。そしてこの批判が，『経哲手稿』に示された〈理論と実践〉の了解転換に基づくものであったことは明らかである。

歴史理論の形成という第4の条件については，1845年前半までの生成を実証することはできない。1845年春にはマルクスは「唯物論的な歴史理論の大要を完成していた」というエンゲルスの証言があるのみである。しかし，唯物史観の諸要素をなす〈土台＝上部構造〉論，疎外論，〈労働＝所有形態〉論，歴史変革の論理は，すでに一定の了解に達していたのであり，それが歴史段階説と結合して拡張される可能性があったことは，第7章でも示したとおりである。この意味で，マルクスは1845年前半の段階で，少なくとも唯物論的な歴史理論を構想する条件を備えていたといいうる。そして，それはイデオロギー的歴史観を批判する基礎になりえた可能性を示唆するものである。

マルクスは何の理論的前提もなしに，ヘーゲル左派内部論争に関与したのではない。以上からすれば，むしろ『独仏年誌』の2論文から『経哲手稿』と『聖家族』までの理論的成果を以て，すでにマルクスはドイツ・イデオロギーを本質的に批判しうる水準——シュティルナー『唯一者とその所有』に対する批判をも可能にする水準——を獲得していたと推量されるのである。

Ⅳ．草稿『ドイツ・イデオロギー』のイデオロギー批判

草稿『ドイツ・イデオロギー』のイデオロギー批判は，1845年前半の段階で可能であった批判と異なるものであったか。以下，草稿『ドイツ・イデオロギー』の批判の水準を，ドイツの宗教批判／啓蒙主義的理論構成

に対する批判，現状の批判的分析，現状の変革，歴史理論の形成，という4つの条件に即して，検証する[9]。

1. ドイツの宗教批判に対する批判

ドイツの宗教批判に対する批判の論点に関しては，まず H^2:Fragment が注目される。ここでは，ドイツ的批判が哲学の基盤を離れなかったこと，そして，初めは実体と自己意識などという純粋な，紛れもなくヘーゲル的なカテゴリーが取り上げられたものの，のちには，類，唯一者，人間などの世俗的な名称によって俗化されたこと，哲学的批判の全体が宗教的観念の批判に限られていたこと，が指摘された（cf. H^2:Fragment＝新MEGA I/5, S.4ff.. 渋谷版, 20-22頁）。

ドイツ・イデオロギー［青年ヘーゲル派］では，すべての支配的関係は宗教の関係として説明され，宗教的観念が現実を構成する概念に転化される。そして，それゆえに，観念，思想，概念，一般に彼らによって自立化させられた意識の産物は，人間の本来の桎梏とみなされるのであり，意識のこれらの幻想と戦いさえすればよいことになる。

> 「彼ら［青年ヘーゲル派］の空想によれば，人間の諸関係，彼らの行為および営みのすべて，彼らの桎梏と制限はその意識の産物であるから，青年ヘーゲル派は首尾一貫して，人間のもつ現在の意識を，人間的，批判的，ないし利己的な意識と取り替え，それによってそれぞれの制限を除去すべしという道徳的要請を，人間に対して課するのである」（H^2:Fragment＝ibid. S.7. 渋谷版, 22-24頁）

何より問題とされるのは，意識［観念，思想等］の自立化である。青年ヘーゲル派には，マルクスの〈土台＝上部構造〉論的視角などは存在しない。それゆえに草稿『ドイツ・イデオロギー』は，「これらの哲学者のうち誰1人として，ドイツ哲学とドイツの現実との連関について，ドイツ哲学の批判とそれ固有の物質的環境との連関について，問うことを思い付かなかった」（ibid.. 渋谷版, 24頁）と指摘する。このことは，フォイエルバッハを含むドイツ哲学の啓蒙主義的理論構成一般について妥当する。たとえばシュティルナーに関して，マルクスは次のように問題とする。

> 「お人好しジャックは近代人を……その観想的な，しかも宗教的な態度において理解する。中世と近代の歴史は，彼にとってはまたして

も宗教と哲学の歴史としてしか存在せず，これらの時代のあらゆる幻想と，この幻想に関する哲学的幻想がそのままに信じ込む対象になる」(ibid. S.195. 訳(3), 130頁)。

かくて「ブルジョアたちのもつ神聖ありげな偽善的イデオロギー」を，「山をも移す信仰によってわれらがお人好しジャックはブルジョア社会の現実的な世俗的基礎として受容する」(ibid. S.233. 訳(3), 173頁)。マルクスによれば，ブルジョア社会こそイデオロギーの現実的基礎である。ところがシュティルナーはイデオロギーこそブルジョア社会の現実的基礎とみなす。以上の批判は，〈土台＝上部構造〉論とそれに基づく啓蒙主義的理論構成一般に対する批判と異なるものではない。

2．現実［市民社会］の批判的分析

第2の論点は，現実［市民社会］の批判的分析である。

マルクスは，フォイエルバッハの感性的世界の把握が，一方では「たんなる直観」に，他方では「たんなる感覚」($M8^L$＝ibid. S.19. 渋谷版, 48頁)に限られており，「現実的で歴史的な人間」の代わりに「人間」が置かれることを批判する。つまり「直観」に関していえば，フォイエルバッハの唯物論が，「感性的世界のあらゆる部分の調和」($M8^L$＝ibid. S.20. 渋谷版, 48-49頁) に矛盾する事態に突き当たり，「二重の直観」，すなわち日常のありふれた感性的世界の直観と「真の本質」に関する高次の哲学的直観に逃げ込まざるを得ないこと，また「感覚」については，フォイエルバッハが「人間を各人の与えられた社会的連関において把握せず，各人を現にある状態にした現存の生活諸条件を把握しないので，現実に存在する活動的個人に決して到達することなく」，「現実的な個人的な，肉体をそなえた人間」を「感覚」のうちで認めるところに行き着くだけであること (cf. $M10^L$＝ibid. S.25. 渋谷版, 50-52頁) を批判した。ここで問題されるのは，フォイエルバッハが「人間もまた感性的対象であると洞察し」ながら，人間を「感性的活動」としてとらえず，人間を与えられた社会的連関において把握しないこと，である。この意味するところは何か。マルクスによれば，それは，1）感性的世界が「産業と社会状態の産物」であり，しかも「歴史的産物であり，世代の全系列による活動の成果である」($M8^L$＝ibid. S.20. 渋谷版, 48頁) ということ，そして，2）「現実に存在する活動的な

人間」は与えられた社会的連関の下で矛盾——疎外——のうちに存在している，ということにほかならない。これは『経哲手稿』の疎外論や《テーゼ》第6テーゼなどに接合可能な認識である。

　シュティルナーに関しても同様である。シュティルナーの「経綸」によれば，個人は，一方で国家，法律，宗教，社会，「人間」などの疎遠かつ神聖な「固定観念」によって支配されながら，他方では「固有性」をもつ。「固有性」とは，端的にいえば，個人のもつ〈個体性〉である。ただし，シュティルナーの場合，それは現実の諸関係と関わりなく，個人のうちに自己完結的に存在する固有のものとされる。それゆえ，固定観念を「意識改革」によって「頭から叩き出す」ことができるならば，容易に固有性を私の所有に転化し，真のエゴイストたることが現実的になる。しかし，シュティルナーの描く個人の2側面——実体［本質］とされる関係構造と個人の「固有性」という2側面——は，マルクスによれば，現実的諸個人のもつ2側面として，切り離すことができない。

　　「各個人は……つねに自己から出発しており，したがってサンチョの記した両側面とは，各個人の人格的発展の両側面であり，どちらも各個人の等しく経験的な生活諸条件によって産出され，どちらもただ人びとの同じ人格的発展の表現にすぎず，したがっていずれも見せかけの対立のうちにあるにすぎない」(ibid. S.301. 訳⑶, 248-249頁)

　マルクスによれば，ここに現れる2側面は現実的矛盾として存在しており，たとえば労働者は疎外された労働を通して前提となる私的所有［関係構造］を再生産しつつ，自己の疎外をも再生産するのである。しかし，シュティルナーはそれを現実的矛盾ととらえず，一方の実体＝関係構造を「固定観念」に仕立てることによって，いともたやすく矛盾を解消し，「固有性」を享受する。ここには，現実的疎外論は成立しえない。

　かくていずれにせよ，実体［本質］とされた関係構造と個人の活動や個体性とは相互に媒介されず，現実的矛盾としては措定されない。草稿『ドイツ・イデオロギー』は，このことを一貫して指摘する。そしてそれは，『経哲手稿』以来の疎外論と〈労働＝所有形態〉論と違うところはないと思われる。

3．現実［市民社会］の変革に関わる批判

　第3の論点は，現実［市民社会］の変革に関わる批判である。

　まずフォイエルバッハに関して。草稿『ドイツ・イデオロギー』は，「人間が相互に必要としており，かつつねに必要としてきた」という事実に関してフォイエルバッハが行った演繹を認める（cf. M28^R＝ibid. S.57. 渋谷版, 87頁）。だが，それは「現存の事実についての正しい意識をもたらそうとするだけ」（ibid., 同上）のことであり，ここには，フォイエルバッハがバウアーらと共有する「現存するものの承認と同時に誤認」（M28^R＝ibid. S.58. 渋谷版, 87頁）が存在しているとされる。

> 「この［『将来の哲学』の］箇所でフォイエルバッハは，こう述べる。ある事物または人間の存在［Sein］は同時にその本質であり，ある動物的または人間的個体の特定の存在諸関係，生活様式および活動は，その個体の「本質」が自己の充足を感じる所以のものである。ここでは明白に，いかなる例外的事態も不幸な偶然として，変更不能な異常事態として把握される。それゆえ，もし数百万のプロレタリアがその生活諸関係にまったく充足を感じることなく，彼らの「存在」がその「本質」にまったく照応しないとしたら，それは，上述の箇所によれば，避けられない不幸であり，じっと耐えねばならないことになる」（M28^R＝ibid. S.57f., 渋谷版, 87-89頁）

　フォイエルバッハによれば，個人の本質と存在は一致する。ときに人間の場合に，それらは相反することがあるとすれば，それは「異常事態」でしかない。それゆえ，共産主義者が実践によって変革しようとする「存在における矛盾」を，フォイエルバッハは，たんに例外的な異常事態とみなして，結果的にそれを承認する。草稿『ドイツ・イデオロギー』はこのことゆえに，フォイエルバッハの歴史的「観念論」（M10^L＝ibid. S.25. 渋谷版, 52頁）を指摘する。

　シュティルナーは「固有性」に基づく所有人の交通を，社会と対立させて「連合」ないし「連合化」として描く。シュティルナーによれば，所有人は一切のものを自己の力によって獲得するのであり，それゆえ連合は，現存のさまざまな諸関係を受容する。それゆえ草稿『ドイツ・イデオロギー』が指摘するのは，何よりも，「連合」が現存の社会的諸関係と適合的であるということである。

「かくてサンチョの連合全体は結局，次のことに帰着する。すなわち，以前は批判のさいに現存する諸関係をただ幻想の側面からのみ考察していたとすれば，連合においてはサンチョは現存諸関係をその現実的内容に即して知るに至り，以前の幻想に対立させてこの内容を通用させようとしている，ということである」(ibid. S.460. 訳(3), 434頁)

かくてシュティルナーの場合も現存の諸関係はそのままに復活を遂げる。マルクスによれば，シュティルナーもまた「現在の哲学」にほかならない。

4．歴史理論の形成

草稿『ドイツ・イデオロギー』における歴史理論の形成そのものに関しては，再論に及ばない。ここではマルクスらがイデオロギー的歴史観に対していかなる批判をなし得たか，を問題としよう。唯物史観は，イデオロギー的歴史観を次のように批判する。

「人間［各個人］の理念と思想とはもちろん，人間自身とその諸関係に関する理念と思想，自己についての，人間についての人間の意識であった。……人間は各人から独立した諸条件の内部で各人の生活を生産する。この場合，これらの諸条件，それと連関した必然的な交通形態，それによって与えられる人格的かつ社会的諸関係は，思想において表現されるかぎり，理念的諸条件および必然的諸関係という形態をとらざるをえなかった。……ところでイデオローグが，理念と思想が従来の歴史を支配したのであり，理念と思想の歴史こそ従来の全歴史をなすと前提し，……一般に人間の自己に関する意識の歴史を現実的歴史の基礎に仕立て上げたのちには，意識，理念，神聖なるもの，固定観念の歴史を「人間」の歴史と名づけ，これを現実の歴史にすり替えることほど容易なものはなかった」(ibid. S.236. 訳(3), 177-178頁)

マルクスらによれば，支配的思想は，「生産様式の所与の段階から生じる諸関係」(M33^L＝ibid. S.64. 渋谷版，105頁)，すなわちブルジョア的社会諸関係から生じるものであるにもかかわらず，具体的な社会的諸関係から切り離され自立化されて，反対に歴史の発展の根拠とされる。換言すれ

ば，特殊歴史的なブルジョア的諸関係の理念——たとえば「人間」——が，歴史貫通的な普遍的理念に仕立て上げられる。これがイデオロギー的歴史観の基本的性格である。これを批判しうる条件は，何よりも〈土台＝上部構造〉論等に基づく唯物史観の形成によって成立する。

　唯物史観は草稿『ドイツ・イデオロギー』において初めて叙述される。それがドイツ・イデオロギー批判の過程で形成されたことは否定できない。しかし，第7章に示したとおり，唯物史観は〈土台＝上部構造〉論と「歴史の変革」の論理等に基づいて1845年前半までにマルクスが発見した歴史観なのであり，初期マルクスによる理論的営為の成果であることも疑いを容れない。

　要するに，唯物史観の形成はドイツ・イデオロギー批判の条件ではあっても，その結果ではない。草稿『ドイツ・イデオロギー』が，唯物史観の形成とドイツ・イデオロギー批判という2つの課題を同時的に遂行しようとしたことはたしかである。しかし，この場合，後者は前者に先行しない。前者こそ後者の条件をなし，かつ独立に——いかに絡み合っていたとしても——成し遂げられたことが確認されなければならない。以上のことを度外視するならば，唯物史観の形成はまさに天啓のごとくに，あるいは天才の直感として，語られるほかなくなるであろう。

注

（1）1845年11月段階でマルクスらがドイツ・イデオロギー批判を独自の季刊誌刊行という形態で果たそうとしていたことは事実である。しかし季刊誌構想が挫折した段階で，唯物史観の措定とドイツ・イデオロギー批判を果たすという「著作『ドイツ・イデオロギー』」の構想を立てる条件は十分にあったと考えられる。

（2）グリュンの論文《フォイエルバッハと社会主義者》（1844年12月）もまた，フォイエルバッハの「新しい哲学」の際立った意義は，「人間の諸関係を人間的に形成すること」（Grün, 1845, S.66. 訳，392頁）にあると指摘して，それを社会主義へ接続し，「現代の課題は類の実現，すなわち政治の社会主義への転化，解消」（ibid. S.68. 訳，393頁）と言い換える。H. ゼミッヒ《共産主義・社会主義・人間主義》（1845年）も，フォイエルバッハに関してほぼヘスと同様の傾向をもつ文書であった。

（3）たしかにヘスは，「フォイエルバッハはいかにして一切の対立と矛盾が自己の本質を外化する人間から生じるのかを，大系的に展開していない」（HS, 1980, S.293. 訳，359頁）と適切なコメントをするものの，では，なぜ国家を疎外する

のか,貨幣を疎外するのか,を解明するというよりはむしろ,人間の類的本質＝協働に基づいて「当為」を語る。それは,真正社会主義に親和的な本質主義的な批判であった。

(4) 匿名論文は,バウアーのものと推察される。じっさい,この部分をバウアーは《L・フォイエルバッハの特性描写》で,自説と関わらせて引用している (cf. Bauer, 1845, S.87f., 訳, 119頁)。

(5) ヘス『最後の哲学者たち』は,1845年初めまでに判明していたドイツ・イデオロギー全体を対象として全般の批判をなしており,時間の先後を入れ替えて論じても問題はないと考えられる。

(6) フォイエルバッハの反駁,ヘスの批判を受けて,シュティルナーは『ヴィガント季刊誌』に《シュティルナーの批評家たち》(1845年10月)を掲載して反批判を加えた。シュティルナーが批評家の理解を「誤解」として斥け,「唯一者」と「エゴイスト」に関する思想を称揚したことは言うまでもない。

(7) 第3までの条件ならば,時期を1844年末に限定することも可能だが,第4の条件を考慮した場合には1845年前半とするのが適当である。

(8) そして草稿『ドイツ・イデオロギー』のバウアー章も『聖家族』のバウアー批判を引き継ぐ。この関連については,注9を参照。

(9) 以下,草稿『ドイツ・イデオロギー』のバウアー批判には言及しない。それは,バウアー批判が『聖家族』までに尽くされたと考えられるからである。草稿『ドイツ・イデオロギー』のバウアー章はこう述べている。「一言で言えば,ここ［バウアーの哲学］にあるのは『共観福音書著者の批判』において告知され,『暴かれたキリスト教』で詳論され,そして遺憾ながらすでにヘーゲルの『現象学』で予示されていた自己意識の哲学である。この新しいバウアー哲学は,『聖家族』220頁以下および304-307頁においてすっかり片付けられたのである」(新MEGA I/5, S.148, 訳(3), 79頁)。ここに示される『聖家族』の頁は,第6章「絶対的な批判的批判」の「絶対的批判の思弁的循環と自己意識の哲学」部分 (MEW, Bd.2, S.147f., 訳(2), 143頁以下) と,第8章「批判的批判の世界遍歴と変容」の「暴かれた「立場」の秘密」部分 (ibid. S.203f. 訳(2), 203頁以下) に当たる。ここから判明するように,それは「自己意識の哲学」に対する反論である。そして草稿『ドイツ・イデオロギー』は,バウアー批判を『聖家族』で片付けたとしたのである。では『聖家族』ではいかなるバウアー批判がなされたかといえば,それは基本的に『独仏年誌』期の批判に遡る。要するに,マルクスはバウアー批判の基礎を『独仏年誌』において為し遂げ,かつそれを,バウアーが〈批判的批判〉に転化した1844年段階でも再確認したということである。

引用・参照文献一覧
＊凡例に掲げた文献は除く

Anonym, 1844: Anonym, Ludwig Feuerbach, in: *Nortdeutsche Blätter*, Heft 4, 1844.
　匿名「ルートヴィヒ・フォイエルバッハ」,良知力編 (1974):『資料ドイツ初期社会

主義』，平凡社，1974年，所収

Bauer, Bruno, 1845: B. Bauer, Charakteristik Ludwig Feuerbachs, in: *Wigand's Vierteljahrsschrift, 1845, Bd.3*, Leipzig.

バウアー《ルートヴィヒ・フォイエルバッハの特性描写》，良知力・廣松渉編 (1986)：『ヘーゲル左派論叢』第1巻，御茶の水書房，1986年，所収．

FGW = *L. Feuerbach Gesammelte Werke*, hrsg. von W. Schuffenhauer, Berlin 1967ff.

Grün, Karl, 1845: K. Grün, Feuerbach und die Socialisten, in: *Deutsches Bürgerbuch für 1845*, hrsg. don H. Püttman, Darmstadt 1845.

K・グリュン「フォイエルバッハと社会主義者」，良知力編 (1974)，所収

HS,1980: *Moses Heß Philosophische und Sozialistische Schriften, 1837-1850*: eine Auswahl, herausgegeben und eingeleitet von Wolfgang Mönke, 2. bearb. Aufl. Topos 1980.

ヘス《ドイツにおける社会主義運動》，良知力編 (1974)，所収

ヘス『最後の哲学者たち』，良知力・廣松渉編 (1986)，所収

Semmig, Hermann, 1845: H. Semmig, Communismus, Socialismus, Humanismus, in: *Rheinische Jahrbücher zur gesellschaftlichen Reform*, hrsg, von H. Püttmann, Bd.1, Darmstadt 1845, Nachdruck, Leipzig 1970.

ゼミッヒ《共産主義・社会主義・人間主義》，良知力編 (1974)，所収

Stirner, Max, 1845: M. Stirner, *Der Einzige und sein Eigentum*, Leipzig 1845.

シュティルナー『唯一者とその所有』（上下）現代思潮社，1967-1968年。

石塚正英編，1992：『ヘーゲル左派——思想・運動・歴史』法政大学出版局，1992年。

岩佐茂／小林一穂／渡辺憲正編，1992：『「ドイツ・イデオロギー」の射程』創風社，1992年。

滝口清栄，2009：『マックス・シュティルナーとヘーゲル左派』理想社，2009年。

廣松渉，1984：『増補マルクス主義の成立過程』至誠堂選書，1984年。

渡辺憲正，1992：「マルクスのフォイエルバッハ批判の意味」，岩佐ほか編 (1992)

第9章　中国における『ドイツ・イデオロギー』編訳史概観
―― 中国語訳廣松版（2005年）と大村／渋谷／平子による批判以後を中心に

はじめに

　『ドイツ・イデオロギー』の「フォイエルバッハ」章は1845年に執筆され，マルクス／エンゲルスの生前には公表されなかった。この草稿において二人は初めて唯物史観の基本的な諸テーゼを論述した。この著作がはじめて原語のドイツ語で公表されたのは，1926年に刊行された旧ソ連のマルクス＝エンゲルス研究所の機関誌『マルクス／エンゲルス・アルヒーフ』の第1巻においてであった。この版本が編集者の名前を取ってリャザーノフ版と呼ばれている。それ以後，マルクス／エンゲルスの遺稿の編集刊行に責任を持った旧ソ連や旧東独のマルクス＝エンゲルス＝レーニン研究所と後のマルクス＝レーニン主義研究所が出版に関与したドイツ語の版本は，アドラッキー版（旧MEGA I/5, 1932年），バガトゥーリヤ版（1965年）と新MEGAの試作版（Probeband, 1972年）であった。東欧・ソ連の社会主義体制崩壊後，IMESは新MEGAの編集・出版事業を継承し，2004年に新MEGA先行版を刊行し，2017年11月末についに決定版・新MEGA I/5を世に送り出した。上記の6点以外，国際学界に（特に東アジアの3カ国で）よく名前が知られているのは，日本人研究者が編集する廣松版（1974年）と渋谷版（1998年）である。

　中国における『ドイツ・イデオロギー』の編訳史を編訳者と時期から区分すれば，①戦前郭沫若によるリャザーノフ版の翻訳（1938年），②建国後中央編訳局によるアドラッキー版（1960年）とバガトゥーリヤ版の編訳（1988及び1995年），③南京大学による廣松版の中国語訳（2005年）と各版本の新訳（2008-2014年）という三つの段階に分けることができる。

　中国国内で，『ドイツ・イデオロギー』の「フォイエルバッハ」章の編訳に研究者の関心が寄せられるのは2005年からである。この年に南京大

学副学長の張一兵の主導の下で、廣松渉編訳の『新編輯版ドイツ・イデオロギー』（河出書房新社、1974年）が『文献学語境中的《徳意志意識形態》』というタイトルで南京大学出版社より翻訳刊行された。中国語訳は、版式では廣松版と同様に草稿の左右両欄を再現するために見開きページで印刷され、原文テキスト篇と中国語訳を合本した形式を取っている。張一兵は4万字以上の「文献学コンテキスト中の広義の史的唯物論の原初的基盤」という「『訳者序文』に代えて」を書き、丁寧な解説を行っているほか、既存の『ドイツ・イデオロギー』の版本に対する廣松版の優位性を称揚している。その後、2007年に日本と中国の研究者の間で、廣松版への評価や「フォイエルバッハ」章の編集をめぐって論争が展開され、数多くの論文が発表されている。論争以来、『ドイツ・イデオロギー』の文献学が中国学界のホットスポットとなり、南京大学出版社は「『ドイツ・イデオロギー』文献学シリーズ」を計画し、リャザーノフ版（2008年）、バガトゥーリヤ版（2011年）の中国語新訳を、次いで、新MEGA試作版と先行版（2014年）を翻訳出版している。

　本稿では、最初に中国における『ドイツ・イデオロギー』の編訳史を上記の三段階に分けて検討し、その特徴を概説する。次に、廣松版への評価をめぐって、大村泉／渋谷正／平子友長と張一兵や小林昌人の間に展開された論争を取り上げ、中国におけるこの論争の受容状況を明らかにする。また新MEGA先行版の中国語訳の問題に触れ、稿内異文翻訳の立ち後れを指摘した後、これとの関連で、大村らが編集しているオンライン版公表の中国国内での意義を明らかにする。

Ⅰ．郭沫若によるリャザーノフ版の翻訳

　中国初の「フォイエルバッハ」章の翻訳は郭沫若によってなされ、1938年に上海言行出版社より『徳意志意識形態』というタイトルで出版された。郭沫若版の「訳者弁言」によれば、この版も1926年のリャザーノフ版を底本にして翻訳編集された。郭版は、「編集者序言」と「清書稿」の前半部分も含むリャザーノフ版の全訳である。郭沫若は「訳者弁言」で、リャザーノフ版による「編集者序言」の後に書かれた「手稿とテキストの編集作業」を抄訳し、このリャザーノフ版の編集方針を6項目にまとめ、

実際にもその骨子に従って編訳を行った。異文情報について言えば，抹消文を「」，『』のなかに入れて小文字で表示したり，欄外にある加筆を本文に入れるかまたは脚注で示したりしている。

しかし，郭版は草稿の改稿過程の復元をリャザーノフ版より更に簡略化し，修正過程に関する抹消文を半分以上省略している。郭沫若は抹消文の省略の理由について，「訳者弁言」で次のように述べている。「この翻訳は，編者による6つの編集原則を堅守しているが，趣旨に関係がない抹消語，抹消句，脚注などを半分以上省略した。というのは，抹消語および抹消句は，大量に本文に組み入れると，かえって本文を読みにくくさせる恐れがあり，またある単語やある語句がマルクスかエンゲルスによって加筆され，あるいは抹消されたことをすべて注記するのも煩雑すぎるように思われるからである。これは中国語で読む読者にとってさほど必要なものではない」（郭，1947）。ここで述べられているように，郭沫若訳では抹消箇所は，「中国語で読む読者にとってさほど必要なものではない」とされ，半分以上が省略された。それにもかかわらず，マルクス／エンゲルスによる改稿情報が最初の中国語訳郭版においてすでに部分的に反映されている。この訳文は，1947年に上海群益出版社に出版社を改めて刊行され，1950年までに相次いで4つの版が出版された。

近年，中国国内の研究界では，『ドイツ・イデオロギー』の起点である郭沫若訳がいつ，どのようにして作成されたかという問題が注目されている。郭は戦後1947年上海群益出版社からの再版に「序」を付け加え，この翻訳が成立したのはその「20年前」であったと記している。張一兵は，2007年に郭の翻訳を翻刻した際，特に根拠を付すことなく同書の「跋」で郭の翻訳は1931年に行われたと述べている（張，2008）。これに対して，2011年11月に「東アジアにおけるマルクス研究の到達点と課題」をテーマに東京で開催された国際会議で，清華大学教授の韓立新は，上記「序」を根拠に，中国最初の『ドイツ・イデオロギー』第1章の翻訳はドイツ語原本がリャザーノフによって初めて公刊された1926年の翌年，1927年（1947−20＝1927）に成立したと報告している（韓，2012）。

1926年にドイツ語原本が刊行されたが，早くも日本では，この年次に，森戸辰男と櫛田民蔵によって翻訳が雑誌『我等』に上梓される。しかし，この翻訳は時間的制約から，分担箇所で訳語の不統一が生じている。例え

ば，ドイツ語の Proletariat が一部でカタカナ語の「プロレタリア」に，一部では漢字表記の「無産者」となり，「編集者序言」や清書稿の前半部なども省略されている。森戸・櫛田はこの不統一を嫌い，1930 年にこれを抜本的に改めた新訳・完訳を『我等叢書』に収録し，ここで多数の訳注を独自に加える。韓の推定では，1927 年に郭版は成立していてそこには雑誌『我等』からの影響が見られるとしている。筆者は，現在中国を代表するマルクス研究者の二人が郭訳の成立時期に関する事実的認識で齟齬を来していること，翻訳の底本問題では張が日本語翻訳に沈黙していることに着眼し考察を進めた。結果は，韓推定を否定し翻訳の成立時期は 1931 年であり，韓が推定する郭の抗日戦争従軍時ではなく，日本に亡命していたときであり，その翻訳底本は，ドイツ語原典よりはむしろ日本語訳に求めるべきであり，かつ雑誌『我等』ではなく，『我等叢書』である，ということであった。論拠の第 1 は，郭の術語訳語が『我等叢書』に基本的に依拠し，『我等叢書』における訳者の森戸辰男と櫛田民蔵による独自の訳注が半分以上そのまま郭版に再現されていること，第 2 は，明白な森戸・櫛田の誤訳や不適訳もまた郭版に踏襲されている，というものであった。郭版の実質的な翻訳底本は森戸・櫛田による『我等叢書』版であり，リャザーノフ版のドイツ語原文は必要に応じて適宜参照されたにすぎなかったのである（盛，2015）。なお，韓は筆者のこの批判を受け入れている（韓・大村，2015）

II. 中央編訳局によるアドラツキー版とバガトゥーリヤ版の編訳

郭沫若は 1947 年上海群益出版社によって出版された『徳意志意識形態』に「序」を付け加え，リャザーノフ版はともかく，完本の翻訳への期待を表明している。「10 年前日本にいたときに私はすでにドイツ語の原書を購入したが，内容はこれよりも 20 倍以上であっただろう。残念なことに，いま私の手元にはその完本がないので，この不完全な原稿を出版するほかない。完本をお持ちの諸氏によって，全部の翻訳がなされることを期待する。それはマルクス／エンゲルス主義研究におけるきわめて大きな一貢献となるであろう」（郭，1947）。郭の言うリャザーノフ版より 20 倍以上の内容を持つ「完本」はアドラツキー版であろう。郭の念願がかなったの

は，中国建国（1949年10月1日）後である。

1．アドラツキー版の編訳

建国後，中国共産党中央委員会の指示で，1953年に北京にマルクス／エンゲルス・レーニン・スターリン著作編訳局が新設された。以来，中国でマルクスとエンゲルスの著作や草稿に関する編訳の権限は，すべて中央編訳局が行使することになった。中央編訳局は1956〜1985年に，ロシア語の『マルクス／エンゲルス著作集』第2版に基づき，ドイツ語版の著作集（Marx Engels Werke）を参照して，中国初の『マルクス／エンゲルス全集』（50巻）を翻訳公刊した。1960年に『ドイツ・イデオロギー』を収録した『マルクス／エンゲルス全集』第3巻が人民出版社より刊行された。ロシア語版とドイツ語版の著作集に収録された『ドイツ・イデオロギー』のテキストは，旧MEGA I/5, すなわちアドラツキー版に由来するものである。

アドラツキー版は，「フォイエルバッハ」章の原草稿をバラバラに切りきざみ，約40の断片に分かち，編集者自身の唯物史観に関する理解にしたがってパラグラフを作り上げて文章を並べ替え，首尾一貫した著作のように編集したものである。戦前日本の唯物論研究会はアドラツキー版が出版されたのちに，逆にそれを熱狂的に迎えた。渋谷（2011）の調査によれば，アドラツキー版を編訳する森宏一らは，服部之総によるリャザーノフ版とアドラツキー版の比較検討を踏まえたうえで，マルクスのページ付けにしたがって草稿を配列したリャザーノフ版を，「一言で言い表せば，機械的であった」と評した。だが同時に彼らはアドラツキー版の編集を激賞した。「それは単に，アドラツキーによって『ドイツ・イデオロギー』が一の完成体に近き形態をとったというばかりでなく，それは真実のマルクス主義，弁証法的唯物論を我々の眼前に照らし出すごとく，原稿の整理編輯が行われているからである。即ちマルクス／エンゲルスの真意が汲み出せると思惟されたからである」。しかしながら実際には，唯物論研究会が信じるアドラツキー版の編集とは，『ドイツ・イデオロギー』の草稿を暴力的に寸断する編集であった。アドラツキー版にたいする戦前の唯物論研究会のこのような評価によって，日本のその後の『ドイツ・イデオロギー』研究は，大きくその方向を転じたといえる。1960年代後半〜1970

年代前半のいわゆる「廣松ショック」，すなわち，「現行版の『ドイツ・イデオロギー』は事実上偽書に等しい」という廣松渉によるアドラツキー版批判が出現するまで，戦後も長期間，日本語訳の翻訳底本はアドラツキー版であった。

著作集の第3巻に収録された『ドイツ・イデオロギー』は，アドラツキー版の本文テキストに明記された原草稿のページ数を削除したほか，注記に付記されている左右両欄の記述や筆跡区分，および巻末に収録される膨大なテキスト異文もごく一部を選択的に脚注で取り上げたことによって，原草稿におけるマルクス／エンゲルスの思考を追跡することが不可能となった。アドラツキー版は1932年に旧MEGA I/5としてすでに公表されたとはいえ，中国の研究者・読者の視野に入ったのは，28年後に中央編訳局によるロシア語版『マルクス／エンゲルス著作集』第3巻の翻訳を通してである。編訳局は中国語訳の本文テキストの最後に付加した訳注で草稿の作成時期や伝承について簡単に紹介したが，先行のリャザーノフ版を紹介することがなかった。翻訳の出版経緯を記述する「訳者後記」で，「わが国では，かつて郭沫若による『ドイツ・イデオロギー』の「フォイエルバッハ」章の翻訳があり，1938年に上海の言行出版社より出版されたもので，書名は「徳意志意識形態」である」と郭沫若訳を紹介してあった（中央編訳局，1960年）。

しかし，肝心な情報が漏れていた。郭沫若訳が前提にしていたリャザーノフ版とロシア語版（ドイツ語版）著作集の版が前提にしていたアドラツキー版の相違には一言も触れることはなかった。これによって，中国国内の「フォイエルバッハ」章への理解は，新訳のアドラツキー版に基づくようになり，リャザーノフ版とアドラツキー版の異同という問題設定がそもそも存在しなかったかのように研究史は展開した。郭版が復元した異文表記や草稿の配列など文献学的研究への関心も同時に消失した。

張一兵は廣松版を次のように紹介する。廣松はアドラツキー版を「偽書」と批判する。廣松のいう「偽書」は，実は我々が，数十年前から使っている中国語版『マルクス／エンゲルス全集』第1版第3巻に収録されている『ドイツ・イデオロギー』の第1章である。「残念ながら，一次資料に基づく研究基盤を欠く，我が国の研究者はこれに関する知見を持つことが全くなかった」。張はこのように，中国語訳廣松版の「『訳者序文』に代

えて」で遺憾の意を表明する（張，2005）。中国語の論文を網羅的に収録するデータベースの中国知網によって調査すると，2000 年までアドラツキーの名前に言及した論文は一報に過ぎず，それも旧 MEGA を編集したアドラツキーの功績を高揚するものであった（劉，1983）。

2．バガトゥーリヤ版の編訳

　1962 年に S. バーネが IISG で，『ドイツ・イデオロギー』の従来の版には収録されていなかった 2 枚の草稿紙葉を発見したことは，アドラツキー版，したがってそれに基づいて編集された著作集版（MEW）の欠陥を暴露する契機となり，草稿全体の配列問題が一般に知られるようになった。1965 年に旧ソ連の研究者 G. バガトゥーリヤは『哲学の諸問題』誌の第 10，11 号で新編集版の「フォイエルバッハ」章をロシア語で公表し，翌年に旧ソ連の政治書籍出版社からこれを収録したロシア語の単行本を出版した。この版は，アドラツキー版によるオリジナル草稿の恣意的な配列を改め，バーネの発見した草稿を組み込んでマルクスのページ付けに従って同章を編集した点で，画期的意義を持っている。このバガトゥーリヤ版が，1966 年にドイツ語で『ドイツ哲学雑誌』で公表され，1971 年にディーツ出版社より単行本で刊行された。ドイツ語版は，ロシア語版で内容によって区分された 26 の節タイトルを削除したが，草稿を 4 つの部分に区分する点は留保している（中央編訳局，1988）。

　バガトゥーリヤ版「フォイエルバッハ」章の中国語の翻訳は，1981 年に『中山大学大学院生学刊』に掲載されたのを嚆矢とする。この翻訳は，ロシア語版著作集の中国語訳を用いて編訳されたもので，後に，1985 年に刊行された『マルクス／エンゲルス・レーニン・スターリン研究資料彙編（1981 年）』に転載された。1988 年には，中央編訳局から，バガトゥーリヤ版の翻訳が，「費爾巴哈――唯物主義観点和唯心主義観点的対立（フォイエルバッハ‐唯物論と唯心論との対立）」というタイトルで単行本となって人民出版社から刊行された。「出版説明」によれば，この単行本は，バガトゥーリヤ版のドイツ語の単行本を翻訳底本に，同じくバガトゥーリヤ版のロシア語単行本を参照しながら訳出されたという。中央編訳局は，バーネが発見した 2 枚の草稿を本文テキストに編入し，マルクスによるページ付けを［ ］に入れて再現している。ほかにも，ロシア語版の

編集者による 26 の節のタイトルを「フォイエルバッハに関するテーゼ」とともに付録として添付している。マルクス／エンゲルスによる欄外書き込みや改稿異文を脚注や巻末注に記している。

　1995 年に刊行された『マルクス／エンゲルス選集』第 2 版第 1 巻に再びバガトゥーリヤ版の翻訳が収録された。しかし，韓・大村（2015）の調査によれば，この翻訳は 1988 年の単行本版より大きく後退している。というのは，この選集版は，単行本に収録された数多の改稿異文に関する脚注を 15 箇所まで削減したほか，1988 年の単行本に存在したマルクスによる原草稿のページ付けやマルクスとエンゲルスの筆跡区分などに関する情報を削除してしまったからである。これによって，選集版の編訳は，それに基いて草稿オリジナルの実相に迫ろうとする読者に大きな負担や混乱を与える結果となった。しかし選集版の翻訳がその後の中国では流布版となり，2003 年に出版された単行本と 2009 年に出版された『マルクス／エンゲルス文集』第 1 巻に収録されている中国語訳もこれに基づいている。1988 年の単行本でようやく出現した「フォイエルバッハ」に関する文献学的研究の小さな炎が選集版によって消失した。

Ⅲ．中国語訳廣松版の出版とそれ以後最新の研究動向

1．中国語訳廣松版の出版

　中国で『ドイツ・イデオロギー』の編集問題に多くの研究者が関心をよせる契機になったのは，2005 年に南京大学出版社から『文献学語境中的《徳意志意識形態》』というタイトルで出版された廣松渉による『新編集版ドイツ・イデオロギー』（河出書房新社，1974 年）の中国語訳であった。この中国語訳の出版を主導した張一兵によれば，この出版は孤立した翻訳ではなく，廣松理論全体を翻訳紹介する一環として取り組まれたものであった。張は自ら編集長を担当する「現代学術プリズム訳叢」の中に「廣松哲学シリーズ」を設定し，2002 年から現在までにこのシリーズから廣松の著作を 8 冊刊行している。刊行年次順に整理すると，『物象化論』（彭曦・庄倩訳，2002 年）；『事的世界観への前哨』（張仲明・李斌訳，2003 年）；『新編集版　ドイツ・イデオロギー』（彭曦訳，2005 年）；『存在と意義』全 2 巻（彭曦訳，2009 年）；『唯物史観の原像』（鄧習儀訳，2009 年）；

『哲学者廣松渉の告白的回想録』（張仲明・劉恋訳，2009）；『資本論の哲学』（鄧習儀訳，2013 年）である。『世界の共同主観的存在構造』の翻訳刊行も進行中である，というのは翻訳関係者の言である。翻訳者のほとんどは南京大学日本語学科の教員であるが，鄧習儀は張一兵の門下生で，現在湖州師範学院で教鞭を取っている。

　なぜ廣松理論全体を翻訳紹介するのか。張一兵によれば，廣松が創出した物象化理論には独自性があるからだが，このこと以上に注目すべきは，張一兵の研究上の恩師に当たる孫伯鍨の問題関心である。孫は，1980 年代に旧ソ連のマルクス主義教科書の定説を乗り越えるべく，「二つの論理，二回転換論」を提出した。孫によれば，旧ソ連の研究者は，『独仏年誌』において，マルクスの唯物史観が成熟したとみるのだが，事実はそうではない。マルクスは『独仏年誌』で第一次の思想転換，すなわち観念論から唯物論への転換を果たしたに過ぎず，批判対象を市民社会へ向けたとはいえ，この時期には，唯物史観からはほど遠く，まだフォイエルバッハ的な人間主義にこだわったままである。マルクスは，『ドイツ・イデオロギー』において初めて，最も重要な第二次理論的転換を遂げたのであった。すなわち人間主義的理論構造から唯物史観への転換を達成したのである（張一兵，2004；孫，1982）。この孫の問題意識をそのまま継承した張は，彼の主著，『マルクスへ帰れ』（情況出版，2013）で，『経済学・哲学手稿』（1844 年）と『ドイツ・イデオロギー』（1845-1846）の間に「非連続性」や「飛躍」が存在すると主張している。この主張と廣松渉の「「疎外論」から「物象化論」へ」という問題設定とは基本的に重なる。廣松の主張が張の論証を裏付ける有力な証拠になるということである。張が中国で廣松哲学を紹介普及するもう一つの理由はここにあるのであろう。

2．廣松版をめぐる中日論争

　本書の出版は，直ちに中日両国で大きな反響を生んだ。張一兵は 2005 年に南京大学で開かれた「『ドイツ・イデオロギー』の文献学研究とその現代的価値 - 第 2 回廣松渉とマルクス主義哲学国際シンポジウム」で基調講演をし，「『訳者序文』に代えて」の主旨を述べ，①見開き 2 頁の印刷方式の採用，②異なる字体によるマルクス／エンゲルスの筆跡区分，③削除された内容の復元，④マルクスとエンゲルスによる加筆・修正の再現方

法，⑤他の版本の異文を編訳に組み込む，⑥ドイツ語の本文テキストを独立の冊子にした（中国語版では，日本語版の後に付けた），と6つの側面から廣松版の独自性を讃えている。

　シンポジウムの日本人参加者を代表して廣松岩波文庫版の補訳者小林昌人は，「フォイエルバッハ」章の編集問題を組版方式と配列方式に区分し，組版では，①添削過程の再現，②筆跡の区分，③欄外書き込みの復元について，配列では，「小さい束」を「大きい束」の前におき，前者を後者の改稿とみなす合理性を指摘して，廣松版を称揚した（小林，2015）。

　その後，中日両国の研究者間でこうした廣松版への評価や小林補訳版をめぐって論争が生じた。2006年末に大村泉，渋谷正，平子友長は，共同論文「新メガ版『ドイツ・イデオロギー』の編集と廣松渉版の根本問題」を中央編訳局に送り，翻訳紹介を依頼した。中央編訳局は共同論文の翻訳を張一兵に委ねた。張の指示で，上海社会科学院の学術誌『学術月刊』2007年1月号に中国語訳の共同論文が掲載された。翻訳は南京大学の彭曦が担当した。共同論文は，廣松版と廣松岩波文庫版を次のように批判した。すなわち，廣松は，改稿表記の復元で新MEGA試作版が採用した異文の行並記法（Zeilenparallelisierung）が理解できず，アドラツキー版の「テキスト異文」を彼の編訳するテキストに組み込んだため，アドラツキー版の誤った復元をそのまま踏襲し，その意味で『ドイツ・イデオロギー』の研究史の水準を40年以上前に引き戻した。廣松岩波文庫版についていえば，補訳を担当した小林は，渋谷の研究から廣松版における改稿過程表記の不十分さ，不正確さを認識し，数多ある箇所で渋谷版を無断借用して訂正したため，確たる翻訳底本が存在しない版となった（大村／渋谷／平子，2007）。

　この日本人研究者の批判に対しては，同じ雑誌の同じ号に張一兵による「文献学とマルクス主義基本理論研究の科学的立場」が反批判として掲載された。反駁の論旨は以下の通りである。張は，最初に，廣松版がアドラツキー版の「テキスト異文」における情報を踏襲していることを否定した。その論拠は2点あり，第1は，両版の組版上の相違である。張は，テキストのなかに修正や加筆を組み込んだ廣松版と本文テキストに最終文案だけを掲載するアドラツキー版と組版の仕方が違っている，という。第2は，草稿を恣意的に編成したアドラツキー版にたいして，廣松は「ほぼ否

定的であって，2つの版を読むなら，大村泉らのような誤った認識を持つ人はいないであろう」(張, 2007) という。「ほぼ否定的」というのは，廣松は，草稿の配列方式で，アドラツキー版がマルクスによるページ付けを完全に無視し，草稿を恣意的に寸断し再結合していることを激しく批判し，アドラツキーの暴力的な編集を「偽書」と呼んでいるからである。張はリャザーノフ版のようにマルクスのページ付けによる配列に復した廣松版の正当性を主張する。続けて張は，「『訳者序文』に代えて」で述べた編集方式における見開き2ページの印刷方式や異なる字体でマルクスとエンゲルスの筆跡の区分など，廣松版の6つのオリジナリティを繰り返し掲げ，最後に，中国における『ドイツ・イデオロギー』の文献学的研究で，一次資料の収集や文献解読の専門家を可及的速やかに養成することが喫緊の課題である，という。

　以上の紹介から知られるように，この反批判では，大村らが廣松版を批判する際，詳細に典拠として掲げた新MEGAの試作版が採用した異文の行並記法と廣松版の異文表記との矛盾，言葉を換えれば，廣松版は新MEGA試作版を検討したように装ってはいるが，しかし全く検討せず，廣松版が目玉にした異文表記（そこでの抹消文の再現，等）が，旧MEGA I/5 (1932) の水準に留まり，新MEGA試作版 (1972) に達していないことへの真摯な文献実証による反批判が欠落していた。これは，反批判としては極めて奇異に映るが，この反批判への大村らの再批判は，まさにこの点を突いたものであった。

　渋谷／大村／平子は，2007年6月に『マルクス・エンゲルス・マルクス主義』第48号で「再び廣松渉の『ドイツ・イデオロギー』編集を論ず」という共同論文を発表した。この再批判論文の副題は「張一兵と小林昌人の空虚な『反批判』を駁す」であった。この再批判論文によれば，張の「反批判」の顕著な特徴は，共同論文における「廣松版の改稿表記はアドラツキー版に依っている」，という事実関係の論証に何一つ具体的に反論することなく，ひたすら「廣松の独創」を称揚することにある。この反批判は共同論文の論旨への張の無理解を曝け出している。張一兵が「反批判」において繰り返し強調しているのは，複雑な改稿過程を本文テキストのなかに併記するという廣松の組版，及びマルクスのページ付けに従うという編集を，他の版本と比較した場合の優位性の弁明であった。しかし，

渋谷／大村／平子の共同論文における批判は，アドラツキー版の恣意的な配列に対して向けられた廣松の批判の正当性を否定するものではけっしてない。問題はその先にあり，草稿の改稿過程を復元するに当たり，廣松版はアドラツキー版の「テキスト異文」をそのテキストに組み込み，誤った復元もそのまま踏襲しているため，アドラツキー版（1932）の誤りを抜本的に訂正した新 MEGA 試作版（1972）以後は，信頼できるテキストとして引用できない版本となった。廣松版が刊行されたのは，新 MEGA 試作版の刊行後，1974 年であったからである。いくら優れた編集方法を採用しても，肝心の本文テキストがオリジナルから乖離すれば，学術的価値を失うのは自明であろう（渋谷／大村／平子，2007）。この渋谷／大村／平子による張の「反批判」の再批判は中国語で出版されることはなかった。しかし，大村／渋谷／平子の共同論文の核心部分は，中国で識者の十分知るところになっている。

3．中国における論争の受容

　廣松版の評価と位置づけをめぐって争われた中日両国の研究者間の論争は，大きなインパクトを中国研究界に与えた。多くの研究者は，この論争によってはじめて『ドイツ・イデオロギー』の編集問題を知り，数多くの論文が発表された。リャザーノフやアドラツキーの名前が中国語の論文に言及されるようになったのも，2006 年以後である。

　では，具体的には，この論争は中国学界でどのように受けいれられているのか。筆者が中国建国後の学術論文を網羅的に収録する中国知網（CNKI）で調査したところ，2007 年 1 月号の『学術月刊』に掲載された大村／渋谷／平子による批判論文「新メガ版『ドイツ・イデオロギー』の編集と廣松渉版の根本問題」（中国語版）は 19 本の論文で引用されている。この被引用件数は，人文系の論文では，きわめて高い引用率である。修士学位論文が 4 報，博士学位論文が 5 報，雑誌に掲載された研究論文が 10 報である。例えば，中国社会科学院哲学所の欧陽英によって書かれ，2012 年の『哲学動態』第 2 号に発表された「テキスト研究の三段階を論ずる」によれば，「大村泉らから見れば，廣松渉は新 MEGA における肝心な異文一覧の表記，すなわち『改稿過程一覧』［行並記法－引用者］を理解することができなかったため，アドラツキー版以来 40 年間の草稿の

解読，特に改稿過程に関する研究成果を河出書房版に取り込むことができなくなり，研究史の水準を40年以上前に引き戻した」ことになる（欧，2012）。武漢大学哲学研究科出身で，三峡大学で教鞭を取る周徳清が『湖北社会科学』で発表した論文「マルクス主義文献学における三つの問題――『ドイツ・イデオロギー』文献学的研究を例として」によれば，「大村泉，渋谷正，平子友長らの日本人学者たちはすでに他人を得心させる論拠をもって，編訳に際し，廣松渉がマルクス／エンゲルスの草稿を実見することなく，依拠した文献はアドラツキー版であることを明らかにした。上記の基準で厳密に判断すれば，廣松渉による研究は典型的な文献学もどきの研究となるのであろう」（周，2013）。2016年に武漢理工大学の陳波と宋路飛が学術誌『大学マルクス理論研究』（中国名：『高校馬克思理論研究』）で「再び廣松版『ドイツ・イデオロギー』を論ずる」という論文を発表し，見開き2ページの印刷方式や筆跡区分という廣松の独自性を述べたあと，「廣松版の底本であるアドラツキー版に多くの錯誤が存在する」という節で，廣松版の欠陥を次のように述べた。「廣松渉が『ドイツ・イデオロギー』を編集する際に依拠したアドラツキー版に多くの錯誤が存在し，アドラツキー版以後40年草稿に関する最新の考証成果を取り込むことができなく，研究水準を40年前に引き戻した。日本人研究者の大村泉らは，この本が刊行された時点でその学問的生命を終えていたと宣言した。……（廣松版は）本文テキストに組み込まれる削除された字句と右欄増補が，基本的にアドラツキー版に基づき行われたものである」（陳・宋，2016）。

　上述の引用文に見られるように，論争後，ほとんどの中国人研究者は正確に廣松版の欠陥を把握していることがわかる。しかし，以下の異論も存在する。黒竜江大学の姜海波は，2010年に『理論視野』で発表した論文「テキストと思想のはざまで――廣松版『ドイツ・イデオロギー』の編列問題について」で，「組版方式」と「編集方式」における廣松版の独創という小林による評価を引用しながら，「ただし，日本人研究者の大村らが指摘したように，異文の再現につき，廣松版にある程度の欠陥と錯誤が存在する。彼が依拠するアドラツキー版が権威的，標準的な版本ではないため，この意味では廣松版に欠陥と不足がある」という（姜，2010）。中国での研究史における廣松版の位置付けでは，「日本人学者の大村らによる廣松版への批判は『組版』，いわゆる添削過程とそれに依拠した異文の再

現に集中している。にもかかわらず，廣松版は学術史に重要な地位を持ち，渋谷版を含む後世の研究に大きな影響を与えている。廣松版が提出した『編集』と『配列』の問題は我々にマルクス主義哲学の成立過程と唯物史観の生成に関する研究に導きの糸を与えている。廣松版が提供する筆跡や添削などの情報は 1960 年に出版された中国語版『マルクス／エンゲルス全集』第 3 巻と 1995 年に出版された『マルクス／エンゲルス選集』第 1 巻になかったものであり，本日までも廣松の功業には敬服されるものがある」（姜，2010）。この姜の論理に従えば，アドラッキー版に依拠した廣松版に基づいても，唯物史観の成立におけるマルクスの思惟を追体験できることになる。廣松版の改稿表記は非常に多くの箇所で事実と異なる（誤っている）のであるから——これを姜も認めているのだが——，このような版本に依拠して，どのようにすれば，唯物史観の成立時期におけるマルクスを追体験できるのか，という疑問が生じざるをえない。こうした矛盾した論述は，廣松版の根本的欠陥に関する姜の無理解を曝け出す結果となっている。他方，改稿表記の正確さはともかく，廣松版は流布版になかった情報を提供しているのであるから，研究史に重要な地位を持つという姜の考え方そのものは，ある程度南京側の意見を代表している[1]。

4．「『ドイツ・イデオロギー』と文献学シリーズ」の出版

　論争は南京大学にも大きな衝撃をもたらしている。大村／渋谷／平子の批判を受け，張は中国における『ドイツ・イデオロギー』研究における時代錯誤を痛感し，「反批判」論文の最後で中国における『ドイツ・イデオロギー』研究の現状への憂患と今後の緊急的課題を提起している。

　「ただし，特殊な歴史的原因で，我々のマルクス＝レーニン主義編集・翻訳機構には十分な古典文献の一次原稿が存在しない。専門の文献解読の専門家も養成されていない。長い間に我々のマルクス＝レーニン主義の編訳と出版は，主に旧ソ連や東ドイツ研究界の成果に頼ったため，古典文献の整理と編訳において，我々は大きな自主性と独立性を持つことがなかった。……我々は，一方では，ロシア革命勝利後のレーニンにならい，ただちにマルクス＝レーニン主義文献の原文のデータベースの立ち上げに着手し，また，原文解読の専門家を積極的に養成しなければならない。おそらくそれは，ゼロからの出発になるだろう。独立自主的に真正の文献学的研

究を展開しなければならない。二次的文献を利用するいわゆる文献考証もどきであってはならない。そうした作業は，つまるところ，原文の解読，オリジナル情報の文献考証，そして版本研究に基づく真正のものではなく，歪曲が加えられた剽窃であり不法な転用だからである。」（張，2007）

　張の「二次的文献を利用するいわゆる文献考証もどき」という文言で念頭にあるのは，日本人学者の批判を受けたオリジナル草稿に基づかない廣松の似而非的な文献考証を指しているのであろう。草稿のデータベースの立ち上げや原文解読の専門家の養成という張の呼びかけは，紙面にとどまるものではなかった。

　2016年夏に南京大学のホームページに「草稿上のマルクスとエンゲルス，豊富で面白くて激情もある」というタイトルの記事が掲載された。「6月26日から6月30日まで，IISG所長のHenk Wals教授，研究部主任のLeo Lucassen教授，Jaap Kloostermann教授および文献収集部の責任者Marien van der Heijden博士が南京大学で一連の学術活動に参加した。6月27日に南京大学マルクス主義社会理論研究センター長の張異賓（＝一兵‒引用者）教授はHenk Wals教授と交流協定を結んだ。両方はウェブサイト情報の共有，研究成果の紹介，人材育成計画及び古典文献の収集においてより深く学術的交流と協同を展開することに合意した。特に共同でIISGの代表的な研究成果を編訳し，中国のマルクス主義研究分野における文献学的研究の水準を高め，国際的視野を広めることに資することになった。だが，この協定が発効する前に，南京大学はアムステルダムのIISGからマルクス／エンゲルスの主要草稿のコピーを持ち帰り，南京大学マルクス主義社会理論研究センターで学生と研究者に向けてオープンしている。南京大学側はIISGと①一般に公開しないこと，②専門家と院生に研究目的でのみ提供すること，③商業目的に使用しないこと，という三原則を承諾した」という（「草稿上のマルクスとエンゲルス」，2016）。

　南京大学の党副書記長から書記長に昇格した張一兵は，IISGと正式に交流協定を結ぶ前に，マルクス／エンゲルスの主要草稿のコピーを持ち帰ることができた。草稿を持ち帰った時期はいつか。同大学のホームページに掲載される関連記事を読めばわかる。「2008年にわが学科のマルクス主義哲学センターのIISG訪問が，相互に緊密な交流の道を開いた。その後，両方は数回の友好訪問と学術的交流を展開した。2009年9月に研究所主

任のMarcel Van der Linden教授，マルクス／エンゲルス文献部管理員のMrs. Ursula Brigitte BalzerとDr. Christine Moll Murata一行3人がわが学科のマルクス主義研究センターを訪れた。2015年8月に張異賓教授が訪問団を引率して再びIISGを訪問し，さらなる学術的交流と合作に基礎を築き上げる」(「歴史的な握手」，2016)。

「二次的文献を利用するいわゆる文献考証もどき」という教訓を得て，張は訪問団を引率してIISGを訪れ，2008年にアムステルダムから『ドイツ・イデオロギー』を含むマルクス／エンゲルスの主要な草稿を持ち帰り，廣松が見果てぬ事業を達成し，同大学のマルクス主義社会理論研究センターで中国初のマルクス／エンゲルスの主要草稿のデータベースを作りあげた。「一般公衆にオープンしない，専門家と院生に研究目的でのみ提供する，商業目的に使用しない」という三原則のもとで，南京大学と研究者と院生の研究に提供している。2008年は論争が行われた翌年であり，関係者の証言によると，日本人学者からの批判がIISGと契約を締結させる直接な契機となった。しかし，このあと明らかにする新MEGA先行版の出版から知られるように，南京大学はこれを活用することができず，現状は，展示のための装飾品となっている。

2005年1月に廣松版の中国語訳が南京大学出版社より出版されると，中国におけるマルクス／エンゲルス著作の最初の文献学的出版物として注目を集め，半年のうちに売り切れた。関係者の証言によれば，同年7月に重版印刷が可能となり，1月の初版と7月の重版を合わせて印刷部数は1万部に達したという。大村／渋谷／平子によってその根本的欠陥が暴露された後は，もはや重版不可能となった。廣松版の代わりに，張一兵は「現代学術プリズム訳叢」の中に「『ドイツ・イデオロギー』と文献学シリーズ」を設定し，2008年からは南京大学出版社より，①リャザーノフ版『ドイツ・イデオロギー』(夏凡編訳，2008年)，②高麗大学名誉教授鄭文吉の論文集『《ドイツ・イデオロギー》とMEGAの文献学研究』(趙莉・尹海燕・彭曦訳，2010年)，③バガトゥーリヤ版『ドイツ・イデオロギー』(張俊翔編訳，2011年)，④編集者の名前でタウベルト版と名付けられた新MEGA試作版と新MEGA先行版の合本(李乾坤・毛亜斌・魯婷婷訳，2014年)を刊行している。

夏凡によるリャザーノフ版の翻訳は，前半にリャザーノフの「原稿およ

びテキスト」を全訳し，本文テキストを新訳し，郭版で省略された脚注とテキストに組み込まれた抹消された字句もすべて翻訳し，後半に「明らかな印刷上のミス」のみを訂正した郭版の復刻版を収録したものである。1988年編訳局の翻訳と比べて，南京大学が翻訳するバガトゥーリヤ版は，底本をドイツ語の単行本からロシア語の単行本に改め，目次には編集者が付けた26の章のタイトルを翻訳・収録したほか，マルクスによるページ付けを本文テキストに挿入し，抹消された字句と右欄書き込みを部分的に脚注で復元している。2014年に南京大学出版社は『MEGA—タウベルト版《ドイツ・イデオロギー　フォイエルバッハ》』というタイトルで新MEGAの先行版と試作版の合本を刊行している。この合本には，①新MEGA先行版の本文テキスト部（Text Teil）の中国語訳と②新MEGA先行版の学術附属資料部（Wissenschaftlicher Apparat Teil）の「成立と伝承」（Entstehung und Überlieferung）およびその直後に③新MEGA先行版の本文テキストのドイツ語原文および④新MEGA試作版の本文テキストの中国語訳を付録Ⅰと付録Ⅱとして順に収録している。版式では草稿と同様に1頁に左右両欄を分け，左欄に基底稿，右欄に右欄書き込みを配列するという方法で，新MEGA先行版と試作版の本文テキストを復元している。しかしここには異文一覧の翻訳はない。

Ⅳ．『ドイツ・イデオロギー』改稿過程の表記における中国編訳史の到達点

　上記の論争から知られるように，『ドイツ・イデオロギー』の編集において，肝心なのは，テキストの編集方法ではなく，いかにマルクス／エンゲルスのオリジナル草稿を正確に解読し，再現するか，という点にある。結論から言えば，新MEGA先行版に依拠しつつ，これを更に改訂して，2017年11月に出版された新MEGA I/5に収録された版本が，オリジナル草稿を最も精確に解読するドイツ語の決定版である。新MEGA I/5では，新MEGA試作版で初めて導入された行並表記法がそのまま引き継がれている。

1．中国語訳廣松版における異文表記

　論争でよく取り上げられる草稿17ページで社会的分業を論じる箇所を

行並記法の情報に基づき，廣松的復元方法で読み替えると，次のようなものとなる。

> (A) Morgens <Schuhmacher> zu jagen <& Mitt>, Nachmittags <Gärtner> zu fischen, Amends <Schauspieler zu sein> Viehzucht zu treiben **u. nach dem Essen zu kritisiren**, wie ich gerade Lust habe, ohne je Jäger Fischer <oder> Hirt **oder Kritiker** zu werden.

　廣松版の中国語訳の復元記号で翻訳すると，新MEGA I/5巻の該当箇所は以下のようなものである。

> (B)上午≠当鞋匠≠打猎，≠然后中午≠下午≠当园丁≠捕鱼，傍晚≠当演员≠从事畜牧，然后晚饭后从事批判，这样就不会使我老是一个猎人，渔夫，≠或者≠牧人或批判者［这样固定的专家］。

　該当箇所の改稿表記は廣松岩波文庫版では，補訳者の小林は，渋谷版に依拠して，アドラツキー版に基づいて復元されている廣松版の誤った異文を訂正した（大村／渋谷／平子，2007）。彭曦によって翻訳された廣松版の中国語訳では，どのように復元されているのかを確認しよう。

> (C)上午≠当鞋匠【然后中午】下午当园丁，傍晚当演员，［随心所欲地］≠打猎，下午捕鱼，傍晚从事畜牧，然后晚饭后从事批判，这样就不会使我老是一个猎人，渔夫，≠或者≠牧人或批判者［这样固定的专家］。

　この(C)を，新MEGA試作版（新MEGA先行版，新MEGA I/5）の行並記法の異文表記を廣松的復元方法で読み替え，さらにこれを中国語訳した(B)と比べると，違いは明白である。(B)では改稿過程の抹消部分の表記が，ピンポイントなのに，廣松版の中国語翻訳(C)では「≠当园丁，傍晚当演员，［随心所欲地］≠」という一文全体が削除され，「下午（午後には）」と傍晚「（夕方には）」が一旦抹消された後で，同じ言葉が改めて書かれたように表記されている。したがって中国語の復元も草稿と異なるものであり，廣松版の忠実な翻訳であって，アドラツキー版の異文表記の誤りを踏襲したものである。これは事実に反するテキストなのである。

2．新 MEGA 先行版と試作版の翻訳

　南京大学出版社はすでに新 MEGA 先行版と試作版の合本を刊行している。上記の引用文における改稿表記は，新 MEGA I/5 巻と新 MEGA 先行版とでは変更はない。読者は，新 MEGA 先行版の学術附属資料部に収録される行並記法で復元される改稿表記を参照しながら，廣松版の中国語訳を検証すれば，改稿異文の表記におけるその不備を確認し訂正することができる。しかし，編集長を担当する張一兵は，中国語コンテキストでこうした検証を実行する可能性をゼロにした。なぜかというと，中国語訳の新 MEGA 先行版と試作版の合本では，新 MEGA 先行版の本文テキストと学術附属資料部の「成立と伝承」(Entstehung und Überlieferung) は翻訳されているものの，行並記法で復元された「異文一覧」(Variantenverzeichnis) は全く訳出されなかったのである[2]。南京大学による新 MEGA 先行版の翻訳では，この箇所は，編訳局の翻訳に依拠して，「上午打猟，下午捕魚，傍晩従事畜牧，晩飯后従事批判，這樣就不会使我老是一个猟人，漁夫，牧人或批判者。」（タウベルト版の中国語訳，S.30）と最終文案の翻訳だけが提示されているに過ぎない。この意味で，『ドイツ・イデオロギー』改稿過程の表記における中国編訳史の到達点は，今日でも廣松版の中国語訳，さらに言えばアドラツキー版に立っている。

　しかも，張一兵は中国語訳新 MEGA 先行版の「『訳者序文』に代えて」で，「本書の出版によって，『ドイツ・イデオロギー』第 1 章『フォイエルバッハ』の編集出版史におけるいくつか重要な版本がすべて我々によって中国のマルクス主義学術界に紹介された」と称している。しかし，廣松版を除き，「『ドイツ・イデオロギー』と文献学シリーズ」に収録されるドイツ語の版本は，リャザーノフ版，バガトゥーリヤ版，新 MEGA 試作版と先行版であり，アドラツキー版は訳出されていない。このような巧妙な処理によって，大村／渋谷／平子による批判論文を読まない限り，中国人読者は，廣松版の改稿表記がアドラツキー版に由来することを確認する手立てがない。

　だが，大村／渋谷／平子による批判論文を検討したとしても，新 MEGA 先行版の学術附属資料部に収録された異文表記と異文表記を含むアドラツキー版が訳出されていないため，廣松版の改稿表記の作成手法を検証し正確な情報を得るためには，読者自身が廣松版の中国語訳，旧

MEGA I/5 に収録されたアドラツキー版の原文テキスト及び異文一覧そして新 MEGA I/5 の異文一覧を読み比べなければならない。これらを行うには，行並表記法の読み方を正確に把握する必要があり，ドイツ語が分る読者にも大変な負担が強いられる。

　渡辺（2015）によれば，廣松版は多数の右欄書き込みや挿入指示のない書き込みの多くを，左欄へ挿入するか脚注で示したため，計 54 ページの草稿について，廣松版には右欄の記載が存在しないことになった。新 MEGA 先行版は挿入指示のある右欄書き込みを左欄に挿入し，挿入指示のないものを右欄に配列し，44 箇所の書き込みが右欄に残されている。右欄書き込みにおける両版本の齟齬がそのまま中国語訳に反映されている。これについても，張一兵は合理性のある解釈を与えていない。それどころか，新 MEGA 先行版を西方マルクス学の「客観的編集成果」と揶揄し，それに基づく基本的結論といわゆる「新観念」を警戒しようと先行版の「『訳者序文』に代えて」で呼びかけている（張，2014）。この結果，新 MEGA 先行版の翻訳が出版されたとはいえ，中国の研究者はそれに対して自粛の態度を取り，敬遠している[3]。

V. 結　語

　張一兵をはじめとする編訳グループが，新 MEGA 先行版の学術附属資料部に収録された「異文一覧」の編訳をはじめから断念したのは，「それを中文に翻訳すれば，ドイツ語コンテキストにおける細部の直感性を失ってしまう」という理由のほか，行並表記法で表示される異文情報をそのままの形で，外国語に翻訳することが技術的に不可能であったからである。ドイツ語を母国語としない読者にとって一番不都合なのは，新 MEGA の特色ある異文表記をそのまま翻訳し，母国語で理解することがまず不可能なことである。繰り返し記号（〃）や冠詞だけの変更，名詞の単数形から複数形への変更，等々を文章構造が大きく異なる言語に翻訳することはそもそも無理がある。そもそも中国語には冠詞が存在しない。

　リャザーノフの異文表記法にならい，すべての異文情報が本文テキストに組み込まれたドイツ語テキストが存在するならば，削除された異文が冠詞だけ，あるいは冠詞だけが変更されている異文であっても，ドイツ語を

母国語にしない中国人研究者で，ドイツ語の読み書きがある程度できる研究者なら，前後の文脈からそうした異文の変更の含意を読み取ることが可能であろう。例えば，この冠詞の削除は誤記によるもの，この冠詞の別の冠詞への置換は，冠詞に続く名詞が単数形から複数形に変じたから，あるいはその性が男性から女性に，あるいは中性から男性に変更されたからだ，ということがわかるであろう。廣松版の原文テキスト篇はこれを目指したものであったが，本文テキストに組み込まれた異文がアドラツキー版の異文の機械的挿入であったために，日本では刊行された1974年に，中国では翻訳された2005年に，直ちに学術的生涯を終えていた。この版が他の諸版と自らを区別した異文情報が，1972年に刊行された新MEGA試作版によって，夥しい箇所で修訂正を受けていたからである。歴史的文書として珍重する場合にはともかく，廣松版は，その最良箇所として喧伝された異文情報が，マルクス／エンゲルスによって実際に草稿に記載された内容を正確に再現せず，むしろ大きく乖離しているのであるから，学術的な研究で引用や参照文献に掲げることは混乱を招くだけだ。

「草稿完全復元版」と銘打って登場した渋谷版は，最終テキストに異文を組み入れた廣松版とは異なり，異文を抱えたテキストがそのまま再現されている。渋谷版で再現されているのは，草稿の左欄に書かれたテキストは異文を含めてそのまま左欄（見開き2ページの左ページ）に再現され，右欄でも同じように処理されている。左欄への挿入を指示した右欄記載のテキストは，この挿入の指示と共に右欄で再現されている。草稿各紙葉の左欄の再現には見開き2ページの左ページが，右欄には右ページがあてられている。渋谷版はさながら写真で草稿各紙葉を写し取ったように，記載状態をありのまま再現することに腐心している。大村らによれば，渋谷版の再現の正確さ，注記の精度，異文解読は，新MEGA試作版は無論，新MEGA先行版をも上回るものがあるという。しかしながら，この版は，日本人読者にとっても通読することさえ困難な版だという。改稿の結果どのような最終テキストが完成したかは，渋谷版では，頭の中で，削除された部分を読み飛ばし，右欄の左欄への挿入指示がついたテキストを左欄の対応箇所につないで読む，等々をすべて頭の中でする必要があるからである。中国人研究者にとってみると，渋谷版は内容を検討する前に日本語という障壁がある。ドイツ語でも省略などが多数ある異文表記を，日本語に

翻訳された渋谷版の異文表記から中国語に翻訳することは廣松版がもたらした混乱とはまた別の混乱を中国の研究者にもたらす恐れなしとしない。

　上述した問題をクリヤーし，詳細な異文一覧を含め，新 MEGA I/5 の膨大なドイツ編纂学の成果を中国で吸収・発展させる可能性は，張らの営為の延長線上にあると言うよりは，現在本書の編者らが準備している『ドイツ・イデオロギー』第 1 章「フォイエルバッハ」のオンライン版によって初めて与えられるであろう。オンライン版には，収録テキストの容量限界というものがそもそも存在しない。本書第 5 章に依れば，オンライン版では，異文の種類に応じて改稿は 3 段階（Layer）に区分され，改稿過程はフルテキストで表記されるという。すなわち，(1)基底稿＋即時異文，(2)基底稿，(3)基底稿＋後刻異文＝最終テキストである。またオンライン版のテキストはすべて IISG の原草稿の精細画像とリンクされ，読者は独自に解読原稿を原草稿と対比して検討できる。改稿過程を表記する各レーヤーでは，草稿の記載状態（左欄か右欄か），マルクス／エンゲルスいずれの筆跡かがマーカーやフォントの種類，フォントの色で区別されて示されるという。オンライン版の底本となるテキストは，異文情報を含め，全て IMES から提供された新 MEGA 同巻のもので，かつ編集者らが直接草稿の精細画像から独自に判読したものである。オンライン版がインターネットを通じて配信されるようになると，新 MEGA 同巻を活用した研究が促進されることになるであろう。オンライン版が中国語で公表されれば，詳細な異文テキストを活用しながら唯物史観の生成を厳密正確に追思考できるほか，廣松版を含め，従来の紙版に内在していたさまざまな欠陥を摘出することも可能となろう。中国人研究者として一刻も早くオンライン版の公表を期待している。

注

（1）中国で一部の研究者が廣松版の欠陥を率直に受け入れることができないのは，研究史におけるアドラツキー版の清算の欠如とも関連していると思われる。日本では，廣松渉がアドラツキー版の恣意的編集を「偽書」として退けたことが契機となり，アドラツキー版の「フォイエルバッハ」章のテキスト（大月書店全集版ほか，これを底本にした版本の対応箇所）が，大学のゼミナールなどで使われることがなくなっている。しかし，中央編訳局は，1988 年に編訳されたバガトゥーリヤ版の「編訳説明」で，「アドラツキーによる草稿への再編集に根

拠が不十分だと見られている」(中央編訳局, 1988) としたものの, アドラツキー版での草稿の暴力的編集の暴露には至らなかった。研究史で『ドイツ・イデオロギー』の文献学的研究の重要性が広範囲に自覚されておらず, アドラツキー版の清算が極めて不十分な中国では, 大村／渋谷／平子の廣松版批判が, 研究者自身の課題として咀嚼され, 積極的に組み入れられるようになるには, なお時日を要するように思われる。本章の最後で提示する本書編者らのオンライン版が中国でも自由にアクセスできるようになり, その中文翻訳が出現すると, 状況は大きく変わるであろう。

(2) 張は「文献学とマルクス主義基本理論研究の科学的立場」というタイトルの「『訳者序文』に代えて」を書き, 翻訳経緯について次のように述べている。「本書の本文テキストが編訳された後, ドイツ語原文を説明する学術附属資料部をどう処理するのかに直面して, 我々は非常に困った境地に陥った。それを中文に翻訳すれば, ドイツ語コンテキストにおける細部の直感性を失ってしまう。翻訳しなければ, ドイツ語が分らない読者にとっては, この重要な文献学学術附属資料部が存在しなかったように見える。最後に, 折衷案として, 学術附属資料部における文字の説明部分を訳出し, ドイツ語文献の細解を削除した。このようにするのは, わが国の重要なマルクス主義研究センターはほとんど, 新MEGAの原書を購入しているので, 原書を調べれば直接にテキストのデータを入手することができる」。すなわち, 張は, 改稿異文の復元を放棄し, それの確認を読者に任せたのである。

(3) 例えば, 人民大学の安啓念は, 論文「『ドイツ・イデオロギー』の「フォイエルバッハ」章における右欄増補の唯物史観的価値」において, 南京大学が編訳する新MEGA先行版ではなく, 編訳局によって編訳されたバガトゥーリヤ版 (2003年単行本) の脚注に依拠して右欄書き込みを33箇所と数え, 唯物史観の生成におけるそれの意義を論述している。

引用・参照文献一覧
＊凡例に掲げた文献は除く

安启念 (An Qinian):《〈德意志意识形态〉费尔巴哈章"边注"的唯物史观价值》,《哲学动态》2018年第3期, 第12-22頁。

陈波 宋路飞 (Chen Bo, Song Lufei):《再评广松版〈德意志意识形态〉》,《高校马克思主义理论研究》2016年第2期, 第37-42頁。

廣松渉, 1974:「『ドイツ・イデオロギー』編輯の問題点」『マルクス主義の成立過程』所収, 至誠堂, 第147-198ページ。

广松渉编注:《文献学语境中的〈德意志意识形态〉》, 彭曦译, 南京大学出版社2005年版。

小林昌人, 2005:「廣松版『ドイツ・イデオロギー』の編集史上の意義」『情況』第3期第6巻第7号, 第146-156ページ。

窪俊一・大村泉, 2015:「オンライン版のコンセプト」『新MEGAと『ドイツ・イデオロギー』の現代的探究』第5章所収, 大村泉ら編著, 八朔社, 第80-96ページ。

韓立新，2012：「中国における『ドイツ・イデオロギー』翻訳史の概要」，『マルクス／エンゲルス・マルクス主義研究』第54・55合併号，第37～43ページ。

韓立新・大村泉，2015：「流布版「フォイエルバッハ」章中国語訳（1995）の根本問題」『新MEGAと『ドイツ・イデオロギー』の現代的探究』第12章所収，大村泉ら編著，八朔社，第271-293ページ。

李乾坤・毛亚斌・鲁婷婷（Li Qiankun, Mao Yabin, Lu Tingting）编译：《MEGA：陶伯特版〈德意志意识形态・费尔巴哈〉》南京大学出版社2014年版。

刘凤坤（Liu Fengkun）：《阿多拉茨基与他的编研工作》，《档案学通讯》1983年第2-3期，第122-123页。

姜海波（Jiang Haibo）：《在文本与思想之间——从广松版〈德意志意识形态〉的编连问题谈起》，《理论视野》2010年第2期，第21-25页。

［日］大村泉　涩谷正　平子友长：《MEGA 2〈德意志意识形态〉之编辑与广松板的根本问题》，《学术月刊》2007年1月号，第11-24页。

欧阳英（Ou Yangying）：《文本研究三阶段刍议——以MEGA 2文本研究为例》，《哲学动态》2012年第2期，第28-33页。

盛福剛，2015：「中日両国における『ドイツ・イデオロギー』普及史の起点」『新MEGAと『ドイツ・イデオロギー』の現代的探究』第13章所収，大村泉ら編著，八朔社，第294-308ページ。

渋谷正・大村泉・平子友長，2007：「再び廣松渉の『ドイツ・イデオロギー』編集を論ず——張一兵と小林昌人の空虚な反批判を駁す——」『マルクス／エンゲルス・マルクス主義研究』第48号，第31-85ページ。

［日］涩谷正：《〈德意志意识形态〉在日本的翻译史》，盛福刚译，《马克思主义与现实》2011年第5期（总第114期），第18-26页。

孙伯鍨（Sun Bokui）等：《马克思主义哲学史》第1卷，山西人民出版社1982年版。

孙寅（Sun Yin）：《历史性的握手：我系马哲中心与荷兰阿姆斯特丹国际社会史研究所》，南京大学哲学系官网新闻，2016年7月4日。https://philo.nju.edu.cn/47/cc/c4689a149452/page.htm

《手稿上的马克思和恩格斯，丰富有趣又激情》，南京大学新闻网2016年7月4日。http://news.nju.edu.cn/show_article_2_42810

渡辺憲正，2015：「草稿『ドイツ・イデオロギー』右欄書き込みの扱いを考える—原テキストと廣松版との対比から—」『新MEGAと『ドイツ・イデオロギー』の現代的探究』第6章所収，大村泉ら編著，八朔社，第97-123ページ。

夏凡（Xia Fan）编译：《梁赞诺夫版〈德意志意识形态・费尔巴哈〉》，南京大学出版社2008年版。

张俊祥（Zhang Junxiang）编译：《巴加图利亚版〈德意志意识形态・费尔巴哈〉》南京大学出版社2011年版。

张一兵（Zhang Yibing）：《文献学与马克思主义基本理论研究的科学立场——答鲁克俭和日本学者大村泉等人》，《学术月刊》2007年1月号，第25-34页。

张一兵　唐正东（Zhang Yibing, Tang Zhengdong）：《孙伯鍨哲学思想的方法论缘起和内在逻辑——纪念孙伯鍨先生逝世一周年》，《马克思主义研究》2004年第2期，第

71-79 页。

張一兵，2013：『マルクスへ帰れ』，情況出版社。

周德清（Zhou Deqing）：《马克思主义文献学研究中的三个问题辨析——以〈德意志意识形态〉文献学研究为例》，《湖北社会科学》2013 年第 4 期，第 5－7 页。

中央编译局编译：《费尔巴哈》，人民出版社 1988 年版。

中央编译局编译：《德意志意识形态 节选本》，人民出版社 2003 年版。

中央编译局编译：《德意志意识形态》，人民出版社 1961 年版。

補　章　中国語訳廣松版刊行前後の研究史とオンライン版

　編者が，盛福剛武漢大学哲学学院専任講師に，第9章に収録した論考の執筆を依頼したのは，『ドイツ・イデオロギー』編訳史を中心に中国での研究史の動向や現況を確認し，今後の研究交流の課題を明確にしたかったからであった。この補章では，こうした依頼をする契機となった中国語訳廣松版刊行前後の『ドイツ・イデオロギー』編訳史に関する日本の研究史を述べた後，第9章の末尾で盛がリリースを期待する編者らのオンライン版のコンセプトをいくぶん詳しく紹介することにする。

Ⅰ．中国語訳廣松版刊行前後の研究史

　本書の「はじめに」でも触れたが，編者らは，2005年に廣松版『ドイツ・イデオロギー』の中国語訳が南京で刊行されたとき，これを称揚した張一兵南京大学副学長（当時，現同大学書記）や小林昌人廣松岩波文庫版補訳者を，大村／渋谷／平子（2006, 2015）及び渋谷／大村／平子（2007）で批判した。この批判論文に至る研究史を整理すると次のようになる。

　本書第5章で詳述しているが，『ドイツ・イデオロギー』第1章「フォイエルバッハ」草稿には，実に多種多様の稿内異文（即時異文，後刻異文）がある。旧MEGA I/5（1932）の異文一覧では①これらの異文を概念的に区別せず一括して扱っていたばかりか，②マルクス／エンゲルスが，改稿の際に削除せず次の段階に生かしたテキストであっても，いったん全体が削除されて再度書き直されているかのように表記されるなど，草稿執筆の事実に反する異文表記が随所に存在した。こうした異文表記は新MEGA試作版（1972）で抜本的に改められた。後者の問題は，稿内異文の行並記法（Zeilenparallelisierung）が草稿編集に導入されたことによって解消され，テキストの改稿過程が正確に表現されるようになった。また，『ドイツ・イデオロギー』の第1章「フォイエルバッハ」の組版が左

右両欄表記になったことから，左欄基底稿への挿入指示がない右欄テキストは右欄にそのまま残されるなど，原草稿の記載状況が一定程度反映される形で収録されることになった。

　廣松版が河出書房新社から刊行されたのは，新MEGA試作版刊行から2年後の1974年であった。廣松版に対する日本の学界の評価は，刊行後20数年間，非常に高かった。廣松版が刊行された1974年末に重田晃一は雑誌『思想』によせた書評で，廣松版は「『ドイツ・イデオロギー』第1巻第1篇に関する旧来の諸版はいうまでもなく，さらに一昨年刊行された新『マルクス・エンゲルス全集』（新メガ）試行版所収の新編集版，およびその付録に収められた草稿の写真版複写8葉など，今日わが国で利用可能な資料のほとんどすべてを動員しながら第1篇草稿の内容を可能な限り原資料に近い形で復元しようと試みたもの」（重田，1974，136頁）と述べた。廣松版の「原文テキスト篇」に記載された諸版の異同，とくに異文や草稿の記載状況に関する子細な注記から，廣松版では周到な諸版の比較が行われ，廣松版に盛り込まれた草稿の稿内異文や記載状況に関する情報は極めて正確に違いないという理解が1990年代半ばまで少なくとも日本人研究者の間では支配的であったように思われる。

　こうした日本国内の研究史に転機をもたらしたのが渋谷正であった。渋谷は1995年にIISGで旧MEGA I/5と新MEGA試作版双方の異文一覧，及び廣松版の本文に組み込まれた異文情報を『ドイツ・イデオロギー』の草稿そのものと悉皆的に照合調査することによって，(1)上で述べた旧MEGA I/5の異文一覧には事実に反する表記が多数あること，この誤りは新MEGA試作版では行並記法の導入によって抜本的に是正されたこと，(2)しかしそうした新MEGA試作版の収録異文にも誤りや遺漏，草稿記載状況に関する記述の不備がまだ残ること，(3)廣松版の本文テキストには新MEGA先行版で抜本的に修訂正された異文情報ではなく，ごく一部を例外に，旧MEGA I/5の異文情報が機械的に引き写されていること，この結果廣松版は多くの箇所でマルクス／エンゲルスが修訂正してもいないテキストが修訂正されたかのように扱われていること，草稿の右欄記載状況に関しても多くの箇所で不正確な情報が含まれていることを確認した。

　渋谷のIISGでの研究成果の骨子は渋谷（1996）で公表された。1998年に公表された渋谷版では旧MEGA I/5の，従ってまた廣松版の，異文情

報の抜本的是正だけではなく新 MEGA 試作版の訂正・補完も行われた。渋谷の両版への是正や補完の絶対的な基準は自ら実検した原草稿そのものであった。渋谷版がその底本（＝翻訳底本）を IISG の原草稿そのものに求めることになったのはこのような経緯からである。ちなみに IISG と IMES との新 MEGA 刊行に関する契約があり、渋谷には部分的な引証はともかく、原草稿テキストの全文を原語で公表することは許されていない。なお、第 9 章でも指摘されているが、右欄記載状況に関する廣松版での報告の欠陥は、その後渡辺（2015）が改めて詳細に跡づけ、廣松が新 MEGA 試作版を丁寧に検討し新 MEGA 試作版による旧 MEGA I/5 の報告の修訂を取り込んでおれば問題の多くを解消できたことを明らかにした。

　廣松は、廣松版の「編者序言」で「新 MEGA（試作）版」と廣松版との「文献学的優劣」は「識者の厳正な判定に俟たねばならない」（廣松版、11 頁）と断じていた。以上の経緯から、廣松が 1994 年に没して 2 年後この判定が渋谷によって厳正に下されたことは明白である。判定の核心を端的に言えば、廣松版のテキスト、とくにそこで復元されている稿内異文のテキストは、『ドイツ・イデオロギー』第 1 章「フォイエルバッハ」草稿に記載された異文テキストと多くの箇所で齟齬しており、学術的な引用・参照の任に堪えない、ということである。

　廣松岩波文庫版が公表されたのは 2002 年であった。この公表時期は、廣松版に厳正な判定が渋谷から下された後であった。故人となった廣松に代わって文庫版を公表した小林昌人は、渋谷の判定を謙虚に受け止めることなく、文庫版の「解説」で、(1)廣松版の異文テキストの多くが旧 MEGA I/5 に依拠していることにはけっして触れず、むしろそれを称揚して次のように述べた。廣松版の「原文テキスト篇は、現在でも国際的水準のトップにある。その地位は、近刊が予定されている新 MEGA 版『ドイツ・イデオロギー』が刊行されても、大きく揺らぐことはないだろう」（廣松岩波文庫版、314 頁）。(2)加えて小林は、渋谷版が成し遂げた旧 MEGA I/5 の異文一覧の、従ってまた廣松版異文テキストの、全面改定に依拠して――ここで「依拠して」というのは、渋谷の文献以外に廣松版の欠陥を廣松版の刊行後に指摘した研究文献が内外の研究史で皆無であり、小林も例外ではないからである――、数多の遺漏や誤解を伴いなが

ら，かつ渋谷版の異文情報に関わる日本語表記をところどころで書きかえて，廣松版の異文テキストに全面改定を企てており，廣松岩波文庫版は，もはや廣松版の「原文テキスト篇」の翻訳とは全く言えなくなっていたことにもけっして触れなかった。ちなみに後者は本書の第9章で盛が例証している。確かに中国語訳廣松版当該箇所の翻訳底本は，同じ中国語訳廣松版の「德文原文文本（原文テキスト篇）」であって一体のものだが，当該箇所の廣松岩波文庫版の翻訳底本を強いてあげれば日本語の渋谷版なのである。しかしながら廣松岩波文庫版は「廣松渉編訳」とその表紙に明記され，他方で廣松版の「原文テキスト篇」の秀逸さは新MEGAを凌ぐとまで称揚されているのである。こうした諸点を詳しく明らかにしたのも渋谷であった（渋谷，2004a, 2004b, 2004c, 参照）。

　2005年に中国語訳廣松版が南京で公表された。最初に掲げた編者らの張と小林に対する批判論文は，この公表を踏まえて，渋谷の『ドイツ・イデオロギー』の編訳に関する一連の研究成果を日中両国の研究者の共有財産にするために起草された。日本国内では社会理論学会が2011年に小林に「研究奨励賞」を授賞している。授賞対象には廣松岩波文庫版も掲げられている。渋谷がそして渋谷と共に編者らが動かぬ事実を根拠に掲げてこの文庫版の「解説」が事実に反する内容を含むことを既に明らかにしていた。それにも拘わらず社会理論学会が「研究奨励賞」を小林に授賞したのは編者らの学術に関する理解を超える。しかし盛の紹介から知られるように，編者らの廣松版批判の核心部分は中国の学界レベルでは受容されたとみて良いであろう。中国人研究者自身が「廣松渉は新MEGAにおける肝心な異文一覧の表記，すなわち『改稿過程一覧』［行並記法‐引用者］を理解することができなかったため，アドラツキー版以来40年間の草稿の解読，特に改稿過程に関する研究成果を河出書房版に取り込むことができなくなり，研究史の水準を40年以上前に引き戻した」（中国社会科学院『哲学動態』，2012年第2期），あるいは，「大村泉，渋谷正，平子友長らの日本人学者たちはすでに他人を得心させる論拠をもって，編訳に際し，廣松渉がマルクス／エンゲルスの草稿を実見することなく，依拠した文献はアドラツキー版であることを明らかにした。上記の基準で厳密に判断すれば，廣松渉による研究は典型的な文献学もどきの研究となるのであろう」（『湖北社会科学』，2013年第4期），と述べるからである。

他方第9章が伝えるところでは，廣松版の根本問題や草稿異文に関する中国人研究者独自の本格的検討は道半ばのようである。というよりはむしろ編者らに批判された張一兵が論争での編者らの批判の正当性を認めたくないために，意識してこの道を拓かないでいるかに見える。南京大学は編者らの批判直後にIISG所蔵分の関連草稿の写しを入手しているという。そうであるなら渋谷や編者らがおこなったように，この写しを用いて旧MEGA I/5，新MEGA試作版，新MEGA先行版の異文一覧と廣松版原文テキスト篇の異文を照合し張が編者らに対して行った反批判の見地が全く失当であったことを自ら認め，その結果を公表することは極めて容易であった。進んで新MEGA試作版や先行版の異文一覧の中国語訳を刊行すれば，中国において唯物史観の成立史研究を前進させることも可能であった。しかし張は，新MEGA試作版や先行版の翻訳紹介の対象から異文一覧を外していると言う。張の本気度に疑問符がつく所以である。

II. オンライン版のコンセプト

　盛は中国の研究者が『ドイツ・イデオロギー』研究でブレークスルーを図るのに肝要なのは新MEGA I/5の異文情報をドイツ語に通じた中国人研究者なら誰でも中国語に翻訳（理解）可能な方式で提供することだとし，張らにはその用意が無いようなので編者らが現在取り組んでいるオンライン版の『ドイツ・イデオロギー』第1章「フォイエルバッハ」草稿のリリースに期待を寄せていた。これはまさに編者らオンライン版の編集者らの望むところである。

　本書の第5章の末尾でこのオンライン版には少し触れたが，ここで補足しておく。オンライン版はいくつかのレイヤーからなり，基本はLayer 1（即時異文＋基底稿），Layer 2（基底稿），Layer 3（基底稿＋後刻異文）である。Layer 1, 2に収録されるのは基本的に草稿紙葉左欄に記入されたテキストだが，Layer 3には右欄に記載されたテキストも含まれる。対象となる各紙葉にマルクス／エンゲルスの新たな書き入れがあるかないかによってLayer 3の枚数は決まる。通常左右各2枚ずつ総計4枚だが，マルクス／エンゲルスの改稿の分量や回数次第でこれを下回るあるいは上回る場合が一定数ある。マルクス／エンゲルスの筆跡はフォントで区別して示

される（エンゲルス：Times New Roman，マルクス：**Arial**）。左右両欄いずれに記載された文字であるかは，フォントに彩色して示される（左欄：黒，右欄：青）。即時異文と基底稿との関係で問題になるのは，即時異文の削除テキスト（単純削除及び置換による削除）だが，これらは全てLayer 1 ではテキストが黄色にマークされてピンポイントで示される。後刻異文は，単純削除，置換，挿入からなる。単純削除・置換削除は灰色によって，置換の結果新たに加わったテキストは桃色で，挿入は緑色でいずれもテキスト当該箇所がマークして示される。Layer 4（End-Layer）では，マルクスによるページ付けやマルクスによるテキストの移動指示（第2章「聖ブルーノ」や第3章「聖マックス」への移動の指示など）が再現され，Layer 5 では最終テキストつまり新 MEGA I/5 の編集者テキストが再現される。さらに Layer 6（All Layers）では改稿途上で生じた削除テキストの全て，つまり基底稿の完成途上で生まれた即時異文に含まれている削除箇所，後刻異文に含まれている単純削除及びテキスト置換に伴う削除箇所が，全て灰色でマークされて示される。Layer 5（最終テキスト＝新 MEGA I/5 の編集者テキスト）を含め，オンライン版の左欄テキスト，右欄テキストの改行箇所は原草稿に準じる。2016 年夏以後オリジナルの草稿画像が IISG の HP にアップロードされている。利用者はアクセスフリーなので，自分自身の PC 上で参照やダウンロードができる。オンライン版の各 Layer のテキストも，アクセスフリーなので，両者の照合を容易にするためオンライン版の改行箇所を原草稿の改行箇所に準じるものとした。

　もしオンライン版の読者が，編者らがいくつかの事例をもって指摘した廣松版の異文編集の問題点をより詳細かつ広範囲に確認するのであれば，Layer 5（All Layers）で灰色に彩色されたテキストと，廣松版で抹消として表記されている箇所とを対比し，異同が見つかれば，IISG が提供している原草稿画像の対応部分をダウンロードしこの画像によっていずれが正確に事実を反映しているか確認すれば良い。オンライン版の各レイヤーの異文テキストは基本的に新 MEGA I/5 の異文一覧の異文テキストに依拠していて，独自に（その多くは渋谷版が解明したものを利用しているが）付け加えた情報はその都度注記している。したがってこの対比をおこなえば，異同そのものの出自も明確となる。Layer 5（All Layers）で灰

色に彩色されたテキストの半分は即時異文であり，残りは後刻異文である．即時異文の抹消箇所でマルクス由来は，マルクスによる草稿のページ付けで 25 頁にみられるだけだが，後刻異文の抹消箇所にはマルクスによるものも一定数含まれている．Layer 1 および Layer 3 の当該箇所テキストを参照すれば，この区別も明記されている．オンライン版の読者が自らこうした対比をおこなえば廣松版が学術的な引用や参照の任に堪え得ないことを得心するのは容易であろう．また廣松岩波文庫版の「解説」での小林による廣松版「原文テキスト篇」の称揚が虚言に過ぎないことも直ちに知ることになるであろう．

なお，誤解が起きないように付言する．編者らは廣松版が『ドイツ・イデオロギー』第 1 章「フォイエルバッハ」草稿の稿内異文を本文テキストに組み込むことによってテキストの生成を重層的な観点から容易に検討するのを可能にしようとした方向性そのものを批判しているのではない．また廣松が旧 MEGA I/5 の，従ってまた MEW, Bd.3 における草稿配列の恣意性を批判し，日本国内における『ドイツ・イデオロギー』編訳の研究史に大きなインパクトを与えたこと自体を否定しているものでもない．編者らはこれらが廣松の研究史への重要な貢献であったと評価している．編者らが批判しているのは，如何に廣松の問題関心や廣松版の構想が秀逸したものであったとしても，結果として廣松版「原文テキスト篇」が提供した異文情報には多数の事実に反する情報が含まれているので，このテキストに学術的な信頼性を置くことはできない，ということに尽きる．

最後に，編者の『ドイツ・イデオロギー』第 1 章「フォイエルバッハ」草稿のマルクス口述・エンゲルス筆記説は廣松年来の主張の対極にある．第 5 章の末尾で記しておいたが，この検証は既存の『ドイツ・イデオロギー』の刊本では不可能であり，新 MEGA I/5 を用いても極めて困難である．しかしオンライン版では容易である．新 MEGA I/5 の「フォイエルバッハに関する手稿の束」の「成立と伝承」は，この「束」，つまりマルクスが『ドイツ・イデオロギー』第 1 章「フォイエルバッハ」のために独自に 1-72 の頁付けを行った草稿の右欄は，この頁付けの後に記入された可能性がある，ともしていた．この推定が妥当であれば，草稿第 1 章左欄の基底稿を通して読めば，マルクスが口述した唯物史観がどうであったのかがわかる．オンライン版ではこのような草稿の読み方も可能となる

——準備している翻訳が公表されれば，日本国内でのアクセスは更に高まるであろうし，中国語に訳されれば，更に多くのマルクスに関心を抱く読者の目に触れることになるであろう——。草稿をこのように読み，マルクス／エンゲルスの筆跡をフォントで区別している草稿右欄の後刻異文を読み解けば——長文の場合，口述筆記の可能性もあり，細心の注意が必要だが——，マルクス／エンゲルスの双方が，『ドイツ・イデオロギー』の執筆の最終段階で到達した唯物史観について，果たした役割の全体を，厳密に見通すことも可能となろう。こうしたオンライン版が，新 MEGA I/5 と共に，日本，中国，韓国という東アジアの３カ国の研究者だけではなく，広く国際的に，『ドイツ・イデオロギー』研究のための新たなプラットフォームとなることを念願する。

引用，参照文献一覧
＊凡例に掲げた文献は除く。

大村泉／渋谷正／平子友長，2006：「新メガ版『ドイツ・イデオロギー』の編集と廣松渉版の根本問題（下）」，『マルクス／エンゲルス・マルクス主義研究』第 48 号，第 3-33 頁。本稿は，その後，大村泉／渋谷正／窪俊一編著『新メガと「ドイツ・イデオロギー」の現代的探究：廣松版からオンライン版へ』，八朔社，2015 年，に第 1 章「廣松版の根本問題」（19-51 頁）として収録されている。

重田晃一，1974：廣松版『ドイツ・イデオロギー』の成果，岩波書店『思想』1974 年 12 月号。

渋谷正，1996：「『ドイツ・イデオロギー』の編集問題」（『経済』新日本出版社，1996 年 6 月号，127-144 頁。

渋谷正，2004a：「『ドイツ・イデオロギー』はいかに編集されるべきか—岩波文庫版『ドイツ・イデオロギー』をめぐって—」（上），『経済』，2004 年 1 月，159-174 頁。

渋谷正，2004b：「『ドイツ・イデオロギー』はいかに編集されるべきか—岩波文庫版『ドイツ・イデオロギー』をめぐって—」（中），同 2004 年 2 月，159-177 頁。

渋谷正，2004c：「『ドイツ・イデオロギー』はいかに編集されるべきか—岩波文庫版『ドイツ・イデオロギー』をめぐって—」（下），同，2004 年 4 月，149-176 頁）。

渋谷正／大村泉／平子友長，2007：「再び廣松渉の『ドイツ・イデオロギー』編集を論ず——張一兵と小林昌人の空虚な反批判を駁す——」『マルクス／エンゲルス・マルクス主義研究』第 48 号，第 31-85 頁。

附　篇　新MEGA全4部門114巻と既刊一覧

「マルクス／エンゲルス全集」(MEGA) は1992年に修正された編集要項に基づく，カール・マルクス (1818-1883) とフリードリヒ・エンゲルス (1820-1895) の全著作，手稿，および往復書簡の完全な，歴史的‐批判的全集であり，四つの部門に分かれる。
第Ⅰ部門：論文，著作，草稿
第Ⅱ部門：『資本論』と準備草稿
第Ⅲ部門：往復書簡
第Ⅳ部門：抜粋，メモ，欄外書き込み

『マルクス／エンゲルス全集』(MEGA) の編集は1970年代にベルリンとモスクワにおいて始められた。本全集は，専門家の間で高い評価を得て，世界の全ての主要図書館に配架されている。1989年以降，ヨーロッパ諸国や日本，またアメリカの研究者や，政治家，そして出版者たちが，本全集の継続のために懸命に奮闘した。
　マルクスとエンゲルスの手稿の大半を所有する社会史国際研究所（アムステルダム）の発議で，1990年にアムステルダムで国際マルクス／エンゲルス財団（IMES）が設立された。以来IMESは，国際的な共同研究によって，学術的全集としてのMEGAを刊行している。政治的に中立なIMESはひとつの国際的ネットワークであり，このネットワークにはベルリン゠ブランデンブルク科学アカデミー及び社会史国際研究（アムステルダム）の他に，フリードリヒ‐エーベルト財団付属歴史研究所（ボン），そしてロシア国立社会゠政治史アルヒーフ（モスクワ）が属している。IMESの目標は，マルクスとエンゲルスの全著作を収録する歴史的‐批判的編集に基づくMEGAを完結させることである。
　計画されているMEGA114巻のうちの62巻が既に刊行されている。現在，ドイツ，ロシア，フランス，オランダ，アメリカ合衆国および日本の研究者グループがMEGAの仕事に従事している。こうしてMEGAは，この種の国際プロジェクトの中で，もっとも重要な国際プロジェクトであ

る。ベルリン=ブランデンブルク科学アカデミーでは，編集作業のコーディネート，国際共同研究で編集されている全ての巻の最終編集作業・入稿準備作業が行われている。

（1）本附篇の編訳者は，2005年にIMESの依頼を受け，BBAWのHPに掲載されているMEGAの紹介部分を日本語に翻訳した。この附篇における新MEGAの紹介は，この翻訳を現在のBBAWのHP (http://mega.bbaw.de/projektbeschreibung) 中の記述に合わせて修正したものである。なお，この附篇では，新MEGAはMEGAと表記する。旧MEGAとの相違は，下記，「MEGAの歴史」，参照。

I．MEGAの歴史

歴史的‐批判的『マルクス／エンゲルス全集』のプロジェクトはダーフィト・ボリソヴィチ・リャザーノフ（1870-1938年）に遡る。このロシアの学者は，1920年代にモスクワで42巻からなる『マルクス／エンゲルス全集』（＝旧MEGA）の編集を始めた。この全集はフランクフルト・アム・マインとベルリンとで出版され，1927-1941年にそのうち12巻が刊行された。ヒトラーの政権掌握と1930年代にエスカレートし，リャザーノフのほか何人ものロシア人およびドイツ人編集者が犠牲となったスターリンのテロルが，1844年の『経済学・哲学手稿』や『ドイツ・イデオロギー』を初めて公刊したこの全集編集に終止符を打った。スターリンの死後，雪解けの時代に，モスクワおよびベルリンでリャザーノフのプロジェクトが再び取り上げられたが，マルクス／エンゲルスの文献的遺産を完全かつオリジナルに忠実に提供し，詳細なコメントを付し，テキスト改稿を現代的手法で表現するという，新しい「第二次」MEGA（＝新MEGA）のコンセプトが，歴史的‐批判的全集に嫌疑を抱いていた党中央の抵抗に抗して，1960年代になってようやく実現することが可能となった。社会史国際研究所（IISG）が当時既にこのプロジェクトを支援していた。歴史的‐批判的全集としての編集方針が担保されていたからであった。1972年に試作版で紹介されたこの「新しい」MEGAの編集要項は刷新された編集構想に基づいており，国際的に専門家たちから高く評価された。歴史的‐批判的全集に不可欠な原草稿の3分の2は1930年代からIISGが保管しており，残りの3分の1はモスクワに運ばれ，現在はロシア国立社会＝政治史アルヒーフで保管されている。1990年までに36巻が刊行されてい

るが，そのうちちょうど3分の1ずつがモスクワのソ連共産党中央委員会付属マルクス゠レーニン主義研究所，ベルリンのドイツ社会主義統一党中央委員会付属マルクス゠レーニン主義研究所および旧東ドイツの科学アカデミーやいくつかの東独の大学や単科大学で編集された。全集の刊行は党の管轄事項でもあったので，序言や注釈はマルクス゠レーニン主義のイデオロギー原則に沿って行われ，テキスト編集には政治的立場からの影響もあった。

　1989年秋以降，社会史国際研究所（IISG）およびフリードリヒ・エーベルト財団付属カール・マルクス・ハウス（トリア市）がそれまでの二つの編集機関と一緒に国際マルクス／エンゲルス財団の設立に向けたイニシアチブを取り，財団は1990年10月にアムステルダムで設立された。

　1992年2月にドイツの科学アカデミーは国際マルクス／エンゲルス財団との協力協定を締結した。学術会議と教育計画および研究促進のための連邦‐諸州委員会の推薦を受け，MEGAはミュンヘンの哲学者，ディーター・ヘンリヒが議長を務める国際委員会による肯定的な評価を踏まえ，ベルリン゠ブランデンブルク科学アカデミーの企画として連邦および諸州のアカデミープログラムに組み込まれた。「この全集の評価結果は，この全集は高水準な編集がなされており，西側の基準にも適うものである」というものであった。

　同じような評価は，ライプチヒのブック・デザイナーであるアルベルト・カプルによる，MEGAの装丁にも下されることになり，その組版や製本スタイルは1998年にディーツ出版からアカデミー出版に版元が変わってからも引き継がれることになった。

　それに対して，特に新たになったのは，編集の脱政治化，とりわけコメント部分での脱政治化の課題である。以前の政治的に動機づけられた目的論的な意義づけや編集の強制に代わって，いまや首尾一貫した著作の歴史化の原則が取って代わった。これは，マルクスの思想を，彼の生きた時代や，その時代の課題や問題局面の関連の中で位置付けることを意味する。こうすることで，マルクスが，彼の思想の歴史を刻印するような力とは別に，多様な分野の学問史の中に正当な位置を占めることが明らかとなる。つまり，経済学や社会諸科学の枠を超え，MEGAという百科全書的な試みは哲学や社会学から文化史までにおよぶ壮大な全集の試みであることが

明らかとなるのである。アカデミー企画としてのMEGAのプロジェクトの再編の成功により，マルクスは1989年という記念碑的な年の後，偉大な古典的思想家の仲間入りを果たしたと言えるであろう。

II. MEGAの文献学的原則

『マルクス／エンゲルス全集』（MEGA）はカール・マルクスおよびフリードリヒ・エンゲルスのもろもろの刊行物や遺稿（草案）および往復書簡の完全な，歴史的‐批判的版である。

完全主義

MEGAはマルクス／エンゲルスの文献的遺産を——それが伝承されており，学術対象になる限りにおいて——全体性において初めて提示するものである。既に周知の著作，論文，および書簡に，これまで未公表の，また新たに発見された一連の著作が加わる。マルクス／エンゲルスに宛てた第三者からの書簡も初めて公表される。オーサーシップの解析を通じて，さらに，多くのテキストで，マルクス／エンゲルスのいずれがイニシアチブを取っていたかが検証され，確認され証明される。こうして著作の概念がさらに明確化することになる。このほか，MEGAではあらゆる草稿，草案，メモ，抜粋が公刊される。

原典忠実主義

MEGAではあらゆるテキストがそのオリジナルの言語で再現される。このことが豊かな言語世界，概念世界を調査するための，また用語の歴史的‐語源的問題解明のための基盤を形成する。テキストの再現は伝承された著者に由来するテキストを元に厳密に行われる。すなわち，その基礎にはオリジナルの手稿や印刷物がおかれる。未完の草稿はあるがままの改稿段階で，すなわち二人の著者がそれらを遺したその状態で提示される。明らかにに誤った箇所を除去するという意味でのテキスト修正であっても慎重に，厳密な理由付けの上でなされる。

さまざまな準備段階におけるテキストの表示

MEGAは現代的編集方法の助けを借りて，作品の生成過程を最初の構想スケッチから最終決定版に至るまで完全かつ分かり易く記録する。MEGAのテキスト部で最初に個々の著作が手稿や初版に基づいて完全に

再現される。学術付属資料部のもろもろの異文一覧によって，草稿や印刷物における，著者に由来する全ての改稿が確認できるようになっている。このため，一つの著作のあらゆる各段階の改稿が集められており，また改稿過程全体も概観可能となっている。これによってこれまで知られなかった二人の著者の仕事の仕方を洞察することも可能となる。

詳細な注釈

テキストの表示は徹底的で学術的な注釈と結びついており，この注釈は浩瀚な別巻の学術附属資料に収められている。また学術附属資料巻ではMEGA編集者の作業に関する詳細な説明がなされ，学術的利用に必要な情報を読者に提供する。すなわち，学術附属資料部は収録されるテキストを紹介し，学術史上に位置付ける解題から始まる。解題に続けてそれぞれの作品の成立および伝承史が表示される。これには原著者が誰であるかの証明，成立時期の考証，ならびに伝承されている手稿や著者認定の印刷物の正確な描写が含まれる。これに続くのは，改稿表示を伴う異文一覧と伝承されたテキストに対する編集者の介入に関する情報を与える訂正一覧である。注解は，あらゆるほかの学術的利用者によって必要とされる事項指示や作品に含まれている参照指示，典拠解明を収録する。そして浩瀚な索引が巻末に付いている。

Ⅲ．第Ⅰ部門：著作，論文，草稿

この部門の諸巻はマルクス（表中Mと略称）とエンゲルス（表中Eと略称）のあらゆる哲学的，経済学的，歴史学的そして政治学的な作品，書物，論文，そして講演，およびマルクス／エンゲルスによって仕上げられたもろもろの翻訳を含む，伝承されている準備稿や後年の改訂を含む。マルクスの著作，『資本論』とこれに直結する準備作業はここから除外される。全ての著作は原語で（翻訳を含め）全て著者認定のテキストで提供される。現存する草稿（計画メモ，草案，未完の断片等々）そしてそれらの稿内異文が同様に収録されている。第Ⅰ部門は全部で32巻からなる。

I/1　M: Werke・Artikel・Literarische Versuche bis März 1843. 1975. 88*, 1337 S.（学位論文ほか）

I/2　M: Werke・Artikel・Entwürfe. März 1843 bis August 1844.

	1982. 64*, 1018 S.（『ヘーゲル法哲学批判序説』，『経済学・哲学手稿』ほか）
I/3	E: Werke · Artikel · Entwürfe. Bis August 1844. 1985. 62*, 1372 S.（エンゲルス初期著作集）
I/4	M/E: Werke · Artikel · Entwürfe. August 1844 bis Dezember 1845.（『イギリスにおける労働者階級の状態』，『聖家族』ほか）
I/5	M/E: Werke · Artikel · Entwürfe. Deutsche Ideologie. Manuskripte und Drucke. 2017	XII, 1894 S.（『ドイツ・イデオロギー』）
I/6	M/E: Werke · Artikel · Entwürfe. Januar 1846 bis Februar 1848.（『共産党宣言』，『賃労働と資本』ほか）
I/7	M/E: Werke · Artikel · Entwürfe. Februar bis September 1848. 2016	XVII + 1774 S.（『新ライン新聞』所収論説ほか）
I/8	M/E: Werke · Artikel · Entwürfe. Oktober 1848 bis Februar 1849).（同上）
I/9	M/E: Werke · Artikel · Entwürfe. März bis Juli 1849.（同上）
I/10	M/E: Werke · Artikel · Entwürfe. Juli 1849 bis Juni 1851. 1977. 50*, 1216 S.
I/11	M/E: Werke · Artikel · Entwürfe. Juli 1851 bis Dezember 1852. 1985. 42*, 1233 S.（『革命と反革命』，『ブリューメル18日』ほか）
I/12	M/E: Werke · Artikel · Entwürfe. Januar bis Dezember 1853. 1984. 48*, 1290 S.（『ニューヨーク・トリュビューン』紙掲載記事ほか）
I/13	M/E: Werke · Artikel · Entwürfe. Januar bis Dezember 1854. 1985. 48*, 1199 S.（同上）
I/14	M/E: Werke · Artikel · Entwürfe. Januar bis Dezember 1855. 2001. XVI, 1695 S.（同上）
I/15	M/E: Werke · Artikel · Entwürfe. Januar 1856 bis Oktober 1857.
I/16	M/E: Werke · Artikel · Entwürfe. Oktober 1857 bis Dezember 1858.
I/17	M/E: Werke · Artikel · Entwürfe. Januar bis Oktober 1859.
I/18	M/E: Werke · Artikel · Entwürfe. Oktober 1859 bis Dezember

1860. 1984. 38*, 1155 S.（『フォークト君』ほか）

I/19　M/E: Werke・Artikel・Entwürfe. Januar 1861 bis September 1864.

I/20　M/E: Werke・Artikel・Entwürfe. September 1864 bis September 1867. 1992. 57*, 2024 S.（第1インターナショナル関連論説，ほか）

I/21　M/E: Werke・Artikel・Entwürfe. September 1867 bis März 1871. 2009 | XX + 2.432 S.（同上）

I/22　M/E: Werke・Artikel・Entwürfe. März bis November 1871. 1978. 58*, 1541 S.（『フランスの内乱』ほか）

I/23　*M/E: Werke・Artikel・Entwürfe. November 1871 bis Dezember 1872.*

I/24　M/E: Werke・Artikel・Entwürfe. Dezember 1872 bis Mai 1875. 1984. 48*, 1375 S.（第1インターナショナル関連論説，ほか）

I/25　M/E: Werke・Artikel・Entwürfe. Mai 1875 bis Mai 1883. 1985. 56*, 1332 S.（『ゴータ綱領批判』ほか）

I/26　E: Dialektik der Natur（1873-1882）. 1985. 72*, 1111 S.（『自然弁証法』）

I/27　E: Herrn Eugen Dührings Umwälzung der Wissenschaft. 1988. 75*, 1444 S.（『反デューリング論』ほか）

I/28　*M: Mathematische Manuskripte（1878-1881.）*（『数学草稿』）

I/29　E: Der Ursprung der Familie, des Privateigentums und des Staats. 1990. 49*, 898 S.（『家族，私有財産，および国家の起源』ほか）

I/30　M/E: Werke・Artikel・Entwürfe. März 1883 bis September 1886. 2011 | X + 1.154 S.（『フォイエルバッハ論』ほか）

I/31　E: Werke・Artikel・Entwürfe. Oktober 1886 bis Februar 1891. 2002. XII, 1440 S.

I/32　E: Werke・Artikel・Entwürfe. Februar 1891 bis August 1895. 2010 | XIV + 1.590 S.

※太字は既刊。イタリックは未刊。以下同様。

Ⅳ. 第Ⅱ部門：『資本論』と準備草稿

　この部門は翻訳本を含む著者認定のマルクスの著作『資本論』と，1857年から1858年に成立した経済学草稿に始まる『資本論』に直結する全ての著作および草稿を収録する。これによって初めて全てのマルクスの経済学関連草稿が完全な形で提供される。これらの中には，『剰余価値学説史』が核心部分を形作る1861年から1863年に成立した草稿や，1863年から1865年に成立した『資本論』第2巻の原初稿，第3巻の主要草稿が含まれる。『資本論』第1巻の著者認定の刊本には，4点のドイツ語諸版のほか，マルクスによって編集され本質的な変更を加えられたフランス語版やエンゲルスが校閲した英語版が含まれる。同様にエンゲルスによってマルクスの草稿から編集され，刊行された『資本論』第2巻および第3巻の刊本が公表される。この部門は15巻（23分冊）からなり，2012年に完結している。

Ⅱ/1.1　M: Ökonomische Manuskripte 1857/58. Teil 1. 1976. 30*, 465 S.（グルントリッセ）

Ⅱ/1.2　M: Ökonomische Manuskripte 1857/58. Teil 2. 1981. 6*, 872 S.（同上）

Ⅱ/2　M: Ökonomische Manuskripte und Schriften, 1858-1861. 1980. 32*, 507 S.（『経済学批判』第1分冊ほか）

Ⅱ/3.1　M: Zur Kritik der politischen Ökonomie (Manuskript 1861-1863). Teil 1. 1976. 26*, 499 S.（『経済学批判』(1861-1863年草稿)）

Ⅱ/3.2　M: Zur Kritik der politischen Ökonomie (Manuskript 1861-1863). Teil 2. 1977. 38*, 472 S.（『剰余価値学説史』）

Ⅱ/3.3　M: Zur Kritik der politischen Ökonomie (Manuskript 1861-1863). Teil 3. 1978. 12*, 684 S.（『剰余価値学説史』）

Ⅱ/3.4　M: Zur Kritik der politischen Ökonomie (Manuskript 1861-1863). Teil 4. 1979. 12*, 471 S.（『剰余価値学説史』）

Ⅱ/3.5　M: Zur Kritik der politischen Ökonomie (Manuskript 1861-1863). Teil 5. 1980. 38*, 476 S.（『剰余価値学説史』及び『資本論』第3巻第1草稿）

II/3.6	M: Zur Kritik der politischen Ökonomie (Manuskript 1861-1863). Teil 6. 1982. 12*, 1331 S.（『剰余価値学説史』及び『経済学批判』（1861-1863 年草稿））
II/4.1	M: Ökonomische Manuskripte 1863-1867. Teil 1. 1988. 40*, 770 S.（『資本論』第 1 巻第 1 草稿，第 2 巻第 1 草稿，『価値，価格及び利潤』）
II/4.2	M: Ökonomische Manuskripte 1863-1867. Teil 2. 1993. 17*, 1471 S.（『資本論』第 3 巻主要草稿）
II/4.3	M: Ökonomische Manuskripte 1863-1867. Teil 3. 2012，XII + 1.065 S.（『資本論』第 2，3 巻草稿）
II/5	M: Das Kapital. Kritik der Politischen Ökonomie. Erster Band, Hamburg 1867. 1983. 60*, 1092 S.（『資本論』第 1 巻初版）
II/6	M: Das Kapital. Kritik der Politischen Ökonomie. Erster Band, Hamburg 1872. 1987. 51*, 1741 S.（『資本論』第 1 巻第 2 版）
II/7	M: Le Capital, Paris 1872-1875. 1989. 37*, 1441 S.（『資本論』第 1 巻仏語訳）
II/8	M: Das Kapital. Kritik der Politischen Ökonomie. Erster Band, Hamburg 1883. 1989. 46*, 1519 S.（『資本論』第 1 巻第 3 版）
II/9	M: Capital. A Critical Analysis of Capitalist Production, London 1887. 1990. 28*, 1183 S.（『資本論』第 1 巻英語版）
II/10	M: Das Kapital. Kritik der Politischen Ökonomie. Erster Band, Hamburg 1890. 1991. 40*, 1288 S.（『資本論』第 1 巻第 4 版）
II/11	M: Manuskripte zum zweiten Band des „Kapitals". 2008	XIII + 1.850 S.（『資本論』第 2 巻草稿）
II/12	M: Das Kapital. Kritik der politischen Ökonomie. Zweites Buch. Redaktionsmanuskript von Friedrich Engels 1884/1885. 2005. IX, 1329 S.（『資本論』第 2 巻エンゲルス編集原稿（1884/1885 年）
II/13	M: Das Kapital. Kritik der politischen Ökonomie. Zweiter Band. Herausgegeben von Friedrich Engels. Hamburg 1885. 2008, IX + 800 S.（『資本論』第 2 巻初版及び第 2 版との異同）
II/14	M/E: Manuskripte und redaktionelle Texte zum dritten Buch des „Kapitals", 1871 bis 1895. 2003. XI, 1183 S.（『資本論』第 3

巻草稿及び編集原稿）

Ⅱ/15　M: Das Kapital. Kritik der politischen Ökonomie. Dritter Band. Herausgegeben von Friedrich Engels. Hamburg 1894. 2004. Ⅺ, 1420 S.（『資本論』第3巻初版）

Ⅴ．第Ⅲ部門：往復書簡（Briefwechsel）

　この部門は，マルクス／エンゲルスのあらゆる伝承されている往復書簡を収録する。すなわち，彼ら相互の（ないしは彼らの依頼によって）書かれたか，あるいは彼らに宛てられたもろもろの書簡——このなかには多数の初公開の書簡が含まれている——が年代順に収録される。この部門は全35巻で構成される。

Ⅲ/1　M/E: Briefwechsel. Bis April 1846. 1975. 34*, 964 S.

Ⅲ/2　M/E: Briefwechsel. Mai 1846 bis Dezember 1848. 1979. 54*, 1209 S.

Ⅲ/3　M/E: Briefwechsel. Januar 1849 bis Dezember 1850. 1981. 52*, 1535 S.

Ⅲ/4　M/E: Briefwechsel. Januar bis Dezember 1851. 1984. 40*, 1108 S.

Ⅲ/5　M/E: Briefwechsel. Januar bis August 1852. 1987. 40*, 1190 S.

Ⅲ/6　M/E: Briefwechsel. September 1852 bis August 1853. 1987. 47*, 1299 S.

Ⅲ/7　M/E: Briefwechsel. September 1853 bis März 1856. 1989. 50*, 1249 S.

Ⅲ/8　M/E: Briefwechsel. April 1856 bis Dezember 1857. 1990. 44*, 1119 S.

Ⅲ/9　M/E: Briefwechsel. Januar 1858 bis August 1859. 2003. Ⅺ, 1299 S.

Ⅲ/10　M/E: Briefwechsel. September 1859 bis Mai 1860. 2000. ⅩⅧ, 1269 S.

Ⅲ/11　M/E: Briefwechsel. Juni 1860 bis Dezember 1861. 2005. ⅩⅪ, 1467 S.

Ⅲ/12	M/E: Briefwechsel. Januar 1862 bis September 1864 . 2013, XVIII + 1.529 S.
Ⅲ/13	M/E: Briefwechsel. Oktober 1864 bis Dezember 1865. 2002. XX, 1443 S.
Ⅲ/14	M/E: Briefwechsel. Januar 1866 bis Dezember 1867.
Ⅲ/15	M/E: Briefwechsel. Januar 1868 bis Februar 1869.
Ⅲ/16	M/E: Briefwechsel. März 1869 bis Mai 1870.
Ⅲ/17	M/E: Briefwechsel. Juni 1870 bis Juni 1871.
Ⅲ/18	M/E: Briefwechsel. Juli bis November 1871.
Ⅲ/19	M/E: Briefwechsel. Dezember 1871 bis Mai 1872.
Ⅲ/20	M/E: Briefwechsel. Juni 1872 bis Januar 1873.
Ⅲ/21	M/E: Briefwechsel. Februar 1873 bis August 1874.
Ⅲ/22	M/E: Briefwechsel. September 1874 bis Dezember 1876.
Ⅲ/23	M/E: Briefwechsel. Januar 1877 bis Mai 1879.
Ⅲ/24	M/E: Briefwechsel. Juni 1879 bis September 1881.
Ⅲ/25	M/E: Briefwechsel. Oktober 1881 bis März 1883.
Ⅲ/26	E: Briefwechsel. April 1883 bis Dezember 1884.
Ⅲ/27	E: Briefwechsel. Januar 1885 bis August 1886.
Ⅲ/28	E: Briefwechsel. September 1886 bis März 1888.
Ⅲ/29	E: Briefwechsel. April 1888 bis September 1889.
Ⅲ/30	E: Briefwechsel. Oktober 1889 bis November 1890. 2013	XIX + 1512 S.
Ⅲ/31	E: Briefwechsel. Dezember 1890 bis Oktober 1891.
Ⅲ/32	E: Briefwechsel. November 1891 bis August 1892.
Ⅲ/33	E: Briefwechsel. September 1892 bis Juni 1893.
Ⅲ/34	E: Briefwechsel. Juli 1893 bis August 1894.
Ⅲ/35	E: Briefwechsel. September 1894 bis Juli 1895.

Ⅵ. 第Ⅳ部門：抜粋，メモ，欄外書き込み（Exzerpte, Notizen）

　この部門は，マルクス／エンゲルスの全ての抜粋帳，個々の抜粋，年表，書誌目録，ならびにメモ帳を収録する。これによって，二人の遺文庫

から，膨大な諸資料がほとんど初めて公表されることになる。初期作品の抜粋帳とメモ帳，ロンドン抜粋帳，経済恐慌に関する新聞，雑誌等からの抜粋ノート，農業経済学的・地理学的・化学的抜粋は，書籍（全18巻）として，残りの抜粋はデジタル化されたものが公開される。

Ⅳ/1　M/E: Exzerpte und Notizen. Bis 1842. 1976. 32*, 1047 S.

Ⅳ/2　M/E: Exzerpte und Notizen. 1843 bis Januar 1845. 1981. 52*, 911 S.

Ⅳ/3　M: Exzerpte und Notizen. Sommer 1844 bis Anfang 1847. 1998. Ⅸ, 866 S.

Ⅳ/4　M/E: Exzerpte und Notizen. Juli bis August 1845. 1988. 54*, 939 S.

Ⅳ/5　M/E: Exzerpte und Notizen. August 1845 bis Dezember 1850. 2015, Ⅸ + 650 S.

Ⅳ/6　M/E: Exzerpte und Notizen. September 1846 bis Dezember 1847. 1983. 54*, 1241 S.

Ⅳ/7　M/E: Exzerpte und Notizen. September 1849 bis Februar 1851. 1983. 46*, 916 S.

Ⅳ/8　M: Exzerpte und Notizen. März bis Juni 1851. 1986. 47*, 1118 S.

Ⅳ/9　M: Exzerpte und Notizen. Juli bis September 1851. 1991. 54*, 808 S.

Ⅳ/10　M/E: Exzerpte und Notizen. September 1851 bis Juni 1852 [Londoner Hefte XV-XVIII].

Ⅳ/11　M/E: Exzerpte und Notizen. Juli 1852 bis August 1853 [Londoner Hefte XIX-XXIV (M)].

Ⅳ/12　M/E: Exzerpte und Notizen. September 1853 bis November 1854 [Geschichte der Diplomatie und der orientalischen Frage, Griechenlands, Frankreichs sowie Spaniens(M), Militaria(E)] 2007, XVII + 1.745 S.（外交，中東問題，ギリシア，フランス，スペイン，軍事の歴史）

Ⅳ/13　M/E: Exzerpte und Notizen. November 1854 bis Oktober 1857 [Politische Ökonomie, Geschichte der Diplomatie(M), Krimkrieg, Slavica(M/E), Militaria(E)].

IV/14　M/E: Exzerpte und Notizen. Oktober 1857 bis Februar 1858 [Weltwirtschaftskrise von 1857(M)]. 2017, IX + 680 S. (1857年の世界経済恐慌)

IV/15　M/E: Exzerpte und Notizen. Januar 1858 bis Februar 1860 [Kritik der politischen Ökonomie, besonders Zitatenheft(2. Stufe)(M), Militaria(E)].

IV/16　M/E: Exzerpte und Notizen. Februar 1860 bis Dezember 1863 [Vogtiana, Geschichte der polnischen Frage(M), Militaria(E)].

IV/17　M/E: Exzerpte und Notizen. Mai bis Juni 1863 [Kritik der politischen Ökonomie(M)].

IV/18　M/E: Exzerpte und Notizen. Februar 1864 bis August 1868 [Politische Ökonomie, besonders Landwirtschaft(M)].

IV/19　M/E: Exzerpte und Notizen. September 1868 bis September 1869 [Politische Ökonomie, besonders Geldmarkt und Krisen(M).

IV/20　M/E: Exzerpte und Notizen. April 1868 bis Dezember 1870 [Geschichte Irlands, politische, wirtschaftliche und soziale Verhältnisse(E)].

IV/21　M/E: Exzerpte und Notizen. September 1869 bis Dezember 1874 [Irische Frage(M),Tätigkeit der Internationalen Arbeiterassoziation(M/E)].

IV/22　M/E: Exzerpte und Notizen. Januar 1875 bis Februar 1876 [Rußland nach den Reformen(M)].

IV/23　M/E: Exzerpte und Notizen. März bis Juni 1876[Physiologie, Geschichte der Technik(M), russische, englische und griechische Geschichte(M/E)].

IV/24　M/E: Exzerpte und Notizen. Mai bis Dezember 1876 [Geschichte des Grundeigentums, Rechts- und Verfassungsgeschichte(M)].

IV/25　M/E: Exzerpte und Notizen. Januar 1877 bis März 1879 [Politische Ökonomie, besonders Bank- und Finanzwesen, kaufmännische Arithmetik(M), Geschichte(M/E)].

IV/26　M/E: Exzerpte und Notizen. Mai bis September 1878 [Geologie, Mineralogie, Agronomie, Agrarstatistik, Erdgeschichte,

Geschichte des Welthandels(M)〕. 2011 | XII + 1.104 S. (地理学，鉱物学，農学，農業統計学，地質学，世界貿易史)

Ⅳ/27　M/E: Exzerpte und Notizen. 1879 bis 1881 [Ethnologie, Frühgeschichte, Geschichte des Grundeigentums(M)].

Ⅳ/28　M/E: Exzerpte und Notizen. 1879 bis 1882 [russische und französische Geschichte, besonders agrarische Verhältnisse(M), Geschichte des Grundeigentums(E)].

Ⅳ/29　M/E: Exzerpte und Notizen. Ende 1881 bis Ende 1882 [chronologische Tabellen zur Weltgeschichte(M)].

Ⅳ/30　M: Mathematische Exzerpte aus den Jahren 1863, 1878 und 1881 [Mathematik, besonders Trigonometrie, Algebra und Differentialrechnung].

Ⅳ/31　M/E: Naturwissenschaftliche Exzerpte. Mitte 1877 bis Anfang 1883. 1999. XV, 1055 S. (自然科学)

Ⅳ/32　Die Bibliotheken von Karl Marx und Friedrich Engels. Annotiertes Verzeichnis des ermittelten Bestandes (Vorauspublikation). 1999. 738 S. (MとEの蔵書目録)

Ⅶ. マルクス／エンゲルス年報（MARX-ENGELS-JAHRBUCH）

　マルクス／エンゲルス年報の刊行によって，歴史的-批判的編集および研究の原則に基づいて，IMESは，学術的なマルクス論争にアカデミックな公表の場を提供し，二人の著者の百科全書的全集の知的探究に貢献しようと考えている。関連する論考以外に，現代のマルクス研究の現状が会議報告や州の報告書，もろもろの書評で確認されるようになる。歴史的観点から，もろもろの寄稿はマルクス思想，彼の時代，その時代の問題圏の思想的環境やマルクス／エンゲルスの生涯と著作の典拠を再構成することを目指している。こうした関連で，歴史的-批判的『マルクス／エンゲルス全集』（MEGA）に関する編集作業のもろもろのコンテキストを記録に留めることも年報のさらなる課題の一つである。補遺や，訂正，補完文書およびアルヒーフ資料を公開し，編集作業の諸問題に言及される。

編集担当者：Beatrix Bouvier(Trier)，Galina Golovina(Moskau)，Gerald

Hubmann（Berlin, 主幹）

※「マルクス／エンゲルス年報」は，現在まで（2018年）に，2003, 2004, 2005, 2006, 2007, 2008, 2009, 2010, 2011, 2012/13, 2014, 2015/16 がデジタル版として公開されている。

マルクス／エンゲルス年報，2003

　マルクス／エンゲルス年報第1巻は『マルクス／エンゲルス全集』（MEGA）第I部門第5巻に収録される一連のテキストを先取りして刊行する。そのタイトルは，Karl Marx, Friedrich Engels, Moses Heß: Die deutsche Ideologie. Manuskripte und Drucke (November 1845 bis Juni 1846) である。詳細な序言が付いたこの版は，テキストや異文の収録に際して，比較的最近明らかになった次の知見，すなわち，1845年春にも秋にも，2巻本で『ドイツ・イデオロギー』を刊行するという計画は存在しなかったのであり，マルクス／エンゲルスはむしろブルーノ・バウアーに対する一つの論文――その草案は残された原手稿から部分的に再現可能である――で青年ヘーゲル派の哲学の批判を開始した，ということが考慮されている。収録されたテキストはマルクス／エンゲルスのブルーノ・バウアーへの批判を記録に留める。そこからフォイエルバッハ哲学への新たな評価が認識されるし，ヘーゲル左派内部の青年ヘーゲル派の立脚点をめぐる同時代の討論に内在する観念史観と唯物史観への諸々の考察が生まれている。この版では，もろもろの編集者の仮説や解釈によって従来の諸版では「I．フォイエルバッハ」という一章に取り纏められ，様々な諸版で編集されてきた草案やメモ，清書稿の諸断片が，初めて独立したテキストとして，年代順に提示され，テキストは二人の著者によって書き残されたかたちで編集されている。この原則はテキスト提示にも当てはまる。たとえば，左右二欄にページが組まれ，右欄では，マルクス／エンゲルスによって基底層に組み込まれたものではないあらゆるテキストがその枠外で編集されている。新たに成立時期推定が行われた2ページの草稿――この草稿はこれまではただ附録でのみ刊行されてきた草稿である――が，この種のテキストに初めて加わっている。*Gesellschaftsspiegel*誌で公表され，筆者不詳だが，マルクスが書いたと推定されている論文と，マルクスの協力の下に起草され，*Westphälischen Dampfboot*,誌に掲載されたヨーゼフ・

ヴァイデマイヤーの論文 „Bruno Bauer und sein Apologet" が新たに収録された。

　編集されたテキストの元になっているのはオリジナル手稿であり，アムステルダムの社会史国際研究所に保管されている。テキストは新しく解読され，編集された。このことは異文一覧における同一手稿内のテキスト生成過程の提示にも当てはまる。

　この先行版はトリアとアクサン・プロヴァンスのドイツ・フランスMEGA編集グループによる MEGA I/4 から I/6 の編集に基づいて行われた。

あとがき

　本書を編むにあたって目標としたことはいくつかある。以下ではこうした諸点に触れ，「あとがき」にしたい。その第1は，新MEGA I/5の刊行をこの巻の編集担当者や，もっとも身近で刊行を心待ちしていたドイツの論壇がどのような反応を示すのかを明確にしておくことであった。新MEGA I/5の公刊（2017年11月）は，『ドイツ・イデオロギー』の編集・刊行史研究にとって歴史を画する出来事なので，編者はこれを記録にとどめておきたかった。

　編者は，極東書店から新MEGA I/5の紹介を刊行前から依頼されていた。刊行直後に新MEGA同巻の編集者の一人でIMESの事務局長を務める旧知のG.フープマン博士が起草した新MEGA同巻のプレスリリースの翻訳・紹介を提案したところ，快諾と注記のある特別仕様の原本提供があった。極東書店HPの紹介では彼の主論点と日本人研究者の視点から見た問題点を略記し，長短2種の翻訳と共に公表した。本書第1章にはこの紹介記事の改稿を収めて彼我の問題関心の差異をいま少し掘り下げた。第2〜4章に収録したドイツの論壇の反響は，新MEGA I/5の刊行直後にドイツで現れた書評に求めた。ほかにも候補はあったが，論点の重複等を考慮し，それぞれ全く独自の分野からの専門的知見を窪俊一東北大学大学院情報科学研究科准教授の協力を得て紹介した。今後の研究で参照されることを期待する。

　第2は，編者が『マルクス・エンゲルス・マルクス主義研究』第59号（2017年7月）で公表した『ドイツ・イデオロギー』第1章「フォイエルバッハ」草稿のマルクス口述・エンゲルス筆記説を，その後に公刊された新MEGA I/5を踏まえて改稿補完し第5章に収録することで，今後の唯物史観の成立史研究に一石を投じようと言うものである。ここでは草稿同章のマルクス／エンゲルス共同執筆説，およびエンゲルス単独執筆説を両面批判して唯物史観の第1発見者がマルクスであったことを文献実証している。

　唯物史観の第1発見者をマルクス／エンゲルスのいずれに求めるべき

か，同じことだが『ドイツ・イデオロギー』第 1 章「フォイエルバッハ」草稿の執筆を主導したのはマルクス／エンゲルスのいずれであったのか，という問題そのものは，草稿の理論的内容からは独立に存在する問題である。しかしこれがいずれであるかは，この草稿そのものの性格やこの草稿とその前後に成立したマルクス／エンゲルスの文献的遺産（草稿，著作，抜粋，書簡）との関連を問う場合，問題設定そのものの当否をも左右する問題となる。

　G. マイヤーが先鞭をつけ，旧新両 MEGA 編集者によって継承・拡充された草稿同章のマルクス／エンゲルス共同執筆説と，D. リャザーノフが先鞭をつけ，廣松，そして最新の研究史ではベンディエンが徹底させた草稿同章のエンゲルス単独執筆説は，相対立するように見える。しかしいずれも同根の矛盾を抱えている。廣松＝ベンディエンらが主張するエンゲルスの草稿同章単独執筆説は，草稿同章の筆跡の大半がエンゲルスのものであって，マルクスのものではないことに根拠があり，ここから彼らは草稿同章ではじめて定式化された唯物史観のテキストがマルクスではなくエンゲルスの頭脳の産物であったと主張する。しかしこの理解は当のエンゲルスが，マルクスの生前から一貫して否定し唯物史観の第 1 発見者はマルクスだと言っていることと矛盾する。共同執筆説はこの矛盾を緩和するように見える。しかしながら草稿同章をマルクス／エンゲルスの共同執筆としたことによって，この矛盾を解消できないでいる。彼らもまた廣松＝ベンディエンと同様，草稿同章のテキスト作成がエンゲルスの自主的・自発的なものであったと想定するからである。両者の違いは草稿同章の執筆前にマルクス／エンゲルス間で真摯な討議があったかどうかを，またエンゲルスの執筆がマルクスの悪筆という外的要因によって促迫されたことを重視するかに限定され，共同執筆説ももっとも肝要な草稿同章の執筆そのものについては，エンゲルスの自由意志を認めるのである。したがって両者はいずれも，「エンゲルスは自分の判断，自身の頭脳の産物である草稿同章のテキスト＝唯物史観の最初の諸定式を，後年マルクスに帰しているのは矛盾しているのではないのか？」という問いの前には無力であり，矛盾を解消することはできない。

　エンゲルスの証言を廣松＝ベンディエンのように虚言視せず，この矛盾を解消する唯一かつ最良の方法は，草稿同章の基底稿＝唯物史観の最初の

定式化は，マルクスの口述によってなされ，エンゲルスがそれを筆記し，記録にとどめたことを論証することである。編者の第5章はこの問題に挑み，内外の100年近い研究史で取り上げられたことがなかった口述筆記の可能性をマルクス／エンゲルスの書き癖という観点から追跡して文献実証した。

　第5章の骨子は近々 The European Journal of the History of Economic Thoughts, Marx special issue, Vol.25(5), October 2018 で公表される。この英字論文の元になったリヨン（フランス）の国際会議報告論文（2017年9月27日）は2018年3月に韓国語に翻訳されており（Marxism 21, Vol.15(1), pp.101-135），本書第5章そのものの中国語訳も本年11月に刊行される『武漢大学学報』2018年第6号で公表されることが決定している。これらによって，編者の口述筆記説が国際的な広がりをもって受け入れられることを期待する。

　第3は，こうした草稿同章のマルクス口述・エンゲルス筆記説に立ったとき，唯物史観の成立過程，とくに『ドイツ・イデオロギー』に先行するマルクスの研究と『ドイツ・イデオロギー』で実際に詳述される唯物史観の諸テーゼとの関連はどのように理解すれば良いのか，この問題を試論することであった。この試みは二重の意味で必要であるように思われた。

　国内の研究史で口述筆記説を徹底して排斥し，唯物史観の第1発見者はエンゲルスだと主張したのは廣松渉であった。廣松はこれを何度か敷衍し，一定の影響力を持っている。廣松版におけるマルクス／エンゲルスの筆跡区分をこの実証と見なす見解もある（服部監訳本，124-125頁）。これまで口述筆記説が文献実証されたことがなかったこともあり，断片的にはともかく，研究史で廣松のこの見解が正面切って批判されたことはなかった。これがこうした試論が必要と思われた第1の理由である。第2に，本書第1章で詳しく紹介したように，新 MEGA I/5 の編集者は次のように述べていた。唯物史観の成立は，従来，フォイエルバッハとの対抗のなかで語られることが多かったが，『ドイツ・イデオロギー』草稿の成立史，とりわけ第1章「フォイエルバッハ」の独自な章としての成立に鑑みれば，この成立に決定的であったのは，バウアーやシュティルナー批判，とくに後者の批判であったと言うべきである。しかし，本書第1章で直接引用して明らかにしたが，唯物史観成立のメルクマールとしてしばし

ば引証される第1章「フォイエルバッハ」の記述は，執筆時期から見て明らかにシュティルナー批判に先行している。マルクス自身が関わった唯物史観そのものの準備労作を問題にするなら，最初に問われるべきはむしろ，こうした記述と，『ドイツ・イデオロギー』に先行してマルクスが取り組んだ『経済学・哲学手稿』の労働疎外論，「フォイエルバッハに関するテーゼ」，さらにシュルツやリスト，ギューリヒ抜粋などを通じた歴史研究との関連ではないのか。

　編者はこのような問題関心から，共同研究者で関連する業績を多数有する渋谷正鹿児島大学名誉教授と渡辺憲正関東学院大学教授に，こうした諸点の検討を依頼し，本書の第6～8章を編むことにした。本書の校正中に新MEGA I/5の抜粋集（Karl Marx/Friedrich Engels: Deutsche Ideologie. Zur Kritik der Philosophie. Manuskripte in chronologischer Anordnung. Hrsg. v. Gerald Hubmann und Ulrich Pagel, De Gruyter, 2018）が刊行された。抜粋集の編集者らは，この抜粋集によって，本書の第1章で紹介したフープマンのプレスリリースの見地を文献実証しようとしているようである。こうした見地の当否や修正補完を含め，今後新MEGA I/5の検討が更に進展するなかで，本書第6～8章が，日本人研究者独自の唯物史観成立史研究への貢献として，継承・発展されることを期待したい。

　本書の第9章に関して盛福剛武漢大学哲学院講師に編者が行った依頼内容とそのねらいは同章への補章で詳しくコメントしたのでここでは割愛する。

　新MEGAの編集原則，4つの部門の概要，既存巻，今後編集刊行が予定されている巻はどういうものか。その編集は具体的にはどのように行われるのか。アクセス方法はどうか。新MEGAに基づくマルクス／エンゲルス研究の発展とこれを国際的なネットワークで促進するには，こうした諸点に関する正確な情報が必要不可欠である。本書の附篇「新MEGA全4部門114巻と既刊一覧」は，こうした諸点の紹介で既に実績がある窪俊一東北大学准教授にお願いした。専門を超えて広く活用されることを念願している。

　新MEGA I/5の刊行によって，『ドイツ・イデオロギー』の研究史・編訳史，唯物史観の成立史研究，当時のドイツにおけるイデオロギー状況の

解明にむけた研究は,大きな転換点を迎えるであろう。そうしたなかで本書が,多数の読者を得て,この転換に貢献できることを期待する。

2018年9月10日
初校返送日に識す
大村　泉

＊本書は,科学研究費補助金基盤研究B（研究課題:「マルクス口述・エンゲルス筆記に基づく『ドイツ・イデオロギー』テキストの再構成」,課題番号50161659,期間2018.4-2021.3,研究代表者:窪俊一）の研究成果の一部である。

著者紹介

編者，はじめに，第1, 5章，補章，あとがき，第4章（翻訳）
大村泉（1948, 和歌山）東北大学名誉教授／IMES編集委員，博士（経済学）
主編著：新MEGA II／12（2005），II／13（2008），IV／14（2017），『新MEGAと「ドイツ・イデオロギー」の現代的探究——廣松版からオンライン版へ』（八朔社, 2015）

第2章
Prof. Dr. Alex Demirović　アレックス・デミロヴィチ（1952, Darmstadt-Eberstadt）
ゲーテ大学特任教授，ローザ・ルクセンブルク財団・フェロー，
主編著："Nicos Poulantzas"(1987), "Demokratie und Herrschaft"(1997), "Der nonkonformistische Intellektuelle"(1999), "Komplexität und Emanzipation"(2001), "Demokratie in der Wirtschaft"(2007), "VielfachKrise im finanzmarktdominierten Kapitalismus" (2011), "Wissenschaft oder Dummheit"(2015).

第3章
Dr. Winfried Schwarz　ヴィンフリート・シュヴァルツ（1948, Aschaffenburg bei Frankfurt am Main）
雑誌 „Z." 協力者
主編著：マルクスの経済学方法論に関する論文・著作多数（翻訳に，時永，大山訳『資本論体系成立史：「経済学批判要綱」から「資本論」まで』（法政大学出版会，1986年）。大谷訳・ヨハン・モスト『「資本論入門」コメンタール』（岩波書店, 1987年），がある）。

第4章
Danga Vileisis　ダンガ・フィライシス（1943, Kaunas, Lithuania(Litauen)）
在野マルクス研究者，出版者
主論文：「ファーガソンと史的唯物論」（大村ほか, 2015, 第8章）
Prof. Dr. Frieder Otto Wolf　フリーダー・オットー・ヴォルフ（1943, Kiel）
ベルリン自由大学栄誉教授，元欧州議会議員
主編著：マルクス／エンゲルスに関する新領域，政治哲学，急進派哲学，実践的人道主義に関する著作，論文多数（www.friederottowolf.de, 参照）

第6章
渋谷正（1949, 山形）鹿児島大学名誉教授，博士（経済学）
主編著・訳書：『草稿完全復元版　ドイツ・イデオロギー』新日本出版社1998年（編訳）；「『ドイツ・イデオロギー』はいかに編集されるべきか—岩波文庫版『ドイツ・イデオロギー』をめぐって—（上）・（中）・（下）」，『経済』新日本出版社, 2004年1月・2月・4月

第7，8章
渡辺憲正（1948, 静岡）関東学院大学経済学部教授，修士（哲学）
主著：『近代批判とマルクス』（青木書店, 1989年）；『イデオロギー論の再構築』（同, 2001年）；「『経済学批判要綱』の共同体／共同社会論」（『関東学院大学経済学会研究論集　経済系』第223号, 2005），ほか。

第9章
盛福剛（1987, 中国・青島）武漢大学哲学学院専任講師，武漢大学マルクス主義哲学研究所（兼務），博士（経済学）
主著：「中国におけるマルクス主義文献の初期受容に関する研究―日本からの伝播・翻訳を中心として―」（博士学位論文, 2016年）；「李達留学経歴考」『マルクス主義哲学研究』2017年第2号，ほか。

附篇編訳，第2，3，4章翻訳
窪俊一（1955, 愛媛）東北大学大学院情報科学研究科准教授　修士（文学）
主編著：窪ほか共編著『ポートレートで読むマルクス』極東書店，2005年；Hrsg. v. S. Kubo et al: *Gruess Gott! Da bin ich wieder!*, Eulenspiegel Verlag 2008/2018（第2版）；窪ほか共編著『Karl Marx is my father／わが父カール・マルクス』（極東書店）2011年　※日・英・独3カ国語版，ほか。

唯物史観と新MEGA版『ドイツ・イデオロギー』

2018年10月21日　初版第1刷発行

編　著＊大村　泉
発行人＊松田健二
装　幀＊右澤康之
発行所＊株式会社社会評論社
　　　　東京都文京区本郷2-3-10　tel.03-3814-3861/fax.03-3818-2808
　　　　http://www.shahyo.com
印刷・製本＊倉敷印刷株式会社